武汉大学哲学学院
教授丛书

哲学、宗教
与田野调查

宫哲兵 著

中国社会科学出版社

图书在版编目(CIP)数据

哲学、宗教与田野调查/宫哲兵著.—北京:中国社会科学出版社,2012.5
(武汉大学哲学学院教授丛书)

ISBN 978 - 7 - 5161 - 0832 - 1

Ⅰ.①哲… Ⅱ.①宫… Ⅲ.①哲学—文集②宗教—文集③社会调查—文集
Ⅳ.①B - 53②B91 - 53③C915 - 53

中国版本图书馆 CIP 数据核字(2012)第 084334 号

出 版 人	赵剑英
责任编辑	李 是
责任校对	刘 娟
责任印制	李 建

出　　版	中国社会科学出版社
社　　址	北京鼓楼西大街甲 158 号(邮编100720)
网　　址	http://www.csspw.com.cn
	中文域名:中国社科网　　010 - 64070619
发 行 部	010 - 84083685
门 市 部	010 - 84029450
经　　销	新华书店及其他书店

印　　刷	北京君升印刷有限公司
装　　订	廊坊市广阳区广增装订厂
版　　次	2012 年 5 月第 1 版
印　　次	2012 年 5 月第 1 次印刷

开　　本	880×1230　1/32
印　　张	14.375
插　　页	2
字　　数	359 千字
定　　价	39.00 元

目　录

中国哲学史

性（性别）哲学

宗教人类学理论

田野调查

中国哲学史

中国哲学史体系的泛化及其成因[*]

　　许多人都有一种感觉，读中国哲学史的书，比起读欧洲哲学史的书，哲学味道没那么浓。笔者认为，原因是目前中国哲学史的体系泛化了，哲学混淆在非哲学的杂质中，所以味道不浓了。哲学从其本质上说应该是纯化的形态，因为正如亚里士多德所说，哲学关心的不是事物的细节，而是事物的全部；不是事物表面的现象，而是事物精确的原因。哲学不以功利为目的，而以智慧为目的。马克思明确地说："任何真正的哲学都是自己时代精神的精华，……"① 纯化的哲学有一定的"度"，过于纯化可能会脱离实际，可能会除了哲学家自己以外谁也不懂。过于泛化则失去了它的抽象品格，甚至失去了哲学之成为哲学的质的规定性。中国哲学史这门学科经历了一个世纪的发展，成绩是巨大的。但是，临近二十一世纪初回顾，也可以发现一些问题。笔者认为，体系过于泛化，以至于不能与中国思想史区别，是比较重要的问题之一。

---

　*　原文发表在《求索》1997 年第 6 期。

　①　《马克思恩格斯全集》第一卷，人民出版社 1965 年版，第 121 页。

一　哲学起点的泛化

民国初年的学术界，认为中国哲学史的起点是尧舜时代。冯友兰一九一五年考入北京大学哲学门的时候，中国哲学史这门课讲两年，每周四小时。一位教授从尧舜讲起，第一学期末才讲到周公哲学，离孔子尚有五百多年。一九一七年，从美国留学归来的胡适，发动了一场革命。他不讲尧、舜、周文王、周武王、周公等人物，直接从春秋末期的老子讲起，开创了中国哲学史的"老子起点说"。当时的北京大学学生接受不了这种"一刀砍断"的做法，几乎引起抗议的风潮。而当时的开明学者支持胡适，例如北京大学的校长蔡元培。一九一八年，蔡元培为胡适《中国哲学史大纲》（卷上）写序，称赞胡适敢于"截断众流，从老子、孔子讲起。这是何等手段！"① 当时还有一位青年哲学家称赞胡适的改革，他就是后来鼎鼎大名的冯友兰。二十世纪三十年代，冯友兰出版《中国哲学史》也以春秋末期为起点，但他认为《老子》是战国人所作，故中国的第一个哲学家是孔子。关于这一点，胡适与冯友兰在三四十年代有过考证上的争辩。二十世纪五十年代以后，胡适认为冯友兰的观点不是立于考证，而是立于他尊孔尊儒的宗教信仰。"在这个诚心的宗教信仰里，孔子之前当然不应该有个老子。"②

二十世纪六十年代的中国学术界，认为中国哲学开始于春秋时代。这个时期的哲学家有管子（或《管子》书）、范蠡、史墨、晏婴等。如任继愈认为，这些人物和他们的哲学，代表朴素

---

① 《胡适学术文集·中国哲学史》上册，中华书局1991年版，第2页。
② 同上书，第8页。

唯物主义的元素论阶段，老子的哲学属于朴素唯物主义的元气论阶段①。又如冯友兰在这个时期也赞成春秋时期范蠡、计然、晏婴、子产等人的哲学观点②。二十世纪七十年代以后，是"殷周起点说"占统治地位的时期。如杨荣国在《简明中国哲学史》上，把殷周哲学隐约分为三个阶段，一是殷商初期奴隶主创造了"一种有神论的唯心主义世界观"，二是殷周之际已有"朴素唯物主义的五行说"，三是殷周末期史伯"用五种物质元素来解释万物的起源"。这是"唯物主义的自然观"③。冯契也隐约把哲学的发生分为三个阶段。一是"中国古代哲学思想的原始社会已开始萌芽"，二是殷周之际翻开了"中国哲学史的第一页——原始的阴阳说与五行说"，三是"原始的阴阳说与五行说在西周时期又有发展"，出现了"更为鲜明的朴素唯物主义的观点"④。二十世纪八十年代以后，有原始社会起点说，例如李德永。他认为"原始五行思想产生于伟大的治水斗争"，这大致是原始社会末期鲧和禹的时代。他说"原始五行是文明来临时期……谱写出来的一篇关于水、火、金、木、土五种元素的朴素哲学篇章"，是"唯物主义发展大道上的一个最早的起点。"又说："如果借用《洪范》的公式，能否在中国哲学史的篇章中写上'初一曰五行'？"⑤

从这些回顾可以看出，关于中国哲学史的起点问题，民国以来可分为五派。第一派是民国初年的"尧舜起点说"；第二派是

① 任继愈：《中国哲学史》第一册，人民出版社1966年版，第34页。
② 冯友兰：《中国哲学史新编》第一册，人民出版社1962年版，第79—86页。
③ 杨荣国：《简明中国哲学史》，人民出版社1973年版，第1—10页。
④ 冯契：《中国古代哲学的逻辑发展》上册，上海人民出版社1983年版，第63、65、69—70页。
⑤ 李德永：《五行探源》，《中国哲学》第4辑，生活·读书·新知三联书店1980年版。

"春秋末期起点说"，流行于二十世纪二十到四十年代；第三派是"春秋起点说"，流行于二十世纪五十到六十年代；第四派是"殷周起点说"，流行于二十世纪七十年代以后；第五派是原始社会起点说，流行于二十世纪八十年代以后。历史的回顾使我们看到，世纪末的观点非常接近世纪初的观点，而中间经历了一次激烈的改革和逐渐的回落。二十世纪最初的二十余年是激烈的变革期，有关中国哲学史的起点从尧舜时代一下子拉到老孔时代，缩短的时间大约是一千六百余年。从二十世纪五十到九十年代，起点从春秋到殷周到原始社会时期，逐渐回落到世纪初的起跑线上。

这种回落是前进还是倒退呢？笔者认为前进的地方还是有的，但主要是倒退，造成了中国哲学史体系的严重泛化。对于原始社会，人们只能根据神话传说去猜测当时的情况，根本没有信史可言。那时还没有文字，怎么会有哲学呢？可能会有口头文学的萌芽、宗教信仰的萌芽，但是似不太可能有哲学的萌芽。"文化大革命"（一九六六至一九七六）时曾辩论过"奴隶有没有哲学"这个问题，至今还记忆犹新。难道现在又要去辩论猿人有没有哲学，石器时代的原始人有没有哲学？恩格斯说："只有奴隶才使农业和工业之间的更大规模的分工成为可能，从而为古代文化的繁荣，即为希腊文化创造了条件。没有奴隶制，就没有希腊国家，就没有希腊的艺术和科学……"[1] 当然更不可能有哲学这种"更高的即更远离物质经济基础的意识形态"[2]。殷周之际的《易经》只是占卜算卦的文字记录，没有哲学思想，任继愈

---

① 《马克思恩格斯选集》第 3 卷，人民出版社 1972 年版，第 220 页。
② 《马克思恩格斯选集》第 4 卷，人民出版社 1972 年版，第 249 页。

对这一点作了很翔实的论证。① 春秋时期的管仲、范蠡、史墨、晏婴等人，绝大多数是政治家，他们说了一些有哲理的话，但没有论证，没有系统，说他们是哲学家就显得似拔高古人。

战国前无私家著作，这早已是学术界的定论。《老子》、《论语》、《墨子》并不是老子、孔子、墨子所写，而是他们的弟子和学派传人所纂写，冠以他们的名字。若将这三本书视为战国时期的史料，其中也包括了一部分老、孔、墨的思想，这是可靠和稳妥的，大家都能接受。若将它们作为春秋时期的史料看待，则学界看法分歧，争论颇多，很难取得一致意见。从内容上看，《论语》、《墨子》是讲政治和道德的，哲学成分很少，有人道之论而少天道之论。《老子》兼论天道、人道，才是中国的第一部哲学著作。它有一个比较完整的哲学体系，应作为中国哲学史的起点。《老子》以前，战国以前，谈哲学的萌芽尚可，若谈哲学家，谈唯物主义和唯心主义的斗争，谈哲学发展的阶段，大多属于泛化之论。

二　研究范围的泛化

任何一门学科都有自己特定的范围，超出这个范围去大做文章，就显得体系不严密，就是泛化。中国哲学史，顾名思义是中国哲学的发展史，非哲学的东西不在其研究范围之内，但复杂的是，哲学有广义和狭义之分。古希腊亚里士多德区分了广义和狭义的哲学。广义的哲学包括数学、物理和形而上学，狭义的哲学

---

① 任继愈主编：《中国哲学发展史》先秦卷，人民出版社1983年版，第582页。

仅指形而上学，他称之为"最高智慧"、"第一哲学"①。在他的形而上学体系中，以本体论、认识论、逻辑学为主要内容。近代笛卡尔也区分了广义哲学与狭义哲学。狭义的哲学是"根"，包括形而上学和逻辑学。广义的哲学除了"根"以外，还有"干"，包括物理学和数学；有"枝"，包括伦理学、医学、机械学②。近现代西方编写的欧洲哲学史，一般都是狭义哲学的历史，其范围包括本体论、认识论、逻辑学三部分。中国哲学史，一般来说，也应该是狭义哲学的历史。宗教能划入中国哲学史的研究范围吗？显然不能。欧洲近代哲学是在反对宗教的斗争中发展起来的。霍布斯曾明确地说："哲学排除神学"③。欧洲中世纪只有一种意识形态，即宗教和神学，"它把古代文明、古代哲学、政治和法律一扫而光"④。恩格斯认为，古希腊哲学在中世纪处于"冬眠状态"，而十五世纪的文艺复兴时代才重新觉醒，因此中世纪的基督教在欧洲哲学史上不占重要地位。但是，在目前的中国哲学史体系中，宗教，主要是佛教却占有非常重要的地位；特别是南北朝隋唐时期的哲学史，基本上成为佛教哲学史，这不能不说是严重的泛化。张岱年早在二十世纪三十年代就反对这种泛化。他在《中国哲学大纲》中说："本书所谓中国哲学，乃是指'中国系的一般哲学'。因是专指中国系的，所以中国佛学的思想，不在本书的范围之内。因是专指一般哲学，所以中国的美术哲学、历史哲学，本书也都不论及。"⑤ 佛学基本上不进

①　北京大学哲学系外国哲学史教研室：《西方哲学原著选读》上卷，商务印书馆1982年版，第122—124页。

②　笛卡尔：《哲学原理》序言，商务印书馆1960年版。

③　《西方哲学原著选读》上卷，第385—386页。

④　《马克思恩格斯全集》第7卷，第400—402页。

⑤　张岱年：《中国哲学大纲》，中国社会科学出版社1982年版，第3页。

中国哲学史，笔者是赞成的。可能有人会提出异议，宗教也有哲学，为什么不属于哲学史的范围呢？笔者认为，一般哲学与宗教哲学有本质的不同。一般哲学以理性为基础，它是自己的主人，而宗教哲学以信仰为基础，它是神学的"婢女"。宗教哲学是神学的分支，而不是哲学的分支；它属于宗教史的内容，而不是哲学史的内容。恩格斯说得很清楚："中世纪把意识形态的其他一切形式——哲学、政治、法学，都合并到神学中，使它们成为神学中的科目。"①

有的学者认为，宗教神学就是唯心主义哲学，所以属于哲学史研究的范围。这种看法不能成立。唯心主义和宗教神学都承认有超物质的主宰者，但前者的主宰是精神，后者的主宰是人格的神。前者探讨的是思维与存在的关系，后者宣讲的是神与人的关系。历史上有许多唯心主义哲学家不信神，如休谟、费希特、尼采等，这也说明唯心主义与宗教神学不能画等号。中国哲学史中包括大量的佛教、道教等内容，一方面说明中国哲学史体系的泛化，另一方面也说明中国的宗教学还没有成为一门独立的学科。与这些问题紧密相关的一个问题，即无神论与唯物主义的关系。有人认为无神论就是唯物主义，中国无神论史是中国哲学史的一个组成部分。的确，在现今的中国哲学史体系中，包括了大量的无神论者的无神论思想。但是这样做并不合适，因为中国无神论史应该有自己独立的研究对象和范围。中国无神论史主要研究中国无神论思想在同有神论斗争中产生、发展和演变的规律。它的研究范围是对灵魂、鬼神思想的批判，对佛、道等宗教的批判，

---

① 《马克思恩格斯选集》第 4 卷，人民出版社 1972 年版，第 251 页。

对各种封建迷信的批判，等等①。中国哲学史的研究对象和范围显然不是上面这些。

相当多的中国哲学史著作把古代宗教与哲学混为一谈。例如任继愈主编的《中国哲学发展史》是近年来很权威的一部关于中国哲学史的著作，该书作者认为，从先秦到隋唐，哲学斗争是围绕着"上帝"、"天命"、"佛教"等问题展开的②。该书作者似乎认为，隋唐以前的哲学中心问题是"上帝"、"天命"、"灵魂不死"、"因果报应"等问题，哲学派别是无神论与有神论。无神论即唯物论，有神论即唯心论。这是一种宗教与哲学相混同的认识，它必然导致中国哲学史体系的泛化。

三　背景分析的泛化

哲学史研究的基本方法是逻辑分析的方法，这个方法可以使我们发现历史上哲学思想发展的规律。列宁说："从逻辑的一般概念和范畴的发展与运用的观点出发的思想史——这才是需要的东西。"③ 哲学史研究的另外一种方法是背景分析的方法，即研究不同时代政治社会生活对哲学的影响和制约。

写中国哲学史，要把这两种方法结合起来，要有主有次，才能相得益彰。但是，二十世纪六十年代以后有关的中国哲学史体系著作，关于政治和社会背景的论述往往过多，分析哲学家的阶级立场和历史功过的论述往往过多，以至于这些论述加起来几乎

---

① 参见牟钟鉴《中国无神论学术讨论会讨论的主要问题》，《哲学研究》1979年第2期。

② 任继愈：《中国哲学史》第一册，第14、42、214页；第二册，第13、156页；第三册，第11—12页，人民出版社1966年版。

③ 《列宁全集》第38卷，第188页。

占到某些著作全书一半的内容，造成严重的泛化。下面将冯友兰二十世纪三十年代的《中国哲学史》与二十世纪八十年代的《中国哲学史新编》（以下简称《新编》）做比较，就可明显地看出，前者是相对精化的，后者是严重泛化的；前者是中国"哲学"的历史，后者写成了"政治社会环境影响哲学"的历史。

冯著《中国哲学史》的一个突出特点是运用逻辑方法分析中国哲学的范畴，将许多过去认为模糊不清、歧义迭出的概念、命题给予澄清①。并且总是结合范畴分析，来说明哲学家的哲学体系。例如，先秦名家的观点一向被认为难懂，认为"离坚白"、"合同异"都是诡辩，公孙龙和惠施的演说被混为一谈。冯友兰从逻辑分析入手，将公孙龙哲学思想的核心范畴——"指"，界定为共相，并进一步区分了公孙龙"离坚白"和惠施"合同异"这两个派别。运用逻辑的方法，冯友兰判断中国哲学史始于孔子，故书中孔子以前的内容十分简略。冯著《中国哲学史》在《孔子》之前只写一章，不到一万字，内容归在"鬼神"、"术数"、"天"、"一部分较开明之思想"、"人的发现"五个标题之下。这一章从标题到内容，大体说明了哲学胚胎的萌生过程。冯著《新编》运用的则主要是背景分析的方法，其第一册一共九章，在《孔子》之前已有三章，五万多字，写的全部是政治社会大背景。大标题如《齐晋两国的改革及齐桓、晋文的霸业》，小标题如《管仲在齐国相地衰征的历史意义》、《管仲对于分封制的改革》等等，无异于政治史或一般历史著作。《孔子》以后有六章，每章第一节都是写时代背景的。《新编》共有七册（人民出版社出版了前六册），每册绪论部分都是写阶级斗

---

① 冯友兰：《中国哲学史新编》第一册，人民出版社1982年版，第246页。

争和生产斗争的。第一册绪论的全部内容是对"初税亩"的考证。根据对"初税亩"的考证结果，断言春秋战国是中国社会由奴隶制向封建制的转化时期。且不说这一结论是否成立，重要的是科学有分工，科学越发展分工越细。"初税亩"本是历史学专家研究的课题，社会形态转化问题也主要是由历史学专家去研究和下结论。一个哲学家在其哲学著作的绪论中，不谈哲学，大谈历史，岂不是离题太远吗？

可能有人会问，若不知道春秋战国时期的社会形态，哲学史家又怎么去写孔子的阶级立场呢？又怎么知道孔子思想是代表哪个阶级的利益呢？这就涉及哲学史研究中的阶级分析方法问题。在阶级社会中，每个哲学家都有一定的阶级立场，他在建立自己的哲学体系的时期也会受到自己阶级立场的影响，也会受到所处时代阶级关系、阶级斗争的影响。因此，哲学史研究中应当运用阶级分析的方法。但是，哲学史显然是哲学思想的历史而不是哲学家生平的历史。某一哲学家有思想材料而无生平材料，仍然有研究价值；某一哲学家有生平材料而无任何思想材料，则没有研究价值。由此可见，逻辑分析的方法是指导哲学史研究的基本方法。以孔子为例，弄清楚孔子的哲学思想是什么，是第一位的，对其进行阶级分析是第二位的。如果历史学家还没有对春秋战国时期的社会形态作出肯定的结论，那么哲学史家们也大可不必对孔子的阶级立场下结论。

冯著《新编》在运用阶级分析的方法时，有时表现出简单化、公式化的倾向，好像介绍一个哲学家的哲学思想并不是目的，目的是通过其哲学思想来分析他是代表进步阶级还是代表反动阶级。例如，道家早期人物子华子，《吕氏春秋》保留其"全生为上，亏生次之，死次之，迫生为下"等片断材料。《新编》仅根据片断材料就分析说："从阶级斗争的情况看，这就是说，

宁可死也不愿向新兴地主阶级屈服，不接受地主阶级给予他们的
耻辱。这是没落奴隶主以死为反抗的思想。"① 对于道家从杨朱
到庄子的发展，《新编》是这样分析的："道家哲学是没落奴隶
主阶级意识的集中表现。'为我'的思想贯穿于道家各派之中，
这不是偶然的。没落奴隶主阶级失掉了原有的'天堂'，所留下
的只是自己的身体和生命，于是他们就认为自己的身体和生命是
人生最重要的东西。他们说，富贵功名之类，本来都是身外之
物，就是给我，我也是不要的。由于他们没落了，追求物质享受
的欲望得不到满足，因此又提出'寡欲'、'节欲'……从阶级
斗争的观点看，道家的这种态度，也是没落奴隶主阶级及其知识
分子对于新兴地主阶级的消极反抗，这也是斗争的一种方式。"②
哲学是一种抽象思维，是哲学家对于宇宙、社会、思维的最普遍
规律的逻辑概括。一般来说，哲学不会是某阶级意识的直接表
现，而往往是间接地、曲折地、或多或少地反映着某阶级的意
识。用一个阶级的失败，只剩下身体和生命，来解释"全生"、
"贵己"的哲学；用一个阶级物质欲望得不到满足，来解释道家
"寡欲"、"节欲"的观点；用一个阶级的没落、绝望来解释道家
视功名为身外之物的品格。总之，将"全生"、"贵己"、"寡
欲"、"节欲"等道家哲理统统看成是一个阶级对另一个阶级的
反抗和斗争，应该说是比较牵强附会的。这类比较牵强附会的内
容在冯著《新编》中占了很大篇幅，表现出《新编》体系的泛
化。但过于偏重政治社会背景的分析，阶级分析的简单化、公式
化，过多地评论哲学家的历史功过，这些泛化现象不是孤立出现
的，在与《新编》大体同时出版的多部哲学史著作中，都不同

---

① 冯友兰：《中国哲学史新编》第一册，人民出版社 1982 年版，第 246 页。
② 同上书，第 251 页。

程度地存在着这样的问题。究其原因，这不能由冯友兰等哲学家负责。二十世纪五十年代以后，在中国哲学领域里始终存在着极"左"路线。若对其追根溯源，又不能不重视苏联理论界在二十世纪五十到六十年代对中国理论界的影响。

四　泛化的原因

二十世纪七十年代以前，中国哲学史体系泛化的理论根源来自苏联共产党领导之一的日丹诺夫对哲学所下的定义。二十世纪三十年代，苏联教授亚历山大洛夫写了一本《西欧哲学史》，书中没有以唯物主义与唯心主义的斗争为主线，没有运用阶级分析方法并自觉地站在唯物主义和进步阶级的立场上。《西欧哲学史》出版不久苏联政府有关方面举行了座谈会，当时任苏共中央书记处书记的日丹诺夫在大会上发言，提出著名的"日丹诺夫定义"。这个定义的核心有两条：第一，哲学史就是唯物主义与唯心主义斗争史；第二，哲学史是阶级斗争史的反映，唯物主义一般代表着进步阶级，唯心主义一般代表反动阶级。二十世纪五十年代，敦尼克等学者出版的《哲学史》贯彻了日丹诺夫精神。例如在该书第一章里说："唯物主义与唯心主义之间的斗争是古希腊哲学发展的基本内容。"又说："古希腊的哲学反映了奴隶主与奴隶之间尖锐的阶级斗争。"[1] "日丹诺夫定义"传入中国后，一度受到部分中国学者的抵制，虽然任继愈对这个定义提出了批评，但是最后还是极"左"势力关锋等人占据了上风，并开展了所谓"反对哲学史方法论上的修正主义"的斗争。在

---

[1]　敦尼克等：《哲学史》（欧洲哲学史部分）上册，生活·读书·新知三联书店1972年版，第2—3页。

这场斗争之后，中国哲学史界全盘接受了日丹诺夫定义，并模仿敦尼克等人的方法整理中国哲学史史料。这个时期出版的中国哲学史著作，大多用唯物主义和唯心主义这两项"帽子"，使用阶级分析的方法。在这种体系中，介绍古代哲学家的哲学思想并不重要，也不在书中占很大篇幅。重要的是根据他们的哲学思想来判定他们是属于唯物主义阵营，还是属于唯心主义阵营。若戴上唯物主义哲学家的"帽子"，则给予肯定评价；若戴上唯心主义哲学家的"帽子"，则给予严厉的批判。这种戴"帽子"和评判功过的论述，往往在哲学史书中占了比较大的篇幅，而更多的篇幅是分析哲学家思想与阶级斗争的关系。例如，某哲学家是什么阶级立场，某哲学派别是代表哪个阶级的利益，某哲学派别之争怎样反映了阶级斗争等。老子代表没落奴隶主阶级吗？孔子代表新兴地主阶级吗？老子和孔子的时代是不是中国由奴隶制向封建制过渡的时代？这些问题当时成为中国哲学史界争论的中心问题之一。这些非哲学的论述似乎比对哲学本身的论述更为重要。

　　早在马克思主义形成初期，就有人对唯物主义和唯心主义这两个概念泛化使用。对此，恩格斯曾经批评费尔巴哈"还把唯物主义同它的一种肤浅的、庸俗的形式混为一谈，十八世纪的唯物主义现在就以这种形式继续存在于自然科学家和医生的头脑中，并且被毕希纳、福格特和摩莱肖特在五十年代拿着到处叫卖"[①]。不仅"唯物主义"被泛化使用，"唯心主义"也被泛化使用。例如，施达克认为费尔巴哈是"唯心主义"者，理由是他对理想目标的追求。恩格斯评论说："认为人类（至少在现在）总的说来是沿着进步方向运动的这种信念，是同唯物主义

_____

① 《马克思恩格斯选集》第 4 卷，人民出版社 1972 年版，第 251 页。

和唯心主义的对立绝对不相干的。"① 中国古代哲学与欧洲古代
哲学的思维方式相去甚远，与欧洲近代哲学的差异更大，把欧洲
近代流行的唯物主义、唯心主义两个概念当作"帽子"生搬硬
套在中国古代哲学家的头上，而且每个人都要戴上一顶，绝无例
外，这正是恩格斯晚年批评的"贴标签"方法。他说："对德国
的许多青年作家来说，'唯物主义的'这个词只是一个套语，他
们把这个套语当作标签贴到各种事物上去，再不作进一步的研
究"。② 恩格斯晚年还批评了那种把"历史唯物主义"泛化成
"经济决定论"、"阶级斗争决定论"的庸俗化倾向，而指出哲学
等社会意识形态具有相对独立性，并且在特定条件下对社会存在
具有反作用。这就是说，在中国哲学史领域里，简单化、公式化
地运用阶级分析方法，实际上背离了马克思、恩格斯的精神
实质。

　　从二十世纪七十年代末开始，哲学史界普遍批评日丹诺夫定
义。起初的批评比较温和，认为日丹诺夫定义没有讲唯物主义与
唯心主义的同一性，没有正确评价唯心主义的历史地位，没有肯
定辩证法与形而上学的对立在哲学史里的地位等。不久就有人提
出要抛弃日丹诺夫定义，代之以列宁定义，例如钱广华先生。所
谓列宁定义，是列宁《哲学笔记》中的一段话。"哲学史，……
简略地说，就是整个认识的历史。"③ 中国哲学史界几乎没有争
论地接受了列宁定义。之所以通行无阻，原因是人们感到一种新
的思路。如果从认识史的角度看待哲学史，就可以把各种哲学体
系看作是人类认识发展史上的不同环节，唯物主义和唯心主义都

---

①　《马克思恩格斯选集》第 4 卷，人民出版社 1972 年版，第 224 页。

②　同上书，第 475 页。

③　《列宁全集》第 38 卷，第 399 页。

是这样认识的环节。人类对世界的认识是多方面的，这样，将展现出更广泛的研究领域。哲学史不再被当作各个阶级的世界观的陈列馆，而成为近似于一串圆圈的认识发展的螺旋结构。这些新的思路随着列宁定义一起被肯定下来的，而旧的定义也没有被抛弃。二十世纪八十年代以后的中国哲学史领域，实际上是接受了一个经过一定修改的日丹诺夫定义加上所谓列宁定义的混合定义：哲学史是认识史，哲学史是唯物主义与唯心主义的斗争史。①

　　笔者认为，所谓列宁定义存在着严重的问题，它的出现使中国哲学史体系更加泛化了。列宁定义中所说的"整个认识的历史"，列宁认为包括"各门科学的历史、儿童智力发展的历史、动物智力发展的历史，语言的历史，注意＋心理学＋感觉器官的生理学，这些就是那些应当构成认识论和辩证法的知识领域"②。哲学史如果包括上面这些具体的学科内容，不是又回到了古希腊时代吗？那时的哲学以包罗万象为重要特征。当时，以钱广华先生为代表的一些学者，根据所谓列宁定义，主张建立一个包括各门科学史在内的大哲学史体系。这显然是一个泛化的体系。

　　受所谓列宁定义的影响，中国哲学史的研究对象和史料筛选都走向泛化。这个时期出版的一套大型著作，指导思想就是所谓列宁定义。导言说："中国哲学史是中国民族的认识史。"③ 这本书具有很高的学术水平，但存在严重的泛化。原始社会有没有哲学？按照马克思主义经典作家的哲学定义，回答应该是没有哲学。但是按照所谓列宁定义，哲学等同于认识，原始社会的人类

---

① 任继愈主编：《中国哲学发展史》先秦卷，人民出版社1983年版，第9页。
② 《列宁全集》第38卷，第399页。
③ 任继愈主编：《中国哲学发展史》先秦卷，人民出版社1983年版，第5页。

不可能没有认识，于是原始社会也就有哲学。这套书的第一卷（先秦卷）第一章的标题是《中国原始社会思维的发展和世界观的早期形态》；第二卷（秦汉卷）共十五章，其中有七章明显地不属于哲学史范围。书中所介绍的政治思想、宗法思想、史学观、自然科学，难道都是中国哲学史的研究对象吗？当然，它们都可以算是人的认识，但这些内容属于中国认识史的研究范围。如果把哲学史简单地等同于认识史，则这些内容都可以被塞进大哲学史的体系中。由此可见，所谓列宁定义，给哲学史界带来了理论上的混乱。以所谓列宁定义代替日丹诺夫定义，还导致另一种泛化。日丹诺夫定义的批评者认为，生产斗争和自然科学也对哲学有巨大的影响和制约，所以，二十世纪七十年代以前的中国哲学史体系，其背景分析的内容是阶级斗争；七十年代以后的体系，其背景分析中阶级斗争的内容没有减少，又增加了生产斗争和自然科学的内容。更有甚者，由于所谓列宁定义中的"认识史"包括"各门科学的历史"，所以有的学者又把自然科学当作哲学史的内容来写，而不仅仅属于背景分析内容。泛化的结果，是中国哲学史的书越写越厚，而哲学的内容越来越少，哲学的界限越来越模糊。

所谓列宁定义所造成的理论混乱，不应该由列宁本人负责。因为现在已经知道了，列宁并没有给哲学史下定义。前面曾多次引用的那段所谓列宁定义的话，即哲学史就是整个认识史，并不准确，存在着辨识的错误。那段话引自《列宁全集》俄文第四版，苏联学者及编辑者辨识列宁哲学笔记的手稿时有错误，所以中文翻译时就不准确。根据《列宁全集》俄文第五版，所谓列宁定义的那段话是这样说的，"哲学的历史，各门科学的历史、儿童智力发展的历史……简单地说，就是整个认识历史，这些就是认识论和辩证法应当从中形成的知识领域。"① 根据新的版本，所谓列宁定义根本不成其为定义。哲学史、各门科学史、儿童智力发展史……它们之间的关系是并列的，都是"整个认识史"的组成部分，而认识论和辩证法是对整个认识史的概括，那段话的大意就是如此②。遗憾的是，这个所谓的列宁定义在目前哲学史界仍占主导地位，它造成体系泛化等一系列理论上的混乱，至今没有得到广大学者的普遍认识。

中国哲学史体系的泛化，其原因是多方面的。除以上论述外，还可以提到二十世纪八十年代以后兴起的文化研究热。有的学者把哲学等同于文化，把中国哲学史写成了中国文化史。又如当前西方后现代哲学的发展趋势也是哲学的泛化，这也影响到国内的哲学界。这些就不评述了。

当前，中国哲学界的一个重要任务，是将马克思主义哲学中国化、民族化。为了完成这个新世纪的任务，必须弄清两个问题：第一，马克思主义哲学的特质是什么？第二，中国哲学的特质是什么？只有弄清各自的特质，才能更好地结合它们。这就必须对中国哲学进行精确和正确的概括和分析，剔除目前中国哲学史体系中的泛化成分。笔者期待着一个比较纯化的中国哲学史新体系在二十一世纪问世。

① 列宁：《哲学笔记》中文第 2 版，人民出版社 1993 年版，第 302 页。此书根据《列宁全集》俄文第 5 版第 29 卷编译出版。
② 最早发现对所谓列宁定义辨识有误的，是周克寒（即王荫庭）先生。见周克寒著《关于哲学史的"列宁定义"问题》，载陈修斋、肖𦵤父主编的《哲学史方法论研究》，武汉大学出版社 1984 年版。

中国古代哲学有没有唯心主义[*]

中国古代哲学有没有唯心主义？是不是贯穿着唯物主义与唯心主义的斗争？中国古代哲学是否以思维与存在，即精神与物质的关系问题为哲学的基本问题？这些是中国哲学史研究方法论的核心问题。几十年来，不断有人提出这些问题要加以探讨，但都没有深入。二十世纪九十年代的今天，随着我国政治、经济领域的改革不断深化，哲学社会科学理论界的开放不断扩大，笔者认为有必要对以上几个问题进行新的探讨。

一　哲学基本问题以及两个派别的划分不是绝对的

长期以来，国内理论界形成了一种绝对化的观念，认为只要有哲学，不论哪个时代，哪个民族，都必然存在哲学基本问题和两个派别的划分。按照这种观点，思维与存在的关系问题以及围绕它而划分的唯心主义和唯物主义的派别，在哲学领域是无时不在，无处不在的。但是，实际上，恩格斯关于哲学基本问题和两

＊　原文发表在《新华文摘》1996 年第 5 期。

个派别的论述不是绝对的，而是相对的；不是无条件的，而是有条件的。恩格斯说："全部哲学特别是近代哲学的重大的基本问题，是思维与存在的关系问题。……但是这个问题，只是在欧洲人从基督教中世纪的长期冬眠中觉醒以后，才被十分清楚地提了出来，才获得了它的完全的意义。"① 这段话里包含有时代局限和地域局限。

时代局限是什么呢？是中世纪以后的"近代"。只是在近代，哲学的基本问题才被十分清楚地提出来，才获得了它的完全意义。在古代和中世纪，思维与存在的关系问题还不是十分清楚，而一般与个别的关系问题是当时更重要更基本的问题。古希腊哲学家苏格拉底推翻了自己学生提出的各种各样具体的道德，而得出了道德的定义，提出了一般的道德。柏拉图从道德问题推广到任何问题，不管什么东西，都有它的"一般"，这个一般叫做"理念"。他认为永恒不变的理念世界是真实的，而变化无常的现实世界是不真实的。亚里士多德虽然是柏拉图的学生，但是他却敢于批判老师的理念论，他认为一般只能存在于个别之中。他说："我们不能同意这样的说法，似乎除了个别的房屋之外，还有什么一般的房屋。"② 中世纪经院哲学中唯名论与唯实论的斗争，也是围绕着"一般"（共相）和"个别"（具体事物）的关系而开展的。一般是个别事物之外的真实存在呢，还是仅仅是个别事物的名称？唯实论者认为，一般是真实存在并先于个别事物的；唯名论者认为，一般只是名称，且后于个别事物的。唯名论与唯实论的斗争，不能等同于近代唯物主义与唯心主义的斗争。

① 恩格斯：《路德维希·费尔巴哈和德国古典哲学的终结》，第 14 页。
② 转引自汪子嵩《欧洲哲学史简编》，第 20 页。

　　恩格斯这段话的地域局限是什么呢？是产生基督教文明的"欧洲"。所谓"全部哲学"，实际上是指从古希腊开始的欧洲的全部哲学，肯定是不包括中国古代哲学的，因为从恩格斯全部的著作与书信看，他一生并没有研究过中国古代哲学。中国古代哲学有没有思维与存在的关系呢？有没有唯心主义与唯物主义的派别呢？我们不能根据恩格斯的观点去推论，而只能通过独立的研究才能下结论。

二　中国古代哲学的基本问题不是思维与存在的关系问题

　　欧洲自从笛卡尔提出"我思故我在"的观点，思维与存在的关系问题才被比较清楚地提出来。在其后的发展中，尤其是德国古典哲学中，思维与存在的关系问题才获得了完全的意义。中国古代，与欧洲古代一样，思维与存在的关系问题还不是最基本的问题。那么，最基本的问题是什么呢？恐怕要首推天人关系问题。汉代司马迁说他一生追求的，就是"究天人之际，通古今之变"[①]。宋代邵雍说："学不际天人，不足以谓之学。"[②]　直到近现代，许多大学者如熊十力、钱穆等，到晚年都致力于探讨天人关系问题，寻求天人合一的境界。如唐君毅说："天人合一是中国哲学上的中心观念。"[③]　张岱年说："中国哲学有一根本观念，即天人合一。"[④]　那么，天人关系到底是怎样的哲学问题呢？

————————

　　①　《汉书·司马迁传》。

　　②　《皇极经世·观物外篇》。

　　③　唐君毅：《如何了解中国哲学史上天人合一之根本观念》，《中苏文化》1937年。

　　④　张岱年：《中国哲学大纲》，第6页。

天人合一又该怎样理解呢？天人关系问题是不是思维与存在即精神与物质的关系呢？

让我们从概念来分析。天是什么？天最早是指天空，如《诗经·大雅》说："倬彼云汉，为章于天。"天的哲学含义是表示整个自然、宇宙的最高范畴。如郭象在《庄子注·齐物论》中所说："天者，万物之总名也。"天与其他范畴结合，又形成了多种含义。如老子的天道（客观规律）、墨子的天志（天有意志）、孔子的天命（天的命令）、宋明理学家的天理（自然的法则），这些我们暂且不作分析。单独使用的天的概念，特别是与人相对的天的概念，一般是指自然。但是，这个自然不是纯物质的自然，它同时含有命定、主宰的意思。例如，孔子所说的天（"天何言哉"、"天生德于予"）既是自然之天，又是主宰之天。还有，在中国古代哲学中天概念所表达的那个"自然"，并不是与"精神"相对的"自然"，而是与"人"相对的自然。人是什么？荀子认为人与动物的区别是"人能群"，这是指人的社会性。告子说："食色性也"，也是指人的自然性。人既有社会性，又有自然性。中国古代哲学认为，人是由形体与精神组成的。先秦《管子·内业》说："凡人之生也，天出其精，地出其形，合此以为人。"这里的精即精神，它来源于精气。形神关系的问题是中国哲学史上长期争论和探讨的问题之一。在各家各派的哲学著作中，我们从未看到将人概念等同于精神概念，人概念总是比精神概念高一层次，精神是人所包含的一个方面。通过对以上概念的分析，我们知道，"天"虽是表示整个自然（宇宙）的最高概念，但这个"自然"不是与精神、思维相对的物质、存在。"人"是表示人类（社会）最一般的概念，但它不是与物质、存在相对的精神、思维。由此可见，天人关系问题不是思维与存在、精神与物质的关系问题，而是人类（社会）与自然（宇宙）

的关系问题。人类从自然界中异化出来以后，自身要生存要延续。它首先要了解外部世界是什么，怎么样？也要认识人类自己是什么，怎么样？还要处理好自身与外部自然界的关系，怎样对待它？这些就是产生天人关系问题的根源。人类与自然的关系问题到今天并没有解答完毕，将来也不会完全解决。因此，天人关系问题将始终是人生哲学、自然哲学的极其重要的问题。需要说明的是，人类与自然的关系问题，只是天人关系问题中最基本、最重要的问题，但并不是全部的问题，天人关系问题还包括天道、人道、天理与人欲、身、心、性、情等许多问题。这里就不一一探究了。

三　中国古代哲学没有唯心主义

中国古代哲学的基本问题不是思维与存在即精神与物质关系问题，因此以回答基本问题的不同方式来划分的唯心主义和唯物主义派别就不可能存在。可是中国理论界的有些人，把哲学基本问题绝对化，认为不论欧洲还是中国，不论近代还是古代，必定存在着精神与物质的关系这个基本问题，必定存在着唯物主义与唯心主义的斗争。他们虽然知道天人关系问题并不是精神与物质的关系问题，却拐了一个弯，认为天人关系问题是思维与存在关系问题的一种表现形式；然后再拐一个弯，认为中国古代唯物主义与唯心主义的斗争是围绕着天是否是有人格有意志的神的问题展开的。当时，主张天是有人格的上帝，它创造和支配整个自然界和人类社会的，属于唯心主义阵营；反对人格的上帝，主张天道自然无为，按照自然界本身的原则上说明自然界的，属于唯物主认阵营。但是，恩格斯早就说过，唯心主义和唯物主义是哲学本体论领域的两个具有特定含义的用语，它们不可能在别的意上被使用，也就是说不能"拐了弯"把它们使用到本体论之外的领域。

恩格斯说："什么是本原的，是精神，还是自然界？……凡是断定精神对自然界是本原的，从而归根到底以某种方式承认创世说的人……，组成唯心主义阵营。凡是认为自然界是本原的，则属于唯物主义的各种学派。除此以外，唯心主义和唯物主义这两个用语本来没有任何别的意思。它们在这里也不能在别的意义上被使用，下面我们就可以看到，如果给它们加上别的意义，就会造成怎样的混乱。"① 施达克认为费尔巴哈是唯心主义者，原因是"他相信人类的进步"。恩格斯对于施达克泛用"唯心主义"这个用语给了有力的批判："认为人类（至少现在是）总的来说是沿着进步方向运动的这种信念，是同唯物主义和唯心主义的对立绝对不相干的。"② 世界本原问题是思维与存在的关系问题的第一个方面，恩格斯认为唯心主义与唯物主义只是就哲学基本问题第一个方面而言的，它们一般说来不能在第二个方面即认识论、可知论或不可知论的领域去使用。恩格斯在《反杜林论》中对杜林的认识论进行了系统的批判，但他并没有称杜林的认识论是唯心主义认识论，也没有在认识论领域划分出唯心主义认识论和唯物主义认识论两个阵营。恩格斯在批判休谟和康德的不可知论时，没有称他们是唯心主义不可知论，相反，还指出德国新康德主义和英国不可知论者在本体论领域中暗中接受唯物主义③。除了《反杜林论》等著作之外，恩格斯一生写了大量的哲学著作，其著作中使用的唯心主义概念，总是在本体论意义上使

---

① 恩格斯：《路德维希·费尔巴哈和德国古典哲学的终结》，第15页。
② 同上书，第23页。
③ 同上书，第17页。

用的。这反映了他具有极好的理论修养和天才的哲学头脑。

有些做理论研究的人，忘记了恩格斯的这些观点，把唯心主义、唯物主义这两个用语泛化了，造成了中国哲学史研究领域的理论混乱。拿孔子来说，他主要是伦理学家和教育家，他并没有对世界本原问题发表意见，所以也没有必要一定说他是唯物主义哲学家，或者是唯心主义哲学家。可是，对于泛化了的体系来说，却可以根据他对天的看法断定他的哲学派别。孔子对天的看法是复杂的，既有主宰、命定的一面，又有天空、自然的一面，于是对孔子到底是唯物主义还是唯心主义者就争论不休了。再拿老子来说。老子的天就是自然之天，没有意志和人格。按泛化的标准，可以认为老子是唯物主义哲学家了吧？不！在这里标准又变了，因为在老子那里，天不是最高范畴，道才是最高范畴。老子说："人法地，地法天，天法道，道法自然。"① 道是精神还是物质（气）？长期争论不休。老子是唯物主义者还是唯心主义者，也长期争论不休。其实，中国古代哲学并没有与欧洲相同的物质或精神的范畴以及二者的对立。再看墨子，墨子的天是意志之天、人格之天。按泛化的标准，应该说是唯心主义哲学家吧？不！说他是唯物主义者的居多。原因是他的认识论、三表法被认为是唯物主义的。三个哲学家，用三种不同的标准去研究、评价，肯定会出现理论上的混乱。先秦时期，以孔子为代表的儒家，以老子为代表的道家，以墨子为代表的墨家，是当时影响最大的三个学派。他们之间的学术争论，是围绕着天人之际、古今之变的问题展开的，并不是唯物主义与唯心主义的斗争。汉代到清代，中国知识分子分为儒、道、释三派，他们探讨了天人关系、理气关系、心性关系等问题。这些学派也不能简单归结为唯

---

① 《老子·第二十五章》。

物主义的或唯心主义的。但是，几十年来，中国的许多学者自觉
地模仿苏联学者的模式，把中国哲学史写成一部唯物主义与唯
心主义的斗争史，给每个中国古代哲学家都要戴上唯物主义或者唯
心主义的帽子。这不是尊重历史、尊重科学的态度；这也不是事
实求是，从实际出发的方法。

四　中国人与欧洲人的传统思维方式不同

列宁说："原始的唯心主义认为：一般（概念、观念）是单
个的存在物。这看来是野蛮的、骇人听闻的（确切些说：幼
稚）、荒谬的"①。为什么欧洲人曾经长期陷入这种幼稚、荒谬的
体系中不能自拔，而中国人为什么能避免这种幼稚、荒谬呢？这
只能从不同的传统思维方式中找到答案。

欧洲人的传统思维方式，是显著地区分主观与客观，我与非
我。欧洲人重视对自然知识的追求，强调人的理性。用理性去把
握周围的世界，就形成主观的观念。欧洲人强调人与自然的对
立，人对自然的征服，这样就构成了主观和客观的对立。主观就
是我们的思想、感情和意志，也就是精神。客观就是非我，我之
外的存在物、自然、宇宙，也就是物质。有了精神与物质的对
立，就有了下面的问题：精神第一性，还是物质第一性？精神先
于物质，还是物质先于精神？对这些问题的回答不同，就成为哲
学上的两个派别：唯心主义和唯物主义。中国人的传统思维方
式，是不显著地区分主观与客观，我与非我。重视对道德的修
行，超过对自然知识的追求。中国人普遍信奉天人合一的思想。

---

① 列宁：《哲学笔记》，第 421 页。

孟子说："尽其心者，知其性也，知其性，则知天矣。"① 认为人通过心、性与天相通。庄子说："天地与我并生，而万物与我为一。"② 认为人与天地万物同类。宋明理学家几乎没有不讲天人合一的。这种观点不能将宇宙对象化、外在化，不能形成"我"与"非我"的对立。天人合一的思想，主张天不是人征服改造的对象，而是与人息息相通；人是从天（自然）而来的，人的生存在很大程度上依赖着天，人应该与天保持协调和谐与一致。天人合一还包含着人对自然规律的适应与遵循（天道与人道合一），人对理想的追求与实现（"大人"者与天地合其德），人的旷达逍遥与遵守礼教的统一（自然与名教合一）等多方面的思想。这些思想有一个共同点，就是反对将主观与客观对立起来并截然分开。在中国人的观念中，物质与精神是统一的，不是对立的。例如，气既产生了形体，也产生了精神。如心既是指思维的器官，又是指知觉、精神。这就是中国古代哲学中没有唯心主义的原因之一。冯友兰先生早在二十世纪三十年代就注意到这一点。他说："中国哲学迄未显著将个人与宇宙分而为二也。西洋近代史中，最重要的事，即是我之自觉。我已自觉以后，世界既中分二：我与非我，我是主观的，我以外之客观世界，皆非我也。"③ 又说："我看见面前的桌子，它是真实的还是虚幻的，它是仅仅在我心中的一个观念还是占有客观的空间，中国哲学家们从来没有认真考虑。这样的知识论问题在中国哲学（除开佛学，它来自印度）里是找不到的，因为知识论问题的提出，只有在强调区分主观和客观的时候。"④ 这段话一是说明中国哲学除佛

---

① 《孟子·尽心上》。
② 《庄子·齐物论》。
③ 冯友兰：《中国哲学史》上册，第 10 页。
④ 冯友兰：《中国哲学简史》，第 32 页。

学之外没有唯心主义，二是分析了中国哲学没有唯心主义的原因。

中国哲学认为，人是懂礼义的动物，反映了中国人对道德伦理的重视。欧洲哲学家认为，人是有语言的动物，可见欧洲人对语言、概念的重视。从柏拉图到黑格尔，欧洲唯心主义的特征是将语言、概念客观化、实在化，认为具体事物是变动不居的，而具体事物的概念是更真实，更实在的。中国哲学一向轻视语言和概念。孔子说："书不尽言，言不尽意。"① 老子说："道常无名。"在魏晋玄学的言意之辩中，大多数哲学家主张"得意而忘言"。中国哲学强调的是语言、概念的实用、实效和功能性，认为语言、概念是"悟道"的工具、媒介，而不是实体性的存在。这样的思维方式，不可能产生欧洲柏拉图、黑格尔那样的唯心主义哲学家。

五　孟子、王阳明不是主观唯心主义哲学家

一般认为，西方唯心主义哲学有两种基本形式，一是主观唯心主义，认为个人的精神是世界的本原，世界上一切事物只存在于人心灵之中，或是个人心灵的产物。欧洲主观唯心主义的代表人物是英国的贝克莱。他的名言是："存在就是被感知。"中国的孟子和王阳明一直被许多学者认为是主观唯心主义的代表人物。孟子的名言是："万物皆备于我。"王阳明的名言是："心外无理，心外无事。""天下无心外之物。"这些学者把"物"理解为西方的"物质"范畴：既然万物皆在我心中，我心之外没有万物，这岂不是与贝克莱的典型主观唯心主义观点吗？

---

① 《易传·系辞》。

在中国古代哲学中，"物"这一概念主要不是指自然物，而是指"事"。朱熹说："物犹事也。"又说"天下之事，皆谓之物"①。王阳明解释"格物"这个概念时说："我解'格'作'正'字义，'物'作'事'之义。"② 人的活动为'事'，事有多种多样。古人以为伦理道德就是最大的事，所以"物"这一概念常常指伦理道德之事。孟子说："有人于此，其待我以横逆，则君子必自反曰：我必不仁也，必也无礼，此物奚宜至哉？"③ 这是将有人强暴无礼于自己的道德之事称为"物"。王阳明说："意之所在，必有其物，物即事也。如意用于事亲，即事亲为一物。"④ 这里的事亲的道德之事被称为"物"。

现在再来看孟子与王阳明的那两句名言，它们都不是本体论的命题，而是讲的伦理道德问题。孟子说："万物皆备于我矣。反身而诚，乐莫大焉。"⑤ 这里的"万物"是指仁义礼智等许许多多的道德，它们已具备在我的本性之中，我通过反省体认而获得了最高的德行，没有比这更快乐的事了。这个问题与唯心主义风马牛不相及。王阳明说："虚灵不昧，众理具，万事出。心外无理，心外无事。"⑥ 这里所说的心外无理、心外无事与心外无物都是一个意思，理、事、物都是指道德伦理。王阳明认为，人的心（虚灵）本来就具备了许许多多的道德伦理，到心之外去找道德伦理不是一无所获吗？这个命题不能说明王阳明是主观唯心主义哲学家。

---

① 《朱子语类》卷十五。
② 王阳明：《传习录》。
③ 《孟子·离娄》下。
④ 王阳明：《传习录》。
⑤ 《孟子·尽心》下。
⑥ 王阳明：《传习录》。

六　朱熹不是客观唯心主义哲学家

西方唯心主义哲学的另一种形式是客观唯心主义，认为客观精神先于物质世界并独立于物质世界而存在。德国哲学家黑格尔是客观唯心主义的代表人物，他认为绝对观念先于自然界而存在，绝对观念发展到了一定阶段异化为自然界。客观唯心主义的特征是把人的概念和意识绝对化，看作是脱离并先于物质世界而独立存在东西。目前，学术界将朱熹看作中国客观唯心主义的代表人物，理论根据是他主张"理在气先"。笔者不能同意这种观点，因为理气关系并不是精神与物质的关系问题，怎么能用这个问题去判断哲学家是唯物主义或唯心主义呢？

在朱熹那里，表达精神的概念是"神"、"精神"、"知觉"、"心思"等等，它们是由气、形体产生的。朱熹说："人生初间，是先有气，既成形，是魂在先。形既生矣，神发知矣。既有形，后方有精神知觉。"① 气与形体在先，精神知觉在后，这如何是唯心主义呢？气是朱熹哲学中的重要范畴。他说："天地之间，一气而已。"②"天地之间无非气。"③ 这与张载的气论有什么区别呢？气与欧洲的"物质"概念是不同的。欧洲的物质概念是对立于精神概念而提出的，而中国的气概念是将物质精神都包括进来了。气分为阴阳二气。阴气产生了物质、形体，阳气产生了知觉、精神。朱熹说："形既生矣，形体阴（气）之为也；神发知矣，神知阳（气）之为也。"④ 中国人这种独特的思维方式，

---

① 《朱子语类》卷三。
② 《易学启蒙》卷一，《朱子遗书工刻》。
③ 《朱子语类》卷三。
④ 同上书，卷九十四。

不能用欧洲的唯物主义、唯心主义范畴去概括。理也是朱熹哲学中重要的范畴，它是客观的规律、原理、原则、法则的意思。如果要在欧洲哲学史上寻找最接近的范畴，肯定不是精神，而是古希腊哲学中所说的"形式"（Foum）。前面说到的"气"，接近于古希腊哲学中所说到的"材质"（Motter），不过它既是物质的材质，也是精神的材质。理气关系问题接近于形式与材质的关系问题。一个椅子，要有它的原理，这就是形式；又要有木头，这就是材质。原理和木头的关系，就是理气关系的一个例证。关于理气关系，朱熹的基本思想是理气互相依赖，不可分离："天下未有无理之气，亦未有无气之理。"① "气与理本相依。"② "理未尝离乎气"③，"既有理，便有气；既有气，则理又在乎气之中。"④ 再举椅子为例，它的形式与材质的确是融化一体，不可分离的。朱熹特别强调理气不分先后："理与气本无先后之可言。"⑤ 在世界如何产生的问题上，有学生说："太极动而生阳，静而生阴，见得理先而气后。"朱熹明确表示不同意理先气后，回答说："二者有则皆有"⑥，理气是同时产生的。又说："自太极至万物化生，只是一个道理包括，非是先有此而后有彼。"⑦那么，朱熹又是在什么情况下说理在气先呢？是在理气无时间先后的大前提下，从逻辑推理的角度上说的，只是逻辑上理在先、气在后。朱熹说："理与先本无后可言，但推上去时，却如理在

---

① 《朱子语类》卷一。
② 《朱子语类》卷五十九。
③ 《朱子语类》卷一。
④ 《朱子语类》卷九十四。
⑤ 《朱子语类》卷一。
⑥ 《朱子语类》卷九十四。
⑦ 同上。

先，气在后相似。"① 这怎么理解呢？我们常常说：先发明了飞机原理，然后才制造出了飞机；不能说先制造了飞机，然后发明了飞机原理。这就是逻辑上的形式在先，理在先。但实际上，对任何一架飞机来说，形式和材质是不可分的，理和气是不可分的，是没有先后可言的。上面朱熹说得很清楚："如理在先，气在后相似。"理先气后并不是真的，只是"比如"，只是"相似"而已。朱熹理气关系的本意就是这样的。不管他的这个看法对不对，都不能说他是唯物主义者或唯心主义者。当代英国学者李约瑟认为，以朱熹为代表的宋代理学思想，"十分密切地接近辩证唯物主义或进化唯物主义的世界观"②。这种评价也未必合适。因为恩格斯告诉我们：唯物主义和唯心主义只能根据哲学家对思维与存在的关系问题，尤其是对世界本原的看法来确定，在其他任何意义上去使用这两个用语，只会造成理论上的混乱。

　　以恩格斯关于哲学基本问题论述为指导思想，并以其关于唯物主义和唯心主义这两个用语的定义为衡量标准，对中国古代哲学有没有唯心主义这一问题进行了探讨。这一探讨从两个方面进行，一方面从中国思维方式的特殊性入手，从总体上分析中国古代是否有可能产生唯心主义；另一方面从理论界比较公认的几个古代唯心主义哲学家入手从个案上分析这些哲学体系是不是严格意义上的唯心主义。最后的结论是：中国古代哲学的基本问题不是思维与存在的关系问题，中国古代哲学没有唯心主义体系。

---

① 《朱子语类》卷一。
② 李约瑟：《中国科学技术史·科学思想史》，科学出版社1990年版，第485页。

中国古代哲学有没有唯物主义[*]

　　唯物主义这一概念，是在近代伴随着西方自然科学进入中国的。由于中国人对西方自然科学成就的钦佩，所以对唯物主义思想也毫不怀疑地一起接受下来了。近现代有一些学者在中国古代哲学中寻找唯物主义哲学家及其思想体系，但是他们只找到了个别的哲学家和片断的命题。二十世纪五十年代以后，受苏联日丹诺夫定义的影响，哲学界研究出一个贯穿古今的中国唯物主义传统，并且在每个历史时代、每个哲学问题上都找到了唯物主义与唯心主义的斗争。按这个模式已出版了无数的著作和教科书，似乎已经体系化，但实际上基础很不牢固。这个体系的基础是由历史上具体的哲学家组成的。这些具体的哲学家是唯物主义还是唯心主义，虽经五十多年的探讨，却几乎没有一个哲学家可以肯定下来，对孔子、老子、墨子、孟子、庄子、王充、张载、朱熹等等都长期有争论。其中对老子的争论最激烈，几次高潮，至今不衰。像荀子、张载这样比较公认的唯物主义哲学家，像孟子、朱熹、王阳明这样比较公认的唯心主义哲学家，也不时有人写文章

＊　原文发表在《广西民族学院学报》1996 年第 2 期。

提了相反的看法。出现这种状况的原因，是中国学者的哲学功力太低吗？肯定不是。如果不是，那么就要反省这个问题的前提是否成立。换句话说，在构建中国古代唯物主义传统及其与唯心主义斗争的体系之前，应该首先反省一个前提，即中国古代哲学有没有唯物主义。

一　中国古代哲学不具有唯物主义的基本前提

人们在日常生活和生产活动中，会感觉到人自己和周围的事物是真实存在着的。这种朴素的、从常识出发的认识，并不等于唯物主义。十九世纪，施达克评价费尔巴哈是唯心主义者，原因是费尔巴哈"对理想目的的追求"和"相信人类的进步"。恩格斯认为追求理想不等于唯心主义。他嘲笑施达克说："如果一个人只是由于他追求理想的意图并承认理想的力量对他的影响，就成了唯心主义者，那么任何一个发育稍稍正常的人都是天生的唯心主义者，这样怎么还会有唯物主义者呢？"① 同样的道理，承认自己和周围的事物是真实存在的，这也不等于唯物主义。否则，任何一个发育稍稍正常的人都是天生的唯物主义者，这样怎么还会有唯心主义者呢？哲学意义上的唯物主义应该有三个基本前提。第一，唯物主义是回答思维与存在的关系问题而形成的一种哲学派别。这一哲学派别认为世界的本原是物质，而不是精神。恩格斯认为，离开了世界的本原问题，唯物主义这个用语就毫无意义了。因此，回答思维与存在的关系问题，是唯物主义的第一个基本前提。第二，唯物主义是与唯心主义相比较而存在的，相斗争而发展的，它们是一对矛盾，作为一对矛盾，它们既

---

① 《马克思恩格斯选集》第 4 卷，人民出版社 1972 年版，第 228 页。

互相对立，又互相依存。一方不存在，而另一方就失去了存在的前提，这是矛盾双方依存性（也叫同一性）的基本内容。比如说，没有唯物主义，也就无所谓唯心主义，反之亦然。从这个意义上讲，唯心主义的存在是唯物主义的第二个基本前提。第三，唯物主义与主客二分的思维方式有密切的关系。甚至可以说唯物主义是主客二分思维方式的一个产物。外部世界是客观的，是客体，我们的意识是主观的，是主体。客观、客体是相对于主观、主体而言的，反之亦然。没有主客二分的思维方式，则"物质""实在"、"客观存在"、"唯物主义"这些概念都失去了意义。因此，主客二分的思维方式，是唯物主义的第三个基本前提。

笔者在《中国古代哲学有没有唯心主义》①一文中论述了下列观点。第一，思维与存在的关系同题，即哲学基本问题不是绝对的，而是相对的；不是无条件的，而是有条件的。它像其他任何问题一样，有时代局限性和地域局限性。中国古代哲学的基本问题不是思维与存在的关系问题，而是以天人关系等哲学范畴表达的人与自然的关系问题。这就是说，中国古代哲学不具有唯物主义的第一个基本前提。第二，欧洲唯心主义的重要特征是将语言、概念客观化、实在化，而中国古代哲学强调的是语言、概念的实用、实效和功能性，认为语言、概念是悟道的工具、媒介，而不是实体性的存在。这样的思维方式很难产生像欧洲柏拉图、黑格尔那样的唯心主义哲学家。从个案上讲，孟子、朱熹、王阳明等也不是唯心主义哲学家。这就是说，中国古代哲学不具有唯物主义的第二个前提。第三，中国古代哲学没有明显地将宇宙对象化、外在化，反对将主客二元对立起来，并主张自然不是人征服的对象而是与人息息相通的；提倡天人合一，物我合一，人与

---

① 该文发表在《新华文摘》1996 年第 5 期。

自然保持和谐一致。这就是说，中国古代哲学不具有唯物主义的第三基本前提。①

中国古代哲学本来不具有唯物主义的基本前提，可是近现代以来的哲学界却一直有人在构建古代唯物主义传统，于是不可避免地出现了理论上的混乱。试看以下几例。冯友兰二十世纪三十年代著《中国哲学史》，一方面认为"中国哲学迄今未显著的将个人与宇宙分而为二也"，"故亦未显著的将我与非我分开。"②另一方面，他却在一部分哲学家中划分唯物唯心。例如认为孟子、王阳明是唯心主义，荀子、列子是唯物主义。他划分唯心唯物的标准非常奇怪，认为"硬心"的哲学家有唯物论倾向，"软心"的哲学家有唯心论倾向。这是受了实用主义哲学家詹姆士的影响。③ 二十世纪六十至八十年代，冯友兰著《中国哲学史新编》，与二十世纪三十年代的《中国哲学史》大异。他按照日丹诺夫定义，在每个历史时代选定几个唯物主义代表人物，与该时代的几个唯心主义代表人物进行"战斗"。任继愈二十世纪五十年代著《老子今译》，二十世纪六十年代主编《中国哲学史》，都认为老子是唯物主义。二十世纪七十年代著《老子新译》、《中国哲学史简编》，又认为老子是唯心主义；二十世纪八十年代主编的《中国哲学发展史》（先秦）则认为："老子哲学究竟是唯物主义的，还是唯心主义的？按照这种打破沙锅问到底的方式去追问，是不会真正有结果的。"④ 三十年而三大变，最后的看法是比较正确的。可惜的是，他对老子的认识没有上升到方法

---

① 以上观点在《中国古代哲学有没有唯心主义》一文中有详细论证，故本文论述简略。

② 冯友兰：《中国哲学史》，中华书局1961年版，第10—11页。

③ 同上书，第352页。

④ 任继愈：《中国哲学发展史》（先秦），人民出版社1983年版，第260页。

论的高度。除老子以外，他继续在先秦诸子中划分唯物唯心。其中庄子他一向认为是唯心主义，而《中国哲学发展史》（先秦）又一大变，认为庄子是唯物主义。张岱年一九五六年写《中国唯物主义思想简史》，认为老子、庄子、郭象、周敦颐都是唯物主义者。一九八一年再版时，他又认为这这些人都是唯心主义者。① 二十世纪九十年代写《中国唯物论史》，则认为老子提出自然观念，为唯物论开拓道路。还认为庄子以气为本的学说也是唯物主义的，等等。② 这样频繁的变化，说明了什么呢？一个人用望远镜观察远方的山水，如果山水在镜中的映象很模糊，不清楚，经常变化，这个人一定会反省自己的望远镜是不是出了问题。同样的道理，用唯物与唯心的望远镜去观察中国古代哲学这个对象，如果对象在镜中的映象很模糊③、不清楚④、经常变化，是不是就应该反省唯物与唯心这个望远镜呢？

按照中国古代哲学的现行体系，唯物主义是从早期阴阳学说、五行学说开始的，它的完成形态是气一元论学说。下面我们对这三个学说进行反省。

二　早期阴阳学说不是唯物主义

任继愈说："《易经》从复杂的自然现象和社会现象中抽象

---

① 张岱年：《中国唯物主义思想简史》修订本序言，中国青年出版社 1981 年版。

② 张岱年：《中国古典哲学的唯物论传统——中国唯物论史》，《甘肃社会科学》1993 年第 5 期。

③ 许多学者认为中国哲学史的一个特点是模糊性，但他们没有反省是不是"望远镜"有问题。

④ 许多学者认为中国哲学史的逻辑范畴不清楚，哲学家是唯物或唯心难搞清楚。是研究对象不清楚，还是研究方法不对路，值得反省。

出阴（—）阳（－－）两个基本范畴。"又说："《易经》中包含的一些辩证法观点和朴素的唯物主义思想。"① 这些说法不能完全成立，因为《易经》中根本没有阴阳范畴，《易传》中才出现阴阳范畴。《易经》被后人穿上了各式各样的盛装。清代《四库全书总目提要》说："易道广大，无所不包，旁及天文、地理、乐律、兵法、韵学、算术……"近代以后，则认为《易经》包含辩证法和唯物主义思想。现代又有许多人认为《易经》包含着现代自然科学的原理。剥去这些盛装，读一读《易经》原著，就会发现它的真实面目乃是一本占筮之书。殷周之际的宫廷巫师用占卦卜筮的方法推算天意命运，以决定当时的政治、军事大事以及天时气象、吉凶祸福、帝王活动等等。《易经》是占筮活动的总结，全书中没有一句涉及世界本原问题，没有唯物主义思想。

阴阳概念形成大约是西周初期，它最早的出处不是《易经》，而是《诗经》。《诗经·大雅·公刘》说："笃公刘，既溥既长，既景既冈，相其阴阳，观其流泉。"公刘带领周人迁徙，时常要观察日影，以定南北方向。阴阳在这里没有哲学信义，只是代表方位。阳代表山的南面水的北面，阴代表山的北面水的南面。后来阴阳概念与气概念结合，于是有阴气、阳气的概念。阴阳之气的概念大约形成于西周末期，它的最早出处是《国语·周语上》，其记载虢文公引用古代太史的一段话："自今至于吉日，阳气俱蒸，土膏其动。弗震弗渝，脉其满眚，谷乃不殖。"这段话的意思是，立春前后阳气上升，要及时耕作使土地松动，让阳气宣发。否则，土地会气结脉满，长不了谷子。这段话包含着农业科学思想的萌芽，但却没有达到哲学世界观的高度。

---

① 　任继愈：《中国哲学史》第一册，人民出版社 1966 年版，第 17 页。

　　比虢文公稍晚的伯阳父，用阴阳二气解释地震现象。《国语·周语上》记载，周幽王二年时发生地震，伯阳父说："周将亡矣！夫天地之气，不失其序。若过其序，民乱之也。阳伏而不能出，阴迫而不能蒸，于是有地震。"这段话的意思是，周朝就要灭亡了！天地之间的各种气，都按一定的秩序运行，如果失去秩序，是人将它搞乱了。阳气在下积聚，阴气在上压迫它不能蒸升，于是发生地震。任继愈认为这是唯物主义观点。① 笔者认为不能成立。第一，唯物主义也好，唯心主义也好，必然是对世界整体发表意见，才称得上是世界观，是哲学。这里只是就某一种具体的自然现象作出解释，不可以说是唯物主义。第二唯物主义是对世界整体发表意见，才称得上是世界观，是哲学。这里只是就某一种具体的自然现象作出解释，不可以说是唯物主义。第二，唯物主义是对世界整体的本原问题发表意见，如古希腊哲学家提出的始基、元素说。这里的阴阳二气只是土地发生震动的原因，而不是构成土地、世界的始基、元素。第三，唯物主义首先在于确立自然物质是客观的，是独立于人和人类精神之外的。而这里说人可以搞乱天地之气的秩序，"民乱之也"。又说："山崩川竭，亡之征也，川竭，山必崩。若国亡，不过十年，数之纪也。夫天之所弃，不过其纪。"这就是说，天让周朝灭亡，以地震作为征兆，警告统治者。显然，这里不是唯物主义思想。

　　春秋战国时期，有百家争鸣，许多学派都将阴阳概念吸引到自己的哲学体系之中。在这些哲学体系之中，阴阳一般不是本原或本体，而是本原、本体与万物的中间环节。《老子·四十二章》说："道生一，一生二，二生三，三生万物。万物负阴而抱阳，冲气以为和。"这里阴阳是道与万物的中间环节。周秦之际

---

　　① 　任继愈：《中国哲学史》第一册，人民出版社1966年版，第17、21、25页。

的《吕氏春秋·大乐》说："万物所出，造于太一，化于阴阳。"《礼运》说："本于太一，分而为天地，转而为阴阳，变而为四时。"这两处，阴阳都是太一与四时万物的中间环节。在《易传·系辞》中，阴阳是太极与万物的中间环节。阴阳的这种地位一直延续到汉宋明清。这里仅举出汉代的几个例子。在《淮南子》中，阴阳是太一与万物的中间环节。在《黄老帛书》中，阴阳是"一"（道之别名）与万物的中间环节。在扬雄那里，阴阳是玄与万物的中间环节。在班固那里，阴阳是太极与万物的中间环节。在王充那里，阴阳是天地与万物的中间环节。作为中间环节的阴阳二气，在中国古代哲学的各种体系中，没有担当本原角色。因此，早期阴阳学说不是唯物主义。

三　早期"五行"学说不是唯物主义

"五行"作为一个名词概念，最早见于《尚书·甘誓》。《甘誓》记载，夏启征伐有扈氏时，宣布他犯了"威侮五行，怠弃三正"的大罪。这个五行是什么内容？学术界未取得一致意见，但有一点可以肯定，这个被三个威侮的五行不具有哲学意义。《尚书·洪范》明确地把水、火、木、金、土概括起来称为五行。《洪范》记载，殷代遗臣箕子对周开王说：古代君王鲧治理灌水，采用堵塞的办法，不合水的属性，治水失败。上帝大怒，将鲧流放，至死不赦。鲧的儿子禹继续治水，他顺水之属性，采用疏通的办法，治水成功。上帝奖励他，赐给他洪范九畴。洪范九畴就是九条大法则的意思。其中第一条大法则是五行："一、五行：一曰水，二曰火，三曰木，四曰金，五曰土。水曰润下，火曰炎上，木曰典直，金曰从革，土爰稼穑。润下作咸，炎上作苦，曲直作酸，从革作辛，稼穑作甘。"许多学者说这段话包含朴素唯物主义思想①。这恐怕是拔高了古人的思想。唐孔颖达以这段话作《疏》曰："此章所演，文有三重：第一言其名次，第二言其体性，第三言其气味。合五者性异而味别，各为人所用。"这个解释很平实，尤其将五行理解为"百姓之所兴作也；土者，万物之所资生也；是为人用"。这里的五行也是为人所用的五种东西。《洪范》认为这些为人所用的东西不是自然存在的，是上帝赐给人类的，这些思想不是唯物主义。

五行常被称为五材。如《左传·襄公二十七年》说："天生五材，民并用之，废一不可。"《左传·昭公十一年》说："譬之如天，其有五材，而将用之，力尽而毙之。"五材是被人们经常使用的五种材料，即水、火、木、金、土。许多学者说五材是构成世界万物的元素，② 笔者认为不妥。哲学上的元素说，是认为由最小微粒和结构最单一的自然物质构成了最大的，由万物组成的自然世界。五材并不是元素。第二，树林虽然是自然物，但是它们有生命，是有机物。有机物不可能是构成无机物的材料，所以树林不可能是元素。第三，土地虽然是自然物，但不是最小微粒的形式，而且看起来内部结构很复杂。亚里士多德曾提出，因为地的粒子太粗，没有谁曾举出地为唯一元素。黑格尔也评论说，土看来很像是许多个别元素的集合体。第四，水、火、木、金、土是人类创建人造世界的五种材料。例如建筑房屋，铸造器械，春种秋收，哪样生产活动离得开这五种材料呢？所以，五材是与实践活动密切相关的一个概念，而不是表示结构、元素的概念。

---

① 如冯友兰《中国哲学史新编》，人民出版社1980年版修订本，第70页。
② 如郭沫若《十批判书》，第117页。侯外庐：《中国思想通史》第一卷，人民出版社1957年版，第125页。

　　《国语·郑语》记载了史伯的一段话："先王以土与金、木、水、火杂，以成百物。"许多人误以为"百物"就是自然世界，由五种元素构成了自然世界，这不是朴素唯物主义思想吗？① 这种看法不能成立。因为第一，上面已有分析，水、火、木、金、土不是五种元素。第二，即使是元素，这些元素不是自然地构成世界，而是先王按自己的意志将五材混合做成百物。第三，做成的百物显然不是自然世界，而是实践活动的产物。三国时期的韦昭注释说："成百九，谓若铸冶烹调之属。"从以上分析可以说明，这段经常被学者们引用的朴素唯物主义史料，其真实面貌并不是朴素唯物主义的。

　　从春秋战国到秦汉，五行学说越来越流行，并渗透到越来越多的领域。春秋时的占星家已大谈五行的相胜，并已推及人事，预言吉凶。如《左传·昭公三十一年》记载史墨说："火胜金，故弗克。"《左传·哀公九年》又记载史墨说："水胜火，伐姜则可。"墨子、孙子有五行无常胜说。《管子》中的《四时》、《五行》已有五行相生说。邹衍创造出一个"五德终始"的体系，预言王朝的变迁。秦始皇、汉高祖对这个体系深信不疑，登基后就实行"改正朔、易服色"。可见邹衍的五行学在秦汉影响之大。邹衍之后，五行学说与阴阳学说已完成合流，并在合流的基础上形成了两个大体系。一是董仲舒的《春秋繁露》，争得儒家的独尊地位，直到今天，还有新儒家在活跃着。另一个是《黄帝内经》，它奠定的中医基础理论，至今还有科学价值。

　　这个时期的五行学说包含着朴素的系统论思想的萌芽，表现为一种"强五"观念，即把一切自然现象和社会现象都归入到数字五的系统图式结构中，如五方、五臣、五材、五色、五味、

---

① 如艾思奇《辩证唯物主义历史唯物主义》，人民出版社 1961 年版，第 8 页。

五声、五星、五神、五事、五德、五常、五岳、五脏等等。五行常常被用来说明几种事物之间或几种因素之间的相互联系、朴素制约的关系，这在中医理论中表现得特别明显。但是，这个时期的五行学说不能说是唯物主义思想，理由如下。第一，这个时期的五行学说没有回答世界本原问题。五行与阴阳一样往往是本原与万物的中间环节。第二，这个时期的五行不是指五种物质元素，而是从属性、功能角度理解的五种关系或五种力量。英国人李约瑟说："五行是永远在流变着的循环运动之中的五种强大力量，而不是消极不动的基本物质。"① 这是很深刻的见解。

四　气一元论不是唯物主义

一种很流行的看法，认为中国古代唯物主义的基本理论形态是"气一元论"。这里所谓气一元论，是指世界的本原只有一个，那就是气，气就是物质。张岱年在二十世纪前期，认为中国古代唯物论的形态是唯气论②，二十世纪八十年代又进一步提出气一元论的概念③。气一元论从先秦一直发展到清代，主要代表人物是《管子·内业》的作者、庄子、张载和王夫之等。

笔者认为，气的学说的确是中国古代哲学的基本形态之一，但历史上并不存在气一元论。从气的内部关系看，它既有物质的一面；又有精神的一面。从气的外部关系看，凡讲气是万物的本原的哲学家，同时也讲道、理、诚、信是万物的本原。这是中国

---

①　李约瑟：《中国科学技术史·科学思想史》，科学出版社1990年版，第267页。

②　张岱年：《中国哲学大纲》，中国社会科学出版社1982年版，第40—41页。

③　张岱年：《中国哲学发微》，山西人民出版社1981年版，第391页；又《中国古代哲学家评传》第3卷上册，齐鲁书社1981年版，第118页。

思维方式所决定，故很少出现例外。

《管子·内业》说："凡物之精，比则为生。下生为五谷，上为列星；流于天地之间，谓之鬼神；藏于胸中，谓之圣人；是故名气。"许多人引文到此为止，读起来好像是气一元论。笔者愿继续引文："是故气也，不可止以力，而可安以德；不可呼以声，而可迎以意。敬守勿失，是谓成德。德成而智出，万物毕得。"在这一段话中，只有"下生为五谷，上为列星"是气的物质性的一面，而"藏于胸中，谓之圣人"，以及继续引文中的"可安以德"、"可迎以意"、"成德"、"智出"，都是精神性的一面。可见从气的内部关系看，气并非物质一元，从气的外部关系看，《管子·内业》认为道也是万物的本原。值得注意的是，《内业》只有第一小段是谈"气"，后面却以十倍以上的篇幅谈道。如说："凡道无根无茎，无叶无荣，万物以生，万物以成，命之曰道。"又说道是"冥冥乎不见其形，淫淫乎与我俱生。不见其形，不闻其声，而序其成，谓之道"。这个道处于混沌状态，无形无声。但万物之所以生，之所以成，之所以有秩序，都来源于道。既然道和气都是万物的根本，故不可以说《管子·内业》的思想是气一元论。

《庄子·知北游》说："人之生，气之聚也；聚则为生，散则为死……故曰通天下一气耳。"这个"通天下一气"是不是只有物质的一面呢？恐怕不是。庄子的意思，气聚而有人之形体，还是气聚而有人之生命？恐怕主要是指后者。那么，气散而后形体消亡，还是气散而后生命和精神消亡？恐怕主要是后者。人刚死不久，气已散，形体还在，但生命和精神已没有了，可见气与生命、精神的关系更密切。凡读过《知北游》的人都知道，这篇文章的中心思想不是探讨气，而是探讨道。文中描写孔子问道于老聃。老聃回答说："夫昭昭生于冥冥，有论生于无形，精神

生于道，形体生于精，而万物以形相生。"《大宗师》中对道是
这样描述的："夫道有情，有信，无为，无形，可传而不可受，
可得而不可见；自本自根，未有天地，自古以固存；神鬼，神
帝，生天，生地；在太极之先而不为高，在六极之下而不为深，
生天地而不为久，长于上古而不为老。"庄子认为道是万物的本
根，这与老子的思想一脉相承。以上说明，庄子虽然说过"通
天下一气"的话，但并非气一元论，因为道也是元。庄子的气
是不是元，也有值得怀疑的地方。《至乐》说："察其始而本无
生，非徒无生也本无形，非徒无形也而本无气。杂乎芒芴之间，
变而有气，气变而有形，形变而有生。"这里说世界初始时本无
气，后来在芒芴（混沌）之中产生了气，故气不是本原。

　　庄子在《知北游》中提出了"太虚"的概念，后来在宋代
张载那里成为一个重要范畴。庄子的太虚是指无限的宇宙空间，
张载则认为这个无限的宇宙空间充满着气。《正蒙·太和》说：
"太虚不能无气，气不能不聚而为万物，万物不能不散而为太
虚。"似乎是个气一元论的体系。但是不管《正蒙》的首篇《太
和》也好，末篇《乾称》也好，都是从论气开始，然后论性。
气是铺垫和基础，性才是中心和根本。《乾称》说："凡可状，
皆有也；凡有，皆象也；凡象，皆气也。"说到这里，好像气是
万有万象之本。但往下看："气之性本虚而神，则神与性乃气所
固有；此鬼神所以体物而不遗也。"前面"有"、"象"是气的物
质性一面，这里的"性""神"是气的精神性的一面。再往下
看："至诚，天性也；不息，天命也。……有无虚实通为一物
者，性也。性通于无，气其一物尔。"这段话明显将性作为世界
（有无虚实）之本，而气是在性之下的一个东西。什么叫"无"？
王夫之注释为"性通于无"。什么叫"气其一物尔"？王夫之是
这样注释的："气亦受之于天，而神为之御，理主宰气。气与

天、性、理相比是从属关系。这种气的学说怎么能说是气一元论呢？很流行的说法，认为王夫之全面继承和发展了张载的气一元论，是中国古代气一元论的集大成者。但仅从对《正蒙·乾称》的注释就可以看出，王夫之和张载都不是气一元论者。对王夫之气的学说，本文限于篇幅，不做详细讨论①。

从《管子·内业》，庄子到张载，他们关于气的学说并不是气一元论。气的内部关系有物质性的一面，又有精神的一面。气的外部关系，往往与道、理、诚、性共同成为万物的本原；或者道、理、诚、性是万物的本原，而气只是次一级的本原；或者气是本原的中间环节。这种气的学说不是唯物主义思想。

五　中国古代哲学不具有唯物主义的主要特征

在马克思、恩格斯的辩证唯物主义出现之前，欧洲传统唯物主义有以下主要特征：第一，从主客二分的思维方式出发，认为世界是不依赖于人的意思的客观存在。如英国的霍布斯认为世界就是物体，物体是不依赖于人们思想的东西。荷兰的斯宾诺莎认为世界是统一于质料的实体。亚里士多德指出，在他之前的一些哲学家，只注意事物的物质质料，而忘记了形式。法国伽桑狄指出，实体只有被当作广延的、有形状的、有颜色的东西时，才能被理解。狄德罗认为实体就是物质。费尔巴哈认为实体就是自然。第二，从重分析、重结构的思维方式出发，认为世界是由基本物质如原子所构成的。古希腊德谟克利特认为，原子是一种最小的、不可见、不可分的物质微粒，一切物体都是由原子组合构

---

① 对王夫之不做详细分析的另一个原因，是王夫之属古代哲学家还是启蒙时代哲学家，学术界有争论。如侯外庐、肖箑父等人认为王夫之是早期启蒙思想家。

成的。十八世纪法国的霍尔巴赫认为，物体是由"那些感觉不到的分子"构成的。十九世纪，以科学实验为基础的分子原子理论终于形成并问世。

中国古代哲学与欧洲传统唯物主义大致同时，但由于民族、地域、文化等方面的不同，不具备欧洲传统唯物主义的以上三个特征。具体说明如下：第一，从天人合一的思维方式出发，中国古代哲学的研究对象不是以物为中心的世界，而是以人为中心的世界。欧洲的物质、万物是与精神、意识相对的，是纯粹的客观自在体。物质、万物是欧洲最高层次的哲学范畴之一。中国古代的物、万物是与道、理相对的。道、理不是人的精神，而是形而下的东西，所以物、万物在中国古代不是最重要的哲学范畴。在这种理论框架中，道德、伦理等精神现象也可以称之为物、万物。如孟子、王阳明那里所见到的。总之，中国哲人的世界不是客观存在的世界，而是人化的世界，是与人的实践、意识密切相关的世界。因此，中国古代哲学不具有唯物主义的第一个特征。

第二，中国古代哲学从重关系、重功能的思维方式出发，认为气不是有形有质的实体，而是能引起事物运动变化的内部力量，也可称为能量。笔者在《〈左传〉、〈国语〉朴素辩证法思想范畴资料注评》中指出："晚周时期，气已是很重要的哲学概念，但它一般说来不表示一种构成宇宙万物的始基，而是表示宇宙万物运动变化的原因。例如，《左传》、《国语》中有'天气''土气'等说法，我们分别考察之。医和说：'天有六气，降生五味，发生为色，徵为五声，淫生六疾。六气曰阴阳风雨晦明也，分为四时，序为五节。'（《左传·昭公元年》）这里，天之六气是五味、五色、五声、六疾、四时、五节等发生的原因，但绝不是构成它们的始基。虢文公说：'阳瘅愤盈，土气震发，……土乃脉发。'（《国语·周语》）这里，土气上升是土地发生运动变化的原因，但土气显然不是构成土地的基本元素。叔向说：'单子其将死乎……无守气矣。'（《昭公十一年》）婴叔说：'味以行气，气以实志，志以定言，言以出令。'（《昭公九年》）就是说，气是人能够生存、思维、说话的原因。上述材料说明，至迟在春秋时代，气还不是一个实体范畴。"①

　　气既然是事物运动变化的原因，那么可以将它理解为力，或者是能量。西方对中国的"气"这一概念翻译往往就是这样理解的："在德国，重点是生命力；在法国，重点是能量；在英美，重点是内在力。"② 而在日本，"气的思想概念，作为全体而言，可以视为是组成人和自然的生命、物质运动的能量。"③ 李泽厚先生认为中国哲人的理性属实践理性范畴，这种理性重功能不重实体。他说："中国古代哲学范畴（阴阳、五行、气、道、神、理、心），无论是唯物还是唯心论，其特点大都是功能性的概念，而非实体性的概念。中国哲学重视的是事物的性质、功能、作用和关系，而不是事物构成的元素和实体。对物质世界的实体的兴趣远逊于事物对人间生活关系的兴趣。中国的金、木、水、火、土五行不同于希腊、印度的地、水、火、风四元素，前者更着眼于其生活功能，所以有金。"④ 以上说明中国古代哲学不具有唯物主义的第二个特征。

　　第三，从重综合、重生成的思维方式出发，中国古代哲学没有形成原子的学说，而完成了气的学说。按欧洲的分析方式，任何有形物体都是有内部结构的，都是可以分解的。分解到最小的

---

　　① 宫哲兵：《晚周辩证法史研究》，上海古籍出版社1988年版，第53—54页。
　　② 转引自小野泽精一等编《气的思想》原序，上海人民出版社1990年版，第7页。
　　③ 同上书，第5页。
　　④ 李泽厚：《中国古代思想史论》，人民出版社1986年版，第32—33页。

微粒即为原子，世界是原子构成的。中国古代哲学家认为世界不是组合的、构成的，而是生成的、生育的。从老子、《易传》到周敦颐、朱熹，都在探讨世界之"母"，万物是如何生成的，生成的模式如何。构成论要求寻找空间位置最小的东西，而生成论要求寻找空间位置最大、时间上最早的东西，这个东西就是气。气是世界原始的状态，故最早；气布满整个虚空，故最大。气无形，与有形的原子不同。气具有运动力、能量，与被动、惰性的原子不同。气在运动中生成万物、赋予万物以生命力；而原子静态地组合万物，万物机械地运动。在欧洲传统唯物主义理论体系中，原子几乎等同于物质，尤其在自然科学发现分子、原子以后。后来当原子也可以分解时，许多自然科学家和哲学家惊呼物质消失了①，就是一个证明。从这个意义上讲，中国的气不同于原子，也就是不同于物质。气不具有原子的特征，也就不具有唯物主义的特征，这在辩证唯物主义出现之前是不言而喻的。有的学者认为气是物质，他们受到了列宁物质定义的影响。列宁说："物质是标志客观实在的哲学范畴。"又说："物质的唯一特性就是：它是客观实在。"② 这些学者按列宁的定义，认为气是物质；但他们也必须相应地承认，气的学说不是朴素唯物主义的形态。中国古代难道就有辩证唯物主义形态吗？反之，他们如果坚持气的学说是朴素的，或传统的唯物主义形态，那么，相应地也就不能使用列宁的物质定义去解释气，不能将气等同于物质。在这两难选择中，只能选择后者，只能承认中国古代哲学不具有传统唯物主义的第三个特征。

　　总之，从学说和人物的角度看，中国早期的阴阳学说、五行

---

① 　参见《列宁选集》第 2 卷，第 263 页。

② 　同上书，第 266 页。

学说以及影响深远的气的学说，不是唯物主义。《管子·内业》的作者、庄子、张载等也不是唯物主义哲学家。从唯物主义的理论基础和历史形态的角度看，中国古代哲学不具有一般唯物主义的基本前提，也不具备传统唯物主义的主要特征。因此，笔者认为中国古代哲学没有唯物主义。需要说明的是，阴阳学说、五行学说、气的学说，虽然不是唯物主义，却不可以说它们不是哲学。它们的哲学思想如何认识，如何评价，笔者将另文专述。

六　恢复中国古代哲学的本来面目

中国古代哲学没有唯心主义，也没有唯物主义，这本来是很简单、很明显的事实。但是，为什么却有两三代人去构建所谓唯物主义与唯心主义斗争史的体系呢？笔者认为主要是教条主义在起作用。教条主义者们把恩格斯关于哲学基本问题的论述以及列宁关于哲学党性原则的论述，生搬硬套在中国古代哲学领域，完全不考虑中国古代哲学的特殊性，也不考虑中华民族思维方式的民族性。他们把生动活泼的中国古代哲学，写成了仅仅是对恩格斯、列宁几句话的注释和论证体系。

克服教条主义，恢复中国古代哲学的本来面目，几十年来一直有人在做这方面的艰苦工作。特别值得注意的是，二十世纪八十年代以来海内外出现了一个对中国古代哲学进行反省的思潮。笔者一九八〇年在《光明日报》撰文，认为"孔子并没有对世界本原是物质还是精神发表什么意见，他既不是唯物主义哲学家，也不是唯心主义哲学家，而是伦理哲学家。老子除了研究伦理问题之外，还研究道。道是物质还是精神？多年来争论不休。我认为既不是物质，也不是精神。道是什么呢？道就是道。掌握了它的规定性就能把握它，何必要往欧洲传入的两个概念上套？"① 一九八一年，庞朴说："我把哲学上区分唯物唯心称为'二分法'，并说这种二分法是形而上学，我主张实行'三分法'。……假如说，天是义理之天或意志之天，这种说法当然是不对的，但不对不等于肯定地、唯心主义地回答了思维与存在的关系。同样，那种认为世界产生于金、木、水、火、土的，是否就是唯物主义地回答了思维与存在的关系问题呢？我看它也没有提出并回答这一问题。……考察中国哲学史，大概到了宋明理学阶段，才十分明确地提出了思维和存在的关系问题。而在此之前，尚在认识的发展过程中。"② 苏联一些汉学家认为中国古代哲学没有唯心主义，也没有唯物主义。一九八四年，A. H. 阔博杰夫在《中国传统哲学方法论》一文中指出：中国古代没有唯心主义，也就没有唯物主义。他说："我们提自然主义，不提唯物主义。因为后者与唯心主义相对应，在这一相互关系之外'唯物主义'失去科学涵义。"③ 针对一位汉学家认为王阳明的世界观是唯物主义的，A. H. 阔博杰夫："这一学说更恰当些应定性为自然主义。"④ 认为中国古代没有唯物主义，只有自然主义和唯实主义，这种看法在当代西方汉学家中也比较流行。如美国华裔学者陈荣捷将荀子、王充、张载等人的哲学称为自然主义或唯实主义⑤。

---

① 参见拙文《要注意中外哲学史的特殊性》，《光明日报》1980 年 10 月 1 日。

② 《本刊第二次夏季学术讨论会发言选登》，《中国哲学史研究》1982 年第 1 期。

③ A. H. 阔博杰夫：《中国传统哲学方法论》，《亚非人民》1984 年第 4 期，莫斯科。

④ A. H. 阔博杰夫：《王阳明学说与中国经典哲学》，载《中国传统意识形态史》1984 年，莫斯科。

⑤ 参见詹应济编译《中国哲学资料》第 9 卷，1963 年，第 115、495 页，普林斯顿。

　　一九八六年，在贵州召开的全国马克思主义哲学史讨论会上，与会者围绕着哲学基本问题的性质展开了讨论。一种观点认为，哲学基本问题"把哲学分为两大阵营，禁锢了人们的头脑，束缚了哲学的发展，把哲学研究简单化，以致后来发展到对哲学的研究采取贴标签的方法"①。另一种观点认为，是后人"把恩格斯的观点简单化、庸俗化，扩大和混淆了哲学基本问题的含义，造成了一系列不良影响。这种错误不能算在恩格斯头上。实际上，任何哲学的基本问题在不同的时代和哲学中，都各有其不同的表现"②。一九八八年至一九九一年，中国哲学界在关于实践唯物主义问题的争论中，形成了超越论和反超越论两种对立的观点。其中超越论者提出了超越唯物主义和唯心主义的对立问题。他们说："唯物论和唯心论只是哲学发展一定阶段上形成的对立派别，它们并不代表哲学论争的永恒本质，唯物唯心的分野也不意味决定一切观点的认识路线，因而我也不能把这种对立同真理与谬误的对立等同起来，认为它们是不可超越的。"③　以上争论，虽然不是直接针对中国古代哲学的，但它提出的问题对中国古代哲学的反省有较大的影响。拙著《晚周辩证法史研究》于一九八八年出版。笔者认为中国古代哲学没有着重探讨"存在是什么？是物质还是精神"的问题。这也就是说，中国古代哲学没有唯物论和唯心论。"欧洲哲学史是从承认万物自身的统一性开始的，所以它最早也最高的哲学范畴是'存在'。中国哲学史是从承认变化中有不变的法则开始的，所以它最早也最高的哲学范畴是'易'。这一区别决定了中国古代哲学没有着重探讨'存在

---

①　转引自《关于中国哲学史研究的方法论问题》，《哲学译丛》1993 年第 5 期。
②　转引自杨正江《哲学体系重要问题研究》，上海远东出版社 1993 年版，第 154 页。
③　同上书，第 163 页。

是什么？是物质还是精神'的问题。对古代中国人来说，万物的存在是不言而喻的，因此也就没有引起他们的理论兴趣。"一九九五年，台湾的李杜发表《现代中国的唯心论与唯物论》一文，认为"中国传统哲学没有唯心论亦没有唯物论，而只有近似之说。从名词上说是如此，从理论内涵上说亦然。……中国先秦时期儒家的孔子、孟子、荀子，没有所说的唯心论或唯物论的说法，道家的老子、庄子亦没有如此的说法，……宋明理学亦不是唯心论或唯物论。冯友兰曾分宋明理学为'理学'与'心学'两大派。他的分法是否接受可有不同的意见。但即使依他的分法去说，他所说的'心学'亦不即是唯心论，所说的'理学'亦非唯物论。"①

　　笔者预感到，被唯物唯心模式统治了半个多世纪的中国古代哲学领地，即将发生一场变革。这场变革之后，中国古代哲学不再是欧洲古代哲学的简单翻版，也不再是对领袖人物几句话的注释和论证，而会展现出本民族最优秀、最丰富、最独特的哲学智慧，将它贡献给二十一世纪的全人类。

　　①　李杜：《现代中国的唯物论》，《中国哲学的回顾与展望》下册，（台北）辅仁大学出版社 1995 年版。

中国古代先验论质疑[*]

　　二十世纪八十年代以来出版的中国哲学史、中国认识论史的著作，"先验论"是一个使用极其广泛的概念。例如一九八三～一九八五年上海人民出版社出版了冯契的《中国古代哲学的逻辑发展》（三册）一书。书中认为属于先验论的哲学家或具有先验论思想的人物就有孔子（九一页）、老子（一二六页）、杨雄（四二七页）、董仲舒和王弼（五〇〇页）、二程（七六五、八〇三页）、朱熹（八四四、八五二页）、陆九渊（八五七页）、王守仁（八八四页）等。一九八九年河南人民出版社出版了姜国柱的《中国认识论史》一书，书中认为属于先验论哲学家（或具有先验论思想的人物）有孔子（二八五页）、孟子（二八七页）、董仲舒（二九五页）、王安石（三〇五页）、张载（三〇七页）、二程（三〇八页）、朱熹（三一〇页）等。一九八四年中国人民大学出版社出版了夏甄陶的《中国认识论思想史稿》（上卷），也认为孔子"生而知之"的说法"是一个先验主义的知识来源论"（二六页）；孟子"建构了他的先验主义的认识论体系"

　　* 原文发表在《江汉论坛》1996 年第 11 期。

（八一页）等等。

　　笔者不同意这些说法，认为认识论作为一门独立学科是近代以后产生的，作为认识论的重要流派之一的先验论，在中国古代是没有的。不能把先验论与唯心主义认识论等同起来，因为先验论只是唯心主义一种特殊的说法。孔子、孟子以及继承孔子、孟子思想的宋明理学家，都不属于先验论哲学家。

一　认识论（包括先验论）是近代才有的

　　谈到认识，必须要有认识者和认识对象。认识者就是认识主体，认识对象就是客体。从而更加准确地说，主体是指进行着认识和实践活动的意识的人，具有自觉的能动性、自我意识机能和社会性等基本特征；客体是相对于主体而言的，它是主体认识和活动的对象。对于主体和客体关系的认识，是有一个过程的。古代哲学是以客体作为主要研究对象的。在那个时候，人们还没有把主客体的关系及其规律作为哲学研究的对象，而偏重于探讨客体的规定性以及如何去确定这种规定性。例如，古希腊哲学家们认为，在自然世界的多样性中存在着统一性。他们在某种特殊的东西中去寻找这个统一。关于自然世界的元素，有的人认为是水，有的人认为是火，有的人认为是空气，等等。再例如，中世纪的唯名论与唯实论之争，仍然是以客体作为主要研究对象的。客体是什么呢？是特殊的、个别的事物，还是同一类事物的共相、一般呢？长期的争论使人们认识到，认识对象是个别的事物，而认识的过程是以"一般"去概括、抽象个别的事物。最重要的问题是人头脑中如何获得"一般"，这个"一般"是否符合"个别"。对这些问题的思考，促使人们从研究客体转向了研究主体，欧洲哲学史由此进入了第二阶段。这个阶段是近代开始的，认识论成为哲学研究的主要方面。在古代，认识论的萌芽就已经存在，但是它混在包罗万象的哲学整体之中。到了近代，人们将认识主体作为主要研究对象，详细地、系统地分析了认识者的认识能力、认识方法、认识来源和过程、认识标准等等，终于使认识论从大哲学体系中分化出来，成为一个独立的学科分支。

对认识主体的初期研究，是围绕着认识来源问题而展开的。有的哲学家认为，认识是通过主体的感觉经验才获得的，没有感觉经验就不会有任何认识，这些哲学家组成了经验论派别。另一些哲学家认为，正确的认识来源于主体的理性，理性知识比感觉经验更可靠，这些哲学家组成了唯理论派别。这两个派别的辩论从十七世纪持续到十九世纪，从英国、法国发展到德国、荷兰等国家。从今天来看，这两个派别各有其贡献，也各有其片面性。但正是它们的激烈辩论，把对认识主体的研究推向高潮。从这个意义上说，没有经验论和唯理论，就没有近代认识论的诞生。经验论与唯理论的对立持续了几代人，谁也不能战胜对方，这就为第三者的出现创造了条件。康德创立的先验论哲学，目的就是为了综合经验论和唯理论。康德提出认识有两个来源，一是"自在之物"刺激感官而获得的经验材料，二是先天的主观形式。认识就是用主体所先天具有的认识形式，去整理"自在之物"这个客体所刺激起来的感性表象。他既然提出认识的两个来源，就把思维与存在的关系问题比较清楚地提了出来。思维与存在的关系问题，不仅仅是本体论的基本问题，也是认识论的基本问题，它是在欧洲近代才被清楚地提出来的，才获得了它的完全意义。所以认识论也是近代才有的，其标志是一大批认识论专著问世。经验论创始人培根写出《新工具论》（一六二〇年），这是他一生研究认识和科学方法论的结晶。唯理论创始人笛卡儿出版了《形而上学的沉思》（一六四一年），随后，遭到培根的继承者霍布斯和伽桑狄的驳难。经验论发展到洛克可谓集大成，他出版了《人类理智论》（一六九○年），阐明了认识的过程，规定了认识的界限，把认识和信仰区别开来。德国唯理论的卓越代表莱布尼兹写出《人类理智新论》（一七五○年写成，一七六五年出版），从书名就可以看出是针对洛克的。把经验论推到极端的是贝克莱和休谟。前者出版《人类知识原理》（一七一○年），后者出版《人类理解研究》（一七四九年）。康德是近代认识论的集大成者，他写有《纯粹理性批判》（一七八一年）等认识论巨著。这些著作标志着认识论已成为哲学领域中一门独立的学科。从以上论述可以看出，在近代前不可能产生先验论的哲学体系。

二　先验论是唯心主义的一种特殊说法

先验论作为欧洲近代认识论的一个派别，与康德的名字是分不开的。康德在一七八一年出版的《纯粹理性批判》中，将自己的哲学体系称为先验的唯心主义。康德创立先验论，是为了克服经验论与唯理论的对立。他一方面批评经验论企图把概念、范畴归结为感觉，另一方面又批评唯理论抽掉感觉经验概念、范畴。它们二者都有正确的方面，又都有片面的矛盾。康德企图克服二者各自的片面性，而达到一种结合。康德先验论的特点是所谓"先天的认识形式"。他认为认识有两个因素，其一是经验材料，其二是先于经验的主观认识形式，如空间和时间及范畴。人要形成普遍、必然的知识，就必须用先验的认识形式去整理综合经验材料。

但先验论不是专指康德个人的哲学体系，而是代表近代认识论的一个派别。"先验"这一词语十六世纪开始被人使用。但是从康德开始，它在哲学领域才广泛流行，并且形成了一个认识论派别。莱布尼兹在康德之前提出了调和经验论和唯理论的任务，他认为人的理智有一些天赋的内在原则，它们依靠经验所提供的机缘而形成知识。因此，莱布尼兹是唯理论者，又是被人认为具有某些先验论的色彩。康德晚年，谢林出版了自己的著作《先验唯心主义论体系》。他像康德一样，称自己的哲学体系为先验唯心主义。谢林之后，德国出现一个影响很大的哲学流派——新康德主义。这个流派继承了康德先验论的基本思想，即认为先天的认识形式是构成知识的前提条件。

有些人认为柏拉图和笛卡尔也是先验论者。柏拉图的"理念说"是最早的关于"天赋观念"的理论，这个理论由笛卡儿系统化而得以完成。所谓天赋观念，即不通过经验而先天具有的观念。这种思想是否与先验论的思想一致呢？只能说有相近似的地方，不能说一致。苏联学术界认为："在康德那里，先天知识不同于天赋观念的是，它所涉及的只是认识的形式，而不是认识的内容。"① 康德使用"先验"一词，并不是表示一种超越一切经验的东西。他说："先验这个词并不意味着超越一切经验什么东西而是指虽然先于经验的，然而却仅仅是为了使经验知识成为可能的东西说的。"② 这里，他指明了自己与柏拉图、笛卡儿的区别。有些人把"先验论"这一概念泛化，认为先验论就是唯心主义认识论的实质，就是唯心主义认识论的路线。从欧洲古希腊、中国的先秦到近现代，始终贯穿着唯心主义先验论与唯物主义反映论的斗争。这种提法是将一个特定时代的具体形态的唯心

① 康斯坦丁诺夫主编：《苏联哲学百科全书》第一卷，"先天"辞条，上海译文出版社1984年版。

② 转引自谭鑫回等《西方哲学辞典》，山东人民出版社1991年版，第520页。

主义派别，与一般形态的唯心主义路线混为一谈。列宁曾指出康德的先验论是唯心主义的一个特殊说法，而不是唯心主义路线。他说："问题不在于重复康德的先验学说，因为这一点所决定的不是哲学上的唯心主义路线，而是这条路线的一个特殊说法。"①

三　中国古代没有先验论

先验论是对经验论和唯理论的综合。中国古代有没有经验论和唯理论呢？没有。因为中国古代不具有产生经验论和唯理论的自然科学基础。英国的培根之所以能够成为欧洲近代经验论的创始人，是因为他在自然科学领域首创了实验归纳法。他在《新工具》一书中提出了科学方法论的两大基本原则：实验定性原则与归纳推理原则。近代自然科学与古代自然哲学的区别，就在于实验方法的确立，而实验方法和归纳推理都是建立在感性经验的基础上的。培根从科学方法论进入认识论，他认为人的一切知识都是从感觉经验开始。他说："人们若非发狂，一切自然底知识都应当求之于感官。"② 法国笛卡尔是近代唯理论的创始人，他同时也是杰出的自然科学家。在数学方面，他创立了解析几何；在物理学上，他发现了运动守恒定律。他的认识论建立在数学演绎的基础上。笛卡尔将数学方法运用到哲学领域，认为只有利用理性直观以寻求"清楚明白"的原理并进行演绎推理，才能建立可靠的认识论基础。中国古代自然科学的水平，也没有出现实验归纳和数学演绎等科学方法论，所以就没有产生经验论和唯理论以及综合二者而形成的先验论。

---

① 《列宁选集》第 2 卷，人民出版社 1960 年版，第 162 页。
② 培根：《新工具》，商务印书馆 1934 年版，第 22 页。

先验论的一个重要思想，是认为我们在认识客体对象之前，必须批判地审查主体的认识能力，确定其认识的界限。这就是说，先验论与欧洲其他认识思想一样，都建立在主客对立的基础。中国古代学者的思维方式与欧洲不同，主张天人合一，反对将主客对立起来，在天人关系中，人是最重要的。人是万物的主宰，能够与天地"参"，能够"为天地立心"。这是一种以人为中心的人本主义思想，它主要是价值论的意义，而不是认识论的意义。中国古代哲学的核心，是关于人的存在、人的本性、人的价值、人生的意义等问题，而不是关于自然界的存在以及如何认识自然界的问题。中国古人认为，自然界并不是作为认识的对象而存在，而是贯通于人的内部存在，在人的心灵中就内含着自然界的普遍原则，人不必对自然界进行客观化、概念化的分析。既然自然界的存在和意义就内含在人的心理结构之中，既然人是自然之道的真正体现者和实现者，那么，对人自身的了解，就是了解了自然界的存在、意义和法则。就是这种思维方式，使中国古代没有产生以主客对立为基础的认识论。

梁漱溟曾把中西哲学的区别概括为"理智"与"理性"的不同。西方的"理智"是指认知理性或思辨理性，中国的"理性"是指道德理性或实践理性。这种划分有一定的道理。欧洲认知理性重视求知，强调对象性、客观性、普遍性、必然性。古希腊哲学家对哲学的定义即"爱智"，他们追求真理、重视概念。例如，苏格拉底寻找真理，这种真理具有抽象的普遍性、客观的精确性和概念的清楚性。这一传统发展到近代，形成了经验论和唯理论。二者共同的特点是不以求知为手段，肯定求知而为目的，并发展出"知识就是力量"和以科学技术为中心的观念。中国的道德理性强调非对象性、非客观性、内在性和意向性。它不以求知为目的，而以求知作手段，求知的目的是为了求道。老

子说："为学日益，为道日损。"① 这里为学就是求知，为道就是
求道。孔子以重学著称，但他更重视道。 "朝闻道，夕死可
矣。"② 道不是苏格拉底寻找的真理，而是人生践履的最高原则。
老子的最高原则是"自然" （道法自然），孔子的最高原则是
"仁"与"德"。这些都是人生哲学和伦理哲学的范畴。中国古
代哲学始终以"为道"，求"德性之知"为目的，"为学"求知
只是手段，并且是次要手段。主要的手段是道德修养与践履躬
行，也就是知与行。

四　孔子、孟子和宋明理学家不是先验论哲学家

有相当多的学者认为孔子、孟子是先验论的代表。③ 孔子
说："生而知之者，上也；学而知之者，次也；困而学之，又其
次也；困而不学，民斯为下矣。"④ 孔子既然承认世上有"生而
知之"的人，那岂不是先验论者？但是研究孔子的大多数学者
都知道，孔子并没有说过谁是"生而知之"的人，包括他最崇
拜的周文王、周公也不例外。孔子一生都提倡"学而知之"。他
说："君子学以致其道"、"博学而笃志"、"学而不厌"等等。
孔子还明确说过自己不是"生而知之者"，而是"学而知之者"。
他说："我非生而知之者，好古敏以求之者也。"⑤ 笔者认为，孔
子提出世上有"生而知之者"，仅仅是为了树立一个理想的境

---

① 《老子》，第48章。
② 《论语·里仁》。
③ 如任继愈主编《中国哲学史》第4册，人民出版社1979年版，第118—119
页；冯契：《中国古代哲学的逻辑发展》上册，上海人民出版社1983年版，第91、
171页。
④ 《论语·季氏篇》。
⑤ 《论语·述而篇》。

界。比如说人的道德品质，我们今天可以从公私关系的角度分为四等：大公无私者上也，公而忘私者次也，公私兼顾者又其次也，自私自利者斯为下矣。大公无私者就像生而知之者一样，从理想境界上说是有的，但是在现实生活中真正完全无私的人是找不到的。有些人是从现实、求真的角度，去苛求孔子从理想的求善的角度而发出的议论，错误地认为孔子是先验论者。

退一步说孔子如果真的是从现实的角度、求真的角度认为有"生而知之者"，难道这可以概括为先验论吗？生而知之只能说接近于天赋的观念，可是先验论与天赋观念是有差别的。先验论在本体与现象之间划下了一条鸿沟，孔子有本体与现象对立的观念吗？先验论是对经验论与唯理论的总结，孔子以前有经验论和唯理论吗？

孟子说："人之所以不学而能者，其良能也；所不虑而知者，其良知也。孩提之童，无不知爱其亲者，及其长，无不知敬其兄也。亲亲，仁也；敬长，义也。"① 良能良知是人先天固有的道德品质，如仁和义。除了仁和义以外，礼、智也是人心所固有的。孟子说："恻隐之心，仁也；羞恶之心，义也；恭敬之心，礼也；是非之心，智也。仁义礼智，非由外铄我也，我固有之也。"② 依据这种说法，难道孟子就是先验论者吗？先验论是认识论的一种理论，它探讨的是客观性知识的来源问题，然而孟子关于良知、良能、仁义礼智的学说，完全是回答道德伦理的起源问题，这怎么能跟先验论挂钩呢？孩子一生下来爱不爱他的母亲？人的本性是善还是恶？这些不是认识论问题。价值与事实混同，是中国哲学史研究领域长期存在的一个问题。一旦分清价值

---

① 《孟子·尽心篇》。
② 《孟子·告子篇》。

与事实命题，分清道德修养论与认识论，就会得出结论：孟子不是先验论者。

宋明理学家们大多数继承了孟子的"良知良能"说。程颢认为，人先天具备良知良能："良能良知，皆无所由；乃出于天，不系于人。"所以认识不必向外，只需向内："学者不必远求，所取诸身，只明人理，敬而已矣。"①朱熹说："孩提之童，知爱其亲，及其长也，知敬其兄，以至饥则知求食，渴则知求饮，是莫不有知之也。"②朱熹这里所说的"知"与二程的"良知良能"一样，不是自然知识、客观知识，而是伦理道德的知识和本能。这种观念不属于先验论的范畴。宋明理学家讲良知良能最多的是王守仁。他的"致良知"学说把孟子以来的良知良能发挥到极端："至良知之外无学矣。"③为了彻底贯彻"良知"的思想，他还提出了"知行合一"的学说。他说"我今说个知行合一，正要人晓得一念发动处便即是行了。"④王守仁的哲学不是先验论，因为致良知、知行合一等不是认识论的命题。李泽厚说："人们常把王阳明山中花随心生灭的著名论点当作巴克莱来批判。其实，在王阳明知行全一说中，认识论已不占什么地位，在某种意义上甚至可以说已经取消了认识论问题。所谓'致良知'并非知，乃伦理感也。"⑤李泽厚的这一评价似乎可以推而广之说：在以道德理性为特征的中国古代哲学中，认识论问题已不占什么地位，在某种意义上甚至可以说已经取消了认识论问题。在这种思维方式或影响下，就很难产生先验论。

---

①　《河南程氏遗书》第二上。

②　《朱子语类》卷一五。

③　《王文成公全书》卷八《书魏师孟卷》。

④　《王文成公全书·传习录》下。

⑤　李泽厚：《中国古代思想史论》，人民出版社1986年版，第250页。

　　"文化大革命"以后出版的中国哲学史著作，有一个特点，就是批判先验论的内容大大增多了。例如，杨荣国主编的《简明中国哲学史》就虚构了一个从古到今的所谓唯物主义反映论与唯心主义先验论的斗争史体系。"早在春秋战国时期，在认识论上也展开了朴素唯物论的反映论对唯心论的先验论的激烈战斗"；"明清之际的王夫之、黄宗羲、颜元……从阐明和发挥朴素唯物主义的反映论中，反对唯心论的先验论"。在社会主义时期，还有人"大肆贩卖唯心论的先验论"。因此我们要"从坚持唯物论的反映论中，反对和批判形形色色的唯心论的先验论"[①]。"文化大革命"中，曾在全国范围内公开批判先验论。一些极"左"的领导人为了达到借古喻今、影射现实的政治目的，有意将先验论这一概念泛化使用，使它与"唯心主义认识论"等同，拼凑了贯穿古今的先验论与反映的"两军对战史"。遗憾的是，那个时代泛化使用的"先验论"概念，至今还在许多学者的论著中出现。而那个时代的公式化、贴标签的方法，在目前中国哲学史研究领域还有一定的市场。如果不清除文化大革命在理论界的流毒，哲学、哲学史、认识论史的研究就不可能有大的发展。

---

①　杨荣国：《简明中国哲学史》序言，人民出版社1973年版。

中国古代反映论质疑[*]

　　反映论是唯物主义认识论的基本理论。这种理论认为，人类的感觉、概念和全部认识过程，都是客观世界的反映。反映有两种形态，即机械唯物主义的反映论和辩证唯物主义的反映论。中国二十世纪前期的学者，大多认为中国古代没有认识论或认识论不发达，如冯友兰和金岳霖先生就持这种看法。[①] 在他们的中国哲学史著作中，认识论一般不占重要地位，更不可能谈到反映论的问题。二十世纪五十年代，侯外庐先生最早在中国哲学史领域开展系统的认识论研究[②]，区别唯物主义认识论与唯心主义认识论；二十世纪六十年代的学者又进一步区分反映论、先验论、经验论、唯理论等认识论派别。二十世纪八十年代以后的中国哲学史界，普遍认为荀子和王夫之具有唯物主义反映论的思想，这几

　　* 原文发表在《求索》1996 年第 6 期。
　　① 见冯友兰《中国哲学简史》，北京大学出版社 1985 年版，第 32 页；金岳霖《中国哲学》，《哲学研究》1985 年第 9 期。
　　② 见侯外庐《中国思想通史》，人民出版社 1956 年版。

乎成为定论①。笔者认为反映论是近代以后才有的，中国古代不可能有机械唯物主义的反映论，更不可能有辩证唯物主义的反映论。荀子和王夫之都不是反映论哲学家。

一　反映论是近代才有的，中国古代没有反映论

尽管古希腊哲学家留基波、德谟克利特、伊壁鸠鲁猜测到人的认识好像是镜子式的反映一样②，已具有反映论的萌芽，但是他们的见解主要依赖于观察，其表述形式粗糙而不成体系。作为认识论的一种理论形态，机械唯物主义的反映论是与近代经验论共生共长的。经验论需要具体说明感性经验是如何发生的，并要描述其过程，实验自然科学的出现为这种具体的说明提供了科学基础。由于力学、光学、生理学的进步，英国经验论者霍布斯提出了机械论的反映理论。"感觉是一种影像，由感觉器官向外的反映及努力所造成，为继续存在或多或少一段时间的对象的一种向内的努力所引起。"③ 但是，他把外部事物与感官的反应关系，看作是机械压力的作用力与反作用力的关系，表现出近代机械论的时代特征。法国经验论哲学家拉美特利通过人体解剖得出结论：每根神经都发源于大脑皮质，感觉中枢在大脑里，大脑是思维的器官。他认为，认识就跟幻灯机的原理一样，脑海里好像有个幕布，眼睛像个反射镜，外部事物的影像通过眼睛反射到大脑的幕布上。法国唯物主义哲学家狄德罗发展了拉美特利的反映论

---

① 冯契：《中国古代哲学的逻辑发展》上册，第 292 页；下册，第 961 页，上海人民出版社 1983 年版。

② 叶秀山：《前苏格拉底研究》，生活·读书·新知三联书店 1982 年版，第 257 页。

③ 《十六—十八世纪西欧各国哲学》，商务印书馆 1975 年版，第 91 页。

思想，认为大脑、感觉器官、神经组成一个完整的反映系统。根据近代自然科学所提供的知识，狄德罗认为人的反映能力起源于物质和生物的感受性，说无机物有"迟钝的感受性"，有机物有"活跃的感受性"，而人类具有的"明显的感觉只和物质的高级形式（有机物质）有关系"①。以上说明，没有近代实验自然科学，就不可能产生严格意义上的反映论。黑格尔对"反映"概念的看法也证明了这一点。黑格尔说："反映或反思，这个词本来是用来讲光的，当光线直线式射出，碰到一个镜面上时，又从这个镜面上反射回来，便叫做反映。"② 这里黑格尔明显受到自然科学的影响，注意到关于光的折射这一物理学光学原理与认识领域中反映概念的联系。

机械唯物主义反映论通过费尔巴哈这一中间环节而发展到马克思主义的反映论，这是反映论的一种新形态——辩证唯物主义的反映论，辩证唯物主义的认识论是能动的、革命的反映论。这说明，反映论的两种形态都产生于近代以后的欧洲，实验自然科学的发展是它产生的基本条件。中国古代只有观察式的自然科学，没有实验自然科学，因此不可能产生机械唯物主义、辩证唯物主义以及与这两种哲学形态紧密联系的反映论哲学。

反映论的理论前提是主体与客体的对立。古希腊哲学时期有主客二分的萌芽，但没有明确的主客区分和对立。黑格尔说："关于主体和客体的对立的问题，在柏拉图时期也还没有提出。"③ 主客明确的区分和对立，始于近代笛卡尔。笛卡尔建立

---

① 《狄德罗哲学选集》，生活·读书·新知三联书店1956年版，第119、95页。
② 黑格尔：《小逻辑》，第242页。
③ 黑格尔：《哲学史演讲录》第4卷，商务印书馆1981年版，第7页。

了主体性原则，从主体出发达到客体，认识客体。这一哲学原则成为欧洲近代哲学的起点和特点。从主客对立的思维发展出了反映论哲学，反映就是主客之间的一种关系。主体反映客体，在头脑中形成关于客体的概念，客体则被主体所反映，成为主体概念中的内容。

中国古代思维方式主张天人合一，反对将主客对立起来。在天人关系中，认为人是主要的。人是事物的主宰，能够与天地"参"，能够"为天地立心"。这是一种以人为中心的人本主义思想，它主要具有的是价值论的意义，而不是认识论的意义。中国古代哲学的核心是关于人的存在、人的本性、人的价值、人生意义等问题，而不是关于自然界的存在以及如何认识自然界的问题。中国古人认为，自然界并不是作为认识的对象而存在，而是贯通于人的内部存在，在人的心灵中就内含着自然界的普遍原则。人不必对自然界进行客观化、概念化的分析。既然自然界的存在和意义就内含在人的心理结构中，既然人是自然之道的体现者和实现者，那么，对人自身的认识，就是认识了自然界的存在、意义和法则。这样一来，认识成为自我认识或内向认识。孟子把认识看成是"求放心"和"反身而诚"的过程，就是典型的内向认识。这种内向认识不关心外在被反映者，因此很难发展出反映论哲学。

二　荀子不是反映论哲学家

一般认为荀子是先秦唯物主义反映论的代表人物。与此相关联，也认为荀子已有明确的主客对立的思想。如冯友兰说："荀子把天人之分提高到哲学的高度。它把天和人的界限严格地划分开来，这就把自然与社会、物质和精神、客观和主观的界限，严格地划分开来"①。这样理解荀子天人之分的思想是不够准确的。今人从唯物、唯心的角度出发，认为荀子与孔孟正相反对。但按传统的说法，荀子是儒家，就是说继承了孔子的思想。孔孟思想的核心是天人合一。孟子说："诚者，天之道也，思诚者，人之道也。"② 荀子说："君子养心莫善于诚，至诚则无他事矣。……诚心行义则理，则理明，明则能变矣，变化代兴，谓之天德。"③这种由心而诚、由诚而天的说法，就包含着天人合一的思想。李泽厚说："荀子虽然提出'天人之分'，却又仍然有着'天人合一'的思想，只是这种思想不像孟子那样充满了神秘意志或目的主宰等内容罢了。中国'天人合一'思想根源于历史悠久的农业生产。这使得即使强调'天人之分'的荀子，也在根本上不能脱出这个基础。"④ 这就是说，荀子并没有主客对立的思想，他的天人之分的思想也不是与天人合一的思想完全对立的。笔者认为，荀子天人之分的思想是对天人合一思想的补充。"天人之分"不是天人相分。分不是区分、分开的意思，而是分际的意思，意为适当的界限。荀子以前的儒家人物虽然有天人合一的思想，但是他们对于什么是"天"，什么是"人"，没有明确的定义，没有说明天和人各自的分际和界限。提倡"正名"，讲究逻辑的荀子就来补充做这个工作。荀子和孟子可以说是殊途同归，都是归于内向思维。孟子的天不是自然，而是伦理的最高体现。孟子"知天"，就是要认识伦理。天之道理与人之伦理是相通的，所以知天就要通过知人来实现，知人就要向内认识自身的性和心。荀子认为天是自然，不是伦理。他主张"不求知天"就

---

① 冯友兰：《中国哲学史新编》第 2 卷，人民出版社 1984 年版，第 369 页。

② 《孟子·离娄》。

③ 《荀子·不苟》。

④ 李泽厚：《中国古代思想史论》，人民出版社 1986 年版，第 117～118 页。

是不要去认识外在于人的自然，而要向内追求自身的伦理——诚。"知天"与"不求知天"表面是对立的，实际上是互相补充的，观点是一致的。"天人之分"的目的是搞清楚自然是什么，它的范围是什么。搞清楚以后，就可以知道，人不需要认识的是什么，不需要认识的范围是什么。

荀子说："列星随旋，日月递照，四时代御，阴阳大化，风雨博施，万物各得其和以生，各得其养以成。不见其事而见其功，夫是之谓神。皆知其所以成，莫知其无形，夫是之谓天。"许多学者误认为这是唯物主义自然观，其实这正是荀子让我们避开而不去认识的对象和它的范围。这段话紧接着的一句是对上面的总结："唯圣人不求知天。"① 这就是说，列星、日月、四时、阴阳、雨风、万物，以及它们的运动、大化、生成、功能，都是不必要去认识的。另外，荀子在说了"故明于天人之分，则可谓至人矣"之后，又说对于自然界的职能（天职），"虽深，其人不加虑焉；虽大，不加能焉；虽精，不加察焉，夫是之谓不与天争职。"② 也是主张不去认识自然。那么，要认识的是什么呢？荀子说得很明白："无用之辩，不急之察，弃而不治。若夫君臣之义，父子之亲，夫妇之别，则日〔王差〕而不舍也。"③ 要认识的是道德理性的对象：人伦；不必认识的是认识理性的对象：自然。

所谓荀子是反映论者，所列举的典型命题多是这样一句话："凡以知，人之性也；可以知，物之理也。"④ 如果孤立地看这句话，的确是一种对客观外物的认识。但从紧接着的后文看，从前

① 《荀子·天论》。
② 同上。
③ 同上。
④ 《荀子·解蔽》。

后文对照看，荀子对这段话所包含的思想是批判的，而不是赞成的。"以可以知人之性，求可以知物之理，而无所凝止之，则没世穷年不能遍也。其所以贯理焉，虽亿万已不足以浃万物之变，与愚者若一。学，老身长子，而与愚者若一，犹不知错，夫是之谓妄人。"① 这句话是说，人有认识的能力，事物可以被人认识，但是，人对事物的认识是永无止境的。这样无休止的认识下去，就跟愚者、妄人一样。对物之理认识越多，就越愚蠢，越虚妄。那么，真正的知识是什么呢？后文说得明白："圣也者，尽伦也者；王也者，尽制也者。两尽者，足以为天下极矣。"② 这个结论与孔孟是一致的，即向内认识，反身而诚，将伦理和礼制作为认识的对象。这显然不是反映论的思路。

三　王夫之不是反映论哲学家

王夫之生活在十七世纪，正当明清交替的时期。这个时期，英国资产阶级革命开始，进入了近代社会。实验自然科学的发展，推动哲学进入一个新的阶段，即机械唯物主义阶段，形成了反映论思想。中国的十七世纪虽然出现资本主义生产的因素，但却没有发生工业革命和自然科学的猛进。在哲学领域，虽然有早期启蒙思想的萌芽，但哲学的基本问题、基本范畴并没有发生重大变化。作为这个时期的哲学家王夫之，他没有形成机械论、反映论的哲学体系。

按今天唯物、唯心的划分方法，王夫之作为最杰出的唯物主义哲学家，是与孔孟程朱等唯心主义哲学家对立的，是对孔孟程

---

① 《荀子·解蔽》。
② 同上。

朱思想持批判态度的。但是按中国传统的学派划分，王夫之属于儒家，自然要继承和发展孔孟程朱的思想，否则他就不是儒家。笔者认为，还是中国传统的学派划分比较准确一些。对于孟子的"良知良能说"和"万物皆备于我"的观点，王夫之是完全肯定并加以论证的。"不学而能，必有良能。不虑而知，必有良知，喜怒哀乐之未发，必有大本，剑精存理，翕气存敬，庶几遇之。"① 又说："孟子曰万物皆备于我矣，则物之所自格者，即吾德之本明也。以尽吾心皆备之物，而天下之是非得失，无不待我以为权衡，此孔子所谓'可与权'者。"② 二程认为良知良能出于天，又区分"道心"与"人心"，认为"道心"即是天理。这些思想，王夫之是赞成并加以发挥的。"程子谓良知良能出于天，则信然也。"③ 又说"道心"是超耳目感觉的，"即耳目而不丧其体，离耳目非固有其体。"④ 对于朱熹"心包万理"的天赋观念，王夫之倍加赞赏并反复论证。"万事万物之理，无非吾心之固有。"⑤ 王夫之既然承认先天的良知良能，承认超耳目感觉的"道心"，承认心中所固有的"天理"，怎么可能是唯物主义认识论呢？又怎么可能是反映论呢？

　有的学者根据王夫之"致知在格物"的观点认为他是唯物主义认识论，认为"格物"大致相当于认识的感性阶段，"致知"大致相当于认识的理性阶段，王夫之区分了感性认识与理性认识，其认识论包含有辩证法因素⑥。笔者不同意这种看法。

---

① 王夫之：《思向录内篇》。
② 王夫之：《读四书大全说》卷十。
③ 同上。
④ 同上。
⑤ 王夫之：《四书训义》卷八。
⑥ 任继愈：《中国哲学史》第四册，人民出版社 1979 年版，第 59 页。

王夫之说："即物以穷理"，"无物则无理。"① 如果这就是承认知识来源于外界事物的话，那么，这种观点与前面他自己所说知识是先天的、天赋的、人心固有的观点是不是自相矛盾呢？笔者认为并不矛盾，因为这二者在王夫之的思想中并不是平起平坐、等量齐观的。它们表现为内外、体用关系。具体来说，良知良能、道心、天理是内在的、本体的，而格物致知是外观的、作用的，主从关系非常分明。王夫之说："存养以尽性，学思以穷理。"② 存养尽性是内求，求的是天理；学思穷理是外观，观的是物理。他说："内求于吾身，外尽乎物理"；"外观于事物，内尽其修能。"③ 内求德性之知与外以耳目之知分得很清楚。那么，内与外是什么关系呢？是体用关系。他说："天下之物皆用也，吾心之理其体也。尽心以循之，则体立而用自无穷。"④ 体是根本，用是表现。在表象层次上，王夫之同意认识来源于外界事物；在根本层次上，王夫之认为知识是先天的、天赋的，是人心固有的。对王夫之认识论的评价，当然要寻根究底，舍本求末。这样来看，王夫之显然不是反映论哲学家。

　　认为王夫之具有反映论思想，一般引用的是这样两段话。其一是关于"知觉发生"的一段话；其二是关于"能"、"所"关系的一段话。下面分别考察。"形也，神也，物也，三相遇而知觉乃发"，这段话引于《张子正蒙注·太和篇》。有的学者认为："形是指感觉器官，神是指心理活动，物是指客观对象。"⑤ 笔者认为，这里的"物"不是客观对象、自然物，而是孟子"万物

---

① 王夫之：《礼记章句》卷四十二。

② 王夫之：《张子正蒙注》卷三。

③ 王夫之：《四书讲义》卷一。

④ 王夫之：《张子正蒙注》卷四。

⑤ 任继愈：《中国哲学史》第四册，人民出版社 1979 年版，第 59 页。

皆备于我"的那个"物",即"事"。这段话前面有一句话:
"人之有性,涵之于心而感物以通。"① 这里的"物"也是
"事",意思是,人有仁义道德之本性,内涵于心中,遇到某些
事就无师自通呈现出来。这正是对孟子良知良能思想的继承,不
是反映论思想。此外,在反映论中,知觉是主体反映客体的产
物,主体与客体之间的关系是类似于摄影、照镜、复制那么一种
关系。在王夫之的相遇说中,知觉乃是几个要素相遇而组合而成
的产物,这显然不是反映论的思路。

形神物相遇这段话后面紧接着的一段话是这样说的:"故由
性生知,以知知性。"② 这就是说,知识的来源,认识的对象,
都是人内在的心性。这与孟子内向认识是同个思路。后面又有一
段话,是解释天、道、心、性的:"顺而言之,则唯天有道,以
道生性,性发知道;逆而推之,则以心尽性,以性合道,以道事
天。唯其理本一原,故人心即天;而尽心知性,则存顺没宁。"③
这段话是对孟子尽心知性知天的天人合一思想的具体发挥。后面
接着说:"圣学所以天人合一,而非异端之所可溷也。"④ 总之,
王夫之关于"知觉发生"的一段话,如果结合前后文看,决不
是以主客二分为基础的反映论,而是儒家从孟子以来的尽心知性
知天的天人合一论。

王夫之的"能""所"关系是这样说的:"体俟用,则因所
以发能;用,用乎体,则能必符其所。"⑤ 任继愈先生的解释是:
"能"是主观认识能力,"所"是客观认识对象;"因所以发能"

---

① 王夫之:《张子正蒙注·太和篇》。
② 同上。
③ 同上。
④ 同上。
⑤ 王夫之:《尚书引义·召诰无逸》。

是说由于客观对象而引发主观认识，"能体符其所"是说主观认识必须符合客观对象。这些，说明王夫之是唯物主义反映论。笔者的理解有不同之处。王夫之上面这段话很明确地说明"所"、"能"关系是体用关系。所是体，能是用，所是根本的，能是所的作用和表现。这显然不是客观对象与认识能力的关系。难道可以说，认识能力是客观对象的作用和表现吗？关于"能"、"所"之间的作用关系，下面这一段话说得也很明白："夫能所之异其名，释氏著之，实非释氏肪之也。其所谓能者即用也，所谓所者即体也，汉儒已言者也。"① 既然能与所是体用关系，就不可能同时又是反映与被反映的关系。笔者认为，能带有一定的主观性，所带有一定的客观性。但所不是客观物体，而是指的天理、道心。这些东西在程朱理学家们看来也是客观性的，而人心、耳目心思、格物致知则是天理、道心的作用和表现。王夫之说："所著于人伦物理之中，能取诸耳目心思之间。"② 意思是很明确的，"所"属于人伦物理的范畴，而不是客观外物。请注意，这里的"物理"不是自然物的规律，而是做事的道理。按儒家的理解，人做事的道理就是道德伦理。"所"既然不是客观外物，又怎么谈得上反映论呢？

四　反映论有待深入探讨

关于"反映"范畴及其对它的准确理解，是国际上不同流派的哲学家争论颇大的一个问题。在苏联、南斯拉夫等前社会主义国家中，以及英国、奥地利、德国、日本等资本主义国家中，

---

① 王夫之：《尚书引义·召诰无逸》。
② 同上。

都有过对反映论的专门讨论或不同程度的反响。中国哲学界虽然翻译出版了国际上有关反映论的数本论著，但始终没有组织过专门的讨论，这在一定程度上说明中国对反映论问题的研究还不够深入。中国古代哲学有没有反映论，是否贯穿着唯物主义反映论与唯心主义先验论的斗争，这些都是有待深入探讨的问题。

　　"文化大革命"期间出版的中国哲学史著作有一个特点，就是反映论与先验论斗争的内容大大增多了。例如，杨荣国在其主编的《简明中国哲学史》序言中，虚构了一个从古到今的反映论与先验论的斗争史体系。他认为早在春秋战国时期，"在认识论上也展开了朴素唯物论的反映论，对唯心论的先验论的激烈战斗，并从战斗中提出了'制天命而用之'——这一光辉的'人定胜天'的思想"①。在社会主义革命和建设时期，仍然要"提高路线斗争的觉悟，从坚持唯物论的反映论中，反对和批判形形色色的唯心论的先验论"②，等等。这种认识论的对战模式在"文化大革命"后曾相当流行。这种贯穿古今、"两军对战"的模式，是受政治运动影响而形成的。"四人帮"为了达到借古喻今、影射现实的政治目的，有意识地滥将先验论与反映论的斗争从先秦一直延续到当今社会，并组织批判当今的先验论代表人物。遗憾的是，那个时代泛化使用的反映论、先验论概念，至今还被我们许多学者、教科书所使用。所以，本文在对中国古代反映论提出质疑的同时，还呼吁清除"文化大革命"极"左"路线对中国哲学史领域的不良影响。

————————

① 杨荣国：《简明中国哲学史》序言，人民出版社1973年版。

② 同上。

中国古代经验论和唯理论质疑*

经验论和唯理论是欧洲近代的两个认识论派别，它们之间进行过激烈的辩论。中国古代有没有经验论和唯理论的斗争呢？二十世纪三十年代有人提出过这样的问题。当时多数学者认为中国古代认识论不发达，如冯友兰和金岳霖先生持这种看法。二十世纪五十年代以后，侯外庐等先生编写《中国思想通史》（六卷），最早对中国历史上每个哲学家进行认识论的分析和定性。所谓定性，就是给每个哲学家的认识论下个结论：或者是唯物主义认识论，或者是唯心主义认识论。二十世纪六十年代的学者在这个思路上又大进一步，他们在中国古代哲学家中划分经验论和唯理论派别，还探讨了两派之间的斗争和综合。如“认为老子是唯物主义的唯理论代表，墨子是唯物主义的经验论，荀子是综合了经验论和唯理论”①。最近出版的几本中国认识论史的专著，也在中国古代哲学家中划分经验论与唯理论，如认为墨子、王充等是经验论，孔子、孟子、张载等是唯理论。笔者不同意侯外庐的这

* 原文发表在1997年第11期《学习与实践》。

① 任继愈：《中国哲学史》第一册，人民出版社1996年版。

种思路，因为认识论成为独立学科是近代产生的，而经验论和唯理论是实验自然科学的产物。中国古代没有经验论和唯理论，墨子不是经验论，老子、孔子、张载不是唯理论。

一　经验论和唯理论是近代实验自然科学的产物

欧洲近代经验论和唯理论深受自然科学的实验简化方法的影响。自然现象具有错综复杂的关系，是多种因素制约的。在科学实验中，往往是抽出一组关系并且限定几个因素来进行研究，所以用于实验的装置必须采取一些措施，在控制某些条件下进行。如在探讨气体的性质时，必须使一定质量的气体在密封的窗口内，使温度、压力、容积这三个因素之一（如温度）保持一定，改变其他两种因素来研究它们的关系。这种做法被称为实验简化方法。这种方法的优点是显而易见的，它有明确的目的，是有计划有步骤进行的，是人为控制或模拟自然现象进行操作的，人们发现在实验中更容易认识自然事物的性质和规律。但是，这种方法也有缺点，正如马克思、恩格斯所指出的，它造成一种形而上学的思维方式。形成一种孤立地、静止地探讨问题的方法。用这种方法进行哲学思考的时候，它允许研究者把复杂的哲学问题简化，从错综复杂的关系中抽取一两个因素进行探讨。

拿认识的来源问题为例。人们是如何获得知识的呢？任何一个人凭常识就会回答：是通过教育和读书学习而获得的知识。古代的知识、未来的知识、宏观宇宙和微观世界的知识，都是读书学习得来的间接知识。这是人类获得知识的主要来源。也有一些知识是直接通过自己的感官和思维而获得的，比如周围的树木、房屋和汽车，等等。但是，关于这些知识也只有少量的属于直接知识，其中包括大量的间接知识。比如树木的基因结构，房屋的原子形态，汽车的机械原理，这些知识靠看、靠想是得不到的，必须受教育和学习。欧洲近代在研究认识论的初期，借助实验简化的方法，简化了认识的来源问题，它是在完全排除了教育和学习作用的条件下，去研究认识的来源问题。认识的来源问题变成了个体认识如何发生的问题，人们只能在经验和理性两者之中选择，认为经验是认识来源的哲学家组成经验论派别，认为理性是正确认识来源的哲学家组成唯理论派别。中国古代哲学家没有受到实验简化方法的影响，他们是在一个更加广泛的范围里探讨认识的来源问题。在知识的来源问题上，他们最重视学。《论语》以"学而时习之"开始。孔子探讨的学与思，学与行，学与道，学与闻等一系列问题是贯穿古今的。感性认识和理性认识，中国古人称之为"声闻之知"。欧洲人把认识论问题简化为对"声闻之知"的探讨，即对自然事物、科学对象的探讨，而中国人除了探讨"声闻之知"以外，还要探讨"德性之知"。

近代经验论和唯理论产生的直接原因，是当时自然科学上实验归纳法与数学演绎法的对立。英国的培根之所以能够成为欧洲近代经验论的创始人，是因为他在自然科学领域首创了实验归纳法。培根所处的时代是英国工业和科学初步发展的时期，十分关心科学的进步并致力提出了科学方法论的两大基本原则：实验定性原则与归纳推理原则。近代自然科学与古代自然哲学的区别，就在于实验方法的确立。培根充分肯定了这一方法。他说："一切比较真实的对于自然的解释，乃是由适当的例证和实验得到的。"[1] 在实验定性原则的基础上，培根还提出了归纳推理的原则——三表法，即存在表、差异表、比较表。他认为必须广泛收集各种自然现象和各种实验事实，事实收集得越多，越全面，归

---

[1] 《十六—十八世纪西欧各国哲学》，商务印书馆 1975 年版，第 17 页。

纳推理所得出的结论就越正确。科学定性和归纳推理都是建立在感性经验的基础上的。培根从科学方法进入认识论，他认为人的一切知识都是从感觉经验开始。他说："人们若非发狂，一切自然的知识都应当求之于感官。"① 培根比较轻视理性在认识中的作用。他说："决不能给理智加上翅膀，而毋宁给它挂上重的东西，使它不会跳跃和飞翔。"② 霍布斯和洛克继承发展了培根的经验论。马克思、恩格斯说："霍布斯把培根的学说系统化了，但他没有详尽地论证培根关于知识和观念起源于感性世界的基本原则。洛克在讨论人类理性的起源的著作中，论证了培根和霍布斯的原则。"③

通过以上的介绍说明，没有欧洲近代自然科学的发展，就不可能有实验归纳法和数学演绎法的对立；没有实验归纳法与数学演绎法的对立，就不可能有经验论和唯理论的对立。

中国近代虽然出现资本主义萌芽，但却没有发生工业革命和自然科学的猛进。在哲学领域，虽然有早期启蒙思想的萌芽，但哲学的基本问题、基本范畴并没有发生根本的变化。也就是说，在欧洲进入近代社会并形成经验论和唯理论的时期，中国仍停留在古代社会形态里，不具备形成经验论和唯理论的自然科学基础。那么，十七世纪以前的中国古代哲学领域中，是否有经验论和唯理论呢？也没有。中国古代哲学与欧洲古代哲学一样，只有经验论和唯理论的胚胎和萌芽，且中国的胚胎和萌芽在各类形态上与欧洲的不完全相同，由此可以解释它们各自在成长壮大以后所表现出的更大差异。有的人把胚胎当成婴儿，把萌芽看成大

---

① 培根：《新工具》，商务印书馆1934年版，第22页。
② 《十六—十八世纪西欧各国哲学》，商务印书馆1975年版，第44页。
③ 《马克思恩格斯全集》第2卷，第163—165页。

树，把道德修养命题作为认识论命题，硬拼出经验论和唯理论的斗争、唯物主义唯理论与唯心主义唯理论的斗争，完全不符合中国古代哲学的实际情况。

二　墨子不是经验论哲学家

所谓经验论，必须满足两个基本前提。第一，它是实验自然科学出现以后才有的，前面已有论述。第二，它是哲学发展到研究认识主体时才有的。古代哲学是以客体作为主要研究对象的。在那个时候，人们还没有把主体与客体的关系及其规律作为哲学研究的对象，而偏重于探讨客体的规定性以及如何去确定这种规定性。到了近代，人们以认识主体作为主要研究对象，详细地、系统地分析了认识者的认识能力、认识方法、认识来源和过程、认识标准，等等，终于使认识论从大哲学体系中分化出来，成为一个独立的分支学科。对认识主体初期的研究，是围绕着认识来源问题而展开的。有的哲学家认为，没有感觉经验就不会有任何认识，认识是通过主体的感觉经验才获得的。这些哲学家认为，正确的认识来源于主体的理性，理性知识比感觉经验更可靠。这些哲学家组成了唯理论派别。

在学术界，认为墨子是经验论哲学家，这一看法几乎成为定论。笔者不同意这种看法，因为墨子的哲学不能满足经验论的两个前提。

第一，墨子以及他的后学比较重视自然科学。墨子与公输班同是战国时代的能工巧匠兼发明家。公输班发明了水战器械、飞行器械和攻城云梯等，这些都被用于战争。墨子在历史上以反战非攻而著称，所以他处处与公输班作对。据史书记载，墨子对这三种器械的原理和制作技术都比公输班高出一筹。在物理和光学领域，后期墨家也提出一些精彩的观点。尽管这样，墨子和后期墨家的自然科学方法仍然是观察的方法，而不是实验的方法。他们重视应用技术，缺乏比较完整的科学理论。很难设想在没有实验归纳的情况下，会产生系统的经验论哲学。第二，在先秦诸子百家中，墨子比较注意对自然事物的研究，这可能与他出身于手工业者有一定的关系。墨家学派中小生产者比较多，生产实践使他们比较多地接触自然事物。当然，从总的方面来看，墨子与孔子一样，最重视政治问题。但是，相比之下，墨子比较多地探讨了认识客体即自然事物。至于对认识主体的研究，墨子同其他诸子一样，基本上没有接触到，也就是说他不具备经验论的第二个前提。

经验论的特征有两条：一是肯定认识起源于感觉经验，二是认为只有感性认识可靠而理性认识靠不住。关于第一条，即认识的来源问题，墨子没有明确的回答；关于第二条，即认识的可靠性问题，墨子作了明确的回答。他认为认识的可靠性标准、言论的是非标准就是"天志"。墨子认为天和鬼神是真实存在着的，是有意志的。天的意志就是"天志"。《墨子·天志上》说："我有天志，譬若轮人之有规，匠人之有矩。轮匠执其规矩以度天下之方圆，曰：中者是也，不中者非也。今天下之君子之书不可胜载，言语不可尽计，上说诸侯，下说列士，其于仁义则大相远也。何以知之，曰：我得天下之明法以度之。"《天志中》说："子墨子之有天意也，上将以度天下之王公大人为刑政也，也将以量天下之万民为文学言论也。"这都说明，天志是墨子的根本大法，是衡量认识是否可靠，言论是否正确的标准。墨子在《非命》篇中又有"言有三法"的说法，也是检验认识是否可靠的标准。哪三个法呢？一是"本"，二是"原"，三是"用"。《非命》有上、中、下三篇，三篇的说法大同小异。概括起来，

"本"有"天鬼之志"、"圣王之事"两种说法，"原"有"先王之书"、"百姓耳目之实"两种说法，"用"只有一种说法。三篇都是"发而为刑政"。许多学者认为墨子是经验论者，主要根据是第二法"百姓耳目之实"。用百姓耳目之实作为检验认识、是非的标准，这不就是经验论吗？

　　笔者认为这种见解不能成立。因为，第一，第二法到底是"百姓耳目之实"还是"先王之书"还需论证。《非命中》一种版本说："于其原之也，征之以先王之书。"完全没有提到"百姓耳目之实"。《非命中》另一版本说："于何原之？下原察百姓耳目之实"，可是在后文讲解这一部分的时候，却没有对"百姓耳目之实"的讲解，而只有对"先王之书"的讲解。如果第二法是"征之以先王之书"，那么，就不能论证墨子是经验论者。第二，即使第二法是"百姓耳目之实"，它是原而不是本。根本的，第一位的法是什么呢？《非命中》说："于其本之也，本之天鬼之志，圣王之事。"这与墨子在《天志》往篇中的论述是一致的。用天的意志作为检验认识、是非的标准，显然不是经验论。第三，《非命》一共有三篇，中篇之外的上、下两篇第一法只讲了"圣王之事"，没有讲"天鬼之志"。根据墨子一贯的思想，"圣王之事"体现了"天鬼之志"。《天志》上说："故昔三代圣王禹、汤、文、武，欲以天之为政。"可见"圣王之事"并不像有些学者那个认为是"前人的经验"，而是天志在人间的体现。

　　需要简略说明的是，墨子并不轻视理性。墨子重视自然事物，重视科学技术，重视逻辑思维，这都是重视理性的表现。中国古代哲学从总体上说属于道德理性的哲学，但墨子属于极个别的例外情况，他的哲学中包含着认识理性的萌芽。有人比较了儒墨两种思维方式以后说："中国历史上确实出现过以墨家为代表的认识型思维，这种同西方传统思维的逻辑认识思维很接近。"①
可惜，这棵萌芽在秦汉以后就夭折了。

三　老子、孔子不是唯理论哲学家

道家创始人老子认为，正确的认识不来源于感性经验。他
说："塞其兑，闭其门，终身不疾。开其兑，济其事，终身不
败。"（《老子》第五十二章）要塞住感官的窍穴，关闭感觉的门
窗，这样终生没有毛病；如果打开感官，运用感觉，就终生不可
救药。那么，怎样才能塞住感官，减少感觉呢？老子主张"不
行"、"不见"、"不为"。他说："不出户，知天下，不窥牖，见
天道。其出弥远，其知弥少。是以圣人不行而知，不见而名，不
为而成。"（《老子》第四十七章）老子为什么轻视感性经验呢？
因为他最推崇的"道"，是超感觉经验的。他对"道"是这样形
容的："视之不见，名曰夷，听之不闻，名曰希。搏之不得，名
曰微……是谓无状之状，无物之象，是谓惚恍。"（〈老子〉第十
四章）老子这样极端否定感性经验，所以有些学者误以为老子
是唯理论者。这些学者可能没有注意到，老子也以同样极端的态
度否定理性认识。老子说："智慧出，有大伪。"（〈老子〉第十
八章）理性没有给人带来真理，反而带来了虚假。又说："绝圣
弃智，民利百倍。"（〈老子第十九章〉）抛弃理智，就抛弃了虚
假，对大家有利百倍。老子主张"无为"，"无为"包括少用心
智的意思。又主张"无知"、"绝学"，对外界的知识需要越少越
好，少到婴儿的状态为最佳。这些言论充分证明老子也否定理性
认识，不能说老子是唯理论者。通过感性认识和理性认识去把握

---

①　蒙培元：《中国哲学主体思维》，东方出版社 1993 年版，第 64—65 页。

事物，老子称为"为学"。为学使知识一天一天地增加，可是这样离"道"却反而越远。那么，怎样去把握"道"呢？靠人的直观能力。老子"为道"的方法被道家学派所继承，他们的直观主义、直觉主义不属于感性认识与理性认识范畴，也不属于唯理论和经验论的范畴。

儒家也超越了感性认识与理性认识的对立。欧洲研究认识论的学者大多是自然科学家，他们往往是从心理学的角度去研究认识发生的过程。这就有了感性认识与理性认识的两阶段的划分。中国的儒家大多数是教育家，如孔子、孟子、荀子、朱熹、王阳明等。他们往往是从教育学的角度去探讨知识的来源，认为知识主要是靠老师传授和学生学习这样一个过程而获得的。儒家创始人孔子是中国第一位教育家，他很重视"闻见"。他说："盖有不知而作之者，我无是也。多闻，择其善者而从之，多见而识之，知之次也。"（《论语·述而篇》）有些学者认为"闻见"是感性认识，[①] "见"是指用眼睛看，泛指通过感官获得的知识，接近于感性认识。"闻"不是用鼻子闻气味，而是指听到了许多的间接知识，这也包含着理性认识。如孔子说："朝闻道，夕死可矣。"这里的"闻"绝不限于感性认识。孔子重视"思"，有人从"思"联想到"思维"，从"思维"联想到"理性认识"，从孔子重"思"联想到孔子偏重理性认识。这种看法是片面的。让我们看看孔子的"九思"。他说："君子有九思，视思明，听思聪，色思温，貌思恭，言思忠，事思敬，疑思问，忿思难，见得思义"（《论语·季氏篇》）视、听、色、貌都是属于感性认识的东西，"思忠"、"思敬"、"思义"属于伦理学的范畴，所以不能把"九思"都理解成理性认识。孔子的"思"常常与

---

① 姜国柱：《中国认识论史》，河南人民出版社1989年版，第237页。

"学"相提并论。他说："学而不思则罔，思而不学则殆。"（《论语·为政篇》）有人认为学与思的关系是感性认识与理性认识的相辅相成的关系①。其实不然，上面已经提到"思"并非都是理性认识，而"学"也并非都是感性认识。那么"学"是什么呢？主要是对古代文献与道德品质的学习。按孔子的话说，是"博学于文，约之以礼"。（《论语·雍也篇》）孔子关于闻见、学思的思想，说明他在认识来源问题上既肯定了感性认识，又肯定了理性认识，而且超越了感性认识与理性认识。这是一种肯定的超越，与老子否定的超越不一样，但是他们在超越一点上又是相同的。应该说，孔子与老子一样，也不是唯理论者。

---

① 姜国柱：《中国认识论史》，河南人民出版社1989年版，第239页。

中国古代辩证法与形而上学斗争史质疑*

近年来，研究中国辩证法史成为哲学界的一种新动向，并已经出版了数本专著。在这些著作中，古代辩证法被认为是与古代形而上学作斗争的，并且贯穿古今。例如《中国辩证法思想史》（先秦）探讨了“春秋时期朴素辩证法思想与形而上学思想的斗争”①，以及战国时期“辩证法思想与形而上学思想的斗争”，等等。但是，这个体系有一个基础理论问题未加论证，就是中国古代哲学有没有形而上学。如果没有形而上学，又何谈古代辩证法与形而上学的思想的斗争史呢！

一　形而上学的时代性以及它与朴素辩证法的关系

马克思、恩格斯在哲学史上第一次对形而上学作出了与辩证

---

* 原文发表在《江汉论坛》1997 年第 11 期。

① 方克：《中国辩证法思想史》（先秦），人民出版社 1985 年版，第 138、292 页。

法相反的，具有普遍方法论意义的科学规定。它的经典表述主要见于《反杜林论》、《自然辩证法》等著作。这些著作对形而上学的时代性以及它与朴素辩证法的关系，都作了说明。首先看看形而上学的时代性。恩格斯认为，康德的天体演化说打开了形而上学的第一个缺口。也就是说，形而上学的典型形态应该在康德之前。恩格斯说："而近代哲学虽然也有辩证法的卓越代表（例如笛卡儿和斯宾诺莎），却日益陷入（特别是由于英国的影响）所谓形而上学的思维方式，十八世纪的法国人也几乎全都为这种思维方式所支配，……"① 恩格斯又说："这些障碍是十七和十八世纪的形而上学——英国的培根和洛克、德国的沃尔弗——自己造成的，而形而上学就是以这些障碍堵塞了自己从了解部分到了解整体、到洞察普通联系的通路。"② 从这两段话中可以看出，恩格斯认为形而上学流行于近代，而特别以十七、十八世纪为盛。

　　当时，自然科学的方法，是把对整体的认识归结为对各个局部的认识，把复杂的东西归结为简单的东西，把一切研究归于分析，这也是一种形而上学的思维方法。培根把这种方法移到哲学领域，他主张把世界的纷繁复杂的事物都给予分解，然后归结为若干简单的性质和构成形式。这种从自然科学带入哲学的方法，正如恩格斯所说："把自然界的事物和过程孤立起来，撇开广泛和总的联系去进行考察，因此就不是把它们看做运动的东西……而是看做永恒不变的东西。"③ 洛克深受牛顿经典力学的影响，并将牛顿的机械论和形而上学的方法移入到哲学领域。他像培根一样，把认识来源问题孤立起来，把经验和理性对立起来，他受

----

① 《马克思恩格斯选集》第3卷，人民出版社1972年版，第59页。
② 恩格斯：《自然辩证法》，人民出版社1971年版，第25—33页。
③ 《马克思恩格斯选集》第3卷，第60—61页。

自然科学重视分解和组合方法的影响。力图证明全部知识都是感性经验的分解和组合。洛克之后，法国唯物主义才使形而上学的思维方法达到了顶峰。他们的代表人物是狄德罗、拉美特利、爱尔维修、霍尔巴赫等。他们把一切运动都归结为机械运动，把一切现象都用力学原理加以解释。

通过以上论述可知，哲学上的形而上学思维方式其产生必须具备两个条件。一是近代实验科学产生了自然科学领域中的形而上学，二是经验论者和机械唯物论者将它带到哲学领域，离开这两个条件去谈形而上学的思维方式，就不是本来意义上的形而上学思维方式。

形而上学与朴素辩证法是什么关系呢？这里暂且不去探讨二者在思想内容上的关系，而着重探讨它们二者在时代上的关系。换句话说，这里探讨的问题是：形而上学与朴素辩证法是同时的两军对战关系呢，还是不同时代的更替关系呢？如果是同时代的关系，那么在欧洲和中国古代，就有可能存在着朴素辩证法与形而上学的斗争史。如果是不同时代，那在古代只有朴素辩证法，没有形而上学；到了近代，朴素辩证法的统治地位被形而上学所更替；但大约两个世纪以后，形而上学的统治地位又让位于德国古典哲学的辩证法。前者可以说是对子关系，后者可以说是正、反、合关系。黑格尔的看法是后者，他认为古希腊哲学家都是辩证论者，没有形而上学思维方法。恩格斯继承和发展了黑格尔的看法。"古希腊的哲学家都是天生的自发的辩证论者。"① 这里说的是"古希腊的哲学家"，而不是其中的一部分。所谓"天生的自发的"，是强调辩证法在古希腊是一种整体思潮、一种普遍的思维方式。马克思、恩格斯总是用正、反、合的结构，来描述哲

① 《马克思恩格斯选集》第3卷，第59页。

学史上从朴素辩证法到形而上学再到辩证法的发展过程。恩格斯是这样说的："第一种是希腊哲学。在这里辩证的思维还以天然的纯朴的形式出现，还没有被这样一些迷人的障碍所困扰，这些障碍是十七和十八世纪的形而上学。"① 又说："除了以这种或那种形式从形而上学思维复归到辩证的思维，在这里没有其他任何出路。"② 还说："辩证法的第二个状态，恰好和德国自然科学家特别接近，这就是从康德到黑格尔的德国古典哲学。"总之，在辩证法的第一个形态之后，出现了形而上学，而辩证法的第二个形态是对形而上学的否定和对第一个形态的复归。由此看来，古代没有形而上学思维方式，没有形而上学与辩证法的两军对战。

二　中国古代不具备形而上学的思维特征

形而上学是与辩证法相反的哲学范畴。它的思维特征是什么呢？恩格斯有两段话是对形而上学的经典论述。一是《反杜林论》中的论述③，一是《路德维希·费尔巴哈和德国古典哲学的终结》的论述。④

根据这两段论述和马克思主义经典作家的其他论述，我们可以概括出形而上学与辩证法相反的三个基本特性：

第一，形而上学不是整体的、强调普遍联系的方法，而是把整体分解为部分，对这些部分进行孤立研究的方法。

第二，形而上学不是把事物看作发展的过程，看作是运动变化的，而是把事物看作既成的存在，是一成不变的。

---

① 《自然辩证法》，人民出版社1971年版，第25—33页。
② 同上。
③ 《马克思恩格斯选集》第3卷，第60—61页。
④ 《马克思恩格斯选集》第21卷，第335—340页。

　　第三，形而上学在绝对不相容的对立中思维，片面强调对立性，而不是像辩证法那样强调对立面的统一。

　　从以上三个思维特征看，中国古代哲学的思维方式显然不是形而上学，它具有整体性、求合（和）性、尚变性的特点。中国古代哲学把人和自然看作一个有机整体，儒家和道家概莫能外。儒家主张天人合一，认为人与天地自然有不可分的密切联系。道家主张泛爱万物，天地一体，认为人与万物同类，与天地构成一个整体。中国医学理论是整体观、联系观的典型，它不重分析、不重解剖、不去孤立地研究某个器官的独立功能，而是把器官放在总体关系中把握。中国哲学的另一个特点是求和。传统思维方式不重视形式逻辑的规定，却善于寻找事物的对立，并从对立走向统一。孔子主张"和为贵"，主张"无过无不及"的适中状态，反对的正是绝对不相容的对立中思维。老子主张"反者道之动"，"柔弱胜刚强"，认为对立不是绝对的，是可以转化的。老子重"和"。他说："和其光，同其尘"，又说："万物负阴而抱阳，冲气以为和。"尚变是中国传统思维方式的突出特点之一。《易经》在一定意义上可以称之为"变经"，它是预测变化的一部书。《易传》明确地说，《易经》的原则是"唯变所适"。它说："易之为书也不可远，为道也屡迁，变动不居，周流六虚，上下无常，刚柔相易，不可为典要，唯变所适。"①由《易经》开创的尚变传统，影响了中国的思维倾向数千年。明清之际的哲学家王夫之，以运动解释"太极"。他说："太极者，本动者也。动以入动，不息不滞。"②戴震用变化解释"道"。他

---

① 《易传》。
② 王夫之：《周易外传》卷六。

说："道，犹行也，气化流行，生生不息，是故谓之道。"① 中国古代哲学思维的整体性、求合（和）性、尚变性，概括起来就是辩证思维。中国古代辩证思维虽然经过两千多年的发展，但从形态上说仍然是朴素的、直观的。中国古代没有形而上学。

　　形而上学的产生必须具备一定的条件。例如，它与自然科学的紧密关系以及合理的历史性、进步性；又如，它与经验论的密切联系以及它成为机械唯物论的重要特征；再如，它与欧洲早期资产阶级的关系，等等。但是，在以上那些关于中国古代辩证法与形而上学的斗争论述中，第一，我们看不到形而上学与自然科学的紧密联系，看不到形而上学有它的合理性，即在它刚刚出现时曾经是进步的，必然的，是推动自然科学进步的。第二，我们看不到古代形而上学与经验论的紧密关系，而恩格斯曾经说形而上学是"英国经验主义沿袭下来的、狭隘的思维方法"②。然而，所谓先秦形而上学的代表人物孔子、孟子，却被许多学者认为是"唯理论"的代表人物。第三，我们看不到古代形而上学与机械唯物论的紧密关系，而这样的紧密关系是形而上学最早的重要特征之一。中国古代根本没有机械论，又怎样去探讨它与形而上学的关系呢？第四，我们看不到古代形而上学与资产阶级的关系。欧洲形而上学产生和流行的时代，正是早期资产阶级革命的时代，这绝不是偶然的。形而上学在一定程度上代表着早期资产阶级的思维方式和认识水平。中国古代还没有资产阶级，所以古代形而上学与资产阶级的关系就不知从何谈起。任何一种哲学思想，当然也包括形而上学在内，都有特定的思想内涵和范畴。如果任意将它的思维内涵扩大，将它的范畴泛化使用，不考虑它的

---

① 戴震：《孟子字义疏正》。

② 恩格斯：《反杜林论》，人民出版社1978年版，第12页。

时代性、民族性，势必造成理论上的混乱。以上说明，中国古代不可能产生欧洲典型意义上的形而上学。近代西方实验自然科学传入中国时，也将形而上学传入中国。形而上学刚刚进入中国时，是有一定的合理性和进步性，但是在马克思主义辩证法在中国迅速传播以后，它就成为一种保守的落后的思维方法了。

三　董仲舒不是形而上学哲学家

中国古代辩证法与形而上学斗争史的现行体系中，孔子、孟子、董仲舒是形而上学阵营里的将帅人物。庞朴先生的著作《儒家辩证法研究》，在相当程度上改变了人们的这一看法。庞先生反对两军对战的结构，认为先秦诸子百家都有自己独特的辩证法。例如，有老子用弱的辩证法，有法家用强的辩证法，有儒家用中的辩证法，还有兵家辩证法，名家辩证法，等等。传统的看法认为孔子、孟子是折中主义者或形而上学者，庞先生却认为孔子、孟子代表着"儒家辩证法"。肖萐父先生对中国辩证法史有极其独到的见解，他没有简单的使用"形而上学"的概念，而是使用"非辩证的"这一概念。

因为说过这样一句话，"天不变，道亦不变"①，董仲舒被认为是中国哲学史上第一号的形而上学代表人物。笔者认为，董仲舒不是形而上学的代表人物，因为他所处的时代，没有产生形而上学的经验论哲学基础。从思维方法来看，董仲舒仍然继承着民族的传统，具有整体性、求合（和）性、尚变性的特点，而且这些理论特点在他那里更加系统化了。他的天人感应哲学体系，就是典型的整体性思维。"天地人，万物之本也。天生之，地养

---

① 董仲舒：《举贤良对策》。

之，人成之。天生之以孝悌，地养之以衣食，人成之以礼乐。三者相为手足，合以成礼，不可一无也。"① 这就是把人与天地看成一个整体，考察它们的作用和联系。当然，他的"天之副在乎人"的思想走过了头，认为"人之形体，化天数而成。人之血气，化天志而仁。人之德行，化天理而义"② 等等。但走过了头的思想并不是分析性的思维，仍然是整体性的思维。

董仲舒求合性的思维是非常突出的。"天地之气，合而为一，分为阴阳，判为四时，列为五行。行者，行也。其行不同，故谓之五行。五行者，五官居也，此相生而间相胜也。"③ 这里讲合二为一，一分为二，五行相生相胜，都是对先秦朴素辩证思想的继承和发展。在"合二为一"与"一分为二"这两者中间，董仲舒更重视"合"，更重视"一"，这正是儒家辩证法的特点。他说："凡物必有合，合必有上，必有下；必有左，必有右；必有前，必有后；必有表，必有里。有美必有丑，有顺必有逆，有喜必有怒，有寒必有暑，有昼必有夜，此皆其合也。"他还重视相反之物的统一性。"天之常道，相反之物也，不得两起，故谓之一。一而不二者，天之行也。"④ 这些，说明董仲舒承认对立，承认矛盾，重视对立面的统一，重视矛盾的同一性。有的学者认为，董仲舒虽然承认对立，但矛盾双方是主次定位的。例如，阳为主，阴为次；夫为主，妻为次；父为主，子为次；君为主，臣为次。这都是不能转化的。笔者的看法不同。先秦时期，老子承认矛盾并且认为转化是无条件的，这正是朴素辩证法的"朴素"之所在，不可以苛求古人。董仲舒克服了老子的这一缺点，应视

---

① 董仲舒：《春秋繁露》。
② 同上。
③ 同上。
④ 同上。

为辩证思维的一大进步；但却走到了另一极端，即认为矛盾双方的主次不能转化。这也是朴素辩证法的"朴素"之所在，也不宜苛求古人。老子和董仲舒在矛盾转化问题上各执一端，就为"有条件的矛盾转化观"这一辩证思维的进步创造了条件。

董仲舒是否具有尚变性思维呢？回答是肯定的。在自然界方面，他认为由天地之气的分合变化而产生了阴阳、四时、五行、万物。"天覆育万物，既化而生之，有养而成之。"① 认为天养育万物是一个变化发展的过程。在社会政治领域，他积极主张变革旧制，以适应新的政治形势。他在与汉武帝的对话时说："国家将有失道之败，而天乃先出灾害谴告之。……尚不知变，而伤败乃至。"② 崇尚变革的思想在《春秋繁露》中多处可见。如说："谴告之而不知变……其殃咎乃至。"③ 又说："五行变至，当救之以德，施之天下则咎除。"④

"天不变，道亦不变"，长期以来被认为是中国最典型的形而上学命题。二十世纪八十年代，严北溟提出反对意见。他认为"天"主要是指自然，而"道"主要是指规律。这个命题是说自然现象及其规律往往保持亿万年质的稳定性，而看不出根本的变化，可以说"天不变道亦不变"是有根据的。⑤ 笔者同意严北溟的结论，即"天不变道亦不变"不是形而上学，但是不同意他对"天"、"道"概念的解释。从董仲舒一贯思想和对"天"、"道"概念的习惯的用法上分析，这里的"天"是指"天道"，即自然社会的总规律。这里的"道"是指"人道"，即王道三

① 董仲舒：《春秋繁露》。
② 董仲舒：《举贤良对策》。
③ 董仲舒：《春秋繁露》。
④ 同上。
⑤ 严北溟：《谈"天不变道亦不变"》，《复旦学报》1980 年第 6 期。

纲、社会法则。所谓"天不变，道亦不变"，是说自然社会的总规律是不会轻易变化的，那么王道三纲，也是不会轻易变化的。这里强调的是人道必须符合天道，人道与天道保持一致。董仲舒说"王道之三纲可求于天"都与"天不变道亦不变"是同一种思想，即人道与天道一致。这是儒家一贯的思想。它主要属于政治伦理的范畴，而不属于哲学形而上学的范畴。

　　总之，形而上学产生于近代实验自然科学，培根、洛克等经验论者将它带入哲学领域。十七、十八世纪是形而上学的盛行时代。如果脱离时代性去谈形而上学的思维方式，是不科学的。朴素辩证法与形而上学不是两军对战的对子结构，而是替代、复归的正、反、合结构。因此，不论欧洲还是中国的古代，都没有朴素辩证法与形而上学两军对战史。中国古代不具备产生形而上学的条件，也不具备形而上学的思维特征。那种认为孔子、孟子、董仲舒是古代形而上学代表人物的传统看法是不能成立的。如果人为地去虚构所谓古代辩证法与形而上学的斗争史，必然经不起历史的检验。总有一天，虚构的体系会被历史所抛弃。

陆象山不是唯心主义哲学家[*]

陆象山与朱熹同时代，地位相当，其所创立的心学与朱熹的理学尖锐对立，发生过历史上有名的"鹅湖之会"与"南康之会"。传统的看法认为，朱陆之争是客观唯心主义与主观唯心主义之争；陆象山哲学的积极意义，表现为"当一个唯心主义者批判另一个唯心主义者的唯心主义基础时，常常是有利于唯物主义的"。[①] 笔者认为，朱陆之争并非唯心主义内部不同派别之争，而主要是对道德伦理修养的方法之争。朱熹受道家影响，尊崇"天理"——实际上是把道德伦理客观化、绝对化，人获得天理的方法是"格物穷理"。陆象山继承孟子的思想，认为天理就是人心——实际上是把道德伦理主观化、内在化，人获得天理的方法是"发明本心"。他们在这里探讨的不是思维与存在的关系问题，所以他们的理念与客观唯心主义、主观唯心主义都没有关系。

在朱熹理学盛行的南宋时代，高扬"心学"大旗的陆象山，

＊ 原文发表在《杭州师范学院学报》1998 年第 1 期。

[①] 《列宁全集》第 38 卷，人民出版社 1959 年版，第 313 页。

独树一帜。"宇宙便是吾心，吾心即是宇宙"和"发明本心"的深睿智慧，是中国哲学史上一颗灿烂的明珠。然而长期以来，"明珠"却被弃，陆象山心学被说成是唯心主义而遭到口诛笔伐。这样的做法是不科学的，对于陆象山也是不公平的。从一个新的视角，为陆象山洗刷不白之冤，再现象山哲学的本来面目，是我们的期望，是本文的宗旨。

一　宇宙论非唯心主义

在宇宙发生论上，陆象山说："太极判而为阴阳，阴阳播而为五行。……故太极判而为阴阳，阴阳即太极。阴阳播而为五行，五行即阴阳也。充塞宇宙之间，何往而非五行?"[①] 这个"太极—阴阳—五行—万物"的模式，与先秦《易传》和宋代理学家们一脉相承，与朱熹的宇宙发生论也没有大的区别。陆象山忠实于《易传》的原始模式，只讲"太极"而不讲"无极"。朱熹继承周敦颐《太极图》的模式（讲"无极而太极"）。朱、陆思想基本一致，只是运用概念上有差异。朱熹认为，无极是形容太极的，并不是太极之前还有一个什么东西或者还有一个什么阶段。陆象山认为，太极本身就内涵着无极之义，何必要在太极之前加上个"无极"呢，这不是多余吗？况且，在经典《易传》中没有讲"无极"呀！这里只是概念表述上的差别，而不是哲学上的本质差别，更不是客观唯心主义与主观唯心主义之争。

中华人民共和国成立以来，中国学界认为象山哲学属于唯心主义世界观，几乎成为定论。主要依据是他的这样一句话："宇宙便是吾心，吾心即是宇宙。"其实，这并不可作为依据。这句话

---

① 《陆九渊集》，中华书局 1980 年版，第 281—282 页。

必须放在它自身的语境中去理解，而不能断章取义。《象山年谱》是这样叙述的：

> 十余岁，因读古书至宇宙二字，解者曰：四方上下曰宇，往古来今曰宙。忽而大省曰：元来无穷。人与天地万物，皆在无穷之中者也。乃援笔书曰：宇宙内事，乃己分内事，己分内事，乃宇宙内事。又曰：宇宙便是吾心，吾心即是宇宙。东海有圣人出焉，此心同也，此理同也；西海有圣人出焉，此心同也，此理同也；南海北海有圣人出焉，此心同也，此理同也；千百世之上，至千百世之下，有圣人出焉，此心此理，亦莫不同也。①

这段话并不涉及世界本原论问题，若要理会，应该从道德伦理的角度出发：

宇宙无穷，人在这无穷之中生存和延续，由此引发一种道德责任感：人以宇宙天地为己任。宇宙的事就是我的事，我的事就是宇宙的事。这是一种宏大的道德境界，与后世的"以天下为己任"、"国家兴亡，匹夫有责"属于同一种伦理情操。"宇宙便是吾心，吾心即是宇宙"这句话，更进一步表达了陆象山的道德责任、境界和情操，同时也表达了道德伦理的普遍性和永恒性。宇宙在时间上是无穷的，在空间上是无限的，陆象山由此而联想到道德伦理也是超越时间的，是无穷，无限的。"心"、"理"都是指儒家孔子创立的道德伦理，陆象山认为它放之四海而皆准，古往今来永远正确。

这段话表达的是一个古代学者火热的情操、高远的境界、强

---

① 《陆九渊集》，中华书局 1980 年版，第 481—482 页。

烈的责任感和像宇宙一样宽广的胸怀。今天的学者如果不能神交古人，体会古人的一腔热血，而误以为这位古人是在探讨宇宙的秘密，是在思索宇宙是物质还是精神的问题，那就错了。如果再给古人戴上一顶"唯心主义"的帽子，口诛笔伐，那就大错特错了。

这种错误从二十世纪三十年代就开始了。冯友兰没有领会陆象山的道德情操，误认为陆象山是在探讨与欧洲哲学类似的问题。如说："这个问题是，自然界的规律是不是人心（或宇宙的心）创制的"①；又说："在陆九渊看来，实在只有一个世界，它就是心（个人的心）或'心'（宇宙的心）。"②冯友兰造成的这个"误会"影响了将近一个世纪也影响了海内外学术界。例如，日本的渡边秀文批评陆象山是唯心论者："心才是唯一的实在——绝对的唯心论，他于是创了出来。"③这种误会不能带进二十一世纪。

"万物森然于方寸之间，满心而发，充塞宇宙，无非此理。"④被用以论证陆象山是主观唯心主义哲学家，这句话也是当今学者引用极多的。然而这个论证不能成立。它与孟子"万物皆备于我"是同一个意思，是说各种道德伦理已经具备在"我"的心中。所谓"万物"，并非西方的物质、物体概念，而是指道德伦理。所谓"方寸之间"就是指"心"。所谓"满心而发，充塞宇宙，无非此理"，就是孟子"反身而诚""求其放心养浩然之气……塞于天地之间"等思想的继承和发挥，没有超出道德

---

① 冯友兰：《中国哲学简史》，北京大学出版社1985年版，第323页。
② 同上书，第353页。
③ 渡边秀文：《中国哲学史概论》，《近世哲学》第2编，（台北）商务印书馆1967年版，第92页。
④ 《陆九渊集》，中华书局1980年版，第423页。

伦理、修养的范围。需要指出的是，如果神交古人，可以领会到，古人基于道德伦理而表现出了多么强烈的自信和多么豪迈的气概啊！笔者认为可以称得上是"气吞山河"。但是，如果有人分析，"气概"属于精神范畴，"山河"属于物质范畴，"气吞山河"是精神决定和取消（吞）物质的唯心主义思想，我们能做何感想呢？这就是以本体论的思维对待道德论的命题，可谓风马牛不相及。

二　认识论还是价值论

有些学者可能会说，判断一个哲学家是唯物主义还是唯心主义，不仅要看他的本体论，还要看他的认识论。陆象山在认识论上属于"先验论"，这也是学术界的定论。就是说，从认识论的角度看，他也是一个唯心主义哲学家。笔者认为，在这个问题上，陆象山根本就没有哲学意义上的认识论，更谈不上是唯心主义认识论。

认识论是西方哲学的重要内容，主要探讨认识的来源及途径问题。恩格斯说："我们的思维能不能认识现实世界？我们能不能在我们关于现实世界的表象和概念中正确地反映现实？"[①]所以，思维与存在的关系不仅是本体论的基本问题，也是认识论的基本问题。离开个体思维对客观世界的对象化，就无从谈起哲学认识论。它是从古希腊到中世纪再到近代西方哲学关于客体规定性探索的萌芽、生长、发展的结果，其确切含义还应是近代自然科学的产物。只有到了近代，基于对主体的研究，才展开关于"经验论"或"唯理论"的认识来源问题的探讨。反观中国古代

---

① 恩格斯：《路德维希·费尔巴哈和德国古典哲学的终结》。

哲学，它超越了思维与存在、主体与客体的二元对应，它们的关系问题并不是中国哲学思想的主题。当然，它并不否认人的认知能力，但是并未用来对客体世界进行对象化，而是把自然界加以"人化"，以人伦价值观念定格自然界，其追求的是"天人合一"的圆融境界。中国哲学既不以知识作为出发点，也不以知识作为归宿。在中国哲人看来，关于人和宇宙间的一切知识和智慧就是伦理道德。另一方面中国人自身的反思，也不是从人与自然对立的层面去理解人，从未把人的自身对象化。它认为人的存在就是宇宙的存在，人的意义就是宇宙的意义。这是把人当作价值意义的人加以反思。这种内向型思维不属于对象论、认识论，而属于价值论。这种认识功能表现在方法论上，是关于如何"成圣成贤"的道德修养问题，而与自然知识的来源和途径问题是无关的。

三　是唯心主义先验论吗

陆象山常被斥为"唯心主义先验认识论"，主要指以下两个方面：第一，"发明本心"即"存心"、"养心"、"求放心"。陆氏认为："心，一心也；理，一理也……此心此理，实不容有二。"意思是说，作为最高智慧的"心"和"理"是同一的，因此人的教化之道不需"格物穷理"，而只需"发明本心"就够了。第二，读书而"知至"。陆象山认为，读书必须加以选择和区别，而一旦读到圣贤之书，即可获"理"，这就是"知至"。传统研究方法认为，陆象山把关于事物的知识认定于"心"和圣贤之书中，然后向内省察和感悟，当然属于唯心主义先验论。事实上，陆氏方法论的这两个方面内容都不是指认识现实世界，而是谈道德修养问题。道德，之所以"发明本心"，是因为一切外在的道德伦理规范，并不能促成每个人自觉去体认和执行，而真正的道德智慧，"心即理"，这是"天之所与，非由外铄"的。它就存在人的心中。它广含了人之所以为人、世界之所以为世界的一切真谛，所以不必外求。由此看出，"发明本心"（存心、养心、求放心）是一种深刻的对伦理道德自我反省、自我认识、自我完成的过程。所要达到的最高境界，不是要获得关于具体事物的知识，而是挖掘道德源泉，使道德伦理以本能表现出来。"当恻隐时自然恻隐，当羞恶时自然羞恶，当宽裕温柔时自然宽裕温柔，当发强刚毅时自然发强刚毅"①。其次，所谓"知至"，就是知"理"。他说："《大学》、《文言》皆言'知至'。所谓至者，即此理也。吾读《易》者曰能知太极，即是知至；吾读《洪范》者曰能知皇极，即是知至；夫岂不可，盖同指此理。"②由此看出，"至"或"理"并非指的是知识，而是伦理道德，因为《文言》、《大学》、《洪范》这些圣贤之书并非讲授自然知识，而全是如何为人处世的道理。陆象山又说："知至"必须通过"学"才能达到。我们从其"学"的内容则更容易理解"知至"的本质。"今所学果为何事？人生天地间，为人自当尽人道，学者所以为学，学为人而已，非有为也"③。即"知至"的目的是"尽人道"、"学为人"；"知至"的本质是领会个人修养或道德践履之"理"。从以上可看出，陆象山的"发明本心"和"知至"观点，仅仅是涉及修养方法问题，而不是外向型的对客观世界的认识论，因而把它归结为"唯心主义先验认识论"是难以令人信服的。

①　《陆九渊集》卷三五《语录》，第 456 页。
②　《陆九渊集》卷三五，第 28 页。
③　《陆九渊集》卷三五《语录》，第 470 页。

　　退一步说，假定这是一种认识论的话，那么它是否是"唯心主义"的，这也是很值得商榷的问题。认定一种认识论是唯物的还是唯心的，必须建立在物质与感觉对立的基础之上。用列宁的话说，就是："从物到感觉和思想呢？还是从思想和感觉到物？"前者是唯物主义认识路线，后者是唯心主义认识路线。而陆象山的"认识论"却不具备这样一个前提条件，即其哲学范畴和概念很难划属物质或感觉。从第一方面看，"发明本心"的"本心"或"心"，并不专指感觉、知觉、分析、综合等认识活动，而主要指的是"理"，一种广含宇宙与人的道德智慧。"仁义者，人之本心也"①；"四端者，人之本心也，天之所以与我者，即此心也。"② 这样的一种"心"就是"理"，"固不以人之明不明，行不行而加损"③；"此心此理，万世一揆也"④。所以，"心"首先就不是单纯的"主观"东西，而应是"客观"的东西。那么，它是不是"客观精神性"的东西呢？在陆象山看来，"心"或"理"决不是精神，而是条理、秩序或规律。这种"心"或"理"，可以伦理规范形式在个人的修养过程中体现和反映出来，而不是客观规律在人脑中反映，所以它不是精神的。既然"本心"不是指人的主观臆想，也不是指客观精神，那么，这样的一种"认识论"就不是"原则先行"的唯心主义路线。从第二方面看，学而"知至"更非唯心主义路线。他认为要想真正发明"此心此理"，就必须先进行"格物"。"物果已格，则自知至"。当然，他的"物"不是指"物质"而是指"事"，即伦理道德之事。但是，这种"格物知至"显然就不是从感觉和

---

　　① 《陆九渊集》卷一《与赵监》。
　　② 《陆九渊集》卷一一《与李宰》之二。
　　③ 《陆九渊集》卷二《与朱元晦》之二。
　　④ 《陆九渊集》卷三四《语录》。

观念出发的。而且，他一再强调"学也者，是所以致明知之道也"。通过学习，明白道德伦理之"学问"，这与唯心主义先验论有何关联呢？

综述以上，象山哲学并没有表述出所谓唯心主义世界观，只是表达学者一种高尚的伦理情操和道德责任感。他看似"唯心主义认识论"的思想，也不过是一种关于获道成贤的修养论而已。现今的人们应当以神交古人的基本态度去体会古人的哲学思想，而不应以后世的观念和方法去肢解传统真实精神。有人在给陆氏加上这顶"唯心主义"帽子后，批判这种思想是"近七八百年来哲学思想发展的一大不幸"①。其实，真正不幸的不是这种哲学思想，倒恰恰是这种给先哲扣上一顶帽子再拉出来批斗的简单研究方法。

有一些学者，至今仍坚持中国哲学史是唯物主义与唯心主义斗争史，并且相信非此即彼的思维模式。他们认为，一个哲学家，要么是唯物主义的，要么就是唯心主义的，没有第三种可能。这里说陆象山不是唯心主义哲学家，他可能马上会问：难道陆象山是唯物主义哲学家吗？在他们的心目中，世界上除了唯物主义和唯心主义，就几乎没有哲学可言了。得到的答复是：陆象山是哲学家，但必须换一个思路，换一种方法论，才能找出他的哲学精髓和思想境界。正如当前建设有中国特色的社会主义一样，也要建设有中国特色的中国哲学史和当今的中国哲学体系。

---

① 李之鉴：《陆九渊哲学思想研究》，河南人民出版社 1985 年版。

性(性别)哲学

性行为的跨文化比较[*]

在所有的社会科学各学科中，人类学对性行为研究有着最长久的历史。跨文化比较是人类学的一个重要研究方法。运用这一方法，研究人类性行为，对于破除性愚昧、性神秘、性有罪等错误认识是有益的，同时，对于建立性健康的观念和行为，也是有借鉴价值的。

一 人类性行为

对人类而言，性行为有广义和狭义之分。狭义的性行为是指通过性交的手段获得性快感，满足性欲望。广义的性行为是性欲的各种外部显现，它包括一系列可观察的动作和反应，目的是满足性欲望和获得性快感。

广义的性行为有多种对象。一是以人为对象，包括异性性行为和同性性行为；性行为的器官有生殖器、肛门和嘴巴等。二是以动物为对象，包括男人与雌性动物，女人与雄性动物；动物以

狗、猫、牛、马、猪为多。三是以物品为对象，有人造阴茎和人造阴道，带生殖器的塑料人等淫具。女性内裤、乳罩等贴身服装常常成男性性行为的对象；细长或柱状的物品常常成为女性性行为的对象，如香蕉、小刀、蒜苗、筷子、牙刷、钢笔等。四是以自身为对象，如男性或女性的手淫。五是以虚幻的人为对象，如性梦、意淫。

人类性行为因标准不同可以有以下几种分类：

第一，根据社会文化标准分类。有正常性行为，如一男与一女的性行为；有异常性行为，如二男与一女的性行为。社会文化标准在不同时代不同民族不同社会会发生变化。例如同性恋曾被认为是异常性行为，但目前许多国家认为属正常性行为。又如口交，有的民族极普遍，视为正常；有的民族认为属异常，持禁止态度。

第二，根据社会规范来分类。有社会性性行为，如婚后丈夫与妻子的性行为；有非社会性性行为，例如人与动物的性行为；有违法的性行为，如强奸、乱伦的性行为。

第三，根据性欲满足程度分类，有核心性行为，如男女生殖器性交；有边缘性行为，如抚摸，接吻；有类性行为，如在公共汽车上男性隔着裤子用生殖器顶女性的臀部。

二　人类学对性行为的研究

在所有的社会科学各学科中，人类学对性行为研究有着最长久的历史，西方许多性学著作都是人类学家写的。根据人类学的基本思想，文化在塑造人类的性行为方面起关键作用，所以，对不同文化之间性行为的比较是很有必要的。了解别人的文化，有利于更好地理解自己的文化。同样的道理，了解各民族的性行为，对于人们更全面地理解人类自身的性行为是有好处的。出于道德和实际的考虑，性学研究的社会实验是很难进行的，而多样化的性风俗又为人们提供了天然的实验观察机会，对许多已知的性理论又做出必要的修正。如弗洛伊德认为恋父情结是普遍存在的，可是马林诺夫斯基在特罗布里安岛上发现，那里土著人的亲属关系是按母亲算的，父亲的角色是由舅舅扮演的，在那里找不到恋父情结。已有的性理论还必须解释一些奇特的性风俗，例如提科皮亚的女人为什么喜欢用香蕉自我刺激性器官呢？西里奥诺的男人为什么每逢心事重重就习惯性地使劲拉阴茎的包皮呢？

人类学家经常在"未开化"民族中做田野调查。但即使是未开化的民族，大部分人的性行为也是秘密进行的，是一种隐私，很难参与观察和直接体会。按人类学家的原则，没有参与观察和直接体会，只是访问与记录是不可靠的。少数人类学家会与被调查者人群的女孩子结婚或同居，他们对该民族的性行为有了发言权；但是绝大多数的人类学家不可能这样做，所以感到有不少的困难。尽管如此，人类学家在作人种志或者民族志的时候，总是很留意将性行为作为一个重要内容，不管是听到的传闻，还是亲自观察的。人类学家马林诺夫斯基根据新几内亚特罗布里安岛人的调查，写了《未开化人的恋爱与婚姻》一书。书中描写了许多与西方人性行为不同的奇特性风俗。例如下面这两段材料：

> "当男女双方被爱情强烈吸引时，特别是他们的热情还没满足的时候，女主人可以对情人挠、打、敲，甚至可用锐利的东西给对方造成相当的肉体上的伤害。但是，受访的男方受到认真对待。这是少女爱的标志，作为其性爱的标志。"

"女性们共同除草的时候，给予她们一些奇妙的特权。如果她们在劳动时发现了陌生的男人，她们拥有一种习惯性权利——向这个男人进攻。发挥她们全部热情，行使她们的权利。这个男人成了她们的正当的消遣，可以对他行施一切性的暴力、淫乱和猥亵"①。

又如美国性学家贺兰特·凯查杜里安在《人类性学基础》一书中运用人类学的方法，对手淫、乱伦禁忌、性交等行为进行了跨文化比较②。

三　手淫

有的人类学家把欧洲人称为"手淫者种族"，意思是欧洲人手淫很普遍。原因是欧洲文化既刺激性欲又压抑性欲，对非婚性交的限制促使人们进行手淫作为代替。关于手淫的描述可在许多古代文化典籍中发现，这包括巴比伦、希伯来、印度等。希腊人和罗马人相信一种神话传说，潘神失去了女仆埃克耳以后，神发明了手淫方法并教给了潘神。据说宙斯自己就时常放纵这种行为。

福特、比奇报道过四十个原始文化中存在的手淫。据认为在允许婚前性交的社会里，手淫较少流行，因此总的来说，在未开化社会中手淫很少发生。从人类学资料上看，据说卡洛林岛的初奇人一边偷看妇女洗澡，一边秘密地进行手淫。太平洋岛的蒂科皮亚人和非洲达胡梅人的男人偶尔手淫，尽管这两种文化都允许

---

① ［英］马林诺夫斯基著，孙云利译：《未开化人的恋爱与婚姻》，上海文艺出版社1990年版。

② ［美］贺兰特·凯查杜里安著，李洪宽等译：《人类性学基础》，农村读物出版社1989年版。

一夫多妻制。未开化民族中的女性手淫更少听到，总的来说是不被社会赞成。她们比较喜欢用物品插入阴道，而不喜欢刺激阴蒂。她们使用哪些物品呢？非洲阿萨达妇女使用木制笛卡都；西伯利亚的楚克齐人使用驯鹿的小腿肌肉；太平洋岛的提柯皮亚人用树根和香蕉；澳大利亚的阿兰达人用手指。新西兰的来苏人实行一夫多妻制，那里的女性手淫是被允许的。

有人类学家作过如下报道：手淫，在来苏人中经常进行，被视为正常行为。一个妇女如果性兴奋时没有男人可满足她就会手淫。一对夫妻性交时可能会和某个妇女在一个房间里，或足够近的地方使她能看到她们，她可能因此而兴奋。她于是会坐下，弯曲右腿使其脚后跟能够在她的阴部摩擦。即使六岁左右的小姑娘坐在地上时也会无意地这样做。自我刺激在亚灵长类动物中可以看到。例如一个性兴奋的豪猪用一只前爪放在生殖器上，其余三条腿来回走动；狗和猫在性交前后用舌头舔它们的阴茎。自我刺激在被捕获饲养的灵长类动物中常见。雄性的猩猩和猴子用手和脚玩弄阴茎，还将其放入口中吮吸或在地上摩擦。但野生的大猩猩从未发现有手淫。雌性灵长类动物极少手淫，包括野生和喂养的。

手淫是青少年中普遍的一种性行为，是他们日益旺盛的性要求在不能满足的情况下，以手淫方式达到性的暂时满足和自我安慰。美国性学家金西一九四八年调查的结果显示，美国总人口的百分之九十二，通过手淫达到性高潮。中国性学家刘达临一九八九年前后调查的结果显示，中国大学生中男性有手淫行为的占总数百分之五十九，女性有手淫行为的占总数的百分之十六点五。女大学生有手淫行为的人数比例小于男大学生，但是每周她们进行手淫的频率却大大超过男大学生。男大学生最早手淫的年龄大多在十三至十六岁之间，十二岁以前的仅占百分之十点七。女大

学生最早手淫者在十二岁以前的却占百分之三十四点六。① 手淫
有害吗？中国几千年以来都认为手淫是邪恶的，是严重危害健
康的，"一滴精，十滴血"的说法很普遍。这种传统观念使青
少年手淫者往往感到可怕、恐慌、自责、有罪恶感，引起严重
的神经衰弱和性功能失常。二十世纪以来，西方的"手淫无害
论"产生并在最近几十年传入中国。这种观点认为，手淫的最
大罪恶，乃在于宣传手淫的罪恶。适当的手淫不仅无害，还有一
定的益助，对身体没有任何损害。根据刘达临的调查，中国大学
生认为手淫适当有益者占百分之三十点一，认为有大害者占百分
之二十点八，总括之，认为无害与有害者各占一半，认为无害者
略多。

四　乱伦禁忌

乱伦这个词通常指近亲之间的性关系。但界限划在哪里？不
同文化中有不同的标准。父母和子女之间的性关系比较一致的被
列为禁忌。兄弟姐妹之间或是与祖父母、叔舅、姑姨之间的性关
系通常也被禁止。但也能找到例外，例如在母系社会中，舅父与
外甥女之间的乱伦关系是比母子乱伦更严重的罪恶。

据福特、比奇统计，少数社会允许有特殊社会地位的人与他们
的直系后代同居。例如在非洲的阿赞德，最高酋长可以与自己的女
儿发生性关系。即使是这样的社会，也不允许普通成员发生这种关
系。在印加帝国和古埃及法老时期，也有乱伦禁忌的例外，即允许
兄弟姐妹结婚。但是，另一些社会比今天的西方社会有更多严厉
的乱伦禁忌。在福特、比奇调查过的社会中，百分之七十二属于

---

① 　刘达临主编《中国当代性文化》第99—103页，上海三联书店1995年版。

这种情况。有时禁忌是如此之宽，以至于一个社会成员只能在半个社会里选择配偶。

对乱伦禁忌的原因，一种解释是本能，即认为儿童期一起长大的男女彼此缺乏性吸引力。在以色列集体农庄的"幼儿之家"里长大的男女极少发生性关系，也很少结婚。在中国，在婆家长大的童养媳与未来的丈夫之间像兄妹一样生活很多年后，彼此都没有性愿望，勉强结婚后往往通奸多、离婚多。另一种解释是外婚制。外婚制具有人口、经济、生态三方面的优势，有利于发展。为了实行外婚制，就必须有并严格实施的乱伦禁忌。第三种解释是遗传。科学家们发现，黑猩猩、猴、猿等最接近于人类的动物中，父女、母子、兄弟姐妹之间的交配也不常见，与人类是相同的。这就是说，乱伦禁忌可能作为一种基因，编入原始人类的遗传密码中。

五　性交

不同文化对性交的态度是不完全相同的。在有的社会里是宽容的态度，在另外一些社会是压抑的。下面是对比鲜明的例子。

第一个例子，波利尼西亚岛的曼加亚人。曼加亚男孩和女孩在七至十岁时开始手淫，大约十四岁开始性交。每个人在婚前都有许多性经历，婚后性生活仍然很活跃。性交就像是吃饭一样，是生活中平常而不可或缺的事情。性交可以自由地采用各种前奏方法，包括口与生殖器的接触，下流话、音乐、裸体等，以提高兴致。妇女是性交活动中心理上和生理上的积极角色。女性的性高潮，通常是多次的，这是成功的性交的标志。当地人的观念，缺少性交，会对妇女的健康造成损害。怀孕不能阻止曼加亚人，他们继续做爱，直到胎疼出现为止。生孩子以后，母亲与父亲的性纽带进一步加强。我们习惯于认为，性交是爱情的结果，曼加亚人的观念不同，他们以性交为开端，希望性关系能发展成爱情。可以说，性交是恋爱的开始步骤，通过性交可以结识一些人，在这些人中可能会有一个成为自己的爱人。

第二个例子，爱尔兰小岛上的伊尼斯比作人。据约翰·森麦哲的描述，这里对性采取压抑的态度。对裸体的憎恶到了这个程度，以至于一个男子因在公共场所赤脚而羞愧。婚后性关系是唯一被认可的性交方式。他们认为，性交会损害男女两方的身体，但为了生育后代，女子必须忍受，男子必须冒险完成这个任务。性交时总是丈夫起头，做爱前只能抚摸女人的臀部而不能接触阴部。性交只能采取男子在上的体位，内衣不能脱去。女性在一种压抑的气氛下能否得到性高潮，是令人怀疑的。新几内亚的马努人也属这个类型。他们认为，夫妻之间的性交是有罪的、下贱的，因此只能在非常秘密的情况下进行。妇女特别反对性交，只是为了生育不得不偶尔忍耐它。婚外性交是一种最恶劣的罪行，将受到神的惩罚。马努妇女对月经保密，以至于很多男人否认自己妻子有月经。或者丈夫知道月经，也要与妻子一起对外人保密。

第三个例子，非洲肯尼亚的古西岛人。大多数文化中，性交双方是一种合作协调的态度，目的是共同追求一种性享受。古西岛人在性交中表现出鲜明的对抗，并必须伴随着痛苦的形式。妇人在性交时必须反抗，即使性交者是丈夫也如此。男人在性交时要制服女人的反抗并使她痛苦。女人在痛苦时则辱骂男人，阻挠性交正常进行。这种性交的模式在青年时期被反复灌输。例如当青年男子隐居并实行割礼时，他的生殖器包皮被割掉一部分，非常疼痛。少女则按习俗被带到隐居者那里跳裸体舞，隐居者受伤带血的生殖器不得不勃起，因而受到加倍的疼痛。

　　以上从几个方面说明不同文化性行为的差异性，但实际上不同文化性行为的共通性占有更大的比重。例如几乎所有的社会都相信性生活是必要的，男性性要求比女性强烈。所有的社会都有这种或那种婚姻形式，一夫一妻制最普遍，而一妻多夫制最罕见。所有的社会中，异性性交和生殖器性交是首要的社会化性行为，但又不是唯一的一种。所有的社会，都把婚姻作为性交的首要条件，并有着一定范围的乱伦禁忌。

六　同性性交

　　同性性交发生在同性恋人群中，性活动指向同一性别的人，称为同性恋。男子同性恋中，可有一方心理和行为都显得女性化。女子同性恋中，可有一方心理和行为都显得男性化。更多的情况是角色互换。有绝对的同性恋，拒绝跟异性有任何性行为。有双性恋，既搞同性恋也搞异性恋。男子同性恋者着重对性快感的追求，关系较不稳定，有时随遇随散。妇女同性恋往往较专一，情感上的依恋重于性生活的满足，关系较持久。

　　一九四八年，美国性学家金西对同性恋的调查报告，令世界震惊。在五千三百名美国成年男性白人中，青春期以后有过同性恋经验的占百分之三十七。其中绝对同性恋者为百分之四，双性恋者为百分之十八，有同性恋冲动但未实施者为百分之十三。在这五千三百名男性成人中，三十五岁以上尚未娶妻者，有半数从青春期以后一直有同性恋行为。

　　一九五三年金西又发表对五千九百四十名美国白人妇女的调查报告，女同性恋比例虽低于男子同性恋的比例，但也高达百分之十三，其中绝对同性恋为百分之三。金西调查报告传到民间，变成了百分之十这个数字，二十世纪六十年代和七十年代，媒体和民众都说美国人有百分之十是同性恋，这个数字大得惊人。为了争取这部分人的投票，美国总统竞选人往往主张对同性恋者持宽容态度。实际上金西是这样说的：从十六岁到五十五岁之间的男性，有三年仅仅与同性发生性行为的，占百分之十。但是传到民间就被夸大了，并以讹传讹。

金西的报告统治美国性学界三十多年，直到一九九二年，罗伯特·迈克尔等的新调查，才大大缩小了同性恋者的数字和占全国人口的比例。调查结果如表3—1所示。

表1   1992年罗伯特·迈克尔等的新调查结果

	男	女
曾被同性吸引，仅仅只有念头	6%	4%
过去一年里，与同性有过性行为	2%	2%
今生中曾与同性有过性行为	9%	4%

基督教文化强烈地反对同性恋，中世纪的欧洲曾经对同性恋者处以死刑，但未能使同性恋绝迹。伊斯兰教法对同性恋的制裁也极严厉，但穆斯林国家的同性恋者数字没有下降。几乎人类所有的社会都存在同性恋，而不禁止同性恋甚至鼓励同性恋的社会也是有的。据福特、毕奇查阅人类学的文献资料，在七十六个原始部落中，有四十九个部落把同性恋视为正常行为。

美国的法律中有"鸡奸法"，是惩罚同性恋的。若罪名成立可以判十到十五年的监禁。美国警察特别憎恨同性恋，原因还不明，有人认为是因为警察训练手册上，往往把同性恋描绘成危险的堕落者。二十世纪七十年代美国出现同性恋者解放运动，并获得了很大的成功。同性恋已被一些大城市承认，同性恋者甚至搬到城市某一个地方聚居，形成了同性恋社区。同性恋者不再自卑和躲藏，公众可以在电视上、全国性杂志的封面上、报纸上、以及游行集会上看到他们。

从五十年代开始，同性恋者有自己的组织。六十年代以后，同性恋组织的目标是通过"反歧视法"，规定成年人之间私下同性恋接触不算犯罪。经过同性恋组织的多年努力，一些宗教组织已改变了态度。一九七〇年，美国唯一神教教会全国会议通过了支持同性恋者反歧视法的决议。一九七五年，美国全国宗教联合会通过决议，支持同性恋者反歧视法的运动。

一九九一至一九九二年，中国上海中医学院和香港学者在上海对二千一百九十例大学生进行性调查，发现男生中百分之八点三，女生中百分之九点二，有过同性恋行为。同性恋在新中国，一向被作为流氓犯罪看待。据刘达临提供的例子，陕西一男青年因同性恋被判刑五年，这大约是二十世纪七十或八十年代的事情。二十世纪九十年代，中国对同性恋的法律放宽了。国家公安部答复关于同性恋是否犯罪行为的信件这样写："在我国目前对同性恋没有明文的法律规定的情况下，对这个问题原则上可不予受理，也不应该以流氓行为给予处罚。"①

下面从人类学的角度，看看不同社会对婚前、婚外、婚内性行为的态度，是限制或者是相对宽容？

七　婚前性行为

不同社会对婚前性行为的态度可以有很大的区别。有大约一半社会允许女子婚前性交。还有百分之二十的社会公开指责，但私下宽容婚前性行为。这就是说，百分之七十的社会允许婚前性

---

① 刘达临：《一个性学家的日记》，宁夏人民出版社 1995 年版。

行为。南太平洋岛上曼格亚人是一种鼓励婚前性行为的社会。那里的男孩在正式成年礼之前就有了性交的尝试，但最初的接触通常是与性经验丰富的妇女或寡妇。为了接近同龄女孩，男孩必须经历割礼，把阴茎上部表皮的皮肤沿着中线切除。马歇尔详细报告了青年人的求爱经历：年轻人首先溜出自己的家门，避开警察，一般在晚上十点到达姑娘的家。如果是约会，他们在一起睡到凌晨三点。如果不是约会，男孩要么甜言蜜语去打动她，要么用手或毛巾捂住姑娘的嘴，半强制性地性交。男孩普遍认为，一旦性交成功，女孩的反抗就会消失。

在非洲中部操伊探语的民族中，收获季节要给姑娘们一间自己单独使用的房屋，在那里她可以与中意的小伙子扮演夫妻的角色生活，颇似现代社会的试婚。墨西哥的休依乔尔人、印度尼西亚的阿罗勒斯人都在形式上反对婚前性交，但实际上并不制止。只要不夸耀这种经历，也没有引起怀孕，一般是无人干涉的。如果发生受孕，男方必须成婚。

凡重视女子贞洁的社会，严格禁止婚前性行为。非洲坦桑尼亚查盖人中，发生婚前性关系的青年男女会被捆在一起示众。在墨西哥特波茨兰的印第安人中，从月经初潮开始，姑娘们的生活就变得"缩手缩脚，拘拘束束，闭门不出"。她们不能同任何小伙子说话，更不能有丝毫的挑逗之意。那里的母亲，为了保卫女儿的贞操，要随时暗中监视她们的行为，这成了一种沉重的负担，以至于母亲们希望女儿早婚，使自己轻松一些。

尽管不同民族的态度有所不同，但世界总的趋势是由严格向宽松发展。中国在一九八六年未婚先孕，进行人工流产者占人工流产者总数的百分之十六。根据刘达临一九八九至一九九〇年的调查，大学生有性伴侣的占总数百分之九点八，其中男生占百分之十二点五，女生占百分之六点三。而耿文秀一九九〇年调查的结果，大学生有过婚前性行为的，男女各占百分之二十二点九和百分之十一点七。这些数字比起十年前、二十年前有明显的提高。对婚前性行为持宽容态度的大学生占大多数，据一九九〇年的调查，持这样态度的大学生占百分之七十四点九，美国大学生在七十年代平均五分之三的男生、五分之二的女生有婚前性行为。而到现在，没有婚前性行为的大学生几乎已经找不到了。如果有的话，往往被周围的人认为是性无能，或者是性白痴。

八　婚外性行为

在全世界的社会中，大约百分之六十九的社会男子普遍有婚外性行为。有一些社会表面上禁止婚外性行为，而实际上并不认真实行和管理，因此，上面的统计数字比实际情况可能略少一些。例如纳瓦霍社会禁止私通，但是三十岁以下的已婚男青年中有百分之二十七的人与妻子以外的妇女有过性行为。印度的托达人公开认可婚外性行为，那里的人普遍认为："舍不得让自己的妻子与别人发生性关系的男子要被扣上不道德的帽子。"

西伯利亚的楚克奇人经常长途跋涉，他们允许在旅途中的已婚男子与其投宿的主人之妻发生性关系。心照不宣的是，当这位主人下次访问投宿者的家庭时，他也会受到同样的接待。一位霍皮人曾对人类学家这样说："我一生最大的快乐莫过于跳舞节日的欢歌、盛宴和逗乐之后与秘密妻子做爱了。对于我们这些在沙漠中辛勤劳动的人来说，这些小小的暧昧关系会使生活变得更为快活。"对于这种秘密偷情的快乐感，发达国家与原始部落的人是差不多的。

欧洲与中国的文化差异很大，但在中世纪对通奸的严惩态度是一致的。近代以来，欧洲持宽容态度，而中国是在八十年代才明显发生这种转变的。二十世纪八十年代以来，婚外性行为开始增多，并引起"第三者"问题的讨论。人们观念也在变化。据一九八九至一九九〇年的调查，一个和配偶感情破裂的人与其他异性做爱，认为可以理解或不必干涉的，城市人占百分之五十三，农村人占百分之四十三点九。在很多人心目中，中国是一个婚姻稳定、白头到老的社会，但是婚外恋肯定比人们想象得要多，比调查数字也要多。一九九〇年的调查数字城乡皆为百分之六左右，这肯定偏少，因为中国的被调查者一般顾虑比较多，有婚外恋的人大多是不会承认的。

美国的情况与中国相反。许多人认为美国是一个滥交的社会，似乎每个美国人都有几个婚外情人，这个印象与美国好莱坞电影有关。但是根据一九九二年的调查，实际情况并不是这样。在十八岁至五十九岁的成年人中，百分之八十的人在过去一年里只有一个性伴侣或者没有性伴侣。欧洲的情况与美国类似，英国百分之七十三的男性、百分之七十九的女性在过去一年中只有一个性伴侣。法国百分之七十八的男女在过去一年中只有一个性伴侣。可见，美国人、英国人、法国人对婚姻的忠诚态度，超出了我们的估计。

九　婚内性行为

据金西调查，美国已婚男性的性欲满足，百分之八十五来源于婚内性交，百分之十五来源于婚外性交、同性接触、手淫、梦遗等，可见性交对婚姻的重要性。美国人说，好的性交使好的婚姻更好，坏的性交使坏的婚姻更坏。妇女的性高潮与她们的自我感觉似乎没有直接关系。百分之八十一有高潮的妇女自我感觉好，但百分之五十二偶尔有高潮、百分之二十九从没高潮的妇女也自我感觉良好。一般来说，对性严格的社会，女人获得性高潮比例小，而对性宽松的社会，女子获得性高潮比例大。不同社会性交方式不一样，有的社会只允许男人在上位，女人在下位；有的社会比较随便。大多数社会的性交在卧室中隐秘进行，但玻利维亚的西里奥诺人却无法隐秘。他们的小茅舍中往往睡五十多个男女，性交时只好当着别人的面进行，有礼貌的人会把脸转过去。有的民族习惯于在灌木林中性交。大多数社会喜欢在晚上性交，但有些民族喜欢在白天进行，如印度的琴楚人等。印度的琴楚人认为，在夜里怀上的孩子生下来眼睛是瞎的。

性交频率也有差异。印度人的人口增长很快，生育力强，于是有人猜测印度人的性交频率高。由于印度教的色情表现比较强烈，更促使人们相信这一点。但人类学家的跨文化比较调查证明：印度教的性交次数远低于美国白人。下面是印度教妇女与美国白人妇女每周性交的平均次数对照表①：

表2　印度教妇女与美国白人妇女每周性交的平均次数对照表

单位：次/周

年龄	美国白人妇女	印度教妇女
10—14	—	0.4
15—19	3.7	1.5
20—24	3.0	1.9
25—29	2.6	1.8
30—34	2.3	1.1
35—39	2.0	0.7
40—44	1.7	0.2
44 岁以上	1.3	0.3

---

①　［美］莫·内格：《性·文化和人类生育：印度和美国》，《当代人类学》1972 年第 13 期，第 235 页。

为什么印度人性交少呢？原来是观念在起作用，一些印度人相信，精液是力量的源泉，它不能被浪费。他们认为，一滴精液需要四十天的时间，用四十滴血才能制造出来。禁欲是真正健康的首要条件，因为每一次性高潮都意味着失去一定量的、费好大精力才生成的精液。

但是美国人的性交频率比起曼格亚人又要相形见绌。曼格亚人十八岁左右时每周七次，在二十八岁左右时每周五至六次，在三十八岁左右时每周三至四次，在四十八岁时每周二至三次。究其原因，曼格亚人的性观念，比起美国人要开放多了。

中国道教徒有一种房中术，提倡男人性交要交而不泄，就能达到养生延年的效果。男人不射精就没有性高潮，这种文化排斥男性的性高潮。但是大多数文化喜欢性高潮，尤其是曼格亚人，男人希望每晚至少有一次性高潮。有人统计，曼格亚人在十八岁左右时每晚平均有三次高潮，二十八岁左右有两次高潮，三十八岁以后有一次高潮①。

总之，对性行为的社会控制是多种多样的。从历史发展的角度看，文明程度较高的社会，一般对性行为持宽松的态度。中国实行改革开放以来，对婚前婚外性行为更加能容忍，反映了社会的文明和进步。当然，一个社会如果走到另一极端，变成性放纵、性滥交，那就是野蛮与罪恶。

---

① ［美］唐·歇：《曼格亚人的性行为》，载于唐·歇与萨格斯编《人类性行为》，新泽西州普伦蒂斯—霍学出版公司1991年版，第123页。

男女性别的人类学探讨[*]

一九七二年，人类在与天外可能存在的智慧生物尝试着联络时，设计了代表地球人类的最基本信息。信息储存在一张镀金铜片上，其最显著的图案是一男一女的裸体像，这说明地球人类最主要的特征是具有男女性别的差异。人类学家对人类的研究，非常重视男女的性别问题。他们往往运用跨文化比较的方法，探讨性别的差异与相似之处，探讨性别歧视与男女平等的运动，等等。

一　性染色体决定性别

对于为什么会生男孩，为什么会生女孩，古今中外有过各种各样的假说。古希腊的人们认为，母亲右侧卵巢排出的卵子与父亲右侧睾丸排出的精子结合，就会生女孩；而左侧排出的卵子和精子结合，就会生男孩。又有人认为，父亲身体强壮，性欲旺盛，出生的孩子将会是男性；反之出生的就是女孩。中国古人认

＊　原文发表在《中国性科学》2004 年第 9 期。

为生男生女与环境、时间有很大关系。《淮南子》说："山气多男，泽气多女。"就是说：靠山近容易生男孩，靠水近容易生女孩。几十年前，社会上流传一种据说是清朝皇宫内使用的交合时辰表，只要按表上规定的某些天某些时辰男女交合，就一定可以生男或生女。还有人认为生男生女跟父母亲的营养有关系，营养好生女孩，营养差生男孩，等等。这种种假说都没有找到科学根据。

直到二十世纪初，科学才告诉我们：性别是由性染色体所决定的。人类身体细胞中有二十三对染色体，其中有一对是性染色体。女性的这对性染色体是大小相同的 XX 染色体，而男性的这对染色体是大小不同的 XY 染色体。男子射出的精子有一半有一条 X 染色体，有一半有一条 Y 染色体。若 X 精子与 X 卵子结合，将来就是女孩。若是 Y 精子与 X 卵子结合，将来就是男孩。

科学家们既然发现了 X、Y 染色体的秘密，那么他们就可以实现人工选择性别。X、Y 染色体重量不同、电荷不同，尽管这种不同是极细微的，但科学家运用离心式分离法或电泳法都可以将它们分离开来。二十世纪八十年代，日本科学家人工选择出六个女婴儿出生，而英国科学家人工选择的男婴在一九八六年一月二十五日出生，名叫贾斯廷。这项科研成果的积极作用是具有优生价值。因为有遗传基因缺陷的精子与卵子结合，若是男孩多出现白血病、色盲，若是女孩则一切正常。在这种情况下，若能人工选择出生女孩，就可避免遗传性疾病。

这项研究成果也引起一些人类学家和社会学家的忧虑，认为有可能导致社会中两性比例失调。几乎所有的社会都希望生男，不希望生女。尤其在中国这样只允许生一胎的国家，生男孩的愿望更加强烈。许多妇女怀孕后数月用 B 超或 CT 检查胎儿性别，若是女的就可能被打胎。二〇〇三年中国第五次人口普查结果显示，新生儿的男女性比例接近一百一十七，而国际惯例的出生性别比只有一百〇五，若干年后将有五千万男人找不到妻子。好在目前，人工选择性别的费用很高，所以还不至于引起严重的社会问题。

二   性别的差异与相似

一九六八年，罗森克兰兹通过大量的调查，发现美国人所期待的男子气质和女子气质的性格特征如下。

男性特征：强烈的攻击性，强烈的自立性、情绪稳定、不外露、客观性强、不易受外界影响、支配感强、十分爱好数学和科学、在一般情况下能够临危不惧、好动、竞争心强、逻辑性强、谙于处世、善于经商、直率、感情不易受打击、冒险精神强、能够果断地做出决定、从不哭哭闹闹、往往以领导者自居、自信心强、对于攻击性行为往往满不在乎、抱负宏大、能严格区分理智和情感，无依赖性，从不因相貌而自负。

女性特征：喜欢聊天、做事得体、分寸感强、雅淑温柔、对他人的感情十分敏感、虔诚笃信，陶醉于自己的容貌，起居方面清洁干净、文静、对安全有强烈的需要，欣赏艺术和文学，善于表达，脉脉含情。

从上面列举的看，差别相当大，有的是可以成立的，如男性攻击性强。有的则历来有争论，如认为男人的智力（数学、科学、逻辑）比女人强，心理学家们做过许多次的系列实验，仍不能下结论。的确，历史上的科学家、哲学家、政治家等成功者中，女人微乎其微。但是研究表明，女孩在六～八岁时智力明显比男孩发育得快，十二岁左右男女的智力发育达到平衡，十四岁以后，男孩的智力发育明显快于女孩。原因是什么呢？有人认为是女性具有优越的语言技巧，而男性因为语言上的劣势而发展了逻辑推理的能力，这种能力使男性在事业上成功率高。而女孩离开学校后就"从来没有再学过什么"。

男女在心理、能力上的差异是生物因素决定的，还是环境造成的？长期的研究和争论已形成了"性差心理学"、"性角色社会学"、"性别学"等专门的学科分支。一九七四年，美国心理学家麦克比和杰克林合著了一本《性别差异心理学》，他们认为，过去的研究，夸大了男女性别心理的差异，他们认为真正明显的差异只有四项：（1）女孩的语言表达能力较好；（2）男孩的视觉、平衡能力较强；（3）男孩的数学能力较高；（4）男孩更为好斗。还有六个方面可能存在差异，还不足以肯定：（1）女孩的触觉更敏感，对爱抚特别需要；（2）男孩更主动，特别在交友结伴方面；（3）女孩更容易表露和述说害怕、焦虑等行为和体验；（4）男子更富于竞争性；（5）男孩更喜欢支配；（6）女孩更倾向于顺从。

他们的书在一九七六年受到珍妮·布洛克的严厉批评，认为他们醉心于发现无性别差异。布洛克认为，他们选取的实验对象，有百分之七十五是十二岁以下的孩子；百分之四十的论述局限于对学龄前儿童的研究。布洛克指出，许多性别差异要到青春期以后才显露出来，局限于研究儿童心理，会得出片面的结论。麦克比和杰克林则说，当学者们纷纷醉心于研究性别差异时，应该提醒大家要注意到性别相似是更重要的一面，比如在正直、良心、诚实、社交这些方面，显然相似性是主要的。

三　跨文化比较

跨文化的比较研究，是人类学家经常使用的方法。假如我们详细地考察别种文化，就会发现那里的性别角色与我们社会所存在的性别角色非常不同。美国人类学家玛格丽特·米德对新几内亚三个原始部落所作的出色研究，说明了这一点。她在《性别与气质》一书中记录了一些有趣的例子。

阿拉佩什人是新几内亚的一群山区居民，他们在性格方面几乎不存在着性别差异。他们的孩子受到这样的影响，长大后也没有表现出性别差异。男性的攻击行为几乎不存在，那里没有杀戮也没有战争，男人像女人一样彬彬有礼。每一个人都要求懂得爱与关心他人，连货物交换也被称为"馈赠礼物"。这个部落有"养新娘"的风俗，青年男子娶一个十岁左右的新娘，先像兄妹一样生活，没有性生活，等新娘长大以后才真正过夫妻生活。这个部落的女人在性交时不存在性高潮，因为她们处于极度被动的状态。在这个社会中，男性和女性一样，有教养、有责任感、互助、乐于自我牺牲，这些品质是美国社会对女性所期待的。

另一社区蒙枯古马人嗜血成性，敌意、憎恨、猜疑是他们的性格特征。他们中不管男人、女人，都是进攻型的人。性交前男人的"爱抚"，竟是疯狂地抓挠和撕咬，有时甚至弄出血来。配偶的珠饰被扯断，遮体的草裙也被撕碎，她们很容易获得性高潮。这也是一个男女没有性别差异的社会。

第三个部落是西布里人，男女之间的性别差异较大，但这差异与我们社会的性别差异不同。妇女盛气凌人，讲求实际，不徇私情，是养家糊口的人。男人都表现出敏感、柔弱，喜欢打扮自己，追求艺术。他们男女性别特征与我们社会的似乎相反。

通过跨文化的研究，人类学家发现，性别差异与其说是被生物性决定，还不如说更多的是被文化变迁所决定的。不过，美国恩伯夫妇在《文化的变异——现代文化人类学通论》一书中，认为米德所叙述的三个部落的情况，很可能属于"例外的个案"。换句话说，恩伯夫妇不赞成夸大环境和文化对性别差异的影响，他们根据"六种文化研究计划"的权威调查资料，坚持男孩比女孩具有更多的攻击性，并且用雄性荷尔蒙对动物做试验，证明了激素与攻击性有联系。

四　两条普遍原则

尽管存在米德所发现的特殊部落现象，但人类学家的跨文化研究，发现男女性别存在着两条普遍的原则。第一，每个社会都确认性别差异并使之日趋繁杂。没有哪个社会一视同仁地对待男性和女性，无论是在个性要求上、劳动分工上，还是在服饰上，总有一些区别。第二，不管从事什么工作，男性性别角色总是受到更高的评价。例如在新几内亚某些地区，妇女们种植甜薯，男人们种植甘薯。甘薯被认为是荣耀食物，常常被用于重要的仪式上。

对这两条普遍原则，人类学家往往从历史渊源上给予解释：远古时代，已建立男女体力差异上的性别角色。男子肌肉发达，力气大，担任了狩猎的角色，并掌握了社会的权力。女子体力差一些，只能采集食物和养育子女，她们只好服从男子的领导。养育子女使她们从事内务，男子从事外务并更多地负责公共事务，因而比女子赢得更高的评价。如今，科学的发展使人的体力已经不那么重要了，但是历史上遗留下的性别角色仍继续存在。

作为普遍原则的体现，我们发现每个社会的政治舞台上，领导人物通常是男子而不是妇女。跨文化的研究表明，有85%的社会只由男子担任领导。为什么男人占优势呢？第一种说法是男子参加战争，掌握了武器。第二种说法是战争像狩猎一样，需要力气，妇女很难胜任。第三种说法是高个子当领导的可能性大，男子普遍比女子身材高大一些。以上这些似乎都不是很有说服力。

作为普遍原则的又一体现，我们必须承认和认知不同的性别角色，知道自己性别角色所应尽的责任和行为规范。例如在两性活动中，遇到了歹徒或危险，男性角色就要求男子挺身而出保护自己的女友，而绝不能抛弃女友自己逃命。但性别角色是多样的、复杂的，不能简单地归结为男女对立的两种。米德在一九六一年列举了在不同文化中，能够区别的十一种正式的性别角色：生育过的已婚妇女，生育过并供养过子女的已婚男子，不打算结婚和生育的男子，独身、禁欲、节制生育的成年男子，扮演女性角色的成年男子，扮演男性角色的成年女子，为男子做情妇维持生活的成年女子，等等。

由于性别角色的复杂性，常常会遇到性别角色冲突的问题，例如女人事业有成者，像领导干部、经理、高级知识分子等，都存在一个社会角色与家庭性别角色的冲突。社会角色要求她果断、有魄力、能领导男人工作；而家庭性别角色要求她温柔、随和、注意打扮自己，等等。两种角色错位则往往大祸临头，将社会角色搬到家里，其结果往往是以离婚告终。将家庭性别角色搬到单位，则往往不能胜任工作，事业会失败。

五　性别歧视

不同的民族与社会中都存在着性别歧视。人类学家查格龙在描述委内瑞拉的印第安人时说，女人必须对丈夫的要求做出反应。当男人狩猎归来，女人不管在做什么，都得立刻回家，马上为丈夫准备饭菜，倘若动作缓慢，丈夫有权揍她。惩罚大多使用柴棒……有的用有倒钩的箭射进她们的臀部或腿部。

爱斯基摩男人把女人当成独占的物品一样使用、虐待与交换。一个男人看上某个女人，只需上前抢夺她的腰带。如果她反抗，就强行占有。男人为了与贸易伙伴建立联盟，就让妻子为他们提供性服务。

《美国传统辞典》给性别歧视下的定义是："一类性别成员对另一类性别成员，尤其是男性对女性的歧视。"在几十年前可能没有人对这个定义提出异议，但是目前，在西方国家出现了"反向性别歧视"以后，有人提出了批评。反向性别歧视就是女性歧视男性，这种现象在今天世界里的确存在。美国、法国的一些男人抱怨说：妻子打丈夫一耳光，没有人会同情那个"窝囊废"；丈夫打妻子一耳光，则有可能上法庭甚至会坐牢。2002年有媒体报道，德国近年来家庭暴力案件增加，多数是悍妇打骂丈夫。因此，在性别歧视的定义中强调男性对女性的歧视，似乎没有必要。还有一种情况，女性之间也有性别歧视者，她们瞧不起自己，瞧不起妇女。中国古代有许多女性接受和宣传儒家的男尊女卑思想，写了《女经》等著作。

在现代西方国家，出现过英国首相撒切尔夫人、法国女总理克勒松、葡萄牙女总理玛丽亚、土耳其女总理奇莱尔、加拿大女总理坎贝尔等等，说明女性参政有了很大的进步。但在大多数国家里，妇女参政是有困难的。一九八四年，瑞士社会民主党推荐著名女经济学家丽莲担任部长，但议会讨论没有通过。理由是女人太容易动感情，不能承受高层职务的紧张状态。

女子地位在各国都有提高，但仍然有贬低、排斥、压迫女性的现象。女性就业难、从政难、与男性同工同酬难的现象比较普遍。性别歧视还表现在性别商品化倾向，在报纸、杂志、电视、广告中充斥着女人的大腿、乳峰和半裸体形象。美国广告商在和男人做生意时，最有效的办法是将商品与一个有魅力的女人形象联系在一起，这种联系无论多么牵强也没有关系。在各国商界，公关小姐非常活跃，她们利用自己的性别角色去拉关系，做广告，促销售。这些都是歧视女性的表现。

六　"平等"的试验

人类学家只发现了极少数的男女平等的社会，它们往往是未开化民族。如美国内华达州的哇斯哈印第安人、非洲坦桑尼亚的哈德扎人等。在绝大多数男女不平等的社会，由于时代的进步与女权运动的结果，男女正在走向平等，有的国家还开展了平等的试验。在改变角色以求男女平等方面，现代以色列的"吉布茨"（集体农庄或聚居区）是最有意义的尝试。那里的生活完全公共化，财产是集体所有，而不是个人或家庭所有。那里实行集体用餐和儿童公共保健，使妇女从养育子女和烦琐家务中摆脱出来。妇女可以从事任何职业，包括服兵役，从事建筑行业，消除性别歧视是吉布茨试验的最重要目标之一。那里的舆论宣传和居民意识，都认为男女在智力、能力、技巧上是没有高低的。尽管如此，研究者发现，传统的性别角色一度好像不存在，但现在却逐渐恢复。心理学家对吉布茨五十五个村落最早的居民和九百一十八名第二代成年人进行访问，发现第一代妇女回到厨房、洗衣店等服务行业中，第二代妇女似乎希望回到传统的女性生活方式。

中国在计划经济制度下，女子就业率极高，但工资收入很少。但因为那时男子的工资也很少，女子在家庭中的地位相当高。但是在社会主义商品制度下，女子下岗的比男子多，男子赚钱明显比女人多，因此，男子在家庭中的地位比过去要高。女人也更多地回到传统的性别角色上。

斯堪的那维亚的试验曾经引起世界的注目，大家都认为那里的男女平等制度走在世界的最前列。新闻报道曾介绍那些国家的传统性别角色已不复存在。问题在于我们发现，几十年以后的今天，重要的、受人尊敬的职业和职位仍然被男人占有，女人尽管像男人一样努力工作，但是却没有太多的成功者。这是否证明女人在智力、能力上的确不如男人呢？否则为什么机会均等，没有歧视，而最后的结果仍然是男人占优势呢？或者还有一种解释，那就是尽管在男女平等的试验区里，实质上还是没有真正做到男女平等，那么真正的男女平等是什么呢？

于是又有一种理论出现了，说平等不等于相同。有一种认识误区，即认为男女平等，就是让女子跟男子相同。女子要像男子一样肌肉发达，选美时她们也要凸起全身的肌肉。女子要像男人一样富于进攻性，成为冷血硬汉。女子要像男子一样从事危险的职业，如当兵打仗等，以色列人说这只是形式上的平等。本质上的平等是指法律上的平等，是指男女在职业和特性方面受到平等的待遇。如果要求女人跟男人一样工作，从事繁重、危险的职业，女人的体力是吃不消的。长期像男人一样生活和工作，她们会特别劳累和疲倦，那个时候她们会回到传统的性别角色。这样的时候，她们是离男女平等更近一些，还是更远一些呢？

七　女权运动

美国是现代女权运动的发源地。第一份《妇女权利宣言》于一八四八年在纽约州发表，标志着现代妇女权利运动的正式开始。它要求全体妇女的选举权和其他平等权力，这个要求最初遭到公众的敌视和嘲笑。二十多年后，怀俄明州率先给予妇女选举权，而在一九二〇年，整个美国都给予了妇女选举权。第二次世界大战对于女权运动的兴盛起了决定性作用，大批男人走上战场，使美国有五百多万妇女从事各种社会职业。她们中间许多人在战后仍然在工作岗位上，后来又有更多的妇女加入了就业的行列。到二十世纪七十年代，妇女就业人数已占自身总数的百分之六十。因此，与其说是女权运动造就了大批职业妇女，还不如说是这批职业妇女创造了女权运动。

引人注目的女权运动出现于二十世纪六十年代末期。一九六八年发生了一位美国小姐的露天表演，被称为"当众烧乳罩"事件，此事件受到舆论媒介广泛的宣传。一九七〇年，一次重要的妇女示威游行吸引了好几万游行者，妇女运动成为报刊媒介比较突出和稳定的报道内容。运动者的反抗主要指向性别歧视。女权主义者的词汇库中最关键的术语是"选择"、"自主"和"真实"。其中心目标是"妇女在与男子真正平等的同伴关系中具有完全平等的权利"——这是全国妇女联合会的宗旨所在。

女权主义者要求得到选择的权利，即有权选择她自己是成为一个家庭主妇还是成为一个职业妇女，是否当母亲，是过异性爱生活还是过同性爱生活或是独身生活。"自主"是指她们有做出这些选择的自由，而不是受制于社会、政府、丈夫或雇主的意志。通过自己做主进行选择，妇女才成为一个"真实"的人——她认识到自己的存在，而不再扮演某个角色，不必朝传统形象看齐。当代妇女运动有哪些类型呢？她们的信念和理想是怎样的呢？美国达维逊和果敦合著的《性别社会学》一书概括了四条：

第一条，妇女应该更像男人。

这种观点可以说是多数美国女权运动反映出的共同观点，它认为妇女得到受人尊敬的职业、受到提升以及担任报销账单工作等，是最公正的。随着妇女得到的利益越来越多，她们最终成为与男人平等的人。女人也能取得男性一样的成就，是她们的口号之一，这个口号承认男性的成功并作为女性的目标，因此被认为是传统的观点。这派观点的特征是：妇女通过使她们个人的才能得到承认的合法行为来达到目的，她们比较注意妇女个人的酬劳和权力。这一类型的女权运动在舆论媒介中被广泛地介绍和描述。

第二条，女权制。

这种类型的运动主张变更父权制，用女权制取而代之。它的理论根据是强调妇女在生物学上比男性更优越，因为女性具有男性没有的生育能力。男性的生命是女人给的，男人也是女人养育大的。父权制被解释为男性害怕和妒忌妇女而制定的制度。这种观点认为，未来是女人统治天下的时代，女人管理国家的能力也超过了男子。表现在男女之间的关系上，往往是大女子主义态度，它跟大男子主义态度是针锋相对的。这种类型的女子可能会讨厌男人，憎恨男人。她们的口号是：没有男人，女人会活得更好。

第三条，男女同体主义。

它提倡将旧式的、固有的女子气和男子气的特征和行为综合到一个个体之中。一个人应该既有男子气质，如果断、自信、有竞争性，又具有女子气质，如以柔克刚、善解人意，沟通能力强等。男女同体主义强调个人的可变性，并且主张，男人与女人一样也应该"得到解放"。

第四条，男人和女人应该分享社会的和政治的权力。

这种类型要求在现代政治权力机构中寻求根本的改革，以清除目前由清一色的男性进行政治决策的状况。女人将与男人一样，成为社会上起支配作用的群体。这种观点非常重视妇女从政，但突出的特点是强调男女互助协调。

女权运动也受到一些人的反对，称之为反向运动。它由抵制做人工流产的力量和一种更广泛的要求妇女具有一定传统意识的力量所组成。他们认为，女权运动走过头了。在美国父亲节那一天，总有男人上街游行，抗议妇女不养育孩子。法尔威尔创立了一个松散的"道德多数派"组织，参加者不少于五十万人。它反对女权运动伴随出现的人工流产、婚前性行为、轻率离婚、性文化泛滥。为了达到这个目的，道德多数派准备走政治和法律的道路，并争取公众舆论的支持。

八 妇女人类学

妇女人类学是女权运动的直接产物。自六十年代女权运动以后，西方比较著名的大学纷纷成立妇女研究中心。女权运动和对妇女问题的研究，影响了许多学科。人类学受到的影响，就是产生了妇女人类学。人类学家中有不少杰出的女性，例如二十世纪有本尼迪克特、米德、帕森斯、布莱克伍德、塞利格曼、韦奇伍德、理查兹、卡伯里、邦泽尔、杜波依斯，等等。

未开化民族是人类学的主要研究对象，而未开化民族中，女人占了人数的一半，她们的文化与生活，在传统的人类学中不占重要地位，但在妇女人类学中却成为最基本的研究内容。女权运动的一个基本思想是：在古代的母权制社会，妇女掌握权力，或者她们与男人共同掌握权力。父权制时代以后，她们丧失了权力，被男人所压迫。女权运动的目标是使她们重新掌握权力，获得平等和独立。

由于历史上曾经有过母权制阶段，所以当今的女权运动似乎有了一个根据。但是，人类学家的认识与女权主义者的认识有差距。马克思主义者一般都根据摩尔根的调查和思想，认为母权制是人类社会早期的普遍形态。而西方人类学家一般都持否定态度，他们认为人类早期社会也是以男权为主的社会，母权制是一种个别形态。在一部有一定影响的著作中，西方十六位有影响的女人类学家一致认为，没有证据证明母权社会曾经普遍存在过。她们认为："妇女人类学势必要以男性普遍居于领导地位——至少在社交和政治方面——作为前提，这是最重要的一点。妇女要想取得完全的解放，必须开创各种前所未有的对策，不可诉诸古老母权神话。"①

在几乎所有的民族中，女性都被要求顺从。男性的领导地位是源于人类的生物性，还是后天的文化的结果？某些个体生态学家宣称女性的顺从和性别角色是出于基因和生物化学的原因。女权主义者宣称性别角色完全是社会文化的影响，但是这两种极端的意见可能都是片面的。生物性因素和文化因素都存在着，只是这两方面的关系太复杂。罗莎多认为，生物性基础加上文化，塑造出性别角色。妇女承担养育儿女的任务，使所有社会都有内外之别。女性的角色在家内和家务方面，公共领域主要是男人的天地，这是男主女次的基本原因。有些部落妇女的地位和权力相当高，但她们仍然要顺从男性，哪怕是表面上的。在约鲁巴族，妇女虽然控制着交易与经济，却必须跪着服侍丈夫，假装出无知与顺从的样子。

有些学者认为，男性占领导地位，是因为男性嫉妒女性的生育能力而导致的。男人是脆弱的，他们害怕女人，所以创造了一套观念体系和制度使自己优越。精神学家贝特尔海姆认为，男性的割礼——包皮割除、阴茎割裂等，是模仿经血和女性生殖器，模仿的原因是出于嫉妒。新几内亚北方沃吉欧岛的男人定期割裂阴茎流出血液，明显模仿月经。人类学家邓迪斯认为，男性对女

① ［美］R. M. 基辛：《文化·社会·个人》，甘华鸣等译，辽宁人民出版社1988年版，第570页。

性生殖力的嫉妒，表现在神话中一再出现的肛门－生殖幻想上。男人喜欢发表著作，是对自己不能创造生命的一种精神补偿。奥特纳认为，男性对女性的生殖能力产生了嫉妒、威胁、爱憎交加的情绪。男人不能创造生命，便发明技术创造了相当持久、卓越的器物，来肯定自己的创造力。

性别学介于自然科学与人文科学之间，因为人类的性别差异既是生物学上的生理现象，又是环境与文化的产物。人类学也是这样，它的分支学科有体质人类学与文化人类学，如人类学家沃尔夫所说，人类学在科学与人文之间架起了沟通的桥梁。人类学的主题是人，这个人既是自然生态学的组成部分，也是从自然界超越出来的文化人。由于人类学与性别学的这种共性，使得人类学家对男女性别问题有着持久的兴趣，并取得了大量的研究成果。在二十一世纪，还会有许多性别问题在人类学的范围内争论，如人类的变性问题，环境污染使男性精子弱化问题，人口的性别比例严重失调问题，性别歧视中日益增多的男性受歧视问题等。

中国南方各民族女性的奇风异俗及成因探讨[*]

中国南方各民族女性有千奇百怪的奇风异俗，如女劳男逸、女市、产翁制、放寮与寮房、女追男、踩花山、私奔、抢婚、先生孩子后结婚、走婚、招夫、女书、哭嫁、自梳女、惠安女、金兰会，等等。笔者将这些奇风异俗分类为婚姻家庭、文化、经济、不落夫家等若干方面，并分析产生这种种奇风异俗的原因。笔者不赞成"母系社会残余"的公式化解释，而提出"儒与非儒文化的冲突"、"女性是经济活动的主要角色"等理论加以解释。

一　经济习俗：女劳男逸、妇人为市等

（一）女市、女圩、女人街

明朝时王济到了广西横县，走进集市，百货塞途，多数是女商。人山人海中，男商不到十分之一。向人打听何故？回答是女

＊　原文发表在《湖南大学学报》2008 年第 4 期。

人"善经纪"，"男人坐家"。壮族妇女一向善于经商，史称"妇人为市，又一奇也"。中原地区是男主外而女主内，女子耻于谈商；南方妇女大不同也。

今日广西仍有"女圩"存在，就在东北部的全州的文桥镇。二〇〇八年笔者亲自去调查，得知那里每年阴历二月初十赶男圩，满街是男人，二月十一赶女圩，满街都是女人。文桥镇风景秀丽，尤其是河上众多的风雨桥引人神往。传说这里古代是女儿国所在地，女王如烟逝去，仅有女圩留存。离此不远的都庞岭下，有一种女性文字流传，那纤细秀美的女字女书，会不会是女儿国的文明创造呢？

中国香港的繁华大都市中有一条女人街。几年前我去香港时听到这个街名，以为是专门卖女人物品的集市。后来我又想这是不是一个"红灯区"，类似于巴黎都市中的"妓女街"。总之，这个街名让人联想良多，一直想去看看。当终于走进去时，才知道那是一个极热闹的小商品市场，好像武汉的汉正街。

那么为什么叫女人街呢？我问过一个土生土长的中国香港人。他说，中国香港这个地方，过去是女人上街做买卖，男人在家带孩子。女人街那个地方是个早期集市，女人特别多，于是男人们就把它称为女人街。如今的中国香港，与中国台湾一样，与广西一样，女人勤劳，男人也勤劳，一家人同心协力，建设幸福美满的生活。

国外女人善经商也不乏其例。泰国女人善经商，富裕者多。许多男人不挣钱，靠妻子养。离婚时，泰国女子一般不向丈夫要赡养费，反而自愿出儿女的抚养费。

（二）女劳男逸

与中原地区传统的男耕女织模式不同，南方各民族妇女往往承担繁重的农业劳动。在中国台湾，有一支能歌善舞的民族高山族。二十世纪八十年代有一首高山族民歌"高山青"唱遍祖国大陆，二十世纪九十年代又有高山族女歌手张惠妹红遍大陆。在张惠妹的家乡，生女则贺，生男则愁，为什么呢？因为当地的风俗，男大就要"出嫁"上门，是泼出去的水。女的则可以招一个好女婿进门。

又因为，那里是女人耕田种地，男人在家里带孩子做饭，送饭到田头。原来在高山族，女人是当家作主的。壮族是中国少数民族的老大哥，除汉族以外，人口最多。广西壮族自治区是刘三姐的家乡，那里的女劳男逸的现象从宋朝就有记载了。周去非的《岭外代答》是古代民俗学的著作，他在书中这样说：我观察两广的女子，黑而肥壮，少病而有力；男子往往身形单薄，面黄枯瘦。为什么呢？因为这里一夫而多妻，几个妻子都忙于经商，往返于城乡圩市之间做买卖，大家共同养活着这个丈夫。丈夫终日游手好闲，有孩子的就整日抱抱孩子而已，没有孩子的就溜溜达达，袖手旁观。妻子因劳动而健壮，丈夫因无所事事而体弱多病。

女劳男逸的现象，不仅仅存在于中国的南方，也还存在于世界的南方。非洲苏丹西部地区，男人不种地，靠女人养活。女人是农业的主力，在家里是主导地位。但男人允许多妻，一个男人往往娶几个老婆，靠她们养活自己。拉美的南巴人中的女人特别能干，她们下地劳动，肩挑重担，搬运粮食。男人清理田地，打打猎而已。

（三）产翁制

云南省西双版纳是一个美丽的地方，那里有美丽的椰林和竹楼，有美丽的傣族少女。很多游客惊叹傣族少女的年轻漂亮，但是又惊叹她们一旦结婚生孩子就马上满面褶皱。傣族妇女像高山族妇女一样，担负繁重的农业生产，生了孩子也不休息，三天之内又下地劳动。

椰林里的鸟类成千上万，千奇百怪。有一些鸟，雌鸟负责生蛋，雄鸟负责孵蛋。不幸的是，古代傣族人的分工也是这样。女人生了孩子，三天后到河里洗个澡，回来后就将婴儿交给丈夫，勇敢地走进那个日晒雨淋的劳作世界。丈夫接过婴儿，躺在产床上四十天，接受亲人的护理和朋友的祝贺。这种制度不仅傣族有，布依族等其他民族也有，称为"产翁制"。妇女在产后不能休息，恐怕是她们过早地丧失青春容貌的一个原因。

十四世纪，在欧洲流行一本畅销书——《马可·波罗游记》。这本书使中国成为欧洲人向往的天国。那里不仅有最好的政治制度、道德规范，而且有令人难以想象的奇风异俗，例如"产翁"。马可·波罗在元代进入云南金齿部落。金齿部落的人大概用特别植物将牙齿染成金黄色的吧！当地还有银齿部落、黑齿部落、红齿部落，他们都是傣族的先民。

其中黑齿部落的历史最为悠久，早在《山海经》与《楚辞》中就已记载。《山海经》说，黑齿国在中国东方和南方，那里的人长着黑牙齿，令人恐怖。他们吃稻谷，操纵蛇。《楚辞》说，南方的黑齿人，杀人以其肉祭神。那个地方有九头蛇，常吞食人类。台湾高山族的先民也有黑齿的习俗，有人认为他们可能是古代黑齿人的后裔。有人认为黑齿本来是黑漆漆的，有人认为是吃槟榔所致，或是某花某草所染。

像马可·波罗这样的世界级旅行家，独身闯入金、银、黑、红牙齿的部落中，肯定毫无畏惧。但是他对其中傣人的女劳男逸、产翁制大为惊讶，留下很深的印象。他是这样叙述的：

"妇女生了小孩子后，把小孩洗涤，包在襁褓里，女人的丈夫即到床里，把小孩留在身边看守。照本地风俗，他如此留在床里的二十天或更长些，除非有要事外，他是不起来的。所有的朋友亲戚，皆来看他陪他，举行大礼。他们所以如此做，因为他们以为妇人怀孕已非常痛苦，他应当代替她二十天或一定时间，使女子不再有苦楚。因此，女子生了小孩后，她就马上起来，看管所有的家庭事务，并伺候她的留在床上的丈夫。"①

今天的南方少数民族，产翁制已不复存在。但是她们也极少像汉族妇女那样在生育后做月子，月子里不能下床走路，不能梳头，不能洗凉水等。她们一般只休息几天，就开始下地做事和劳动。我在湖南瑶山做调查时，听说瑶医有一种特别的配方，用几种草药煮一大桶水，产妇用此水洗澡，三天之内就可劳动，洗凉水，不会患风湿病。我问过产妇，她们说真有这个配方和草药，这种配方和草药想必在马可·波罗到中国时就已经有了。

有趣的是，产翁制并非中国独有。美洲印第安人、南欧比利牛斯山的巴斯克人，都有此俗。他们甚至装得更像一些，婴儿的父亲躺在产床上，大声喊叫肚子疼，引来全家人的关怀照料。

二　婚姻家庭习俗：走婚、招夫等

（一）走婚

上面介绍的不落夫家，其实只是婚后未生孩子前不住夫家，并不是完全的不落夫家，严格地说是名不副实。有没有完全的不落夫家呢？有，云南省泸沽湖的摩梭人走婚就是一例。二十世纪五十年代初期，摩梭人被划为纳西族，他们不认同，长期要求更改，直到八十年代才被云南省人大常委会通过法案，确认为独立的摩梭人。

① 梁生智：《马可·波罗游记》，中国文史出版社1998年版。

摩梭人实行走婚制，走婚也称阿注婚，阿注原系普米族语，意为朋友，走婚男女互相称对方为阿注。走婚的特点是男不娶，女不嫁，各住各家。男子晚上去女家同睡，第二天凌晨又返回自己的母家生产生活。双方不组织家庭，没有经济问题。所生子女归女方，男人亦不承担抚养责任。

成年男人仍居住在母系大家庭之中，他要承担一定的抚养姐妹子女的责任。母系家庭是一个独立的生产、消费和负担封建劳役及贡赋的单位。一般有三四代人，世系按母系算，财产按母系继承，一家之长通常是辈分高的女人，舅舅协助管理并负责外交。建立阿注走婚关系完全在自愿和相爱基础上，不受年龄、辈分、等级、民族的限制，不举行结婚仪式，分手也很容易。平均每人一生结交阿注六七人，少数人多达几十人或上百人。

过去学者们一般认为走婚是母系氏族社会的残余，当地上层人士（县长、知识分子）极为反感。他们认为走婚是建立在自由恋爱基础上的，没有财产纠纷、离婚纠纷和嫉妒、偷情等纠纷，身心健康，犯罪率低，比汉族过去的包办婚进步，也比当前的一夫一妻制先进。

香港亚洲性学会主席吴敏伦著文说，人类的下一个婚姻形态是走婚，它将取代现在徒有其名的一夫一妻制，摩梭人的文化将对二十一世纪的婚制发生重要影响。不少欧美人长期定居泸沽湖，参加走婚，据说有的已有混血后代。也有摩梭姑娘大胆地闯进了美国社会，在那里干出了一番大事业，征服了不少美国男人。

（二）招夫

中原地区汉族正宗的婚居模式是从夫居，这也是儒家礼教的重要内容。女子嫁到夫家，与丈夫及其父母一起住，遵守妇德，家庭地位低下。不落夫家可视为妇女的反抗，推迟了去夫家做小媳妇的时间。走婚使妇女取得了比较平等的地位，各住各家，男方去女家过夜多一些。招夫是妇女更大的胜利，实行了从妻居，男方上门"嫁"到女家，又称入赘。

严格的入赘，新郎到女方家要改为女方的姓，有财产继承权，孩子跟母亲姓。有的新郎不改姓，所生子女第一个跟女方姓，第二个跟男方姓，依次下去。有些实行招夫的民族，家有男儿嫁出去，家有女儿招郎进来，结果形成重女轻男之俗。招夫是南方各民族最普遍的习俗之一，如瑶、畲、苗、壮、侗、黎、彝、高山等少数民族，几乎都实行入赘婚。下面着重介绍瑶族。

传说瑶族的祖先是一只名叫盘瓠的龙犬，此犬有功于皇帝，被招为驸马。这就是说，瑶族的历史就是从招夫开始的。龙犬与公主结婚后，因臣民讥笑，被送进一个四面高山，当中一个小平原，仅有一个石洞通外界的地方。夫妇俩初到没有房屋，就住在一个大溶洞里。这一对恩爱夫妻开荒种地，繁衍后代，共生下六男六女。皇帝听了高兴，赐十二个子女十二姓。为了保持十二姓，六个女儿必须招夫上门，丈夫改姓，子女随母，这就开了招夫改姓的先河。

公主与龙犬的后裔发展到几千户的时候，此地命名千家峒，生活富裕。元代时此地被官府发现，大兵围剿。瑶民把一个牛角锯成十二节，每姓保存一节，悲愤离去。头人们发誓，五百年后，子孙后裔不管天涯海角，一定打回千家峒团聚。

瑶族流落南方，与汉人杂居。通过招夫，吸收了一些汉人入瑶，强化了瑶族的种族与文化。五六百年以后，各地瑶族掀起返回千家峒的运动。一八三一年湖南爆发赵金龙领导的瑶民起义，一九四一年广西爆发肖成朝领导的瑶民起义，都是为了杀回千家峒。赵金龙是十二姓瑶民的后裔，肖成朝的父亲是瑶女招夫的汉族上门女婿。

早在秦始皇时代，南方已有招夫习俗。在中原生活的秦始皇极端看不惯招夫习俗，规定用极刑处罚。在会稽山留下的刻石纪功碑上，就有"夫为寄豭，杀之无罪"的话。豭，意为母猪，是对招夫妇女的污称。寄豭，是对入赘男人的污称。这说明，招夫入赘，可能是南方各民族古老的婚俗。秦以来，强大的中原文化一直试图取缔这种婚俗，但它却顽强地坚持到现代。

招夫不仅在中国盛行，外国也广泛存在。在保加利亚西部农村，男子以上门为荣，建立了"上门女婿协会"，并在每年四月第一个星期天过"上门女婿节"。届时游行的队伍人山人海，一辆汽车上坐着年轻姑娘，车身上的标语写着："我们需要上门女婿"。另一辆汽车上坐着年轻小伙，车身上写着"我们是上门女婿候选人"。

在中国，上门女婿与岳母的关系一般都比较好，而婆婆与媳妇的关系大多紧张。女子招夫上门，大多能够平等地对待丈夫。在有些国家，上门女婿就惨了。巴拿马一群岛是母系社会，男人结婚后入赘女家，终日超负荷劳作，好像奴婢雇工一样。

三　文化习俗：女书、文身等

（一）妇女的文字——女书

文字一般是男人创造发明的，也曾经被男人所垄断。几乎每个民族，都经历过不允许女性读书识字的历史。男人创造的字，免不了会有歧视女性的表现。中国古代甲骨文的"女"字，是个象形字，是一个面向左双臂抱胸下跪的人，这就是歧视。

现代汉字中有不少贬义字是"女"偏旁，也留下歧视的痕迹。如妖怪、妖术、嫉妒、贪婪、狂妄、汉奸、奸诈等，似乎都是女人所为。英文、法文、德文也有类似情况，所以西方女权主义者曾大胆想象，将来要创造一种女性文字。她们大概难以相信，早在她们"大胆想象"之前，古老中国的农村妇女已经"大胆实行"了，她们创造了"女书"。

人有男女之分，动物有雌雄之别，这是常识。但文字有男女之分，却是文化奇迹。湖南省西南部的江永县与道县的部分农村，文字就有男字、女书之分。男字就是汉字，因为女人不识，男人专用，故称男字。女书是当地女性创造的一种音节文字，大约千个单字，可以完整地记录当地的方言土话。妇女们用女书创作了大量文学作品，有叙事诗、抒情诗、敬神诗，有三朝书、结交书、通信、传记，有哭嫁歌、山歌、儿歌、谜歌，还有大量用女书文字翻译改写的汉字韵文诗。

中国古人说，文如其人。女人创造的文字真的是有女人的风韵。女书文字的形体苗条修长，倾斜而呈菱形框架，这与汉字的上下左右对称、呈正方形框架成为对照。女书文字的笔画纤细飞扬，自由舒畅，好像轻歌曼舞的姑娘。女书像女红一样清秀精美，极有观赏价值。据说从前女书不是写的，而是绣的。用各色丝线把女人的字绣在巾帕上，称女巾，女巾四周往往还绣有花鸟。有的女书绣在枕头上，或老人小孩的帽子上，既是文字，又是图案。有的女书写在扇面上，使扇子增加了文雅与美感。有的女书写在三朝书上，三朝书是新婚三天后结拜姊妹赠送的，特别精美。

女书是中国妇女的杰出创造。当她们被剥夺了学习汉字的权利后，她们干脆创造了一种女性的文字。这是对压迫妇女的封建制度的反抗，是女权主义运动的一种特殊形式。所以，从它被发现的那一天起，就引起了国际女权主义者的重视。

法国的一位女硕士生，将女书视为当代女人的"圣经"，她房间里的四周墙壁上，全部贴满了女书文字。美国的一位女权主义者，辞掉了工作，不远万里来到中国江永县农村，跟那里的老太太学习写女书文字。日本东京成立了女书学习小组，她们的代表访问了江永县，也到武汉大学访问了笔者。女书是一种活着的文字，但正濒临灭绝。如何抢救它，如何挖掘它在当今的价值，某种意义上说是比研究它更迫切的一个问题。

日本的假名字虽不是女人创造，但有近十个世纪只在女人中流行，被称为女文。韩国的谚文也不是女人创造，也曾经只被女人使用，称女人字。这两种字都是由小到大，由弱转强，几乎取代了由中国传入的汉字。而中国的女书文字却在清末民国初一度盛行，二十世纪五十年代后就一直衰落下去。

（二）文身

古代史书上不仅记有穿胸国，还记有雕题国。雕，绣也。题，额也。雕题国即文身国，文身是黎族的重要特征，古雕题国可能就在今天的海南省。文身者女性为多，图案也复杂。清代屈大清说：在脸上刺绣花鸟虫蛾，称绣面女。黎族姑娘将要嫁人时由男方文面，不是为了美，而是表示记号，属于男家，不得再嫁。若没有记号，恐怕死后祖宗不认识她。

从收藏的文身资料看，女子文身分文面、文胸、文手和文足等。文面是由耳顶到口周围绣各种线条，下及颈部。文胸是两道线纹由颈部下及两乳，在胃处呈"V"形汇合。文手多在前肘或腕背上，文足是由大腿到小腿，多绣波浪纹图案。国外资料表明，有些民族为女人下身私处文身，如在阴唇上文花。刘咸1933年记："二十许时，为丈夫所溺爱者，则为之涅私处。"此私处即是女人下身的器官。

据曾昭璇教授研究，文身的意义有三个。第一表示身份，女

婢没有文身的资格。第二起护身符的作用，黎族常在水中做事，
纹图可避免伤害。第三是毁容或美的追求。有人说女子文身是毁
容，防止被人掳去或拐卖。另有人认为文身是婚装，"女为悦己
者容"。

文身相当苦，先用针刺皮肤出血，然后涂上黑烟灰或墨。刺
针用黄藤、大麻不等，次序以面为主，依次身、腿、手。先绘图
再刺血，数年才能完成。妇女坐刺，少女卧刺，刺后常感染发
炎，有的红肿流脓，发高烧，大病一场。若请专门女师操作，也
很昂贵。文面要一石米，文身要一头牛。

文身之俗，高山族、傣族等都有。现在的年轻人一般不喜
欢，也许这种习俗会失传，也许一两百年后人类又喜欢这种爱美
的特殊方式，那也不是完全没有可能。

四　不落夫家的习俗:自梳女、惠安女等

（一）姑婆屋、自梳女

在广东省的番禺县，至今在集镇上还可以见到一些头后留着
长长独辫的老太太，她们就是最后一代"自梳女"。自梳女，用
现代语言说，就是女性独身主义者。当地风俗，婚前少女与婚后
少妇的发型不同。新婚前夕，母亲要为女儿把头发梳起来，这个
仪式象征着你即将成为一个男人的妻子。自梳女一般讨厌男人和
家庭，她们不要母亲梳头的仪式，而举行一个自己梳头的仪式，
向亲朋好友表示自己终身不再嫁人了。

举行这个仪式之后，她就搬到自梳女集中居住的地方——
"姑婆屋"里去住。"姑婆屋"是由自梳女集资建起来的，青砖
平房，内有十几间小屋。她们从此不依靠家庭，自谋衣食。在中
国封建社会，女人嫁到男人家里，伺候丈夫，伺候公公婆婆，动

不动就要下跪，低声下气，像奴婢一样，这几乎是每个女人无法抗拒的命运。自梳女敢于抗拒这种命运，去追求一种新的生活方式，在早期应当属于一种进步的运动。

走进"姑婆屋"，里面有一间一间的小屋子，又干净又整洁。一个小屋子就像一个家，甚至很像一个完整的家。一家三口，和睦相处。墙上有一张全家福的照片，前面坐着父亲和母亲，后面站着一个女儿。但是这个父亲并不是男人，而是一个留着短发的女人。这个女儿也不是亲生的女儿，而是收养的或买的孤儿。在"父亲"与"母亲"之间，往往有着同性恋关系，这是这个特殊家庭的感情基础。

住在"姑婆屋"的自梳女，多则一二百人，少则一二十人。每天吃饭、睡觉、上班、休息，一切管理得有条有理。姐妹们人人平等，财产公有，赚了钱大家用，互助互济，很像原始共产主义的母系大家庭。自梳女死后不进家族的祖坟，葬在"姑婆山"上。自梳女生前常去姑婆山祭祀先去的结拜姊妹，临终前赶到姑婆山为自己选择一块墓地。

苏丹南部的克雷亚族也有由两个女人甚至三个女人组成的家庭。一个不能生育并离婚的女人，可以娶一个"妻子"回家同居，自己担当"丈夫"的角色。"丈夫"会安排男友偷偷与"妻子"做爱，生下一个名义上是自己的孩子。"丈夫"还可纳"妾"，找一个小老婆回家做家务。

（二）惠安女

以上所介绍的女性风俗多种多样，而且在不同的地区不同的民族，但是它们有一个共同性，都有不落夫家的婚俗。不落夫家又称长住娘家，指新娘婚后三天即回娘家长住的习俗。在娘家她仍然过少女的生活，可以参加放寮、狂欢节一类的活动。这期间她与丈夫的联系很少，只有过大节时才能偷偷摸摸地一起过夜。

直到生了孩子，她才真正到男方家里去住。如果迟迟不生孩子，她在娘家可能会生活五六年甚至十年。不落夫家的女子能够享受少女婚前性自由的权利，所以，她生的孩子也许并不是她丈夫的。古代有些民族实行杀长宜弟的习俗，即杀死长子，他的弟弟有财产继承权。这一习俗与不落夫家有关，因为长子往往血统不纯。

福建省"惠安女"以她们奇特的服装服饰和惊人的吃苦耐劳而闻名于世。黄斗笠、绿头巾、蓝短衫、银裤链、黑宽裤，配着苗条的身材，敞露的肚脐，显得分外妖娆。斑斓的色彩与大海的蔚蓝、沙滩的金黄、浪花的雪白搭配得那么美丽协调。惠安女个子小巧，但她们有蚂蚁搬运的精神，经常结伙做采石、运石、建路建房、犁地等重体力劳动，亲眼所见之人无不赞叹。

不落夫家的习俗在惠安不仅历史悠久，而且至今尚存。婚后几天，新娘回娘家长住，与结拜姐妹关系特别密切。她们白天各自劳动，晚上聚在一起做女红，说知心话，唱流行情歌。有的吃住在一起，形影不离，宣称不同生，要同死。

有的地区组织"长住娘家妇女会"，入会者缴纳白银五元和鳗鱼十斤。晚上集中睡觉，谁想回夫家，需经批准，批准条件是保证不与丈夫同床，回来要汇报。个别地方妇女回夫家要带面布遮脸，晚上熄灯后才能去掉，第二天天亮前回娘家。结果有的夫妻结婚几年还不相识，集市上擦肩而过不打招呼。

这种组织禁止回夫家女子与丈夫同床，同床者受到孤立，被骂为"臭人"。有些惠安女从丈夫那里得不到感情，从妇女组织那里得不到温暖，感叹人生只有苦，互相招引，集体投潭跳海自杀，成为一种风气。

（三）金兰会

广东顺德等地的不落夫家的女子组成了"金兰会"，会中女子都是结拜姐妹。少女时，往往发誓不嫁。不得不嫁时，要与姐妹们七日哭嫁。出嫁前夕，金兰会友将新娘下身全部用白布带裹紧，与内裤缝死，再三交代不许失身。又喂其白果，据说能使阴道收缩，无法性交。婚后三天新娘回家，金兰会要检查白布是否解开过，是否与丈夫同床。同床者被视为失节，受到会友们的侮辱与孤立。有时逼之过甚，往往自杀。有的婚后终生不回夫家，宁可花钱给丈夫讨一个小老婆。自己守身如玉，直到临死前才让人送到夫家办丧安葬。

湖南省江永县桃川一带，由不落夫家的女子结成"行客"。行客是结拜姐妹中关系最深的生死之交，彼此相爱，形影不离。行客不得不结婚时，全身白布包裹，打成死结。去夫家行婚礼时，新娘秘藏剪刀，她的行客扮成伴娘随同前往。入洞房后，若丈夫强行行房，新娘会持剪刀自卫，行客也会冲进洞房相助。民国初年，曾有新娘与行客杀死或杀伤新郎的血案发生。

不落夫家之俗在南方极其广泛。上举几例，均为汉族地区，其他如壮、侗、布依、黎、水、仫佬、毛南、苗、瑶、彝、藏族等地区，都有此俗流行。

五　成因探讨

（一）是母系氏族社会残余吗？

自从西方关于母系社会的理论传入中国以后，中国南方许多奇特的婚恋文化和女性习俗，就统统被戴上"母系社会的残余"这样一顶"帽子"。比如云南摩梭人的走婚、纳西族的抗婚殉情、广东汉族"自梳女"的独身不嫁、福建"惠安女"的不落夫家、土家族等许多南方民族的"哭嫁"、湖南妇女的"女书"，等等，都是这样。这些千篇一律的解释，不仅在理论上难以自圆其说，而且引起许多相关民族的强烈反感。

摩梭人自己认为走婚是一种相对先进的婚姻制度，并非原始社会母系制度的残余，对于宣传这种观点的学者非常反感。他们说：难道我们民族的文化至今还停留在原始社会阶段吗？还属于母系氏族社会的残余吗？有的学者认为，湖南江永"女书"文字的产生，也与母系氏族社会的残余有关。而我们认为，"女书"产生于明末清初，是与近代女权运动相呼应的。

笔者也认为，今天的文化民俗现象，不用今天的经济文化加以解释，而用六千多年之前的母系制度加以解释，恐怕有舍近求远、厚古薄今的嫌疑。

（二）儒与非儒文化的冲突

为了克服理论上的困境，笔者提出一种新的解释框架，即儒与非儒婚恋文化的冲突理论。儒教的婚恋文化以男尊女卑、夫为妻纲、恋爱不能自主、婚后从夫居等为主要内容。儒家要求女人永远要服从，未婚服从父母，婚后服从丈夫，丈夫死后服从儿子。这种男尊女卑的文化，在南方推行有一定困难，因为南方各民族的女性历来在社会、家庭中有重要地位。她们或积极地反抗，或消极地对抗，顽强地捍卫自己的权利。

产生于中原的儒教文化在宋明时期达到顶峰，明清时期它开始深入到村村户户。它在南方的传播曾受到非儒文化的抵制和反抗，于是产生了不同民族不同形式的抵制的文化。中原地区的男女婚恋几乎完全由父母包办，南方民族却坚持着在歌舞狂欢中自由恋爱的传统。中原地区实行婚后从夫居，从父居，南方民族却要实行招夫上门，从妻居。福建"惠安女"不落夫家的习俗，云南摩梭人男不娶、女不嫁的走婚习俗，广东顺德"自梳女"的独身并聚居于"姑婆屋"的习俗，都反映了南方女性要独立、争自由的精神。云南纳西族姑娘为自由的爱情而殉情，广东"金兰会"的女子为抗婚而集体自杀，湖北土家族的女子哭嫁哭得死去活来，这些习俗反映了南方女子刚烈、不屈服的坚强意志。这些奇风异俗都是文化征服与反征服留下的畸变物、沉淀物、残存物，而不能千篇一律地用"母系社会的残余"一言而概之。

（三）女性是经济活动的主要角色

文化原因固然重要，但是比文化原因更重要的是经济原因。南方某些地区的女人为什么有重要的地位呢？是经济因素。南方少数民族的女性大多不裹脚，她们比男性更多地承担了农业生产，古书称"女劳男逸"。她们聚于圩市，善于做买卖，古书称"女人为市"，今天在广西全州还存在着"女圩"。她们既然是家庭经济收入和社会经济流通的主要承担者，当然在家庭中和社会上占有举足轻重的地位。

据摩梭人说，走婚起源于经济原因。古代摩梭王曾对摩梭人收婚姻税，结婚之日就要交钱交物，弄得新郎与新娘一贫如洗甚至欠债过日。后来，摩梭人就不结婚，反抗这种非人道的制度。自梳女的发生也与经济有关。近代西方国家在广东沿海地区建工厂，招了不少女工。这些女工有了自己的钱，大家集资建了自己居住的房屋，从此宣布终生不婚。没有一定的经济基础，她们是很难自立的。

女书与行客[*]

——女同性恋者的情歌与情感

在湖南省的江永县以及道县南部，大约从明末清初以后，流行着一种记录当地土话的特殊文字。这种特殊文字只在女性范围内使用，当地人称它为"女书"或者"女字"。女书是结拜姊妹之间的文化媒介，是结拜姊妹的感情孕育生长出了女书文化。在结拜姊妹中，感情最深的一类，她们同吃同住，形影不离，被称为行客，意思是经常互相走访的客人。行客中有些感情最深的发展成为同性恋关系。行客的作品称"行客歌"，她们是女书中最感人最重要的作品之一。本文对县志上的资料进行分析，对行客歌进行研究，对同性恋者雷巧妹进行调查询问，探讨了女书流行地区的这一特殊感情方式以及对女书文化的影响。

一 县志上的女同性恋记载

行客从一般意义上说是结拜姊妹，你行到我家里作作客，我

---

* 原文发表在《中国性科学》2003 年第 6 期。

行到你家里住几天，故称行客。从狭义上讲，行客是指结拜姊妹中有亲密情人关系的女子。光绪《永明县志》讲到桃川一带女子的风俗说"此风桃州尤甚，其母亦为女计消遣，访他家之女年貌相若者，使其女结为内交（桃州谓之行客……）相处以切磋，针黹其间，即无他虑，而有用之年华，已消磨于不觉。"这种风俗就是结拜姊妹认老同的风俗。县志接着说："况有因此而含垢包羞者，是亟宜族规中增此一条，以救其弊。"① 所谓"含垢包羞"显然是指结拜姊妹之间的亲密行为，包括性行为。县志要求在当地族规中增加一条禁止此种行为的规定，可见女性有亲密行为的在当地并不是极少数。道县也有类似情况，称为"结客"。一九九四年出版的《道县志》说："清末至民国时期，农村未婚女子有结拜姊妹的习俗。多为富家闺女，豆蔻年华，情窦初开，因不满旧式包办婚姻，又不敢自由恋爱，对异性存畏惧心理，遂同性相恋，结为姊妹（俗称'结客'常同屋同居，早晚相伴，俨如夫妻，甚至相约不嫁。有的因少女听老人或巫师传说，女人产后而死，血污地狱，冥间罚在桃源受罪，称为'上桃源'，不嫁而死，芳身洁行，冥间则许'上花楼'享福，故解放前乡间有结盟姊妹相约自缢而死，酿成悲剧。《道州竹枝词》云，'无郎能解女儿愁，不嫁东风可自由。赢得结盟诸姊妹，焚香齐拜上花楼。'即指此事。）抗日战争胜利后，此风渐息。"②

二　女书中的同性恋情歌

行客之间常常用信件表达彼此间的爱情，如一封信中这样

① 周铣诒撰：《永明县志》，光绪三十三年（1907年）。
② 蒋聪顺编纂：《道县志》，中国社会科学出版社1994年版。

写道：

> 前世有缘结好义，今世有缘觅好芳。
> 姑娘楼中如珠宝，塘里金丝鲤一条。
> 凤凰起身来邀伴，拍翅高飞一对啼。
> 飞到文楼同欢乐，飞到天边乐逍遥。
> 同在高楼好过日，两个结义恩爱深。

　　大意是，我们的前世就有结拜情义的缘分，今世果然就寻觅到好友芳侣。我们像凤凰一样相邀结伴，展翅高飞，双鸣双啼。我们飞到遥远的天边，在那里逍遥自在。我们飞进僻静的楼房，在那里相亲相爱，过着欢乐的时光。

> 梦中如同在你府，时刻凭拢心自欢。
> 知心姑娘念不念，夜夜梦中到你楼。
> 朝朝同楼同起睡，我问姑娘知不知。
> 梦见同凭绣花色，点线穿针合商量。

　　大意是：多少回梦中到了你的家，我们时时刻刻紧挨着坐在一起。心里多么欢乐，知心姑娘啊，你想不想念我？我可是每天夜里在梦中到了你的闺楼，我们住在一起，睡在一起，你感觉到我在你的身边吗？我还常常梦见我们挨在一起绣女红的情形，你拿针，我拿线，共同商量绣出什么图案。

> 我就楼中命薄女，自小没爹没开心。
> 父母所生女一个，阿娘年轻守空房。
> 公奶年来六十岁，娶个二奶没开心。

上无儿来下无弟，娘是独生我一人。
姑娘听书疼不疼，望你到来解开心。
结下好情来解意，觅着好芳心自红。

大意是：我是命薄如纸的女子，从小没有父亲，母亲年轻时就守寡，抚养着我这么一个独生女儿。听了我的苦难，姑娘疼心不疼心？多么渴望你到我家里来，劝解我能开心不哀愁啊？让我们结成美好的感情，给对方真诚的情意。只要我找到了芳侣，心里就像红花盛开一样。

我对姑娘真合意，始我起心先奉言。
只望知心不嫌弃，起脚到来交个心。
烦心不入风流路，拨开烦心再风流。
正是芙蓉配嫩叶，正是楼中欢乐时。

大意是，我对姑娘一见如意，一开始就产生了与你结拜的心意，并且主动地写了女书，向你先表达我的感情。只望知心人不嫌弃我，快快来到我的身边，咱们交心成为伴侣。心烦走不上风流的人生路，让我们忘掉那些烦心的琐事，在一起过上风流的生活。我们在闺楼中相亲相爱，就像芙蓉花配嫩绿的树叶。

我对姑娘早有意，可惜结交不见情。
为此修书来奉请，公奶心欢望你来。
同望楼中来相会，细说细合开得心。
姑娘自当亦听说，结配好思前世缘。
前世有缘侬配着，双方有缘结下交。
结交三年如骨肉，结交四年仁义深。

越到越深真难舍，一世长行久不休。

一把纸扇先到府，二来粗文架交生。

大意是：我早就对姑娘有情义，可惜不知道你对我是否真有感情。为此我写了女书，再次奉请你来府上。公奶也喜欢你，盼你早日光临。那个时候，我们相会在闺楼中，你一言我一语，细言细语，多么开心。想必姑娘也听说过，结配美好的恩爱是前世的缘分，咱们两人的前世缘分就该相配，就该结交。相配三年骨肉相连，相交四年情深意切。时间越长感情就越难分难舍，我们一生相伴永不分离。为了表达我对你的感情，先前我曾给你纸扇，现在又给你女书，祝你生日快乐。

三　女同性恋故事

在江永县、道县老年人中间，还有不少"行客故事"流传着。例如在江永县，据说清末民国初年行客之风颇盛。行客中一人要结婚，另一人悲痛欲绝。新娘上轿之前，她的行客用针线将新娘的内裤与内衣缝在一起，然后用花带子把姑娘的身体捆得严严实实。目的是不让新郎接触新娘的身体，不准新娘与新郎同床行房。婚后三天，新娘回娘家长住，她的行客要严格检查新娘的花带和内裤是否被解开。如果被解开了，并且与新郎行房了，行客会狠狠打新娘一顿，视其对自己的爱情不忠。有的新娘为了忠实于行客，新婚之夜拒绝与新郎行房。当有的新郎撕开花带，强行行房时，新娘拿出早已准备好的剪刀朝新郎脸上脖子上刺去，造成流血事件。据老年人回忆，这种流血事情连发数起，引起官府注意，贴出布告严禁行客行为，此风才渐衰。"女书"《面前狗叫有客来》是记录行客之间的对话，反映了行客之间强烈的妒情。

吃了饭，抹了台，面前狗叫有客来。
我到门前看一看，看见我姊到我家。
左手接起姊的伞，右手接起姊的篮。
厅屋有条红漆凳，让姊坐下我斟茶。

结拜姊妹来访，她的行客态度很热情。接伞接篮，搬凳让坐，倒水斟茶，但是结拜姊妹似乎不开心。

吃了一杯不开口，吃了两杯不做声。

为什么呢？原来是结拜姊妹快要结婚了，无法向行客交代。行客终于知道了，于是责问她：

还是我娘错待你，还是二人话不明？

结拜姊妹回答说：

不是你娘错待我，不是二人话不明。
只是他家不修心，八月十五来求亲。
他家求亲求得忙，拆散一对好鸳鸯。

行客的回答真叫人吃惊：

不要紧，不要忙，买些纸烛到神堂。
我去求神求得准，保起他家尽死完。
大大细细都死了，让我二人行得长。

这是让神灵降害于求亲的男家，使他的一家大大小小全部死光的咒语。听到这样的话，那么有些行客用剪刀等杀伤新郎，就是可以想象和理解的了。

四　对同性恋者雷巧妹的调查实录

雷巧妹，女，汉族，一九九一年笔者采访时，她六十四岁，江永县冷水铺人。

（一）叙述江永县的行客故事

十岁以前，我常常听母亲讲行客的故事。母亲的奶奶那一辈，大约是清朝末期，当地结行客风气很盛。结行客，大多数是富裕家庭女孩子的事。一个行客到另一个行客家里，一住一两年，吃你的，穿你的，穷苦家庭养不起。行客与同年、老庚不同。同年、老庚是结拜姊妹关系，行客虽然也是结拜姊妹的关系，但关系更深一些，感情更深一些。行客之间的性行为一是摸对方的器官，二是用萝卜、黄瓜等刺激对方的器官。当地有人称行客为"萝卜干"，就是暗指她们之间的性行为。一般来说，行客最后还是要和男人结婚的，但有的行客之间在婚后仍然保持着比较密切的关系。行客之间的爱情有时超过夫妻关系。

行客在桃州、夏层铺一带比较多。行客去行客家里时用轿子接、轿子送，很风光。住的时间也长，同吃同住，相随相伴，小的时候关系如同胞姐妹，长大了以后与夫妻一样。父母亲不敢干涉行客之间的事。干涉多了，行客就双双上吊自杀。有的父母不准女儿去行客家里长住，女儿可以绝食，扬言要自杀，父母只好让步。我认识何家村一对行客，她们的感情终生不渝。她们从小结为姐妹行客，感情融洽。长大以后由父母做主，各自出嫁成婚。妹妹生一个儿子，不久丈夫去世。姐姐生了两个儿子，丈夫对她比较好，家庭和睦。妹妹守寡养大了儿子，儿子成婚以后，她完成了做妻子做母亲的责任，就搬到姐姐家里去住，与姐姐一家人相处很好。后来姐姐的丈夫去世了，由两个行客带着姐姐的两个儿子过日子。这两个儿子长大成婚以后，对两个母亲都孝顺。妹妹最终死在了姐姐家里，姐姐因过度悲痛不久也去世了。

（二）雷巧妹叙述母亲的奶奶结行客的故事

雷巧妹的母亲叫何××，何××的奶奶叫熊××。熊××结过一个行客，两个人很讲义气。开始她们相约终身不嫁，但父母亲不允许。后来她们相约同年同月出嫁，仍然不能实现理想。最后熊××不得不一个人先出嫁。出嫁前，行客用针线把她内衣内裤全都缝起来了，外面再用花带将身体裹起来，不许她与新郎行房。当地有不落夫家的习俗，结婚三天以后，新娘回娘家居住，生了孩子以后才能去婆家住。结婚头三年，妻子一年只准去丈夫家三次。春节一次，清明节一次，七月半（农历七月十五）一次。每次只准住一夜，第二天清晨天不亮就要走，不能让邻居看见。如果多住一夜才回到娘家，行客就不高兴，甚至会打她。另外，行客还监督着她。不准她的丈夫到娘家来看望她。婚前她们商量，三年之内不生孩子，等行客将来结婚后一起生孩子。但当时也不懂避孕，熊××结婚才一两年就生了一个孩子。行客很不满意，常常打孩子出气，有时狠狠地掐他一把，孩子就大声哭起来。当地一首行客歌有这样两句："你打了我的宝贝儿，你不心疼我心疼"。因为打孩子，她们之间就产生了矛盾。后来，熊××带着孩子去丈夫家里住，两个人的关系就疏远了。

（三）雷巧妹自叙结行客的故事

我十四岁的时候，去高等小学读六年级。寄宿在一个穷亲戚家里，生活条件很艰苦，而且离学校很远。同班女同学覃××，比我大一岁。我们两个人很对脾气，玩得来，很快成为好朋友。父亲长期住在外地，家里就是母亲与她同住。覃××家境富裕，离学校也近，主动邀请我去她家里住，这样上学只需走一里路即到。在一年的时间里，我们睡在一起，吃在一起，洗澡在一起，玩耍在一起，形影不离，结为行客。一年以后，我父亲当兵去了，母亲让我回家多劳动，不读书了。我与覃××分手的时候，两个人都哭了，很难过。（雷巧妹讲到这里哭了起来）回家以后，逢年过节我就去覃××家里玩。后来，覃××去县城读中学，我们的关系才疏远了。长大以后，我结婚了，丈夫何××是教师，一九五三年被错判成"反革命"，强制支边到某农场劳动改造。一九六九年在"文化大革命"动乱中回到江永县。因为他的"反革命"帽子没有摘掉，许多老同事和旧友不敢与我们来往，使我们感到孤独。有一天在街上，我偶然遇见自己小时候的行客覃××，两个人都很激动。她请我去她家里吃饭，我心里好想，但害怕牵连她一家人，没有答应，并且告诉她我丈夫是"反革命"。她说她不在乎，问了我住在什么地方。几天以后，她带着两个孩子到我家来看望我和丈夫。我感动地流下了眼泪。（说到这里雷巧妹再次流泪了）我想我与她的感情是永恒的，在这个世界上，我只爱过她和自己的丈夫。那个时期我非常思念她，但对她表面上是冷淡的，也从未回访过她的家庭。我认为自己是"反革命"家庭，不能牵连人家。我丈夫的政治问题到一九八五年才平反。

　　通过雷巧妹的叙述，我们知道，行客之间建立了一种异常强烈的感情。这种感情不因几十年的分离而淡忘，也不因各自结婚成家而消亡。在人生最困难的时刻，是行客之间终生不渝的感情，给了她们温暖与支撑。有人提出，"女书"文字可能最早是在行客之间产生的，没有一种异常强烈的女性感情，就不会有一种异常罕见的女性文字。笔者认为，这种设想有一定的合理性，但目前还缺乏有力的证据。从现有的资料看，在使用"女书"的妇女中，有行客关系的还只是很少的一部分。

任何一种文字，都是使用这种文字的社会的缩影符号。"女书"文字也是这样，它的字形修长，风格飘逸，具有女性的特征。它的作品真实地记录了当地妇女的社会生活与习俗，在妇女学、人类学、民间文学等诸多领域有重要的价值。通过对"女书"作品的研究，我们发现，江永县、道县的结拜姊妹与行客建立了一个与男性相对分离的女性社会，女书就是这个女性社会的交际工具和文化媒介。

广州顺德、番禺等县也有一个"自梳女"的女性社会。张心泰《粤游小志》说："广州女子多以拜盟结姊妹，名金兰会，女出嫁后，归家恒不返夫家，若促之过甚，则众姊妹相约自尽……尽十余年风气又复一变，则竟以姊妹花为连理枝矣。且二女同居，必有一女，俨若藁砧者。"这些同盟姊妹又称自梳女。她们的住房称"姑婆屋"，她们死后埋在"姑婆山"。如果说顺德、番禺的女性是靠了物质的建筑——姑婆屋，来保卫一个与男性隔绝的女性社会，那么江永县、道县的女性则是靠了精神的创造——女书文字，来维系那个与男性社会相对分离的女性社会。[①]

---

① 关于"女性社会"，参见宫哲兵《女性文字与女性社会》，新疆人民出版社1995年版。

女性文字与人类文明[*]

一　女性文字是女性文明的标志

　　不知什么时候、什么原因，地球上有了人类。人类的古老祖先分成不同的种族，生活在不同的地理环境中，彼此并不知道对方的存在，就像今天地球上的人类不知道其他星球上智慧生物的存在一样。不同的种族有不同的语言和文化，他们在繁殖后代的同时，也继承着独特的语言和文化。每个种族的生存空间和活动地域在扩大着，终于有一天，不同的种族在某一座山、某一条河碰头了。他们互相格斗、掠夺，还会发生战争和征服。武力征服之后，还伴随着文化征服。文化比较大概在这个时候开始了，不同的种族尽管在身材高矮、面部轮廓、肤色发色等方面有明显差异，但他们呼吸空气、摄取食物的生存方式，分为男女两性、授精怀孕的繁殖方式却是相同的。每个种族的语言传递着其他种族不能理解的信息，但是不同的语言却有共同的规律。因而，表面有天壤之别的语言却可以沟通，可以模仿，可以学习。专门从事

　　* 原文发表在《民族艺术》1998 年第 1 期。

沟通、学习语言的人被称为翻译。语言可以通过文字来记录，但并非每个种族都有自己的文字。文字是人类最伟大的发明创造之一。它的重要性不在于符号的神秘、色彩和符咒性功能，而在于它实现了语言的超时空性。几千年前人类的语言，因为有了文字符号，可以被此时此刻的人们理解。几千里以外人的语言，因为有了文字，可以被此地方的人明白。远古时代，凡是有文字的种族，往往也有农业的生产方式，城市的生存方式，总之有程度较高的文明发展。于是，有没有文字，成为衡量不同种族文明程度高低的重要尺度。甚至可以认为，文字是文明的开端，是文明的标志。有了文字，才有可能发展灿烂的哲学、科学等精神文化。有了科学、哲学，才发展出近代工业和物质文明。

如果文字真的是文明的开端，文明的标志的话，那么女性文字的出现，是否预示着地球上一场新的社会大变革和权力更公平的分配呢？是否意味着女性文明的开端和出现一个真正男女平等的社会呢？

二　中国女人创造了女性文字

地球上产生过多少种生命形式？小草、大树、细菌、爬虫、水中的鱼、空中的鸟、地上的兽、包括人类，数也数不清，太多了。地球上产生过多少种文字呢？大约只有二百多种，包括消失的文字在内。与众多的生命形式相比，文字就显得更珍贵，更有价值了。清末甲骨文字的发现，不是轰动了世界吗？

地球上的人类有多少种性别形式？很少很少，只有两种：男人和女人。只有男人产生不了后代，只有女人也不能繁殖。这就要求两性要合作，要处理两性关系。在文字和文明产生以前，一个种族是否强大，主要取决于人口的多少，人多则势众，繁殖力强的种族，就人口众多，就可以占领更多的土地，猎取更多的食物，掠夺更多的财富，就不至于在瘟疫和灾害中种族灭绝。

女人负担人口的再生产，是种族是否繁荣发达的关键。在那个时候，女人比男人更有社会地位，是社会的领导者，人们称那个时代的社会是母系社会。也许经历了几千年的时间，当文字和文明产生的时候，男人代替了女人成为社会的领导者，人们称之为父系社会。

这样一场大的社会变革和权力转称是和平实现的吗？还是伴随着争夺和流血？难道是因为种族的强盛不再取决于人口的多少了吗？难道是因为女性生理上和情感上的弱点而自动放弃了权力吗？难道是因为男人创造了武器并且更为力量使用武器而打败了女人吗？

或者是因为男人创造了文字，并且更有理性使用文字而迫使女人退位吗？从传说判断，文字是由男性创造的。例如传说中创造汉字的人，叫仓颉，他是父系社会初期的人。文字也是由男性使用的，女性一般被剥夺了学习文字的权利。

文明的发展曾经以女性丧失权利甚至被奴役为代价，当文明发展到一定程度时，男人或者主动或者被动地将权利还给了女性，其中包括读书学习，使用文字的权利。在女性被奴役的时期，她们曾反抗斗争，从最原始的形式到最现代的形式。在文化的领域，我们知道无数的事例，都是女性争取学习男性创造的文字的权利，这种反抗斗争已经取得了和正在取得越来越大的胜利。

令人兴奋和惊异的是，在二十世纪八十年代才发现，地球上某一个地区的女性，她们在最受奴役的时期，在被剥夺了学习男性创造的文字的权利之后，她们敢于创造一种女性的文字，只在女性中使用和流行，只在女性中传授和继承。直到发现的时候，它还是一种活着的文字，妇女们仍然在使用它创作反映女性生活的文学作品。

三　"女书"文字与女权运动

当中国古代出现孔子的时候，古希腊出现了苏格拉底，古印度出现了释迦牟尼。世界上最古老最重要的三支文化系统在空间完全隔绝的情况下，他们各自的创始人却生活在同一个时间，这种奇迹的发生使人不能不承认，地球上的人类文明一定有它的内在联系，有它的呼应性。从那个古老的时间开始，是男人们创造着文化、主宰着文化、传播着文化。两千多年以后，当中国南方某一个偏僻乡村中的妇女们创造出一种女性文字的时候，参加法国大革命的妇女们举起了妇女解放的旗帜，喊出了男女同权的口号。中国南方的农村妇女难道与法国中产阶级知识女性有什么联系吗？绝对不可能有联系。正如地球上男性文明的开端有其呼应性一样，女性文明的开端同样是有其呼应性的。

与法国轰轰烈烈、大张旗鼓的女权运动相比，女性文字在中国是默默无闻、与世隔绝的。当地人把女性文字看作女红一类的东西，是妇女们消磨时光的一种形式，从未感觉到它的文化价值，从未向外界介绍或报告过它的存在。在它几乎灭绝的时刻，才被一个外来的学者发现了。在一定意义上讲：存在就是被发现。一种特殊的矿石，如果不是科学家发现了它，它永远是一般的石头，作为一种特殊矿石的它并不存在。一种自生自灭的文字，如果没有被外界发现和研究的话，它的价值只等同于一种女红，只等同于几篇小学生的作文，作为一种文字它并不存在。如果没有原件保存的话，将来也无法证明它存在过。

女性文字只有几百年的历史，但这几百年恰好是女性解放的历史。在这几百年里，女权运动改变了整个社会，社会不再是男性奴役女性的社会，而是男性与女性基本上平等的社会。当然，绝对的平等是没有的，发达国家和发展中国家，城市和乡村，政府机构和家庭结构，情况是不同的。值得注意的是，越是文明发达的国家和地区，女性的社会地位就越高，女性在家庭中的地位甚至压倒了男性。中国一九九二年的家庭调查，在城市中，妻子在家庭中握有实权的比丈夫多一倍多，难道人类文明的发展必然伴随着"阴盛阳衰"吗？也许不到一百年的时间里，女性不仅在家庭中握有实权，而且在政治经济领域都有实权。那时各国的总统、总理大多由女性担任，世界上的主要财团也由女性担任董事长、总经理，那时历史将会重写吗？写作历史的文字也许不是英文、法文、中文，而是一种由女性创造的文字——"女书"。

道教与道学

道：祭道路神[*]

——古"道"字长期被忽略的一个含义

    道是中国古代文化最重要的概念之一，学者们大多从哲学与伦理的角度解释它的内涵。台湾严灵峰认为道是原子或基本粒子，杨荣国认为道是精神或绝对精神，苏联学者杨兴顺认为道是自然法则。有许多学者认为道具有两个以上的内涵，冯友兰认为是物质性的精气与万物总原理[①]，陈鼓应认为道有三种含义：实存者、规律与人生准则[②]，任继愈认为道有五种含义：混沌未分的原始状态；自然界的运动；最原始的材料；感官不能直接感知的存在；事物规律[③]。王中江认为中国早期典籍中的"道"有七个含义：其一，路；其二，言说；其三，法则；其四，方法；其五，命令；其六，正义或公正；其七，通达[④]。

    这类解释有代表性，直到现在还可以被大多数学者所认可。

---

　*　原文发表《哲学研究》在 2009 年第 1 期，与黄超联合署名。

　①　冯友兰：《中国哲学史》，中华书局 1961 年版，第 219 页。

　②　陈鼓应：《老子注释及评介》，中华书局 1984 年版，第 2 页。

　③　任继愈：《中国哲学发展史》，人民出版社 1983 年版，第 246 页。

　④　王中江：《"道"的历程》，《原道》第 2 辑，团结出版社 1995 年版。

但笔者认为，这类解释都不够全面，它们忽略了"道"的一个重要含义：祭道路神。古代对道路神的祭祀，有称"道"，有称"祖"，有称"祖道"，有称"軷"，有称"行"等，它在先秦、两汉的史籍中比较多见。祭祀道路神的仪式，至今保存在民间习俗与道教科仪之中。对道路神的祭祀，还传入日本民俗，至今非常普遍，称为"道祖"神。值得注意的是，"道"、"祖"以及两字连用的"祖道"，是中国早期典籍中对道路神的称谓。

一 古代祭道路神：道、祖、祖道、軷

（一）道，祭行道之神

《礼记》是秦汉以前各种礼仪论著的选集，据传主要由西汉戴圣编纂，故又称《小戴礼记》。该书有东汉郑玄《礼记注》、唐孔颖达《礼记正义》、清孙希旦《礼记集解》等权威注解。《礼记·曾子问》："道而出。"郑玄注："祖，道也。"孔颖达疏："经言道而出，明诸侯将行，为祖祭道神而后出行。"孙希旦集释："道，祭行道之神于国城之外也。""其礼，以菩刍棘柏为神主，对土为軷坛，厚二寸，广五尺，轮四尺。既祭，以车轹之，喻行道时无险难也。"

孔颖达解释说，古代诸侯出远门前，要先祭道神而后出行。孙希旦解释说，道，就是祭行道之神，地点一般在城市之外的郊区。非常难得的是，孙希旦还具体记录了古代祭道路神的仪式：以一种植物菩刍棘柏代表道路神，在菩刍棘柏对面立神坛并堆一个不大的土堆，驾一辆车轧过土堆，这就是"道"祭。

《荀子·礼论》："郊止乎天子，而社止于诸侯，道用士大夫。"荀子是战国末期的著名学者，他精通王室的礼仪：只有君王才可以举办郊仪祭天，只有诸侯才能举办社仪祭地，士大夫以上都可以举办道仪，祭道路神。

（二）祖，祭道神，与道为一

《左传》，旧传由春秋时左丘明编撰，故又称《左氏春秋》。近人认为是战国初人根据各国史料编成，是中国古代的一部史学名著。《左传·昭公七年》："梦襄公祖。"杜预注："祖，祭道神。"孔颖达疏："诗云：韩侯出祖，仲山甫出祖，是出行必为祖也。曾子问曰：诸侯适天子与诸侯相见，皆云道而出，是祖与道为一，知'道'是祭道神也。"

杜预解释说，祖是祭道神。孔颖达解释说，祖与道一样，都是对道路神的祭祀。

《诗·大雅·烝民》："仲山甫出祖。"郑玄笺："祖者，将行犯軷之祭。"《说文解字》："軷，出将有事于道，必先告其神，立坛四通，树茅以依神为軷，轹牲而行为范軷。"此处所言，祖即軷，軷即道，道祭的仪式与《礼记》所述大同小异，区别在于驾车要轧过一个作为牺牲的牲畜。

祖腊也是中国古代对道路神的一种祭仪。腊指岁终之腊月，腊祭之日称之腊日。在腊月腊日祭道路神"祖"的仪式称为祖腊，汉代比较流行。《后汉书》由南朝范晔所撰，是研究东汉历史的重要资料。《后汉书·献帝纪》："皇帝逊位，魏王丕称天子"，"以天子车服郊祀天地、宗庙、祖腊，皆如汉制。"《后汉书·陈宠传》："父子相与归乡里，闭门不出入，犹用汉家祖腊。"

（三）祖道，祖送，祖帐，祖饯

祖，原指祖宗，祖祭一般是指对祖先的崇拜仪式。后以祖为道路神，祖祭成为对道路神的祭祀。汉以前，道路神有称祖，也称道。到西汉时，对道路神的祭祀，有时就合称"祖道"。《史记·滑稽列传》汉褚少孙补："（东郭先生）出门前，行谢主人，故所以同官待诏者，等比祖道于都门外。"东郭先生出远门，临行前与众官人在都门外祭道路神"祖道"。《汉书·刘屈氂传》："贰师将军李广利将兵出击匈奴，丞相为祖道，送至渭桥。"李广利将军将出征前，行前丞相为他举办祭"祖道"神的仪式。

祖道为道路神，古代送人远行，往往在城外路边行祭祖道之仪，称祖送。唐初诗人杨炯《送并州旻眕人诗序》："麟阁良朋，祖送于青门之外。"祭祖道时在城外路边而设立一个帷帐，称祖帐。唐诗人王维《齐州送祖三》："祖帐已伤离，荒城复愁人。"《聊斋志异·聂小倩》："燕生设祖帐，情义殷渥。"祭祖道神时在城外设宴，称祖饯。《宋史·胡瑗传》："归老于家，诸生与朝士祖饯东门外。"祖饯又称饯行，饯行之俗，在今日社会还相当普遍。

（四）軷

《诗经》是中国最早的诗集，大约是周初至春秋中叶的作品，其中已记载了对道路神的祭祀。道路神称軷，祭祀仪式的重要内容是以车轮轧过牲口，取行道顺利、无危险之意。《诗经·大雅·生民》："取羝以軷。"毛传："羝羊，牡羊也。軷，道祭也。"牡羊即公羊，道祭就是对道路神的祭祀。郑玄笺曰："軷，道祭也。""至其时，取萧草与祭牲之脂，爇之于行神之位，馨香既闻，取羝羊之体以祭神。"郑玄解释说，軷，就是道祭，与祭道路神的仪式一样。

《周礼》大约是战国时代的作品，是周王室与战国时各国礼制的汇编。该书记载了軷祭之礼，后人注疏时又详细地叙述了軷祭之俗。《周礼·夏官·大驭》："大驭掌驭玉路以祀，及犯軷。"郑玄注："軷犯之者，封土为山象，以菩刍棘柏为神主。既祭之，以车轹之而去，喻无险难也。"孔颖达疏：封土者，軷祭时为軷坛厚三寸，广五尺，神主者，于三者之中用其一。《周礼·秋官·犬人》："凡祭祀共犬牲。"孔颖达疏："伏谓伏犬，以王车轹之者，此谓王将祭而出国軷道之祭时，即《大驭》所云者是也。"

軷祭在汉代与南朝仍有实行。《史记·五宗世家》有唐司马贞的《史记索引》："聘礼云'出祖释軷，祭酒脯'。"梁朝简文帝《和武帝宴》诗："軷祭逐前师。"

二　古人对五祀之一"行神"的祭祀

（一）行神就是道神

对古代道路神的称谓，除道、祖、祖道、軷以外，还有行。行是古代五祀中的一种，在古代典籍中有很多的记载。道有行、行路的意思。《说文解字》："道，所行道也。"段玉裁注说："道者人所行，故亦谓之行。"《十三经》中以"道路"为句首的有四处：《礼记》："道路不通"，又"道路男子由右"，《周礼》："道路用旌节"，《左传》："道路无雍。"这四处的"道路"都可理解为"行路"。

现代哲学家与科学家也大多从运动的角度理解"道"。法国哲学家德里达在挑战"西方中心论"时靠近了庄子与道家思想，提出了著名的"行走"观念。[①] 德国哲学家海德格尔认为，人们

---

① 刘鑫：《德里达与道家之间》，陈鼓应主编《道家文化研究》第8辑，上海古籍出版社1995年版，第382页。

只从空间的道路意义去理解道，这不准确。他主张从"开道"、"成道"的原初含义去理解道。[①] 日本科学家汤川秀树对于"道"的理解是"道路"，但不是"到达"之路，而是"通过"之路。[②]

道有行之意，故道神"祖"、"道"也称行神。《史记·五宗世家第二十九》："荣行，祖于江陵北门。"唐司马贞《索隐》按："祖者行神，行而祭之，故曰祖也。"从这段文字看，在汉代时，行与祖相同，都是道路神。当时的仪式，《索隐》："出祖释軷，祭酒脯。"按："今祭礼，以軷壤土为坛于道，则用黄羝或用狗，以其血衅左轮也。"祭行，祭祖，祭道的仪式基本是一致的。

（二）《礼记》中的行神

五祀是古代周人祭祀礼仪中的五种神灵：户、灶、中霤、门、行。户为内室的单扇房门，灶指做饭之炉灶，中溜指室的中央，门是专指外室的出入口（门），行指行路。《礼记·曲礼下》："天子祭天地，祭四方，祭山川，祭五祀，岁遍。诸侯方祀，祭山川，祭五祀，岁遍。大夫祭五祀。"祭祀有等级，大夫不能祭天地、山川，可以祭五祀。郑玄注："五祀，户、灶、中溜、门、行也。"孔颖达疏："祭五祀者，春祭户，夏祭灶，季夏祭中溜，秋祭门，冬祭行也。"行，指道路神。"冬祭行"就是在冬天祭祀道路神。

《礼记·月令》："其祀行。"行是五祀之一。郑玄注："行

---

① 张祥龙：《海德格尔理解的"道"》，陈鼓应主编《道家文化研究》第 8 辑，上海古籍出版社 1995 年版，第 352 页。

② 《汤川秀树著作集》第 4 卷，日本岩波书店 1985 年版，第 318—319 页。

在庙门外之西，为軷，壤厚二寸，广五尺，轮四尺。北面设主于軷上，乃制肾及胖为俎，奠于主南。"祀行的目的，是求道路神的保佑，保证远出之人的安全。祀行的仪式与祭道的仪式相同。

（三）楚简中的行神

楚人对五祀之祭与周人基本上一致，称谓上略有区别。湖北省包山二号楚墓西室出土了五块大小一样的木签牌。这五块牌上分别写着五个字：室、门、户、行、灶。据专家考证，这五块牌是墓主生前祭"五祀"神的神位。与周人的五祀相比，四位神相同，只是周人的"中溜"，楚人称为"室"。中溜也就是室神，所以周人的五祀与楚人的五祀基本相同。

对于五祀中的五种神灵，楚人祭行神最多，这反映在包山楚简的占祷记录中。如包山楚简第233简："举祷行一白犬、酒食。"包山楚简第219简："赛祷行一白犬"；包山楚简第211简："举祷室、行一白犬、酒食。"包山楚简第208简："赛于行一白犬、酒食。"① 从以上四种简文看，楚人祭行神的祭品主要用白犬与酒食。

（四）秦简中的行神

古人将占候卜筮者称之为"日者"。日者选择时日吉凶所依据的术数著作，称之为"日书"。睡虎地秦简《日书》中保存了大量的祭祀行神的资料。据台湾陈文豪整理，与行神崇拜有关的内容有：

"《行忌》章云：

---

① 《汤川秀树著作集》第4卷，日本岩波书店1985年版，第318—319页。

行龙戊、己，行忌（一四二）。

凡行，祠常行道右，左□（一四三）。

《行祠》章云：

祠常行，甲辰、甲申、庚申、壬辰、壬申，吉。毋以丙、
丁、戊、壬□（一四四）。

《行行祠》章云：

行祠，东行南（南行），祠道左；西北行，祠道右。其滈
（号）曰大常行，合三土皇，耐为四席。席鰷（餞）其后，亦席
三鰷（餞）。其祝（一四五）曰：毋（无）王事，唯福是司，
多投福（一四六）。"①

《行忌》、《行祠》及《行行祠》所提到被祭祀的行神，称
为"常行"或"大常行"。"常行"、"大常行"是出行前所祭之
神，是日常生活中较常祭祀的对象，与"五祀"中的行神性质
大略相同。《山海经·海内北经》："有人曰大行伯，把戈。"
有学者考证，《日书》的"大常行"与《山海经》的"大行
伯"可能有关，如果此说成立，那么"大行伯"可能与行神
有关。

（五）汉以后的行神

汉代，张道陵创立了道教。在道教中，道就是神，是产生天
地万物的创造神，其化身为太上老君。汉代以后，由于道教的影
响大，故而"道"较少作为道路神，而更多地作为产生天地万
物的创造神，或者是太上老君。道路神多称为祖或行神，对祖或
行神的祭祀比较多的见于史籍。《三国志·田畴传》："虞自出祖

---

① 陈文豪：《〈日书〉与战国秦汉社会（〈日书专题研究〉）》（初稿），引自中
国台湾《新发现中国古代文献》网站。

而遗之。"刘虞亲自祭祀路神。《朱子语类》卷九〇礼七:"古者人有远行者,就路间祭所谓行神者。用牲为两断,车过其中,祭了却将吃,谓之饯礼。"宋代学者朱熹对祭行神的描述,与古人祭祖、祭道的仪式是一样的。

三　现代人对道路神的祭祀民俗

(一)　祭路神的民族与民俗

古人出远门,要祭祀路神以求平安无险,此俗一直保留至现代。山东东部为古齐国之地,亲朋远行时常有饯行之礼,祭祀路神,以示祝福与送行。蒙古草原上的敖包,又称"封堆",最早是大草原辨别道路和交界的标志。敖包始见于清代,后演变为民间祭祀山神、路神等活动的场所。西藏马帮有路神信仰,因为马帮离不开道路,故崇敬路神。其标志物是草鞋,凡草鞋穿烂不能乱扔,要带到宿营地火化。

路神原是主管行旅的神,叫做行神。后来,人们认为道路通向四面八方,处处有神灵,想象东、南、西、北、中五个方向都有路神,路神叫成了"五路神"。清代顾禄《清嘉录》云:"今之路头,是五祀中之行神。所谓五路,当是东西南北中耳。"行神称为路头,路头又称五路神,江苏一带民众信仰五路神,并有抢路头之俗。迎接路头,越早越好,最早接到的才是真神,特别灵验,因此叫"抢路头"。有的地方,在元月初四便开始"抢路头"了。

(二)　五祀与嫘祖

古代道教融汇了中国古代的民间宗教信仰体系,其神系包括昊天上帝、日月之神、社稷山川、五祀,等等,而五祀中就包括了道路之神——行神。古代对道路神的祭祀资料，有不少保留在道教的典籍中。如《列子·说符》："齐田氏祖于庭。"祖：祭名，即祭祀道路神，古人出行之前先祭道路神。直到今天，道教仍然有对五祀的祭祀仪式，尤其在正一道的祭祀活动中。在五祀中，以对灶神、门神、土神的祭祀最多，群众喜闻乐见。对行神即道路神的祭祀也在科仪之中。

道教典籍中有关道路神嫘祖的记载。《云笈七签》卷一〇〇《轩辕本纪》："（黄）帝周游行时，元妃嫘祖死于道，帝祭之以为祖神。"祖神即为道路神，嫘祖初为道路神，后为蚕神。今天，在湖北宜昌与四川盐亭等地，仍保持着对嫘祖的祭祀。宜昌在一九九四年重建了嫘祖庙，农历二〇〇一年三月十五日举行了公祭嫘祖的活动，宜昌市政府的代表宣读了《祭嫘祖文》。活动中举办了嫘祖生平业绩展览，表演了大型歌舞《嫘祖颂》。盐亭县修建了八卦形的嫘祖陵与嫘祖文化旅游风景区，带动旅游经济的发展。

（三）道祖神

现代中国人对道路神的祭祀，演化为饯行之俗，很少用古代的"道"、"祖"称谓了。人们看见"道"字，多联想到"道德"、"道教"；看见"祖"字，多联想到"祖先"、"祖国"；看见"道祖"，多联想到道教教祖太上老君。但是在今天的日本，还到处可以看见以道、祖连用的道路神，称为"道祖神"。在日本一些地方的山腰、村头、路边常可见到道祖神的神像。道祖神原为中国的行路神，后传入日本，多立于道路旁。据说道祖神可防恶魔瘟神进入村子，是村庄的守护神。此外，道祖神还时常祭祀在孩子们玩耍的地方，成了儿童守护神。道祖神的形象很特别，它是男女合体神。道祖神像往往由阴阳石刻成男女合体形象。中国古人常说:"一阴一阳之谓道",日本的道祖神以它的形象表现了这一深刻的哲理。

日本的新年是每年的一月一日,而在一月十五日这天,各地都会举行火祭,火祭祭祀的对象就是道祖神。这其中又以野泽温泉区大规模的道祖神祭最为有名:包括建造雄伟的社殿、制作华丽的灯笼、举行结合竞技与美的比赛、制作精致的木造道祖神像,等等。木造道祖神像由男的"八衢比古神"和女的"八衢比卖神"所组成。相传这两个神明因为长得都很丑,所以男的娶不到老婆,女的也嫁不出去,最后两神结合在一起却生出了个很吉祥的男孩。

一些学者认为,"道"在汉代以前是一个哲学概念,尤其在道家那里,是一个无神的概念,表示规律、法则、世界本原等意义。汉代以后,因道教神化老子,将"道"也神化为太上老君,使"道"从无神的概念变成有神的概念,从哲学概念变成了宗教的概念。然而,这一认识不够全面,早在先秦两汉的典籍中,"道"具有一个长期被忽视的含义:祭祀道路神。这一祭祀称为道,或称祖,或称祖道,或称軷,或称行。古代士大夫、诸侯普遍地祭"五祀",五祀中包括行神,行神就是道路神。汉代出现"道家"的称谓与"道教"的组织之后,"道"、"祖"作为道路神的称谓在汉以后的典籍中就少了,而"行"作为道路神的称谓就越来越多了。

"礼失而求诸于野。"在中国的现代生活与道教科仪中仍然保留着对道路神的祭祀民俗,如山东人以饯行祭路神;蒙古族人以敖包作祭路神场所;藏族人以草鞋象征路神;江苏人信仰五路神,抢路头;湖北宜昌与四川盐亭至今仍然祭嫘祖(嫘祖是古代的路神与蚕神);道教科仪中祭五祀,五祀之一为行神,即道路神;中国的道路神传入日本,成为男女合体的神像,祭道路神的民俗活动在日本很流行。有趣的是，日本的道路神称为"道祖"。在现代中国遗失的古代道路神称谓"道"、"祖"、"祖道"，居然以活化石的形态，生存于当代日本人的民俗信仰活动之中。

老子与道教[*]

老子是道家学派的创始人，后被道教尊为"太上老君"神。本文研究老子的为道思想以及它转化为道教经典的内在机制和理论传承。

一　为学日益　为道日损

（一）致虚极　守静笃

在老子的时代，有两种治学的方法。一是为学，一是为道。《老子》第四十八章说："为学日益，为道日损，损之又损，以至于无为。无为而无不为。"为学是孔子儒家的方法，这种方法就是不断地学习和积累仁义伦理的知识，知识一天比一天增加。为道是老子道家的方法，他们认为仁义伦理的知识与道的精神是背道而驰的，所以越学离真理越远。《老子》第十八章说："大道废，有仁义。慧智出，有大伪。"《老子》第十九章说："绝圣弃智，民利百倍，绝仁弃义，民复孝慈。"为道的方法要求不断

　*　原文发表在《宗教学研究》2004 年第 3 期。

减少仁义伦理的知识，减少到一定程度，才达到无为的境界。无为不是无所作为，消极颓废，而是顺应自然，不违反人的本性。实行无为而治的社会，统治者非常宽松，百姓非常朴素，哪里还需要仁义伦理这一套无聊的名教呢？实行无为就没有什么事不能办好的。

为道不仅仅是一种理论的方法，更是一种直觉的方法、体认的方法。《老子》第十六章说："致虚极，守静笃"。什么叫"致虚极，守静笃"？使心灵空虚达到极点，让生活清静做到诚笃。致虚与守静是老子修道为道的根本方法。司马谈《论六家要旨》中谈到道家时说："其术以虚无为本"。司马迁在《太史公自序》中说："李耳无为自化，清静自正。"老子用致虚守静的为道方法，去体认天人合一的境界，去洞见事物的根本，这与通常的多闻多见和知识积累的为学方法形成鲜明的对比。

老子时代的为道者有什么特征呢？首先，为道者不是向外追求对"物"的认识，而是向内寻求一种"虚"、"静"的状态，并从对人道的体认过渡到对天道的体认。《老子》第四十七章说："不出户，知天下，不窥牖，见天道。其出弥远，其知弥少。是以圣人不行而知，不见而名，不为而成。"这就是对为道者的描述。其次，老子告诉我们，虚静不是绝对的，虚极而生，静极而动，是为道者更高一层的境界。《老子》第十五章说："古之善为道者，微妙玄通，深不可识。……孰能浊以静之徐清，孰能安以动之徐生。"

在老子的时代，能够运用为道方法的人一定是极少的。所以《老子》书中常有孤独之叹。《老子》第二十章说："众人熙熙，如享太牢，如春登台。我独泊兮，其未兆，如婴儿之未孩。傈傈兮，若无所归！众人皆有余，而我独若遗。我愚人之心也哉，沌沌兮！俗人昭昭，我独昏昏。俗人察察，我独闷闷。"这一段的意思是：众人熙熙攘攘地求学求名求利，如同参加盛宴和春游登台一样。我独自淡泊，如湖水未兴波，如婴儿未发笑。我遗世而独立，在学问上无所归属。大家都学而有余，唯独我好像把一切都遗忘了。我的心好像很愚笨，一片混沌。世人看起来都聪明智慧，我好像独自昏昏无学。

（二）知者不言　无言之教

唐代诗人白居易评老子有一首七绝诗：

> 言者不知知者默，此语吾闻于老君；
> 若道老君是知者，缘何自著五千文。

《老子》第五十六章说："知者不言，言者不知。"知者即为道者，言者即为学者。为道者沉默寡言，为学者喋喋不休。白居易这首诗是讽刺老子的：你说真正有智慧的人是沉默寡言的，那么你为什么还要写一本五千言的《道德经》呢？

其实白居易的讽刺是没有道理的。首先，老子一生没有像孔子那样到处游学、讲学、办学、招收弟子。《道德经》可能是老子晚年所作，他死后很久才流传于世。老子生前可能是隐者，不为人知，所以先秦史料上绝少有老子的言论、文章、生平的记载，以至于司马迁在史记中为老子写传记，感到有许多问题，材料太少且不准确。这也可证明老子是寡言的人。

其次，道家与佛教禅宗一样，都有一个矛盾。《老子》第四十一章说："道隐无名"，《老子》第三十二章说："道常无名"，《老子》第二章说："行无言之教。"禅宗主张"不立文字，教外别传，直指人心，见性成佛"。道、禅一方面不能说、不能写；另一方面又要教、又要传，这不是个矛盾吗？解决这个矛盾的办法，第一是少写少说，最重要的最核心的才写才说；第二是要说明文字语言只是暂时的媒介和入门的手段，不可执著于文字语言。老子就是这样做的。他一生到晚年才写了唯一的一本《道德经》，对于他来说是不得不写了。在《道德经》中，除了述道之外，他多次告诫读者道是"无名"的，是不可言说的；只是借用语言文字"强为之容"，勉强去形容和说明它。假如老子不留下五千言，那么我们今天就不知道历史上有老子其人其事其书了，甚至于历史上就没有道家这一渊远流长的学派了。

（三）得意忘言　言不尽意

《老子》是为道者用为道的方法写的一本很独特的作品，所以后人解老，必须要有道者的境界，要运用为道的方法才能弄懂弄通。晋朝大诗人陶渊明作了一首诗：

> 采菊东篱下，悠然见南山。
> 山气日夕佳，飞鸟相与还。
> 此中有真意，欲辨已忘言。

诗人置身于菊花、南山、日夕、飞鸟之中，直觉到一种天人合一的真意。可是在心里想把这种真意形成概念时，却找不到任何语言。这种境界称为"得意忘言"。"得意"大体上是得道的意思，道家认为语言只是得意的媒介。一旦得意，语言则多余而不必要了。

魏晋人爱说"书不尽言，言不尽意"，文字不能完全表达语言，而语言不能完全表达意义。这个观点对我们解老很有启发。《老子》一书不同于《论语》。《论语》用明晰的概念，用逻辑的理论表达自己的见解，这些见解是明确的。《老子》一书有些概念不明晰，有些概念被老子重新运用，含义不同于一般概念。《老子》一书不重逻辑，见解好像混沌而不明晰，原因是什么？因为老子借用文字和语言不能完全表达道。我们读《老子》书，既要借助于文字与语言，又不要过分执著于文字与语言。要把文字与语言作媒介，以道者的境界去直觉老子的"真意"。这种对真意的把握方法，古人有一种说法，叫神交古人。好像我们的灵魂回到两千多年前，与老子的灵魂沟通、交流，而终于明白了老子的道究竟是怎样的一个东西。什么叫神交？就是不通过感官感觉，也不通过理论思维，在半睡半醒中，或在凝神静默的时候，忽然领悟到老子的一种情绪，一种境界。这既不是感性思维，也不是理性思维，不需要概念，也不需要逻辑，大概属于直觉的那么一种能力吧！

（四）为道解老　道法自然

今人解老也有两种方法。一种是大多数学者的为学的方法。这种方法的表现之一，是考证章句。《老子》一书的版本较多。各种版本的章句也有些不同。有的道经在前，德经在后。有的德经在前，道经在后。这就有许多人去反复考证。同样一句话，有的这样断句，有的那样断句，如第一章"无，名天地之始"。有人断句为"无名，天地之始"。孰是孰非，这耗尽了不知多少人的脑汁。同样一个字，有的这样解释，有的那样解释，长期争论不休。如第一章"玄之又玄"的玄字，有三种解释。第一种是从哲学角度解释，玄是玄妙，是道的体用。第二种是从修行的角度解释，玄代表道士手里的连环圈，表示环之无端。第三种是从自然科学的角度解释，玄是细胞或微生物。

不同版本，往往字的使用也有不同。第一章："道可道，非常道"，许多版本"常道"写成"恒道"。又"无，名天地之始", 许多版本 "天地" 写成 "万物"。孰对孰错?

为道的方法与为学的方法不同。言不尽意, 所以文字与语言并不特别重要, 并不需要把每个字、每句话、每一章都考证得清清楚楚。关键是要把握大义, 洞见根本, 得到言外之意, 言外之道。

为学方法的另一种形式, 是从逻辑的角度解老。有的学者认为《老子》第一章是 "一篇逻辑导言", 老子的 "无名论" "形成了自然逻辑的名辩学说"①。有的学者提出: "在辩证逻辑方面,《老子》第一个提出否定原理。"②

老子自认为道是无法用概念 (名) 表述清楚的, 也就是说道具有非逻辑性, 超逻辑性。故老子论道, 多用 "若"、"或"、"像" 等字, 表示言不尽意, 言不尽道。若完全用为学的方法、逻辑的角度去解老, 把老子说不清楚的思想, 按今人的思路, 搞出一个完完整整、清清楚楚的逻辑系统或哲学体系, 显然是有很大问题的。

为学方法还有一种表现形式, 就是用现代的理论去解老。道是物质还是精神? 老子哲学是唯物论还是唯心论, 这些问题在中国几乎争论了一个世纪。特别是近五十年来, 这一类争论几乎成为了一些人解老的关键。这些争论不能帮助我们弄清楚 "道", 反而更迷惑了。为道的方法很直接, 很干脆, 很痛快。"道就是道", 这使人们一下子明白道是什么了。有三种含义。第一, 道就是道, 道路的道。第二, 道是代表抽象的法则、法规。第三, 道是指宇宙的初始状态。

"道就是道" 还有一种更深层的含义, 涉及方法问题。我们

---

① 汪奠基:《中国逻辑思想史》, 中国社会科学出版社 1983 年版, 第 157 页。
② 陈鼓应:《老庄新探》, 上海古籍出版社 1992 年版, 第 371 页。

研究古人的思想，是什么就是什么，有时感觉、直觉可以起作用。如果过多地注意字句章节，过多地注意后人的注解考证，过多地注意今人的理论争论，那反而会舍近求远，舍真求假，或者钻故纸堆，钻牛角尖，一片痴茫，一片糊涂。

在今天，为道思想的现实意义是独立思考问题。学习到的一切知识，到一定时候都要重新自我审查一遍。知识的背后有智慧，表象的背后有意志。五十而知天命，就是从为学进入到为道的阶段。

二　通往神灵之道

（一）道与上帝的比较

道是超感觉超经验的，又是超文字超语言的，这种超理性的存在虽然在老子那里是无神的，但它迟早是通往神灵之道。将道与基督教的"上帝"作一比较，会发现上帝与道都代表宇宙间的最高原则。上帝是一，在上帝之中不包含任何差别，上帝没有任何规定性。上帝创造了万物，是万物的本原。道也是一，是无限的、永恒的，是万物的本原，赖以存在的根据。老子《道德经》说："道生一，一生二，二生三，三生万物。"上帝与道都是看不见、摸不着，感觉不到的神秘存在，它创造万物，就是通过万物来展现自身。

在基督教中，许多神学家认为上帝是不可言说的。当人们说上帝是什么时，如全知、全能、造物主等，是用经验世界的概念去表述超经验的神的存在，可能会歪曲上帝的实质，限制上帝的无限。因此人们只能用否定性的概念去表述，如上帝不是有限的，上帝不可认识，不可言说等，以保证上帝的纯洁性、超越性和无限性。人类只能在无知的黑暗中去体验上帝，在神秘的无知中与上帝结合。

老子对道的表述也是否定性的，多用"无"、"不"去说"道"。如"道隐无名"，"视之不见，听之不闻，博之不得"，"吾不知其名，字之曰道"，道也是无法认识的。前面已谈到为学与为道的差别，为学是求知识，为道是超理性、超逻辑，是一种体验的方式，只有通过为道的方法才能悟道。

通过以上比较，可以发现，老子的道与基督教的上帝是极其接近的概念。道是非人格化、非神的上帝，而上帝是人格化的、神圣化的道。由此可见，道最初是一个哲学概念，表示规律、法则，但它潜在着一种被神化的内涵。一旦社会有了需要，它可以转变为一种宗教的核心支柱。例如在道教中，老子为道的方法发展成为道教修行的方法。同样，上帝也潜在着规律、法则的内涵，当社会需要时，它可以被泛化，形成为泛神论或自然神宗教，在本质上又是无神的。例如荷兰哲学家斯宾诺莎说："上帝就是自然"，而法国哲学家伏尔泰则认为：自然规律支配一切。

（二）从老子到太上老君

老子是人而不是神，《史记》有记载，老子是楚国苦县人（今安徽省亳县人），姓李名耳字伯阳，谥曰聃。周守藏室之史，相当于今天的国家图书馆馆长。又记载，孔子年轻时曾向长者老子请教如何为人，老子很不客气地教训孔子说，你太骄傲（骄气），太贪心（多欲），太好色（态色、淫志）；真正有知识的人"若虚"、"若愚"——外表好像什么都不懂，笨笨的。孔子听了以后佩服得五体投地，他说："鸟，吾知其能飞，鱼，吾知其能游，兽吾知其能走。……至于龙，吾不知其风云而上天。吾今日见老子，其犹龙邪？"鸟、鱼、兽，我过去都知道，就是不知道龙。今天我见到老子，原来他就是龙啊！这个故事也可能是真的，也可能是道家为了抬高老子而贬低孔子杜撰的。司马迁有道家倾向，所以保存了这个故事。

老子虽然不是神，但却有些神秘。《史记》说："盖老子百有六十余岁，或言二百余岁，以其修道而养寿也。"活到二百岁左右，在今天也算是奇迹，是通过修道而长寿的。后来的道教，就是学习老子的修道方法而求长寿，求不死，求成仙。求仙是神仙家的追求，神仙家始于战国，盛于两汉，其信念是相信仙人、仙境、仙药、仙方的存在与可求。老子由人而神，是神仙家向道家哲学流派靠拢，吸取老庄学说中的一些神秘主义思想因素，作宗教性比附、解释与引申，逐步渗透，逐步融合。

本来活跃于燕齐滨海一带的方仙道，有术而乏理论，他们曾吸取先秦驺衍的阴阳五行说，可是仍未能提供构造神仙学的基本理论依据，同时其人其说亦远不如"老子"声誉之高。正是由于神仙家逐渐依附，《老子》在社会上有些人的心目中，便也慢慢腾起了神秘的烟雾。据史书记载，首先敲道家之门的方仙之士，便是"河上丈人"。《史记·乐毅列传》："乐臣公学《黄帝》、《老子》，其本师号曰河上丈人，"后人称之为"河上公"。汉代方仙士依据河上公之遗教，造作了《老子章句》（旧题"西汉河上公作"，今人有考证为东汉作品）。认为"虚极"与"恍惚"之"道"产生元气（即"一"），元气生万物，倡导"怀道抱一守五神"的修养方法，相信"人能守一使不离身则长存"，"人能养神则不死"，从而宣传"用道治国则国安民昌，治身则寿命延长"，把《老子》变成了治国修身和修养成仙的经典。以后求神仙的方士们，便是从《老子章句》得到启发和依据，更为援引、附会、演绎以自文其教。

神化"老子"，尊号"太上老君"，其来有自。"太上"，本至高无上之意，出之古典，如《老子》云："太上，下知有之；

其次，亲之誉之；"《左传》："太上有立德，其次有立功"；《礼记》："太上贵德，其次务施报。""立德"、"贵德"正是老子的风范，"太上"正适合老子的清高，因此创立道教的张道陵将"太上"这一桂冠奉戴在"老君"头上。从"三张"之五斗米道起，道教均奉老子为教主，尊称"太上老君"，一般简称"老君"。如魏晋行世的《黄庭外景经》云："老君闲居作七言，解说身形及诸神。"东晋葛洪《抱朴子·地真篇》云："老君曰：惚兮恍兮，其中有象；恍兮惚兮，其中有物。"《抱朴子·杂应篇》云："但谛念老君真形，老君真形见，则起再拜也。老君真形者，思之，姓李名聃，字伯阳，身长九尺，黄色，鸟喙，隆鼻，秀眉长五寸，耳长七寸，额有三理上下彻，足有八卦，以神龟为床，金楼玉堂，白银为阶，五色云为衣，重叠之冠，锋铤之剑，从黄童百二十人，左有十二青龙，右有二十六白虎，前有二十四朱雀，后有七十二玄武，前道十二穷奇，后有三十六辟邪，雷电在上，晃晃昱昱，此事出于仙经中也。见老君则年命延长，心如日月，无事不知也。"这里的"老君"高居金楼玉堂，护卫簇拥，猛兽环立，雷电其上，日月经天，何等威风显赫，哪里还似当年虚怀若谷、持雌、柔弱的皓首老人呢？

三　《老子》与道教经典

《老子》也称《道德经》，老子写，或者是老子的学生整理老子学说而写。其成书年代或春秋末，或战国前期，距今已两千多年。从古到今，为五千字《老子》注释的书汗牛充栋，其字数恐怕已不计其数了。在中国文化史上，《论语》地位高于《老子》；但在中国哲学史上，却是《老子》的地位高于《论语》，它是中国哲学家史的开端。德国哲学家黑格尔说孔子不是哲学家，但他认为老子有丰富的辩证法思想。《老子》从哲学著作变成宗教经典，有一个过程。

战国末至西汉，《老子》显扬，声誉日高，此书作者老聃，自然如水涨船高，名声日渐显荣；同时也由于《老子》哲理深邃，使人感觉深奥莫测，因而"隐君子"老聃被笼罩上了神秘的烟雾。战国末年，韩非已撰有《解老》、《喻老》篇。西汉司马迁在《史记·老庄申韩列传》云："（孔子）谓弟子曰：'吾今日见老子，其犹龙邪？'"又云："老子，隐君子也。"二十世纪七十年代在湖南长沙马王堆发现西汉帛书《老子》，掀起"老子热"。九十年代在湖北荆门发现战国竹简《老子》，又掀起新的一轮"老子热"。

在东汉出现的《太平经》、《老子想尔注》与早期道教关系最为密切。汉顺帝时《太平青领书》（即《太平经》），已尊老子为至高天神，并吸取《老子》中的内容作为太平道神学理论的组成部分。此时张道陵在巴蜀一带开创五斗米道。其后张角广布太平道，遂有黄巾起义。《老子想尔注》为东汉末张鲁所作，托"老子"之言，而演五斗米道。

至唐代，道教得到统治者的扶植。唐太宗李世民宣布，李聃为唐皇室李氏族祖，并推崇《老子》。据《广弘明集》卷二十五《叙太宗皇帝令道士在僧前诏表》云："大道之兴，启于邃古，源出无名之始，事高有形之外，迈两仪而运行，包万物而亭育，故能经邦致治，反朴还淳。"唐高宗仪凤三年（公元六七八年）诏令自今以后，《道德经》为上经，贡举人必须兼通。唐玄宗开元二十一年（公元七三三年）令士庶家藏《老子》一本，每年贡举人量减《尚书》、《论语》两条策，加《老子》策；开元二十九（公元七四一年）年崇玄学，置生徒令习《老子》、《庄子》、《文中子》、《庚桑子》；老子已被尊为"玄元皇帝"，天宝元年（公元七四二年）号庄子为"南华真人"、文子为"通玄真人"、列子为"冲虚真人"、庚桑子为"洞虚真人"，天宝十三年（公元七五四年）颁御注《老子》并义疏于天下。唐玄宗还曾亲受道教法式，成了"道士皇帝"。由于道教成了皇家宗教，《老子》已成了圣典，故而道家《老子》，被道教尊为《道德真经》了。

迄今，道教积累经书逾万卷，其中重要经书，不是托言太上老君"降授"，便是引老君"道德"之言，而演说神仙之道。笼统地说，道教所宣扬之义理，无一不与《老子》在形式上及内在思想上有着或多或少的关系。为具体说明实际情况，这里便有必要将道教经典与《老子》加以对照比较。为节省篇幅，这里只能择其经书之要者，而且是仅就要经之要点来加以探究。看看道教是如何利用《老子》来演绎其教义的；从而也可以管窥《老子》对社会宗教意识影响之广泛与深刻。

道教宣传其根本信仰为老子的"道"和"德"。教徒所说的修炼，概括起来说就是"修道养德"。所谓"修道养德"，就是敬祀"太上老君"，体"老君"自然之道而行；行善事，积功德，以得神佑，得道成神仙。

下面再就道教依据《老子道德经》而演说教义的要经，举例对照。

（一）《太平经》

流行于汉代，是道教最原始的经典之一。传为东汉末方术之士于吉得神书一百七十卷，其弟子宫崇献给顺帝。然《太平经》实则非一时一人之作。此经神化老子，宣传精、气、神合一的成仙思想和天、地、人三者合一的"广嗣兴国"的统治术。

《道德经》第二章："圣人处无为之事，行不言之教，万物作焉而不辞。"《太平经》卷十八至三十四中则说:"天地不语而长存,其治独神,神灵不语而长仙,皆以内明而外暗,故为万道之端"。

老子自然、无为的思想在道教中便发展成了长存、长仙的思想。

《道德经》第十六章:"归根曰静,是谓复命"。《太平经》卷七十三至八十五中则说:"求道之法静为根,积精不止神之门;五德和合见魂魄,心神已明大道陈。先知安危察四邻,群神大来集若云,若是不息长寿君。"

老子主张清静,以静为本,到道教中就成为求道之重要法门,以守静而修炼到积精,五德和合,心神已明,长寿等。

(二)《参同契》

全名《周易参同契》,东汉魏伯阳著,托易而论炼丹,参同周易、黄老、炉火三家之理而合归于一。以炼内丹为主,被奉为道教"丹经王"。

《道德经》第十章:"载营魄抱一,能无离乎?"《参同契》则说:"抱一毋舍,可以长存。""一"是指元气,"抱一"是指一个人元气充满。在老子是哲学思想,在道教中是修炼方法。

《道德经》第二十五章:"人法地,地法天,天法道,道法自然。"《参同契》则说:"引内养性,黄老自然。"道法自然,是说道为最高原则,它自然而然。道教修炼时要引内气、修心性,要像道一样自然而然。

(三)《悟真篇》

《悟真篇》是北宋张伯端著,与《参同契》一样,是道教内丹主要著作之一。认为人自身有长生药,不需向外求。整本书依据《老子》思想而发展出修炼方法。以下只是几例而已。

《道德经》第三章："虚其心，空其腹。"第九章："金玉满堂，莫之能守。"《悟真篇》则说："虚心实腹义俱深，只为虚心要识心，不若炼铅先实腹，且教守取满堂金。"

《道德经》第一章："此两者同出而异名，同谓之玄，玄之又玄，众妙之门。"《悟真篇》则说："异名同出少人知，两者玄玄是要机，保命全形明损益，紫金丹药最神奇。"

《道德经》第六章："谷神不死，是谓玄牝。玄牝之门，是谓天地根。"《悟真篇》则说："玄牝之门世罕知，休将口鼻枉施为，饶君吐纳经千载，怎得金乌搦兔儿。"

总之，道教是中国土生土长的宗教。东汉顺帝年间张陵（尊称张道陵）创立。它以"道"为最高信仰，故名"道教"。它奉老子为教祖，尊称太上老君。老子的道是超感觉超经验超文字超语言的，这种超理性的存在在后世成为了通往神灵之道。老子的道，与基督教的上帝是极其接近的概念。道是非人格化、非神的上帝，而上帝是人格化的、神圣化的道。由此可见，道最初是一个哲学概念，表示规律、法则，但它潜在着一种被神化的内涵。一旦社会有了需要，它可以转变为一种宗教的核心支柱。例如道教认为"道"乃宇宙万化之本源，宇宙万物皆由"道"化生。道教把对神仙的向往和道的信仰融为一体，相信人通过修炼可以与神仙一样逍遥无待，长生久视，使生命与"道"合一，永恒长存，从而构成了道教完美的信仰体系与修炼方法。修炼的诀要在于保性命之真，即性命双修，修性即修造自己的品德，修命即修炼自己的生命。汉代以后，老子为道的方法发展成为道教修行的方法。老子的道德经演绎成道教各类经书，如《太平经》、《参同契》、《悟真篇》等。

道的信仰[*]

正如印度各宗教都普遍信仰"梵"，早期欧洲各宗教都信仰"逻各斯"一样，中国各宗教普遍信仰"道"，虽然信仰的程度不完全相同。在中国，对道有一定程度信仰的有道教、佛教、儒教、基督教、伊斯兰教、德教、天帝教、理教、轩辕教等。中国古代"三教合一"的运动、近现代"五教合一"的运动、当代宗教"多元主义"与宗教"对话运动"，其合作共存的基础是道，其多元对话的基础也是道。各个宗教的信仰有一定的对立性，宗教对话也表现出差异性，但中国人历来都用"道"来表述或翻译，这说明"道"是表达信仰的一个概念，也说明道这个概念具有极大的包容性、终极性与普世性。

一　道教与道

（一）唯道是从，唯道是务，唯道为法

在道教中，信奉道教教义并修炼道术的专职道教徒被称为道

＊　原文发表在《宗教学研究》2010 年增刊。

士。道经说："身心顺理，唯道是从，从道为事，故称道士。"唯道是从，是说一切事唯独服从道，唯独听从道。道经称，道士"唯道是务"。唯道是务，是说一切工作唯独为了道，一切任务唯独围绕道。

早期道经《黄帝阴符经》说："明道善修，法道传承，唯道为法，功成天地。"道教的一切修炼之法，所传承的，无非是唯道为法，以大道为法规。

（二）　唯道来集，唯道长久

道教徒静坐修炼时，唯有道气集于心中。司马承祯《坐忘论·得道》说："空心谷神，唯道来集。"赵宜真《原阳子法语》卷上《还丹金液歌并叙》对内外丹法作了说明："唯道集虚，本无二致。"元陈致虚《上阳子金丹大要》（上）说："运有否终，唯道长久！"

（三）　三教皆名曰道

在中国"三教合一"的理论与实践中，儒、道、佛三教都曾探讨三教合一的"一"是什么？"一"可以视为三教的共同精神。三教的代表人物，大多认为三教的共同精神是"道"，有些人甚至还提出："三教唯道。"

道教祖师老子创立了"唯道是从"的唯道论，汉代张道陵创立道教，继承了唯道论。明初高道张三丰明确提出"三教合一"、"唯一唯道"的观点。他在《正教篇》一文中说：

> 昊无三教？惟一惟道。一何以分？分何以三？……孔固儒也，老固道也，牟尼固释也，然有所分，故究无所分，故以无所分，故必有所合，故不孔亦不老，不老亦不牟尼，牟

尼、孔、老，皆名曰道。孔之绝四，老之抱一，牟尼之空五，皆修己也；孔之仁民，老之济世，牟尼之救苦，皆利人也：修己利人，其趋一也。①

这段话的意思是：难道三教有不同吗？它们都是唯一的，唯道的。如果说三教有不同，但三教修己是一样的，利人是一致的，故三教"皆名曰道"。

二　中国佛教与道

（一）佛道

佛教刚传入中国时，被称为佛道，其含义，认为佛属于道之一类。又一含义，佛道即佛教的义理，当时认为道是佛教的最高智慧与信仰。太虚法师《佛道品第八》说："佛道，梵语佛陀菩提。菩提，古翻为道。"正因为如此，佛经中"道"的概念非常之多，与佛教信仰的"菩提"同一地位。

（二）笃论唯道，岂关多诵

南朝后主陈叔宝曾经想用"策经"的方式来沙汰（清除）一批僧人，此举遭到了天台宗祖师智𫖮的反对。他说："调达日诵万言，不免地狱；槃特诵一行偈，获罗汉果。笃论唯道，岂关多诵？"② 智𫖮的意思，修佛的关键是笃信唯道，而不是靠诵经万言。

---

① 马沛文主编：《张三丰先生丹道全书》，团结出版社 2008 年版，第 40 页。
② （隋）灌顶：《智者大师别传》，《大正藏》第五十册。

（三）以佛治心，以道治身，以儒治世

佛教与儒教曾有过激烈的斗争。如唐朝时，韩愈著《原道》、《原性》攻击佛教；宗密则依据佛教的立场，著《原人论》加以激情抗辩。宗密本人从佛教的立场提倡"三教合一"，在《原人论》中说："孔老释迦皆是至圣，随时应物，设教殊涂，……惩恶劝善，同归于治，则三教皆可遵行。"①

元代刘谧著《三教平心论》，从佛教角度论述三教各有合理之处，应该互相补充。他说：儒家"可以安国家而立社稷。可以扶世而致太平。功成身老，名在青史"，道家"可以尸解，可以飞升，可以役鬼神而召风雨。可以赞造化而玄功，寿量无穷快乐自在"，佛教"是为一切种智，是天中之天，是为无上法王"。又说："以佛治心，以道治身，以儒治世。"还说："儒疗皮肤，道疗血脉，佛疗骨髓。"②

（四）唯道可以忘世

憨山德清是明末四大高僧之一，他特别强调的是"三界唯心，万法唯识"，这是佛教的核心思想。除唯心、唯识之外，历代有许多佛教高僧也讲"唯道"，如"唯道是务"、"唯道为师"等。憨山德清有一句名言传诵至今，即"不知春秋不能涉世，不知老庄不能忘世，不参禅不能出世"。后人又把这句话总结为："唯儒可以入世，唯佛可以出世，唯道可以忘世。"

知讷是韩国高丽时期有名的高僧。金君绥为其所撰《佛日

---

① 宗密：《原人论》，《大正藏》第四十五册，第707页。
② 刘谧：《三教平心论》卷上，《大正藏》第四十五册，第781页。

普照国师碑铭》说，他早年的特点是"学无常师，唯道是从"。这里的道，是指佛道，是信仰层次的。

三　儒教与道

（一）孔子推崇之道

儒家创始人孔子对道是高度推崇的，《论语》中的道字出现一百多次，留下许多名言。《里仁篇》："朝闻道，夕死可矣"、"吾道一以贯之"、"夫子之道，忠恕而已"。《述而篇》："志于道，据于德，依于仁，游于艺。"《卫灵公篇》："人能弘道，非道弘人"、"君子忧道不忧贫"、"道不同，不相为谋"。孔子的最高信仰是"天"，但最高信仰之天，在孔子那里也称"天道"。从以上这些引用的名言看，天与道都是孔子的信仰内容，而且它们二者也有关联。

（二）程朱理学之道

宋明理学家继承和发展了早期儒家信仰之"道"。老子"道生万物"的思维模式被宋明理学家用来说明世界的本原，并以之构筑了自己的理论体系。强调道的至高无上，是宋明理学的特点。早期儒家以天为最高，重伦理观而轻宇宙观。二程提出"理"概念，引入道家的宇宙观。于是宋明理学与道家有了共同的宇宙观信仰。

理就是道，都是信仰层次的概念。二程说："天有是理，圣人循而行之，所谓道也。"① 又说："又问天道如何，曰：只是

---

① 《二程遗书》卷二一下。

理，理便是天道也。"① 理学又被称为道学，对理的信仰也就是对道的信仰。

（三）现代儒家之道

现代儒家学者段正元（一八六四至一九四〇），一生中逢"全盘西化"、反孔批儒的时代。他力挽狂澜，复兴孔子儒学，于民国元年在成都创办"人伦道德研究会"，于民国五年在北京创办了"道德学社"。道德学社的宗旨是："阐扬孔子大道，实行人道贞义，提倡世界大同，希望天下太平。"道德学社对传播儒学形成了相当影响。段正元在《刍谈录·大成礼拜杂志》（之三）说：

> 以道治天下者，道家也。以德治天下者，释氏也。以礼治天下者，儒也。道、德、礼，三者一也。

> 礼制者，儒家之天下也。儒家之天下者，道之以德，齐之以礼，礼制进化，是谓德制。德制者，释氏之世界也。释氏之世界，道之以道，齐之以德。德制归化，是谓道制。道制者，道家之天下也。道家之天下，齐之以道，归于道。合于道，化于道，一于道也。三者统谓之曰道。

段正元在分析综合了三教之后，最终得出结论："三教统谓之曰道"，"三者一也"。

---

① 《二程遗书》卷二二上。

（四）当代新儒家之道

当代新儒家以唐君毅、牟宗三、张君劢、徐复观等人为代表。新儒家的精神与信仰以四人于一九五八年联名发表的"中国文化宣言"为代表，其正式名称是《为中国文化敬告世界人士宣言：我们对中国学术研究及中国文化与世界文化前途之共同认识》。宣言指出，中国儒者并非没有宗教信仰，他们的宗教信仰就是"道"。道的信仰不同于人格神上帝的意旨，而在于它的内在性与超越性：

> 中国儒者之言气节，可以从容就义为最高理想，此乃自觉的舍生取义，此中如无对义之绝对的信仰，又如何可能？此所信仰的是什么，这可说即是仁义之价值之本身，道之本身。亦可说是要留天地正气，或为要行其心之所安，而不必是上帝之诚命，或上帝的意旨。然而此中人心之所安之道之所在，即天地正气之所在，即使人可置死生于度外，则此心之所安之道，一方内在于此心，一方亦即超越个人之现实生命之道，而人对此道之信仰，岂非即宗教性之超越之超越信仰？

四　中国基督教与道

（一）道就是神

《圣经》有多个汉文译本。《圣经·约翰福音》的首句，在中国基督教协会译本中译为："太初有道，道与神同在，道就是神。这道太初与神同在。万物是藉着他造的；凡被造的，没有一样不是藉着他造的。"道并非基督教的最高信仰，但道与最高信仰上帝神同等地位，万物可以说是神创造的，也可以说是道生成的。

　　基督宗教强调上帝从无中创造世界，被造的世界与造物主之间有一条无法跨越的鸿沟。所以，"三位一体"很难用人的理智去理解，只能信仰。老子的道不仅类同于上帝的超越性、普世性，而且具有"生成性"和"连续性"的中国特色。将上帝神译为道，有助于基督教与中国宗教的沟通，有助于中国人对于上帝神的理解与信仰。

（二）道是上帝，道是天主

　　圣经公会对这一首句是这样译的："宇宙被造以前，道已经存在；道是上帝。"更明确地称：道是上帝。中国的翻译家吴经熊，将圣经翻译成《新经全集》，这句话是这样翻译的："太初有道，与天主偕。道即天主，自始与偕。"也明确地称：道就是天主。

　　吴经熊在附注中写道："道，中国旧译为物尔朋，属拉丁之音译也。后译为圣言，兹译为道。道，源于老子《道德经》。然老子虽以道先天地而生，为万物之母，道之神性则未言也。若望之道，乃天主第二圣子，为圣父之显身，与圣父圣神同为天主圣三，一体不分。"[①] 一方面说明道概念来源于老子，另一方面又说明基督教之道与老子之道有区别。

（三）道成肉身

　　《圣经·约翰福音》中称上帝派他的儿子耶稣到人间是"道成肉身"，给人间带来了真理。中国基督教协会对这段话的翻译

---

　　① 吴经熊：《新经全集》，香港，1949 年。

是："道成了肉身，住在我们中间，充充满满地有恩典，有真理。"道成肉身本来是中国古代的用语，意即形而上的道，转化为人的形体来到人间。从道教来说，是太上老君神转化为老子的肉身来到人间，教化人民。

从《圣经》的翻译，可以看出中国人对于《圣经》的理解，一是道与上帝同格，二是上帝派耶稣到人间，与太上老君化为老子（道成肉身）到人间，是可比的。因此，在翻译的过程中，已发生了基督教与中国传统文化的交流融合。

五　中国伊斯兰教与道

（一）道是真主

《古兰经》的一些汉译本中"道"字非常多。仅第二章《黄牛》，据笔者对马坚译本的统计，道字共出现一百五十五次。其中"主道"十次，"正道"十七次，"叛道"三次，"信道"三十五次，"不信道"三十次，其它的"道"六十次。

与《圣经》的翻译相似，《圣经》的道就是上帝，《古兰经》的道就是真主。道与伊斯兰教的最高信仰是同一地位。举例说："信道者，为主道而战"，"我在经典中为世人阐明正道"，"凡扶助真主的大道者，真主必定扶助他。"

马坚的汉译本中，对"道"、"主道"、"大道"加以解释，指的是真主，或者是《古兰经》，有时指伊斯兰教的最高精神。

（二）伊斯兰教的道、教、法

伊斯兰教于公元七世纪中期的唐高宗永徽年间传入中国，在一千多年的传承中形成了汉学派。汉学派的主要特征之一是"以儒诠经"，此经指古兰经。汉学派实行伊、儒融合，被社会上称之为"回儒"。回儒经常探讨伊斯兰教的道、教、法三者的关系。道是指天道，也是真主之道，指真宰的本然以及真宰本然造化的宇宙的规律。教指真主的教化，引导世人遵循伊斯兰教的生活道路与伦理纲常。法指伊斯兰教的具体礼法、典制、纪律。伊斯兰教的汉学派一般主张先有道，后有教，再有法；道、教、法不能分割。

（三）以道为本

清代穆斯林学者刘智主张以道为本，他对道的描述，显然受老子《道德经》的影响。《道德经》第二十五章有对道的广大并超越天地的描述："有物混成，先天地生。寂兮寥兮。"刘智对道也是这样描述的："是道也，至广至大，无所不包，无物不贯，天地归其范围。"[1]《道德经》第三十九章对道的描述："天得一以清，地得一以宁。"刘智对道的描述："天之所以清，地之所以宁，……皆道之所弥纶也。"[2] 老子认为道为本，人不可须臾离之。刘智说："人之一生，以道为本。道者，不可离，修之乃为教。"[3]

关于道、教、法三者关系，刘智说："道非教不明，教非法不立。[4]"伊斯兰教是穆罕默德以道为宗创立的，他说："圣人因道立教。"[5] 教中将圣贤分为九等，但从道的角度看是一致的。他说："人区九品，道宗一脉。"[6]

---

① 金宜久：《中国伊斯兰探秘》，东方出版社 1999 年版，第 216—219 页。
② 同上。
③ 同上。
④ 同上。
⑤ 同上。
⑥ 同上。

以上说明，中国回族学者在将伊斯兰教与中国儒文化相融合的过程中，认为道是至高无上的，坚守着"道宗一脉"的观念。

六　德教与道

（一）创教与发展

德教起源于中国广东潮汕地区、流传于东南亚华人中，是一种新兴的民间宗教。自二十世纪三十年代德教初创到现在，经政府合法注册的德教会组织，在新加坡、马来西亚、泰国三国已有约二百个团体，其中马来西亚已经有五十七个，"德友"数以万计，成为凝聚华人、振兴道德、倡办慈善福利事业、交流信息、合作互助、增进友谊的重要宗教组织。

（二）道为宗，道为崇

德教是一个宣扬"五教合一"、"道德教化"的民间宗教，其教义精神是"道为宗"、"德为崇"，也称"道为体，德为用"。因此，"道"与"德"是德教立教之本。这个教义与《道德经》的精神完全一致，故有人说德教是"五教合一"，道教为主。

德教倡立"十章八则"作为德友修身养性、为人处世的准则。所谓"十章"，即孝、悌、忠、信、礼、义、廉、耻、仁、智；"八则"即不欺、不伪、不贪、不妄、不骄、不怠、不怨、不恶。

（三）五教同宗

德教主张"五教同宗"，"诸善归一"。认为道教的根本教义是崇德，佛教的根本教义是慈悲，儒教的核心是忠恕，基督教的基本精神是博爱，伊斯兰教的宗旨是慈恕。这些都是世界各民族传统道德的精华。德教敬奉五教，是希望发扬五教的美德精华，启发人类的良知，在实际生活中奉行。同时，德教认为，凡属世界上的正信宗教，皆以利人济物、修心济世为宗旨，因此，应当求同存异，融合各教，统归一德，到达"德教一家亲"的理想境界。

（四）信仰神灵

德教会以"阁"为基本单位。德教的神灵世界称为"德德社"，是德教所信奉的众多仙尊的总称。德教主张"五教同宗"，"诸教归一德"，所以他们所信奉的仙尊很多，包括儒教、佛教、道教、基督教、伊斯兰教及民间信仰中的各路神灵。其中重要的有玉皇大天尊、关圣帝君、五教教主、张道陵祖师、张三丰祖师以及柳春芳、杨筠松、张玄同、吴梦吾四位掌教师尊，还有道济佛尊（即济公活佛）、八仙之一的吕纯阳祖师等。

七　道与台湾岛上的新兴宗教

（一）天帝教

二十世纪八十年代以来，台湾岛上涌现了许多民间新兴宗教，有些已经获得政府的批准。这些新兴宗教中，许多是信仰道的，如天帝教。天帝教的基本教义是重道统，尽人道，修天道。

天帝教遵奉道统，教主为立教始祖天帝。于人间不设教主，由天帝遴选传人，授命为首席使者，驻在地球教化人类。天帝教信徒要先尽人道，正心修身，齐家报国；再修天道，积功累德，救世度人。该教融会世界五大宗教圣哲立教教人的精华，以忠、恕、礼、和等二十字，作为教徒做人处世的准则。

（二）理教

理教为明末杨泽所创立，迄今已有近四百年的历史，至今在台湾岛为合法宗教。该教宗旨以儒家思想为中心，兼采佛道两家之精华，综三家之学为一理，集千圣之传以立教。理教教义是：尊儒家之理——以伦理忠孝为本。奉佛家之法——以慈悲喜舍为怀。修道家之行——以清静无为为主。

理教认为，儒释道三家的共同宗旨是"理"。理是宋明理学的最高范畴，理是什么？就是道。程颢说："理则谓之道。"① 朱熹说："阴阳迭运者气也，其理则道也。"②

（三）轩辕教

台湾岛轩辕教也信仰道，并主张儒、道、墨三教合一，三教的道统以道为最高。轩辕教的教义综合儒道墨三家学说，以道为至高无上的上帝，奉传说中的中华民族始祖轩辕黄帝为教主，继承轩辕黄帝道统，重建中国固有宗教，启发中国新机运，铸成"新中华魂"，促进人类达到大同盛世。

八　道与三教合一运动

（一）隋唐时三教对话

中国传统文化的主流是儒、释、道，即所谓三教。三教的分立、冲突、融和，构成了中国两千多年文化史的主要内容。隋唐两宋，三教鼎立的局面达到高潮，三教以辩论形式的对话也空前

---

① 《二程遗书》卷一。
② 朱熹：《周易本义·系辞上》。

频繁。隋唐时期诸朝多次举行三教辩论大会，表面上呈现的是三家之间的争论，实际上却为三教的思想交流提供了机会。中唐以后，甚至在皇帝生日的那一天也照样举行三教对话会，三教大师交流思想，促进了三教合一。

从唐代开始风行中国佛教界的禅宗，是一个典型的儒、释、道三教融合的佛教派别。宋代程朱理学，是三教融合的儒家派别。元代道教的全真教，是三教融合的道教派别。三教合一的基础是道的信仰，宋元之际，全真道创始人王重阳以诗谈论这个问题："儒门释户道相通，三教原来一祖风。三教不离真道也，喻似一树生三枝。"诗中提出了三教相通，不离真道的观点。

（二）三圣合体图

明代成化帝所绘《一团和气图》，乍看如同一人，实为三人，被称为三圣合体图。根据《御制图赞》可推测，图中笑面弥勒应为佛教惠远法师，左侧着道冠者应为道教陆修静，右侧饰儒巾者则为儒教陶渊明，三人各为佛、道、儒三教代表。

河南省嵩山佛教少林寺的千佛殿西侧具有道教文化色彩，殿内南北两面供十大阎罗王神位；后壁绘制儒教色彩的二十四孝画图。钟楼前有嘉靖四十四年（一五六五年）郑王之子朱载堉所立的《混元三教九流图赞》碑，刻有《混元三教九流图》，画面是释迦、孔子、老子三圣合体像。图赞中写到："三教一体，九流一源；百家一理，万法一门"，这体现了三教合流、和睦相处的思想宗旨。

（三）三教合一的寺观

三教合一的思想还反映在许多寺庙道观中。山西省浑源县有一座悬空寺，始建于北魏，已有一千多年的历史。悬空寺建有禅房、佛堂、三佛殿、太乙殿、关帝庙、钟楼、鼓楼、纯阳宫、三官殿、观音殿、雷音殿、三圣殿等大小殿阁。

全寺最有特色的是最高层的三教殿。三教是指佛、道、儒三教。三教"教祖"释迦牟尼、老子、孔子同在此殿受供奉，体现了三教合一的思想，形成了一处信仰自由、和平共存的人间天堂。

甘肃省平凉市崆峒山的道教三教洞是窑洞式建筑，内奉太上老君、释迦牟尼和孔子，也是儒、佛、道三教合一的表现。

九　道与"五教合一运动"

（一）五教合一的理论

"五教合一"的理论，近现代有不少组织与个人都提出过。五教指儒教、佛教、道教、伊斯兰教、基督教。最近有人在互联网上系统地论述"五教合一说"，论证五教应当合一。其主要观点是：五大宗教对于戒律、因果规律、天命观、世界大同、天下一家等方面的认识是一致的。区别只是在于文字表述的不同与具体称呼的不同。五大宗教最终能够合而为一，成为天下一家、世界大同的宗教，成为爱的宗教。五教合一的基础是爱，因为五教都崇尚爱。

美国华裔学者杜维明说："传统三教，所谓儒家、佛教、道教，这范围必须扩大，从明朝开始要增加伊斯兰教和基督教，称为五教。中国历来有三教合一的传统，清末民国初，中国人又提出了五教合一的理论。"[1]

---

① 宫哲兵：《道：中国各宗教融合共存之路》，中国台湾道教学术资讯网站，2009 年。

（二）世界红卍会与济南道院

世界红卍字会中华总会成立于一九二二年，会员主要是通常被认为是军阀的高级军人、官绅、商人等，以办理救济及各项慈善事业为宗旨。信奉能超越各宗教的"道"，道的人格化即所谓"老祖"。因主张儒、道、佛、伊斯兰、天主教五教合一，并从事慈善活动，势力得到迅速发展，相继在全国各省、市、县设立分支机构三百一十七处，建道院四百三十六处，在香港及朝鲜、新加坡、日本、南洋等地建分支机构与道院二百余处。

南怀瑾说："现在还新兴了'五教同源'，如红卍字会等类团体，把孔子、老子、释迦牟尼、耶稣、穆罕默德五位教主，都请在上面排坐。中华民族是喜欢平等的，认为每个教主都好，所以五位一起供奉。"①

在山东济南上新街南端，有一组气势宏大的仿古建筑群，它就是刚刚被确定为第六批全国重点文物保护单位的万字会旧址——济南道院。济南道院一九二一年由山东滨州人杜秉宾等创建，因是世界红卍会始创地，故被奉为该会的总部和母院。

（三）以道为宗的青岛道院

现青岛市博物馆，原是世界红卍字会青岛分会会址所在地，该会主张耶稣、儒、释、道、回教（伊斯兰教）五教合一。要建造这样的会所，体现其五教的宗旨，就建筑艺术而言，难度系数非常之大，要有非凡的想象力和创造力。不过，中国的土木工程建筑学家刘铨法做到了。他以诗人的想象，大胆创新，终于设计出这个代表五种文化的作品：它黄瓦红墙，共有三进院落，分

---

① 南怀瑾：《论语别裁》。

别为罗马式建筑、中国传统风格建筑和阿拉伯式建筑。

这组具有浓郁五教文化风格的宏伟建筑群，在欧陆建筑风行的旧青岛绝无仅有。建成之后，称为道院，一是说明以道为宗，二是反映道的和谐精神。

十　道与宗教多元主义

（一）约翰·希克的多元主义

宗教多元主义的著名代表人物是当代英国神学家约翰·希克。希克的神学体系是多元一体。多元主义是承认世界上有不同的宗教与神，比如基督教与上帝、伊斯兰教与真主、佛教与释迦、道教与太上老君等。"一体"是这些宗教与神的背后的一个普世的东西，希克称之为超越者，而他的华裔助手王志成理解为"不可道之道"。按王志成的翻译，超越者就是道，或许这是王志成与希克先生共同的理解[①]。

一九八九年，希克在《宗教的解释——人类对超越者的回应》一书中，使用"超越者"作为各种宗教共同的普世信仰。一九九九年中国翻译出版了希克的著作《信仰的彩虹——与宗教多元主义批评者的对话》，引起了轰动。它的主要内容是：

人们是否可以同时信仰多种宗教？犹太教、基督教、伊斯兰教、佛教等。世界各大宗教能否进行真诚的、富有成效的平等对话？基督教或世界上任何一种宗教是否具有独特优越性？世界各大宗教皆为人类对同一终极实在的回应，由于人类自身的特点、环境的不同、文化的差异，对实在的回应差别甚大，但它们都是同等有效的。

---

① 王志成:《异国纪事》（三十五），2006 年。

（二）孔汉思的道德金律

孔汉思（瑞士人）是天主教的神父与著名神学家。一九九三年在美国芝加哥举行的"世界宗教领袖对话会议"上，由他起草了《世界伦理宣言》。《宣言》指出，在每一个宗教传统都可以找到同一个原理的不同表达："经历数千年，在人类许多宗教与伦理传统之中都可以找到下列原理，并不断维持下去，即己所不欲，勿施于人。"孔汉思指出，共通于各种宗教精神传统的并不是对于上帝的信仰，而是对于 Humanum（Humanity，人道）的关注。而道本来的意思就是说话、交谈、对话。《道德经》第一章："道可道，非常道"，第二个"道"就是说话、对话的意思。[①]

（三）道的普世性

每个民族都有自己的最高文化精神，如印度人的梵文化精神，欧洲人的逻各斯精神，阿拉伯人的伊斯兰精神，中国人的道文化精神，等等。最高文化精神是把整个民族维系在一起的哲学观念与价值体系，它决定了一个民族独特的思维方式、行为方式、文化心理、认同心理、性格特征、价值取向，等等。

在中国宗教对话的探讨中，在寻找各宗教的共同精神时，有些学者发现道是一种具有普世性的信仰。他们认为："道在本体论上的无限超越性又可作为宗教的终极信仰，使之成为理性的科学、哲学与非理性的宗教的交汇点，这在人类文明的发展中具有

---

① 孔汉思、库舍尔：《全球伦理·世界宗教议会宣言》，何光沪译，四川人民出版社 1997 年版。

无与伦比的意义。"①

　　总之，中国各宗教都有着不同程度对道的信仰，有的宗教将道视为最高信仰，如道教。有的宗教将道视为与最高信仰同等地位，如儒教。有的宗教将道视为重要信仰之一，如佛教。中国古代的三教合一、近现代的五教合一，中国当代的宗教对话，都有道的理念贯穿其中。人类各种宗教信仰背后有没有更深层次的终极信仰？如果有的话是什么？有人提出是"上帝"，有人提出是"超越者"，有人提出是"道"。在中国，甚至在海外，许多人开始认识到，道是表达信仰的具有包容性、终极性与普世性的一个概念。

---

① 胡孚琛、吕锡琛：《道学通论》（增订版），社会科学文献出版社 2004 年版，第 730 页。

唯道论的创立[*]

　　道是老子提出的哲学概念，老子的哲学理论都是围绕着道而展开的。过去几十年，在中国哲学界长期争论老子的道是物质还是精神？老子哲学是唯物论还是唯心论？其实老子的道不是物质也不是精神，是什么呢？是"天地之始"、"万物之母"，即宇宙本根。老子哲学不是唯物论也不是唯心论，是什么呢？是"唯道是从"的唯道论。过去已有一些学者将老子哲学概括为唯道论，如许地山在《道教史》一书中称道家的理论为唯道论①。但这些学者对于什么是唯道论未加以论证与展开。笔者在本文中将对先秦道论的兴起、老子唯道论的创立、唯道论的基本观点、唯道论的理论渊源，等等，给予比较系统的论述。

---

　　* 原文发表在 2004 年第 7 期《哲学研究》。
　　① 许地山在《道教史》一书中说"在道教建立以前，古代思想家已经立了多门底道说，其中最重要而与道教有关系底是倡唯道论底道家。"另有一些学者也使用过唯道论的概念，如林清泉《太极之光》："太极之道——唯道论——老子论道德。"周力行：《唯道论》，《孔孟月刊》第 20 卷第 7 期，1982 年。

一　道的渊源

（一）　金文中的道

到目前为止，中国最早的文字甲骨文中还没有发现道字。由于甲骨文并没有全部释读出，所以现在还不能说甲骨文中没有道字。没有道字，那么在甲骨文中，道路的意思是怎么表达的呢？有人考证，道路用途字来表达。甲骨文中有途字，见于《殷虚书契前编》与《殷虚书契乙编》等。途有道途与屠杀两种意义，其中道途为本义，屠杀为引申义。

金文中已确认有道字，而且被发现不止一处。西周时的铜器上的铭文有道字，《貉子卣》上的道字，由行与首两个部件组成。《散盘》上的道字，由行、首、止三个部件组成。春秋战国时的器物铭文上也有道字，见于《曾伯簋》、《侯马盟书》等。这两处金文道字的形体看上去与西周的相似，大概就是从西周金文道字沿袭下来的。金文中的道字，一般是道路的意思。汉代许慎在《说文解字》中对道的解释是："从行从首，一达谓之道。"按一定方向去到达的就是道路。

（二）　其他古文献中的道

"十三经"是中国先秦十三部儒家经典著作的组合，包括《易经》、《诗经》、《书经》、《左传》、《国语》等战国以前的文献，是研究先秦文化的重要资料。据统计，在十三经中，道字为句首的有八十六处，道的含义多种多样。一是指道路。如《易经》："履道坦坦。"《诗经》："道阻且长"。二是指谈说。《国语·晋语九》："道之以文，行之以顺。"三是指某种主张。《论语·宪问》："道之将行也与，命也；道之将废也与，命也。"四是指伦理。如《礼记》：“道也者不可须臾离也。”五指道义。如《穀梁传》：“道义不外公也。”六指治理。如《周礼》：“道国之政事。”七是指引导。《论语·为政》："道之以政，齐之以刑。"[1] 还有其他的含义，不一一举例。

　　古文献上记录了一些隐士，如《论语》中讽刺、嘲笑孔子的长沮、桀溺、石门晨门、接舆等“楚狂”，又如被孔子称赞的蘧伯玉、虞仲、夷逸等“逸民”。这些隐士“以道抑尊”，“以德抗权”，属于早期道家，或与早期道家关系密切。这些人大多精通天道——天文天象之理，也精通人道——经邦治国之术，但与政治保持一定的距离。《论语·微子》：“君子哉蘧伯玉！邦有道则仕，邦无道则可卷而怀之。”这些隐士以道为他们的政治理想，道是公道、道义的意思。老子也是隐士，《史记·老子韩非列传》：“老子，隐君子也。”老子著《道德经》，其思想肯定受到过这些隐士的影响。[2]

（三）道：道路与行路

　　道有行路、运行的意思。《释名·释道》：“道，蹈也；路，露也，言人所践蹈而露见也。”行路之谓道。《说文解字》：“道，所行道也。”段玉裁注说：“道者人所行，故亦谓之行。”道也就是行路，引申为运行。现在研究道的学者，多将道的原始含义仅作为名词——“道路”理解。根据以上资料，道的原始含义还可以作动词来理解——行路或运行。“十三经”中以道路为句首的有四处：《礼记》：“道路不通”，又“道路男子由右”，《周

---

　　① 叶绍均编：《十三经索引》，中华书局 1983 年版，第 827—828 页。
　　② 肖萐父对这一问题有精辟的论述，见《吹沙集》，巴蜀书社 1991 年版，第 143 页。

礼》："道路用旌节"，《左传》："道路无雍"。《国语》中有道、路连用多处。如《周语上》："国人莫敢言，道路以目。"《周语中》："道路若塞。"《晋语四》："今子于了圄，道路之人也。"①这里面有一些道是动词，即"蹈"、"行"义。"道路以目"，即行路时互相看，或行道时互相看。

这里特别指出道的原始含义有名词与动词之分，是为了说明道在成为哲学概念以后，要从两个方面去思索它的含义。如果仅仅把道作为名词理解，可能就只会问：是什么？如果还把道作为动词理解，那么就还会问一个问题：怎样运行？前者主要是一个静态宇宙观的问题，后者主要是一个动态宇宙观的问题。正是后面一个问题，是道家哲学始终不变的主题，也是中国哲学的特点。

（四）道路神

在中国历史悠久的道教中，道就是神，道神合一。很少有学者注意到，道在春秋时期已具有神性，它是无人格的道路神。《礼记·曾子问》："道而出。"孙希旦集释："道，祭行道之神于国城之外也。"非常难得的是，孙氏还具体记录了古代祭道路神的仪式："其礼，以菩刍棘柏为神主，对土为軷坛，厚二寸，广五尺，轮四尺，既祭，以车轹之，喻行道时无险难也。"

《左传·昭公七年》："梦襄公祖。"注："祖，祭道神。"疏："祖与道为一，知'道'是祭道神也。"道是道路之神，祖也是道路之神。黄帝之妃嫘祖，一度成为道路之神的人格形象，被祀为道神或祖神。《宋书·礼志》注引崔实《四民月令》："（嫘）祖，道神也。黄帝之妃嫘祖，好远游，死道路，故祀以

---

①　叶绍均编：《十三经索引》，中华书局1983年版，第827—828页。

为道神，以求道路之福。"《云笈七签》卷一〇〇《轩辕本纪》："（黄）帝周游行时，元妃嫘祖死于道，帝祭之以为祖神。"这是嫘祖的第一次被神化，没有定型。嫘祖第二次被神化为蚕神，经历漫长的封建社会，一直持续到今天。[①]

二　道论的兴起

春秋战国时期，中国出现了诸子百家的学术繁荣局面。道成为诸子百家都频繁使用的一个重要概念，围绕着道，形成了各种学派的道论。比较重要的有儒家的道论、道家的道论、《易传》的道论、法家的道论、兵家的道论、墨家的道论等。

（一）孔子的道论

儒家的道论，由孔子所开创。孔子非常推崇道，《论语》中道字出现大约一百次，比《老子》中道字出现的六十余次还要多。孔子说："朝闻道，夕可死矣。"（《里仁》）把道看得比生命还重要。他自称"志于道，据于德，依于仁，游于艺。"（《述而》）立志于弘道是最重要的。他说："人能弘道，非道弘人。"（《卫灵公》）道因人的弘扬而彰明。孔子道论的主要内容是仁，他把道分为仁与不仁两个方面，主张仁道而反对不仁之道。孟子说："孔子曰：道二，仁与不仁而已矣。"（《孟子·离娄上》）仁的核心是爱人，故道表现为爱人、忠恕、孝悌等品德。孔子说："吾道一以贯之"（《里仁》）他的弟子曾参解释说："夫子之道，忠恕而已矣。"孔子道论的特点之一是，道不是本体意义

---

① 宫哲兵、周冶陶：《嫘祖信仰与蚕神崇拜》，《炎帝神农与民族精神》，东方出版社 2002 年版，第 175 页。

上的，而是在政治伦理意义上的，是人道而不是天道。特点之二是，道在孔子的理论体系中并不是最高概念，那么最高概念是什么呢？天或天命。孔子说："君子有三畏，畏天命，畏大人，畏圣人之言。"（《季氏》）又说："五十而知天命。"（《为政》）在孔子心目中，天或天命是人类社会的最高主宰者。

（二）《易传》的道论

《易传》是对《易经》的注释与阐发，《易经》中有一些道的概念，《易传》有丰富的道论思想。《易经》："复自道"、"履道坦坦"、"有孚在道"、"反复其道"，几处道字，皆指道路。道在《易传》中出现大约一百次，是最重要的概念之一。《易传》的道论，对后世影响非常之大，它包括的内容，主要有太极之道、阴阳之道、形上之道、三材之道等。《易传·系辞》："易有太极，是生两仪，两仪生四象，四象生八卦。"这是中国哲学史上一种重要的宇宙生成模式。宋代周敦颐在太极之道的基础上形成了《太极图》宇宙生成模式，成为宋明理学的宇宙观。《易传·系辞》："一阴一阳之谓道。"阴阳学说是道的重要内容。阴阳是中国哲学史上最基本的一对概念，表达宇宙间刚柔相济、相反相成的两种力量。阴阳之道在《易传》中得到比较系统的论述，故《庄子·天下》说："《易》以道阴阳。"

《易传·系辞》："形而上者谓之道，形而下者谓之器。"这是对道的一种很好的说明，道与器物不同，道是形而上的，它具有本根的性质。《易传·说卦》："立天之道曰阴与阳，立地之道曰柔与刚，立人之道曰仁与义。"这里提出了对后世影响深远的三材之道，尤其对道教的影响很大。《易传》的道论与老子、庄子的道论也有相异之处。道在《易传》中并非最高哲学范畴，与它同样重要的范畴还有天、太极、易等。在有的地方，易比道是更根本更高的范畴。

（三）法家、兵家、墨家的道论

法家的前期人物有申不害、慎到、商鞅等，提出了因天道而任法的思想。法家集大成者韩非深受老子道论的影响，他在《解老》一文中将道理解为自然界的总规律，又提出一个新概念——理，表示万事万物的特殊规律。他说："道者万物这所以然也，万理之稽也"①。韩非道论的主要内容是因道全法的思想，道为法之根，法因道而设。他说："以道为常，以法为本。"② 韩非的道论与孔子不同，兼言天道与人道，更接近道家。但他与老子的道论也不同，一是老子重天道，韩非重人道，而人道就是法。二是老子的道是宇宙的产生者，而韩非的道是宇宙的规律，法的规律，后世出现了法律这一概念。

兵家有自己的道论，称为兵道。孙武是春秋末期的兵家代表人物，《孙子兵法》是兵家的代表作。孙子认为，道为"安国全军之道"，是治军用兵的原则。在治军方面，他提出以道为首的"五事原则"："经之以五事，校之以计，而索其情：一曰道，二曰天，三曰地，四曰将，五曰法。"③ 在用兵方面，他总结出胜败之道的原则："此五者，知胜之道也。""凡此六者，败之道也。"对于战争的一般规律，他有所总结："兵者，国之大事，死生之地，存亡之道。""兵者，诡道也。"④ 孙子的道论是有系统的，但仅限于人道中的兵道，缺少系统的天道思想。

墨家在先秦百家中与儒家、道家的地位相当，但在道论方面

① 《韩非子·解老》。
② 《韩非子·饰邪》。
③ 《孙子兵法·计篇》。
④ 同上。

不够系统，也不够形而上。墨子是墨家创始人，他的理论体系中，最高的概念是天志，而不是道，或者说他的天志相当于老子道的地位。他的整个理论体系是以天志为中心设立的，天志即天的意志，或有意志的上帝。《墨子》一书中用了很多道的概念，大体上都属于人道范围。有的具体，如"舟车之道"、"衣裳之道"；有的抽象，如"有与无之道"；有的涉及政治，如"尧舜禹汤文武之道"、"暴人之道"；有的涉及文化伦理，如"儒之道"、"知者之道"、"君子之道"、"人臣之道"。这些人类社会的规范，都来自于天志与上帝，都服从于天志与上帝。

三 唯道论的创立

（一）道唯一，道最高

诸子百家纷纷创立各自的道论，各种道论互相争鸣又互相吸收，导致道论的丰富与发展。先秦道家的创始者、主要代表人物老子，他创立了比较系统比较完整的道论。他的道论在当时无疑是最成熟而且影响最大的，否则为什么各家都有道论，而以道命名的道家只是落到了老子创立的这一学派的头上。老子道论与其他各家的道论有什么区别呢？一个显著的区别是，老子道论体系中，道是唯一的、最高的范畴。

有的学派也将道作为最高的范畴，但道只局限于人道或人道的某个层面。如兵家之道局限于军事战争层面，法家之道主要运用于政治、法律层面，而老子的道包括人道、天道、一切层面之道。有的学派也将道作为最高的范畴之一，但不是唯一的最高范畴。如《易传》中，易、太极都是与道一样的最高范畴。在老子的理论体系中，道是唯一的最高的范畴。甚至于其他学派中常常使用的天道、地道、人道、君子之道、用兵之道等，老子认为它们都是"可道"之道，不是自己创立的唯一的最高的"常道"之道。所以《老子》第一章的第一句是："道可道，非常道。"由此可见，老子的道论与他同时代的其他道论是不同的，道是唯一的、最高的范畴，所以他的道论可以说是唯道论。

（二）道高于天，道先于帝

在诸子百家的时代，道家并不是影响最大的学派。影响最大的学派是儒家与墨家，史称儒墨为显学。儒墨显学的最高范畴是天，又称天命、帝、上帝。天是墨子学说中的最高范畴，墨子对天有着无限的崇拜与信仰。李绍昆说："墨子所谓天，是指主宰天地万物的最高神明。"① 李震认为墨子天的本质是：天是唯一的，天是全知全能的，天是至高贵者，天为超越宇宙万有的赏罚者。② 天也是孔子学说中的最高范畴，孔子对天有着无限的敬畏与无奈。相比墨子所信仰的人格之天、意志之天，孔子所敬畏的是主宰之天、命运之天。老子学说的最大贡献，也是最大特点，是用最高范畴道，取代了人格、意志、主宰、命运之天。老子认为天没有意志与仁爱，让万物自生自灭。《老子》第五章："天地不仁，以万物为刍狗。"老子认为天是与地相对的天空，是自然之天。《老子》第二十三章："希言自然。故飘风不终朝，骤雨不终日。孰为此者？天地。天地尚不能久，而况于人乎？"《老子》一书中，反复说明的一个主题，是道高于天。《老子》第二十五章："道大，天大，地大，人亦大。"在宇宙四大之中，道最大，是大中之大。老子为最高范畴道起名字的时候，按古代习惯，是有名有字，名为大，字为道。《老子》第二十五章：

---

① 李震：《人与上帝》，辅仁大学出版社1994年版，第109页。
② 同上。

"可以为天下母，吾不知其名，字之曰道，强名之曰大。"对于上帝的权威，老子也是否定的，认为道先于上帝，《老子》第四章："吾不知谁之子，象帝之先。"老子的道具有很大权威，超越了天、上帝等一切权威，所以他的道论可以说是唯道论。

（三）老子提出了唯道的概念

"唯道"这个概念不是后人创造的，而是老子自己的概念。《老子》第二十一章："孔德之容，唯道是从。"《老子》又称《道德经》，可见道与德都是老子学说中的最重要的概念，它们之间的关系如何呢？可以从两方面理解，一是认识德与道的关系，德必须从属于道，道是唯一的，最高的；二是在实践行为中，德绝对服从道，德被道主宰。《老子》第四十一章："夫唯道，善贷且成。"帛书乙本作"善始且善成"。这里是强调道的唯一性，唯有道能够使万事万物善始善终。《老子》第七十七章："孰能有余以奉天下？唯有道者。"朱谦之案：傅本作"孰能损有余而奉不足于天下者，其惟道者乎"。谁能把自己多余的财物奉献给穷人，唯一能做到的就是有道的人。《老子》第六十七章："天下皆谓我道大，似不肖。夫唯大，故似不肖。"老子曾将道"强命之曰大"，故"唯大"似可理解为唯道。老子在以上这些地方都强调了道的唯一性，至高性。他在两处直接使用了唯道的概念，还有两处虽未直接使用唯道的概念，但有明显的唯道观念。将老子的道论称之为唯道论，是以老子自己为根据的。

（四）唯道之道是什么

唯道之道，不是可道之道，而是常道。可道之道是老子之前人们经常谈到的道，如《老子》第九章的"功成身退天之道"，《老子》第七十七章的"人之道"，《老子》第八十一章的"圣人之道"等。常道在《老子》第二十五章中讲得很清楚："有物混成，先天地生。寂兮寥兮！独立不改，周行而不殆，可以为天下母。吾不知谁之子，字之曰道，强名之曰大。大曰逝，逝曰远，远曰反。故道大，天大，地大，人亦大。域中有四大，而人居其一焉。人法地，地法天，天法道，道法自然。"

当今许多学者对老子的道提出了解释，笔者比较赞同的是道教界前辈任法融道长对道的理解。任道长说："道既不是物质，也不是思虑的精神，更不是理性的规律，而是造成这一切的无形无象、至虚至灵的宇宙本根。物质、精神、规律皆是道的派生物。"①

笔者尝试一种多学科立体透视的方法，探索道的奥秘。从哲学上看，道是宇宙的动力因，道与始基、本原是比较接近的概念。从科学上看，道是宇宙大爆炸从无生有的创造过程，道与宇宙总能量是比较接近的概念。从宗教学上看，道是泛神论的自然性的神，道与气（神秘的活力或泛生命力）是比较接近的概念。从文化学上看，道是中华民族的最高文化精神，道与逻各斯是比较接近的概念。②

四　唯道论的基本观点

（一）万有唯道所生

西方科学是一种构成论的宇宙观，认为宇宙万物由原子或基本粒子所构成。中国哲学是一种生成论的宇宙观，认为宇宙万物

---

①　任法融：《道德经释义》，三秦出版社 1990 年版，第 2 页。

②　宫哲兵：《道的多学科立体透视》，武汉大学海峡两岸首届当代道家研讨会论文，2004 年。

皆由一种无形的存在者所生。这种无形的存在者，有些人认为是天，有些人认为是气，而老子认为是道。万有唯道所生，是老子最先提出来的，后来成为中国哲学最占统治地位的理论。《老子》第四十二章："道生一，一生二，二生三，三生万物。"这里不仅说明万物唯道所生，还说明了道生万物的过程。万有是比万物更广泛的存在者，如伦理、规律等。《老子》第三十八章："失道而后德，失德而后仁，失仁而后义，失义而后礼。"这里隐含着人之伦理均源于道的意思。《老子》第一章："道可道，非常道。"可道之道，就是规律，表现在不同领域，老子称为"天之道"，"人之道"，"圣人之道"，"长生久视之道"等。这一类的道不是常道，而源于常道，由常道所生，常道即老子之道。

（二）万有唯道所成

万有唯道所成，是说任何一种存在者，它的本性或它的特性，来源于道，由道所成就。假定没有道的成就，它将失去它的本性或特性。《老子》第三十九章："天得一以清，地得一以宁，神得一以灵，谷得一以盈，万物得一以生，侯王得一以为天下贞（正）。天无以清将恐裂，地无以宁将恐发，神无以灵将恐歇，谷无以盈将恐竭，万物无以生将恐灭，侯王无以为贞将恐蹶。"据高亨考证："一者道也。"这句话的意思是，天、地、万物、神灵、河谷、君王的统治，都是因为有道而得以存在，得以保持它们的特性。一旦没有了道，天地万物将不能存在，甚至连宗教之神灵、政治之统治也无法维持。老子将道称为一，是因为道是天下唯一的，举世无双的，道有创生万有之功，成就万有之德。

（三）道在万有之中

当道创生出宇宙万有，又成就了宇宙万有之后，道与宇宙万有的关系是如何呢？道在万有之中，成为万有的本质，成为万有的活力。《老子》第二十八章："为天下谷，常德乃足，复归于朴，朴散则为器。"老子有时用朴表示道，道散寓于万有器物之中。寓于万有器物之中的道称为德，"常德乃足"是活力充沛的意思。庄子与东郭子有一段对话，说明万物皆有道，道在万物中。《庄子·知北游》：东郭问于庄子曰："所谓道，恶乎在？"庄子曰："无所不在。"东郭子曰："期而后可。"庄子曰："在蝼蚁。"曰："何其下邪？"曰："在稊稗。"曰："何其愈下邪？"曰："在瓦甓。"曰："何其愈甚邪？"曰："在屎溺。"东郭子不应。这段话是说，不论动物、植物、无生命的器物，也不论贵贱，莫不有道寓于其中。

（四）万有唯道所主

宇宙本原的问题是万有由谁所生，宇宙本体的问题是万有由谁所主。道既是万有之创生者，也是万有之主宰者。《老子》第四章："道冲，而用之或不盈。渊兮，似万物之宗。"道是万有的宗主。《老子》第三十二章："道常无名。朴虽小，天下莫能臣也。侯王若能守之，万物将自宾。"《老子》第三十七章："侯王若能守之，万物将自化。化而欲作，吾将镇之以无名之朴。"朴就是道，道能够让天下归顺，让万物服从。

道对万有的主宰是非常特别的方式，这种主宰不是命令式的，而是自然的。《老子》第五十一章："道之尊，德之贵，夫莫之命而常自然。"道对万有的主宰是间接的，创生以后就由德去培养和支配万有。《老子》第五十一章："道生之，德畜之，长之育之，亭之毒之，养之覆之。生而不有，为而不恃，长而不宰，是谓玄德。"道对万有的主宰是无为的，无欲的，它不自以为主宰而成其为主宰，它不自以为伟大而成其为伟大。《老子》第三十四章："大道泛兮，其可左右。万物恃之而生而不辞，功成不名有。衣养万物而不为主，常无欲，可名于小。万物归焉而不为主，可名为大。以其终不自为大，故能成其大。"

以上只是老子唯道论在哲学上的基本观点，远远不能概括唯道论在政治、经济、文化、科学等方面的丰富内容。而且，在不同的时代、不同的领域，唯道论发展出多种多样的理论形态与哲学体系。

五　唯道论的理论突破

（一）突破天、帝信仰，创新为泛神论

中国古代宗教始于商代，商代宗教的核心是对帝的崇拜。商代统治者把帝看成是天上与人间、自然与社会的最高主宰。不仅天体运行、刮风下雨、地震洪水等自然现象是帝的意志体现，社会的兴衰、战争的胜败、国君的权力也都是帝决定的。甲骨文中留下许多有关帝的记载。如《卜辞通纂·第三六四片》："帝佳（唯）癸其雨。"意为，帝令癸这一天下雨。《卜辞通纂·第三七三片》："王封邑，帝若。"意为，国王建都城，帝答应了。周人灭商之后，普遍认为是天帮助周文王夺取了天下。《诗经·大雅·大明》："有命自天，命此文王。"周人以天崇拜补充了帝崇拜，形成了以天、帝信仰为内容的天命论。春秋时期，由于社会变革与科学进步，重民重人的思潮兴起，天、帝信仰受到普遍地怀疑。如随国大夫季梁认为："民为神之主。"史嚚提出："天依

人而行。"天、帝、神并没有被否定，只是依人而行事，被民所主宰，具有了泛神论的萌芽。

欧洲近代哲学家斯宾诺莎说："上帝就是自然。"认为神在万物之中，没有超自然的人格神主宰自然，他的哲学被称为泛神论。老子认为，道就是自然，近似于泛神论。他不否定天，但在道的面前，天失去了神性，天就是自然："天法道，道法自然。"他不否认帝，但道比帝更重要，道先于帝，《老子》第四章："吾不知谁之子，象帝之先。"他不否定鬼神，但在道的面前，鬼神失去了神性，对人不起作用："其鬼不神，其神不伤人。"

道在春秋时期已具有泛神性，它是无人格的道路神。在老子《道德经》中，道也是有神性的。《老子》第六章："谷神不死，是谓玄牝。"谷神即是道，它具有"永生"的神性。《老子》第三十九章："神得一以灵"，"神无以灵，将恐歇。"一就是道，它具有"灵"的神性。但是道的神性没有人格化，不是上帝，道的神性就是自然性。《老子》第五十一章："道之尊，德之贵，夫莫之命而常自然。"《老子》第六十四章："辅万物之自然而不敢为。"泛神论的神就是自然，对事物不直接加以主宰，道也是这样。《老子》第三十四章："衣养万物而不为主"，"万物归焉而不为主"。英国科学家李约瑟引用了老子这几句话以后说："这无疑是自然主义的泛神论。"[①]

（二）突破泛道德主义，创新为自然主义

西周是一个典型的宗法社会，以血缘关系为纽带，进行国家统治。周王是行政上的最高统治者，又是姬姓血缘家族的族长。他分封的诸侯都是他的家族内的亲属，政治统治又是家族统治。

---

①　李约瑟：《中国古代科学思想史》，江西人民出版社 1990 年版，第 46 页。

与这种家族政治与宗法社会相适应，文化上必然是伦理至上的观念，"以德配天"是西周最重要的理论。孔子以继承西周文化为己任，高扬仁义礼智，将伦理至上的观念发展为泛道德主义，成为中国文化传统中的主要特点之一。泛道德主义并不只是对道德的肯定与重视，而是道德的泛滥与专制，以道德为唯一的价值，以道德来衡量一切，使哲学、科学、商业统统受到压抑。

老子非常尖锐地批判伦理至上的观念，突破了泛道德主义的厚重传统。孔子伦理思想的核心是仁与礼，他说："克己复礼为仁。"老子主张"绝仁弃义"，批判礼是"忠信之薄，而乱之首"。孔子提倡学礼，他说："不学礼，无以立。"老子反对学礼，认为"绝学无忧。"孔子崇尚西周"先王之道"，道是封建礼制与人伦规范。老子的道是比封建礼制、人伦规范更根本的自然原则。他说："失道而后德，失德而后仁，失仁而后义，失义而后礼。"泛道德主义扼杀了人的本性，消解了人的创造性，人成为僵化伦理的奴隶。只有道可以帮助人回到自己的本性——自然。泛道德主义导致道德虚伪与假仁假义，失去了人道、爱与怜悯，发展出了鲁迅所谓的"吃人的礼教"。只有道崇尚素朴无华，真实无伪，使社会回到自然状态。

西方多次出现自然主义思潮。有古希腊亚里士多德的自然主义，反对用非自然的力量解释自然现象。有欧洲十九世纪下半叶的文学自然主义，主张科学地、真实地、客观地描写生活。有美国十九世纪末二十世纪初的自然主义哲学，提倡以自然本身来说明自然，重视经验与科学知识。还有西方二十世纪回到自然的生活运动，近年来席卷全球的保护自然生态的环保运动等。在这些自然主义的思潮与运动中，可以找到与老子自然思想非常接近的内容。中国从古到今也有着自然主义的传统，如魏晋玄学家的"越名教而任自然"。老子是中国自然主义的创始人，他对西方的自然主义思潮与运动，也产生过一定的影响。

（三）突破人道的视野，创新出宇宙生成论

西方现代学人雅斯伯思提出"轴心时代"的概念，认为在公元前五百年左右时期，中国、印度、阿拉伯、希腊等各种文明大致同时发生了，成为人类历史取之不尽的文化资源。他说："在中国，孔子和老子非常活跃。"另一学人帕森斯认为，在公元前一千年左右，希腊、以色列、印度、中国四大文明国家，大致同时经历了"哲学的突破"。在中国，实现哲学的突破的是老子代表的道家，而不是以孔子为代表的儒家。德国哲学家黑格尔认为，孔子是一个"实际的世间智者，在他那里思辨的哲学是一点也没有的——只有一些善良的、老练的、道德的教训"，但老子"却说到了某种普遍的东西，也有点像我们西方哲学开始时那样的情形"①。

春秋战国时期，是一个文化突破的时代。例如孔子在教育方面突破了官学，开创了私学，在中国教育史上具有划时代的意义。法家突破了贵族特权制的传统，邓析作《竹刑》，李悝编《法经》，子产将刑法铸于鼎上公布于市，开创了以法治国的局面。老子在哲学方面实现了突破，创立了唯道论。老子之前，道已经成为诸子百家频繁使用的一个重要概念，而且越来越具有普遍性、抽象性。如天道、地道的概念比较流行，越国范蠡说："天道盈而不溢"，"天道皇皇，日月以为常"。②兵家孙子讲"用兵之道"，"地之道"。但是，各学派的道论很难超出人道的视野，大家所争论的归根到底都是人伦与政治问题。所谓天道、

---

① 黑格尔：《哲学史讲演录》第 1 卷，第 127—128 页。

② 《国语·越语》。

地道最后也归结为人道。正如子产所言："天道远，人道迩。"①

　　只有老子的道突破了人伦、政治的视野，创立了宇宙生成论。道生宇宙万有，无生有，不论从普遍性看，还是从抽象性看，或者从形上形下看，老子的道都已达到哲学的高度。道不是任何具体的事物，而是一切事物的统一性基础。道不是任何具体时空的天道、地道、人道，而是最普遍的道。道就是生生不息地创生与发展，生是《老子》书中使用很多也很重要的概念，生成论是中国哲学突破时的特点，它与西方哲学突破时的特点——构成论，形成了鲜明的对比。

（四）突破务实的文化精神，创新出超越的文化精神

　　中国社会的主体是农民，一分耕耘一分收获的农耕生活，导致了中华民族"重实际而黜玄想"的民族性格、"大人不华，君子务实"的文化精神。儒家是务实精神的典型代表，孔子不语怪、力、乱、神，敬鬼神而远之。他的弟子子贡说："夫子之言性与天道，不可得而闻也。"② 老子、庄子是楚人，浪漫主义的楚文化塑造出老子、庄子的超越精神，突破了由周人沿袭于中原的务实精神。梁启超曾分析过老庄学派与孔孟学派的区别：老庄崇虚想、主无为、贵出世、明哲理、重平等、明自然等；孔孟崇实际、主力行、贵人事、明政法、重阶级、重经验等③。很明显，前者是超越的文化精神，后者是务实的文化精神。

　　孔子的视野局限于人伦的仁义礼智、社会的修齐治平，属于积极入世的"游方之内者"。老子超越于等级名分之上，视功名

　　① 《左传·昭公十八年》。

　　② 《论语·公冶长》。

　　③ 梁启超：《论中国学术思想变迁之大势》，《饮冰室全集》第 19 册。

如粪土，视帝王如秕糠，是隐居山林的"游方之外者"。老子因超越精神而能将视野广及宇宙，发现宇宙的总动力——道。因超越精神而能发现人与天、地、道同大，肯定人在自然界中的重要地位。道家的超越精神升华出老子的社会平等理想以及庄子的个人自由追求，成为中国文化的宝贵遗产。如果说孔子的务实精神奠定了中国政治、社会、伦理的基础，那么老子的超越精神深刻影响了中国的哲学、宗教、文学、艺术的特质与风格。

唯道论的理论突破是全方位而多领域的，并不限于以上四个方面。但仅从以上四个方面，就可以看出唯道论的丰富内容，以及唯道论对中国文化的深刻影响与巨大贡献。

自从老子创立唯道论以后，唯道论遂成为道家、道教的主要哲学形态。从战国时代庄子的"惟道集虚"[①] 之说，到二十世纪新道家金岳霖的《论道》[②] 之作，唯道论不仅源远流长，而且推陈出新，理论形态不断更新。例如秦汉之际的黄老学、魏晋时期的玄学、隋唐时期的重玄学、当代的新道学，等等。陈鼓应说："中国哲学史实际上是一系列以道家思想为主干，道、儒、墨、法诸家互补发展的历史。"[③] 笔者十分赞成，并且还认为，道就是中国哲学史的主题，唯道论就是中国哲学史的主干。儒、墨、法诸家都对唯道论的发展做出了许多贡献，如法家韩非最早写《解老》、《喻老》，开中国历代注解《老子》的先河。又如宋明程朱理学以及当代新儒家的道论，在政治伦理层面继承了传统儒家的理论与范畴，而在哲学思辨层面则与传统道家的理论与范畴关系密切，从儒家的角度丰富了唯道论的内容。

---

① 《庄子·人间世篇》。
② 金岳霖：《论道》，商务印书馆1987年版。
③ 陈鼓应：《老庄新论》，上海古籍出版社1992年版，第320页。

当代道教主神的结构体系论[*]

——兼论逻辑与历史的一致

　　谈到道教，许多人会说道教是"多神教"。的确，在清代与民国时期，道教衰微，所信仰的神灵杂而多端，道教的主神不明确，不统一，民间流行的是各式各样的多神崇拜。但是在中国汉唐宋明的历史上，在中华人民共和国成立以来的当代，道教是有主神的，有学者认为道教应属于"单拜主神教"，尽管不是很典型。①

　　问题是，受时代、地域、宗教等因素的影响，道教在某时是某单一主神，在另一时期是另一主神。积累到当代，道教的主神就不只一个，如三清、玉皇、太上、道等，都被视为最高神灵。一个宗教，如果有几个主神，那么这个宗教应该是"多拜主神

　　* 原文发表在《哲学研究》2008 年第 4 期。

　　① 任继愈认为："单一主神教（单拜主神教），指具有固定主神的多神教。缪勒认为是多神教向一神教演化过程中的一种过渡形式。……道教也是如此。道教且还具有某些特殊情况：除在基本的天阶体系的顶端居有固定的单一主神玉皇外，在基本体系之外又另有太上老君和元始天尊这样的至尊神。"《宗教辞典》，上海辞书出版社 1981 年版，第 702 页。还有一种特殊情况：道教中"三清"为三个尊神，本文在探讨时，有时将它视为一个神。

教"，几个主神之间的结构体系需要说明，否则容易产生混乱。道教的几位主神之间，结构体系基本上还没有建立起来，因此其神灵信仰的体系还不够明确，也不够统一。

基督教在历史上也曾面临几个主神，如圣父耶和华、圣子耶稣、圣灵。三位主神的关系不明确时，也曾造成混乱。当三位一体的学说奠定了三位主神的结构体系之后，基督教的信仰体系变得明确与统一。明确与统一的信仰，使基督教的发展更快。

如果把"三清"作为一个整体来看待，当代道教四个主神的结构：道—太上—三清—玉皇。这个结构与道教主神在历史上的演变过程是一致的，这个历史过程是：周崇道，汉以后崇太上，南北朝以后崇三清，宋以后崇玉皇。逻辑结构与历史过程基本吻合，这符合逻辑与历史一致的原理。

逻辑结构不是静止的，不是直线的，而是螺旋的。历史过程也是以否定之否定的规律螺旋发展的，在更高的层次上回归，每一次回归就又站在了一个新的起点上。二十一世纪以来，以二〇〇七年"国际道德经论坛"为标志，中国道教特别推崇道德经之道，这是对周朝老子之道的螺旋式回归，也是站在了新起点，准备迎接一个新的道教鼎盛时代。

一　道教主神：三清、玉皇、太上、道

任何一个宗教，大多都有主神。如基督教的主神为上帝耶和华，伊斯兰教的主神为真主安拉，佛教的主神为佛祖释迦牟尼等。按照这种宗教学的思路，一个刚接触道教的人会很自然地问：道教的主神是谁？对于这样一个最基本的问题，却很难回答清楚，因为道教的主神不只一个，而是多个，多个主神之间的关系不够明确。

　　中国的大多数道观，供奉的神灵数量很多。其中地位最高，最受尊崇的是三清。三清是三位尊神，名列第一的是元始天尊，神位居中；名列第二的是灵宝天尊，神位居左；名列第三的是道德天尊，神位居右。中国大多数的道教徒，认为道教的主神是三清。

　　福建、广东、台湾、以及新加坡等东南亚国家的道教徒，大多认为玉皇大帝是道教的主神。在这些地区与国家的道观中，祭祀的主神是玉皇大帝，对于三清、太上老君，则比较陌生或认为是不太重要的神灵。中国的广大民众，大多认为道教的主神是玉皇大帝，他们可能受到《西游记》等小说与影视节目的影响。

　　历代道教的教义中，都称老子（也称太上老君）是道教的教主，这也是当代道教徒的普遍认识。一般来说，一个宗教的教主，就是这个宗教的主神，故而老子或太上老君是道教的主神。中国从古以来，统治者大多提倡三教合一。三教者，儒、释、道也。在三教合一的各种论著中，都视孔子是儒教的教主，释迦牟尼是佛教的教主，老子是道教的教主。在历来"三教合一"的画像与雕塑中，老子从来就是道教的教主。

　　有一些道观，在供奉的众多神灵中，最突出的主神是太上老君，没有三清的神位或三清的神位不重要。例如武汉的长春观，主殿是太清宫，供奉的是太上老君，观内却没有供奉三清的宫殿。香港的蓬瀛仙馆，主殿供奉的主神是太上老君。

　　道教还有一个公认的最高信仰：道。道教以"道"作为自身宗教的命名，反映了"道"在道教中的主神性与唯一性。道教认为，宇宙间万事万物皆由道生，宇宙间的万神万灵也由道生。道具有神性，但它是无人格的神性，区别于道教的其他任何神灵。道可以化为有人格的神灵，如太上老君，也可化为有肉身的人，如老子。

二 道教主神的结构无序状态

三清、玉皇大帝、太上老君、道，如果都是主神，那么谁是主神中的主神呢？次要主神与主要主神是什么关系呢？不明确四位主神之间的结构关系，它们在道教徒的信仰结构中就会出现矛盾，它们在道教教义中会呈现无序状态。

例如笔者曾问一个年轻的道长："请问道教的主神是谁？"回答是："三清"，"元始天尊、灵宝天尊、道德天尊。"又问："可是道教的教主是老子，老子是不是主神？""也是。""老子与三清是什么关系？""我们道教常说，老子一气化三清。"

在中国的道观中，大多以三清大殿为主殿，殿中供奉着三位尊神，这就是道教神谱中的主神"三清"。玉清元始天尊，居中；上清灵宝天尊，居左；太清道德天尊，居右。这反映三清之间的神位也有区别，元始天尊第一，灵宝天尊第二，道德天尊第三。

笔者接着问："这么说老子的神位比三清更高啊！""是啊，……也不是。""为什么又不是？""因为三清中的第三位是道德天尊，也就是老子，可见老子并不在三清之上，而是在三清之中。"又问："老子在三清中排第三位，这是否说明老子不是主神，三清中的元始天尊才是主神？""不是，老子是教主，这是无可怀疑的。"很显然，这位年轻道长对于老子（太上）的神位高于三清，还是三清的神位高于老子（太上），不太清楚。

在新加坡，道教徒长期以来以玉皇大帝为主神，几乎没有听说过三清，太上老君是一个不太重要的神灵。二十世纪八十年代，一位接受过中国大陆道教教义学习的道长在新加坡创立了"新加坡道教协会"，宣传三清是道教的主神。他的宣传效果不大，大多数新加坡的道教徒仍然以玉皇大帝为主神。

笔者采访这位新加坡人时，他说："我对他们是这样宣传的，玉皇大帝好比是总经理，三清好比是三个大股东，组成了董事会。董事会比总经理大，总经理要服从董事会的决定。所以三清神比玉皇大帝要大，玉皇大帝要服从三清神。"这样的宣传有没有效果？他说效果不大，绝大多数道教徒还是以玉皇大帝为主神。有的人这样对他说："你说的三清神，好像是美国的议会。玉皇大帝呢，好像是美国的总统。美国的总统的权力比议会大，玉皇大帝的权力比三清神大。"

道的特点是无形象，无人格，看不见，摸不着，它不容易被普通民众，甚至一般道士作为主神而信奉，他们也更难弄清"道"与其他主神的关系。在社会基层与民间道教活动中，有术而无道，信神不信道的情况比较普遍。道教无道，则成为占卜之教或鬼神之教了。

中国古代一些有影响与地位的道士，也看到了道教神灵杂而多端的状况，探讨了神灵的结构体系，绘制了神谱。其中影响最大的是南朝高道陶弘景绘制的"真灵位业图"，直到今天还被视为道教神谱的权威。它的贡献是确立了三清的主神地位，有近七百个神灵被编入七个神阶。它的不足之处也很严重，一是没有"道"的地位，有神无道；二是严重贬低太上老君的地位，在三清之下，属于第四神阶①；三是受时代局限，没有玉皇大帝的地

---

① 在陶弘景所绘制的"真灵位业图"中，神仙分为七个层级，每一层设一个中位。第一中位，元始天尊。第二中位，上清大道君。第三中位，太极金阙帝君。第四中位，太清太上老君。太上老君屈居于第四中位。以后"三清"神系流变发展，至唐代成为定说。《道藏·太平部·三洞珠囊》卷七引《老君圣迹》，提出元始天尊、太上大道君（灵宝天尊）、太上老君（道德天尊）"三清"神系，后成为道教的最高主神。

位。为了反映道教的发展，应该探讨当代道教神灵的结构体系，绘制新的道教神谱。

三　道教主神的结构体系初探

造成道教主神的结构无序状态，主要是因为三清、玉皇大帝、太上老君、道四者之间缺乏结构体系。笔者对这一问题思索了很多年，现提出下面的结构体系表：

道——太上老君——三清——玉皇大帝……杂而多端的神灵崇拜

为什么将道放在最高位呢？因为在道教经典与道教教义中，都公认"道"是道教的最高信仰。现任中国道教协会会长任法融说："《道德经》是道教的基本经典，'道'是道教的基本信仰。"[1] 道教学者陈耀庭也说："在道教神学中间，宇宙之中的'道'才是最高的主宰，天地是道产生的、主宰的。人和万物也是'道'产生的、主宰的。而冥冥之中的'神'和'鬼'也是由'道'产生的、主宰的。不管是最高的神，或者是最低的神，都是'道'的衍生，道的体现，也都是由'道'化生出来的。"[2]

因此道与太上老君的关系，应该是道的神位更高。为什么呢？道是本体，化为太上老君，化为老子。汉代《老子想尔注》说："一者道也，……一散形为炁，聚形为太上老君。"[3] 东汉《老子圣母碑》称："老子者，道也。"[4] 道成肉身，本来是道教

---

① 任法融注：《道德经释义》，三秦出版社 2003 年版，第 6 页。
② 陈耀庭：《道和神》，《中国道教》2003 年第 6 期。
③ 《老子想尔注校证》，上海古籍出版社 1991 年版，第 12 页。
④ 《全后汉文》卷三二，载《全汉文》第 11 册，又《太平御览》第一引。

用语，意为无形之"道"化为肉身的老子，来到人间传"道"。后来被基督教经典《圣经》所用，意为上帝化为肉身的耶稣，来到人间。

以太上老君与三清的关系，太上老君的神位更高一些。为什么呢？因为在道教中历来有"老子一气化三清"的说法。汉代最尊之神为太上老君，晋代最尊之神为元始天尊，南北朝出现太上道君，置于诸神之上。隋唐时又出现"老子一气化三清"之说，将道教三大主神统一起来。老子（太上老君）神位高于三清（三清为元始天尊、灵宝天尊［即太上道君］、道德天尊）。老子在一气化三清的时候，给自己一个化身：道德天尊。

玉皇大帝的神位极高。道教认为玉皇为众神之王，在道教神阶中地位最高，神权最大。道经中称其居住天宫，主宰宇宙，总管三界（天上、地下、空间），四生（胎生、卵生、湿生、化生），六道（天、人、魔、地狱、畜生、饿鬼）的一切阴阳祸福。

然而在道教神谱中，玉皇大帝的神位却低于三清。三清是最早的创造神，玉皇大帝是最高的管理神，是神界总管。玉皇大帝之下是四御。（后土、紫微北极、南极长生、勾陈四大帝）协助管理天上天下。[1]

关于玉皇大帝的来历，《玉皇经》记载：净德国王夫人梦见太上道君（三清之一的灵宝天尊）将一婴儿赐予她，梦醒后即有身孕，一年后生下太子。太子经过亿万劫修炼，成为玉皇大帝。所以在道教界有一种说法，玉皇大帝是三清的化身，其神位低于三清。

---

　　[1]　关于玉皇大帝与四御的关系，一说玉皇为四御之一，一说玉皇统领四御。笔者根据互联网上的中国道教协会网的观点，选用后说。

四位道教主神，如果仔细分析的话，还有两个层次。三清、玉皇、太上为一个层次，可以说是天上的层次，太极的层次。道是更高的层次，是天外的层次，无极的层次。天上太极是人格神层次，天外无极是非人格神层次。

三清、玉皇、太上等一切神都是"道"化生的，但"道"不是任何其他神或物化生的。从这个意义上讲，道教是"单拜主神教"，这个单拜的主神就是"道"。如果绘制一个宝塔形的神谱，宝塔最顶端的至上神非"道"莫属。

四　逻辑与历史的一致

道教信仰的逻辑与历史是一致的，也就是说，信仰的逻辑结构与历史过程是一致的。逻辑与历史一致的原理，是德国哲学家黑格尔最先提出的。他编写了一部《逻辑学》，又编了一本《哲学史讲演录》，他认为哲学逻辑与哲学历史是一致的。比如他的哲学体系，提出绝对精神的概念，绝对精神的结构是逻辑、自然、精神三个层次，绝对精神发展的三个历史过程，即纯粹逻辑、自然界、人类精神三个阶段，与绝对精神的结构层次是吻合的。

黑格尔说："我认为哲学体系在历史中的次序同观念的逻辑规定推演中的次序是一样的。我认为，如果从出现在哲学史中的各个体系的基本概念身上清除掉属于其外在形式、属于其局部应用范围等等的东西，那么就会得出观念自身在其逻辑概念中的规定的不同阶段。反之，我们如果掌握了逻辑的进程，我们亦可从它里面的各个主要环节得到历史现象的进程。"① 卡·马克思、

---

① 黑格尔：《哲学史讲演录》，商务印书馆 1959 年版，第 34 页。

弗·恩格斯、弗·列宁都在哲学史研究中运用过黑格尔的逻辑与历史一致的原理。

从自然科学上看，也可以看到结构与过程的一致性。比如，根据树干横截面的年轮结构，即可推算这棵树的年龄、成长的过程。地质学家可以通过钻探得到一个岩芯，再根据对岩芯的分析判断地质演变的历史过程。生物学认为，一个胎儿的胚胎发育过程，是人类进化史的缩影。心理学认为，一个儿童的智力发育史，是人类精神发展史的缩影。儿童学习站立、学习语言、学习使用工具、学习抽象思维，人类进化不是也经历了这些阶段吗？

道教主神信仰的逻辑结构与历史的发展过程是一致的吗？回答是肯定的。其逻辑结构：最高的主神是道，其次是太上老君，再次是三清，再其次是玉皇大帝，玉皇大帝以下是杂而多端的神灵崇拜。

其历史过程：

汉代以前，是道教的准备阶段，老子是道祖，他提出了"道"的信仰，道家的信仰"道"，后来成为道教的最高信仰。

汉代，是道教的成立阶段，主神是太上老君，五斗米道就是以太上老君为主神。

晋代至隋唐，是道教的发展阶段，主神是三清信仰。

宋元明，是道教的兴盛阶段，主神是玉皇大帝。

清代民国，是道教的衰落阶段，多神崇拜。

道教主神的历史过程以下表示之：

道（汉代以前）—太上老君（汉以后）—三清（晋以后）—玉皇大帝（宋以后）……杂而多端的神灵（清代与民国）

这个历史过程与逻辑结构"道——太上老君——三清——玉皇大帝……杂而多端的神灵崇拜"是基本一致的。

五　螺旋上升的回归

在逻辑与历史一致的进程中，运动并不是单线的，也不是循环的，而是螺旋上升的。黑格尔绝对精神的逻辑结构有三层次，逻辑、自然、精神。绝对精神的历史发展有三阶段：纯粹逻辑、自然界、人类精神。逻辑与历史一致，其中人类精神就是对纯粹逻辑的否定之否定，表现为螺旋上升的运动。人类精神可以认为是对纯粹逻辑的回归，同时它也是新的螺旋上升运动的起点。

前面已经论述，道教的神灵信仰的历史是：汉代以前是对作为主神道的信仰，汉代是对主神太上老君的信仰，两晋南北朝开始了主神三清的信仰，宋代开始了主神玉皇大帝的信仰，清代民国道教落入民间并实行杂而多端的神灵崇拜。

从二十一世纪开始，道教界发生了新的思潮，那就是对老子的推崇，对《道德经》的重视，对道的信仰。二〇〇七年召开了"国际《道德经》论坛"，这是几百年来规模最大的一次关于《道德经》的研讨会。笔者参加这次研讨会时，听到道教界内部的一种观点：在中国道教历史上，什么时候回归于《道德经》，什么时候道教就得到大发展。研讨会上，听到很多也很深刻的一个概念：回归。

许嘉璐在"国际《道德经》论坛"西安会场上的发言，引用了《道德经》的话："万物并作，吾以观复。夫物芸芸，各复归其根。归根曰静，静曰复命，复命曰常，知常曰明。"他说："或许现在人类开始进入了'归根''复命'的阶段。"①

这次会议之后，有人发表文章说："重视《道德经》，看似

---

① 许嘉璐在国际道德经论坛上的发言，新华网，2007 年 4 月 24 日。

一次对经典的回归，其实在酝酿一个时代的进步。……道，蕴涵着古今的连接，东西的对话，活力与和谐。我们继承历史，面向未来，立足中国，面向世界；不会食古不化、抱残守缺。对传统文化的继承，是为着创新和超越。"①

对道德经与道的回归是如何发生的呢？有没有规律可以总结呢？近三十年以来道教在中国的发展，某种程度可以视为整个中国道教历史的缩影。之前，道教在中国基本上停止了活动。二十余年前中国影视界拍摄的《西游记》等，通过播映扩大了道教以及道教主神玉皇大帝的影响。在之后，各地兴起的大建宫观，突出了"三清"，因为在宫观所塑的神像，按谱系，三清是主神。九十年代兴起"老子热"，大陆、台湾、香港道教道学界多次召开影响越来越大的老子研讨会，突出了道教对主神太上老君（老子）的崇拜。世纪之交，《道德经》的道学热潮持续升温，"道"作为道教的根本信仰被升华。玉皇大帝—三清—太上老君—道，可以隐隐约约地感觉到从玉皇向道的回归。道既是螺旋上升运动的复归，又是新起点。《道德经》第四十章："反者，道之动。"反，就是返回，回归。《道德经》第四十二章："道生一，一生二，二生三，三生万物。"生，就是产生，创生。

中国在一千多年前的唐代是世界上强盛的国家之一，道教在唐代最为鼎盛。经过一千多年的曲折与兴衰，当代的中国又重新成为世界最强盛的国家之一，这是国道对盛唐的回归。道教也经过了二千年的曲折兴衰，如今回归于"道"，创生于"道"，站在了螺旋上升运动的新起点，准备迎接一个新时代的到来。

---

① 叶小文：《回归与超越》，《人民日报》（海外版），2007 年 5 月 18 日。

佛教与佛学

超越一般宗教形态的禅宗[*]

　　禅宗是中国化的佛教，其初祖为达摩，二祖为慧可，三祖为僧璨。从四祖道信开始，宗派渐成形。五祖弘忍之后，禅宗已在中国分为南北两支。以神秀为代表的北禅主张渐修、重行、由定生慧；以惠能为代表的南禅主张顿悟、重知、以慧摄定。惠能之后，南禅北阀，一统天下，并形成一种新的风气。这种新风"以不立文字而轻弃一切经卷，以无念为宗而指斥修习有为，以定慧齐等而反对坐禅入定，以立地成佛而破除三劫五乘"①。显然，这时的禅宗已超越了一般宗教的形态。禅宗超越的对象是自身，超越的动力是怀疑精神，其基础是超越理性，其结果是世俗化。禅宗作为一种非宗教的宗教，最鲜明的特征是超越性与内在性。惠能以后，禅宗出现了两种趋向。一是泛化、世俗化，发展出一种非宗教的"禅"，或称"禅学"、"禅风"的文化精神。另一种趋向是将禅宗与净土诸宗圆融，薪火相传到近代。当代禅

　　* 原文发表在《宗教学研究》2001 年第 4 期。
　　① 吴立民：《禅宗史上的南北之争及当今禅宗复兴之管见》，载肖萐父主编《东山法门与禅宗》，武汉出版社 1996 年版，第 152 页。

宗的改革与复兴，应将继承禅宗奠基人四祖道信的禅法，作为一个重要的方面。

一 禅宗对一般宗教形态的超越

（一）禅宗对神灵崇拜的超越

释迦牟尼是人而不是神，佛教因此被不少学者认为是不信神的宗教，这是佛教做为宗教与基督教、伊斯兰教的根本区别之一。禅宗主张佛即是心，心净即佛，见性成佛。这就是说，成佛的途径不是崇拜神灵，而是心灵觉悟与心性修养。禅宗不仅不认为释迦牟尼是神，有的法师还反对崇拜释迦牟尼的偶像，极端的甚至呵佛骂祖，烧庙里的菩萨烤火取暖。

《景德传灯录》卷十二记载，临济义玄到熊耳塔，塔主问："先礼佛，先礼祖？"义玄答："佛、祖具不礼。"《五灯会元》卷七记载，德山宣鉴说："这里无佛无祖，达摩是老臊胡，释迦老子是干屎橛，文殊普贤是挑屎汉"。《五灯会元》卷五记载，天然禅师"于慧林寺遇天大寒，取木佛烧火向。寺主呵曰：何得烧我木佛？师以杖子拨火曰：吾烧取舍利。主曰：木佛何有舍利？师曰：既无舍利，更取两尊烧"。这些典故的含义是，禅宗不承认偶像，包括佛的偶像也不必拜，可以烧，真佛存在于心中。

（二）禅宗对彼岸世界的超越

佛教净土宗的教义是追求彼岸世界的所谓西方净土，这个神秘又美好的目标只能在人死后的来世实现。禅宗则不同，它认为西方极乐世界不在彼岸而在此岸，不在现实世界之外，就在今生今世之中。禅宗甚至认为"顿悟即可成佛"。某时刻你突然觉悟了，就在这个时刻你就突然已成佛了。六祖《坛经》说："菩提只向心觅，何劳向外求玄？听说依此修行，西方只在眼前。"

（三）禅宗对佛教经典的超越

佛教是一种文化、哲学内涵丰富的宗教，具有经典众多的特点。佛教在中国的传播主要是依靠传经、取经、译经、讲经而实现的，故经典在佛教中占有特别重要的地位。佛教发展到禅宗阶段，却不重视经典，甚至反对念经。惠能《坛经》说："一切经书，因人说有。"经书只是引人入门的工具，而绝不是念经可以成佛。

惠能之后有的禅师，反对执著于经典，干脆就不让读经，否定了经典的作用。《五灯会元》卷九记载沩山灵佑问仰山慧寂："《涅经》四十卷，多少是佛说？多少是魔说？"仰山慧寂回答："总是魔说"。《古尊宿语录》卷三说，佛经"尽是戏论之类，亦名粗言，亦名死语"。唐武宗灭佛，尽烧经书，唯独对禅宗打击不大，原因是禅宗不重读经与传经。

（四）禅宗对坐禅修行的超越

传说释迦牟尼在菩提树下静坐四十九天悟道，达摩在少林寺面壁九年修行，这说明坐禅是佛教祖传的、也是最主要的修行方法。禅宗惠能提出"见性成佛"的主张，认为禅定并不能得到解脱。《坛经》说："唯论见性，不论禅定解脱。"

惠能之后，禅师们更明确地反对坐禅。《古尊宿语录》卷一记载，马祖整日坐禅，不理来客。其师怀让于是在他旁边整日磨砖，马祖乃问："作什么？"师云："磨作镜。"马祖云："磨砖岂能成镜？"师云："磨砖岂能成镜，坐禅岂能成佛？"

更有甚者，有些禅师反对修持戒律，认为强调"修"就不自然，而自然而然的生活就是最好的修行。《古尊宿语录》卷十一记载，临济义玄说："佛法无用功处，只是平常无事，屙屎送尿，着衣吃饭，困来即卧，愚人笑我，智乃知也。"有人问药山："如何是戒定慧？"药山说："这里无此闲家具。"禅宗认为，吃饭睡觉，就是禅定；砍柴担水，就是修行。

（五）禅宗对神秘体验的超越

坐禅，并非只是求静，而是寻求一种神秘的体验。据说，有人在坐禅时见到金光闪耀的释迦像或观音像，有人在坐禅时见到自己的前世和来世。禅宗反对坐禅，也反对神秘的体验。

禅师们认为佛并不神秘，并不是外在的人格神。人人都有佛性，佛就是觉悟。所谓"一念觉，即佛；一念迷，即众生"，觉悟靠自己，靠本心。本心又称自心，自本心。《坛经》说："我心自有佛，自佛是真佛，自若无佛心，向何处求佛。"

宗教的根本特征是对神灵的崇拜，而彼岸世界、宗教经典、宗教修行、神秘体验等也是宗教现象必不可少的基本要素。禅宗对这些根本特征和基本要素的超越，是它超越了一般宗教形态的证明。

二　对禅宗超越性的分析

（一）超越性的对象是自身

很多学者都注意到超越性是禅宗最重要的特征之一，张尚德说："禅的超越就是生命自我的绝对超越。"又说："禅是超越一切的，超越的本身也是超越，它透过禅定，超越我们的见闻觉知，超越意识、潜意识，甚至超越生命的根根。"①

禅宗的超越性是彻底的，它敢于超越自身，这是很多其他宗教信仰难以做到的。佛教说一切皆空，但佛祖、佛法、佛经这些自家的东西是不空的。禅宗将传统佛教许多自家的东西也空了，例如它不立文字，反对读经，就是将佛经也空了。它不崇拜佛的偶像，不拜佛拜祖，就是将佛祖给空了。它的超越几乎否定了自身，否定了自身作为一种宗教的根据，走上了一种更高的更新的境界。

（二）超越性的动力是怀疑

禅宗提倡大胆怀疑的精神，并以这种精神大胆改革了传统佛教的教义、教规、仪式，使禅宗更加符合中国的国情和社会的需要，所以具有超越精神的禅宗才能发展成为中国佛教的主流。大胆怀疑，反对权威，取消偶像，成为禅宗贡献给中国人的一份宝贵的文化遗产。禅宗还宣传主观精神力量，所谓"上天下地，唯我独尊"，"负冲天意气"，"作无位真人"等等。唐代柳宗元反对以韩愈为代表的"权威"、"正统"学说，明代王阳明反对以朱熹为代表的"正宗"理学权威，明末李贽大胆怀疑、反对"权威"的批判战斗精神，清末改革派谭嗣同冲决一切罗网，"我自横刀向天笑"的战斗精神，都或多或少地受到了禅宗精神的影响。

英国哲学家笛卡尔怀疑一切，最后发现只有"我思故我在"不能怀疑，这成为理性的基础，并建立了理性的"大体系"。禅宗也近乎怀疑一切，最后发现只有人内在的心、性才是不可怀疑的，才是真实的。在此基础上，禅宗建立一条"识心见性"的

---

①　张尚德：《禅的超越性》，（台北）达摩出版社 1990 年版，第 11—15 页。

超越的成佛之路。

（三）超越性的基础是超越理性

理性使人类区别于其他动物，但它毕竟是人类的工具。这工具极端地重要，但也有局限性。如理性无法说明宇宙是无限还是有限，也无法说明人死后的状态和活着的终极价值。所以伯·罗素、阿·爱因斯坦都强调宗教与理性、科学的互补。

一般佛教并不特别反对理性，它试图用一种新的"因缘"、"空有"理论取代中国传统理论。禅宗创立了所谓"教外别传"的方法，据说缘起于"释迦拈花，迦叶微笑"的典故。它在反对读经的同时，还反对使用文字和语言，表现出强烈的超越理性的特征。它认为，理性只会使人远离佛性，而只有类似于棒打、口喝、踏足、饮茶等非语言文字的方式，才能够激发直觉而直指人心，见性成佛。这种独特的方法是禅宗区别于其他佛教宗派的明显标志，也是它超越性的理论基础。

《五灯会元》卷七记载了"德山棒"的典故："僧问：如何是菩提？（德山宣鉴）师打曰：出去，莫向这里屙。"又有一僧再问，德山宣鉴师又打他一棒。"至明日请益。师曰：我宗无语句，实无一法与人。"禅宗史上还有"临济喝"的典故：临济义玄"见径山，径山方举头，师便喝"。照禅宗看来，人因执著而丧失本性，有时需当头一棒，或大喝一声，在震惊中头脑一片空白，失了理性的遮蔽，猛然悟道。

（四）超越性的结果是世俗化

佛教不信神，它依靠一种精巧的玄妙的理论超越了世俗，建立了神圣。后起的禅宗对这种超越进行了再超越，否定之否定的结果就是回归，回归到了世俗。不念经，不拜佛，顿悟成佛，那么凡夫俗子不入空门，也可以进入涅槃了。从积极的方面看，禅宗的精神普世化了，民众化了。从消极的方面看，僧人与俗人的界限模糊了。世界宗教的总趋势是世俗化，近代以来尤其明显。禅宗从出世转为入世，超越自身而成为世俗化的宗教。汤一介说："禅宗的世俗化使之成为一种非宗教的宗教在中国发生影响。"①

三　禅宗是非宗教的宗教

（一）禅宗仍然是宗教

禅宗虽然超越了一般宗教形态，但它仍然是一种宗教，是一种很特别的宗教形态。任继愈认为禅宗是古代的"泛神论"，还进一步说："世界哲学史上许多事例可以说明古代的泛神论经常是在宗教外衣掩护下的唯物主义。"② 还有的学者认为禅宗是非宗教的宗教，或者是无神的宗教等等。

世界上的宗教形态各异，宗教学家为宗教下的定义也多种多样。不管何种宗教，何种定义，它们最普遍的特征，应该是区别于世俗，表现为超越性。神当然是超越性的，但无神也可以超越世俗。禅宗不信神，但是它建立了一个世俗之上的神圣目标和精神境界。追求这种神圣目标和精神境界的人们组织起来，住在禅寺之中，剃净头发，不成家室，袒服素食，这种超越世俗生活的团体难道不是宗教团体吗？

---

① 汤一介：《论禅宗思想中的内在性与超越性问题》，载张尚德《禅的超越性》，（台北）达摩出版社 1990 年版，第 29 页。

② 任继愈：《中国哲学史》第三册，人民出版社 1966 年版，第 93 页。

（二）禅宗的内在性

禅宗作为一种超越性的宗教，它的超越性是内在的。它不承认外在的人格神，如上帝。也不承认拜佛、念经、坐禅等外在的修炼功夫，它相信人依靠自身内在的力量，就可以成佛。佛不是在人之外的一种神秘存在，而就是人自身彻底觉悟后的神圣境界。从这个意义上讲，人就是佛，出世就是入世。

人要成为佛，要向内下工夫，直指人心，见性成佛。《坛经》提供了一个简单直接的内修法门，即"无念为宗，无相为体，无住为本"。此法门追求的是内在的超越，是瞬间的永恒。瞬间的永恒即为顿悟，在顿悟的瞬间，了却生死，心灵净化，精神升华，圆满涅槃，进入永恒。

（三）禅宗的两种趋向

任何一种世俗化的宗教，都有两种可能的趋向。一是世俗化的成分越来越多，终于使宗教非宗教化。二是宗教性的成分越来越多，通过复兴运动而振兴自己。禅宗作为一种世俗化的宗教，在惠能之后，两种趋向皆有发展。其一如吴立民所说："不知圣教何所说，不知修行应何所依，正信还未生根，便说已经'开悟'，菩提尚未发心，侈谈已经'见性'。于是满街圣人，遍地野孤，佛教亡矣！"① 笔者认为，这一趋向其实并非禅宗"死亡"，而是"转生"。转生为一种"禅"的文化精神。禅不再是一种宗教，但它比宗教的影响更广泛。作为一种超越、自然、潇洒的人生态度，它吸引了大量的知识分子、失意官员和普通民

---

① 吴立民：《禅宗史上的南北之争及当今禅宗复兴之管见》，载肖萐父主编《东山法门与禅宗》，武汉出版社 1996 年版，第 152 页。

众，禅还渗透到中国人的人格审美、艺术审美、绘画、书法、建筑、茶道等各个文化领域。

禅宗的另一趋向则是保持和强化其宗教性的成分，使其作为佛教中的主要宗派而圆融各派，薪火相传到近代。这其中，以义玄创立的临济宗贡献最大，它的弟子传人众多，历朝历代不绝。近代中国禅宗继承的是明清时期的盘山宗风和鼓山法脉，清末禅门高僧大定、清一、治开、法忍、月朗、大智、寄禅等，近代禅门龙象、虚云、来果，都是盘山宗风和鼓山法脉的传人。

（四）禅宗的复兴

近代推动禅宗改革与复兴的是临济宗第四十三代法嗣虚云禅师。在禅宗与佛教其他宗派的关系上，虚云继承了鼓山系道霈的主张："使禅宗成为包罗佛教一切法门的一个派派。"① 虚云主张以参禅为主，其他法门为辅助。在禅宗教育和禅堂生活制度方面，虚云也大胆改革。在鼓山寺他创办佛学社，在南华寺立学校培养人才，在云门寺开办农场，在韶关大鉴寺开办纺织工厂，寺僧均须劳作。这是对禅宗"一日不作，一日不食"的农禅并举传统的继承。

当代，许多禅宗禅学之士提出改革与复兴的高呼。例如吴立民提出复兴禅宗的目标：南能与北秀的统一，修与悟、定与慧、知与行的统一，小乘与大乘、显教与密教的统一。而复兴禅宗之路是三个方面：坚持修持、坚持实践、坚持证悟。②

笔者认为，继承和发展四祖道信的禅法，是当代复兴禅宗的

---

① 杜继文等：《中国禅宗通史》，第608页。

② 吴立民：《禅宗史上的南北之争及当今禅宗复兴之管见》，载肖萐父主编《东山法门与禅宗》，武汉出版社1996年版，第164页。

重要途径之一。道信是中国禅宗宗派的奠基者，创立了"入道安心"禅法。杨曾文指出，道信禅法的主要内容是：一行三昧，心即是佛，止观双修，任运自然，守一不移，坐禅看心等。[①] 陈兵认为四祖禅的主要内容是：戒禅并传，农禅并举，诸佛心第一，一行三昧，教禅结合，顿渐并用，止观双修。[②] 妙峰法师认为，道信禅师的思想特色是禅融般若，禅教一致，禅戒俱行，禅净兼修，劳禅并重，禅众共修。[③] 道信禅法是禅宗的宝贵遗产，至今大部分已失传。如果在当今禅寺中恢复和推广道信禅法，对于禅宗的改革与复兴无疑具有重要的意义。

总之，禅宗不仅在中国，而且在世界范围内，也是一种很特别的宗教形态。它以丰富的文化内涵，独特的精神风貌，吸引了国内外无数的信仰者和研究者。笔者从事一般宗教学的探讨，对禅宗研究只是起步和入门，文中不妥不准之处，望方家大德指正。

---

　　① 杨曾文：《道信及其"入道安心"禅法》，二〇〇〇年湖北黄梅禅宗祖庭文化研讨会论文。

　　② 陈兵：《四祖禅述略》，二〇〇〇年湖北黄梅禅宗祖庭文化研讨会论文。

　　③ 妙峰：《略述道信禅师的思想特色》，二〇〇〇年湖北黄梅禅宗祖庭文化研讨会论文。

惠能与禅宗的认识论哲学[*]

佛教认识论哲学，是佛教解脱理论、修道理论中的认识论思想。惠能创立的中国化佛教禅宗，以"心即本体，别无本体"、"以心捉心，终不能得"、"说即不中，拟议即乖"、"无念为宗"、"四照用"、"但能无心，便是究竟"、"即心是佛"、"不立文字"、"以心传心"等理论深化了佛教的认识论哲学。惠能看到了人类认识能力以及概念、语言等媒介具有相对性、局限性，是正确的，他对中国古代认识论哲学的发展作出了重要贡献。惠能的认识论哲学提倡大胆怀疑，反对权威，取消偶像，成为禅宗贡献给中国人的一份宝贵的文化遗产。

一 "心即本体，别无本体"

本体和现实世界的关系，是佛教哲学中一个很重要的问题。有些佛教宗派（如华严宗）认为：在繁杂的现象世界背后，存在着一个精神性的本体——理。现象世界就是由精神本体——

＊ 原文发表在《曹溪禅研究》二，中国社会科学出版社 2003 年版。

理，所变现出来的。对这个问题，禅宗的回答别具一格，非常简单："心即本体，别无本体。"世界上一切事物及其运动变化，都依赖于精神本体——心而存在。惠能说："心生，种种法生；心灭，种种法灭。"这句话的意思是：世界上的一切事物（"法"）都随我的意念（"心"）的生灭而生灭。慧能的这一思想在法性寺的风幡之辩中表现得更加彻底。风吹幡飘动，一僧说风动，一僧说幡动，惠能说二人都说错了，他来得更彻底："不是风动，不是幡动，仁者心动。"风也未动，幡也未动，而是人的意念在活动。

惠能认为，世界上的一切现象都是由人的心体（心这个本体）产生的，因此，都是虚而不实的，而人的心体本身也是一种空虚寂静的状态。如果你认识到心体的这种境界，你就在精神上得到了解脱，你就觉悟了，达到了佛的境界。所以，禅宗的成佛道路也很特别，成佛并不在于追求一个遥远的彼岸世界，而就在于你能够彻底看穿这个现实世界。成佛的关键就是向内心追求。惠能说："菩提只向心觅，何劳向外求玄。听说依此修行，西方只在目前。"经过惠能的改革，成佛就不那么遥远了，主要是要认识到心体的空虚寂静。

二　"以心捉心,终不能得"

怎样去认识"心体"呢？惠能认为，人的语言概念是由心体产生的，所以靠语言概念等。

理性思维是无法认识心体的。这叫"以心捉心，终不能得"，"将心觅心，一觅即失"。好比眼睛可以看见物，却无法看见自己一样；意识可以意识到意识以一切，却无法意识到自己是什么样子。关于这个问题，禅宗有些故事。如：惠能的三传弟子马祖一日立于禅院门前，看见一个猎户拿着弓箭追赶一群鹿来到面前。马祖请他下马休息，猎户告诉马祖，他有很多烦恼。马祖对猎户说：你的箭法真不错！现在，请你把弓举起来，射你自己！猎户举起弓，但怎么也无法射自己。马祖笑了笑说：你那些无名的烦恼，现在一下都断了！这位猎户领悟到了禅宗的道理，马上拜在马祖的门下做弟子。这位猎户后来就成了有名的惠藏法师。这个故事的寓意是说，"心体"是普通人的认识所不能认识的。心体好比弓，普通人的认识好比是箭。箭是由弓射出去的，但射不到自己。惠能认为，一般人不懂得这个道理，以为靠见闻觉知，靠语言概念等媒介就可以认识心体，结果，反而越搞越糊涂。惠能比喻说：见闻觉知、语言概念好像浮云、遮住了心体。一个人越增加见闻觉知，越积累语言概念，好比浮云越厚，更加遮住了心体，看不清心体的本来面目，离佛教的真理越远。一个人越减少见闻觉知，越摒弃语言概念，那么离佛教的真理就近一些。

三 "说即不中，拟议即乖"

惠能认为，禅宗的真谛是无法用语言表达的，一说出来就错。如：唐和尚问他的师父，佛法真如究竟是什么意思，他刚一问，师父赶紧用手把他的口捂住，这个行动是有名的公案（公案，指禅宗大师的言行范例），即"第一义不可说"。这个问题不能问，问题本身荒谬。唐和尚又去问石头希迁，石头希迁说："等汝一口吸尽西江水，再为汝道。"西江水怎么能一口吸尽呢？这意思是说，对于佛教真谛，是不能用语言来讲的。不但不能讲，也不能问。

后期禅宗把这一思想发展到极端，他们认为，不仅常人的语言媒介是如此，而且整个佛教的教义一旦说出来，也是词不达意，是多余的废话。整部佛经在禅宗看来是粗言死语，因为即使是佛经，也是在努力说明一个无法证明的东西。不仅佛经，甚至佛祖也被认为是多余的。如惠能的六传弟子宣鉴说："我这里无佛无祖，达摩是老臊胡"、"仁人莫求佛，佛是大杀人贼"。惠能的四传弟子天然禅师冬天取木佛像劈开烤火取暖，甚至公开宣称："佛之一字，永不喜闻。"这些禅僧呵佛骂祖，认为成佛的想法，都是执著，都违背心体空寂的本性。

四　"释迦拈花，迦叶微笑"

惠能认为，要想把握住禅宗真谛，只有把现有的认识能力以及语言、概念等认识媒介全部抛弃掉，另找一条认识途径，来一个认识能力的突变。要做到这点，只能靠顿悟、默契、靠心领神会，靠一种神秘的直觉去体验，一下子豁然贯通，认识一切洞察一切。

有这样一个故事：有一次，佛祖释迦在灵山会上说法，各地来听他讲学的都是第一流的学者。这时，一仙女送来一束鲜花，释迦拈花示众，众人都不懂释迦拈花示众是何意思。只有一个透体金黄、名叫大迦叶的高僧微微一笑，领会了释迦的意思。释迦说："好，迦叶懂了，我付与你心法。"释迦随即不讲话，不念经，以心传心，将心印之法付与了大迦叶。大迦叶又一代代传给达摩，达摩又把这一套心印之法带到中国来。这段故事叫"释迦拈花，迦叶微笑"，简称"拈花微笑"。什么话都没说，但迦叶所想与释迦的心完全契合，这就是所谓的心心相印，心领神会，只可意会，不可言传。这种感觉好比"如人饮水，冷暖自知"、"哑巴吃黄连，有苦说不得"、"自家痛痒自家知"。这些，就是惠能所说的亲证、顿悟。而通过亲证顿悟，通过神秘的直觉，你就可以把握住心体，认识最高真理，洞察一切。

五　"云在青天水在瓶"

在这里，惠能的理论遇到一个难题。一方面，第一义不可说，禅宗的真谛不能说，但是要传教，又不得不说，不能不运用语言。于是他们借助诗的语言，借助于形象思维来进行启发。例如禅宗用很多诗的语言来表达一种"直下无心"，纯任自然的思想，如：

> "云在青天水在瓶"
> "一任清风送白云"
> "长空不碍白云飞"
> "云动水静，清风白云，纯任自然。"

百丈怀海作诗说：

> "放出沩山水牯牛，无人坚执鼻绳头。
> 绿杨芳草春风岸，高卧横眠得自由。"

意思是：让心体如同沩山水牯牛，自由自在，不被别人牵着鼻子走，不受外境的牵扯。

六　"德山棒"与"临济喝"

禅宗的这些方法，到后来发展为机锋、棒喝。也就是说，师生，同学相见，不是用正常的话语来相互摆明观点，而是用一些听起来莫明其妙的隐语、谜语进行问答和辩论，或旁敲侧击，或答非所问。比如，有这样一段对话：

> 问：如何是佛法大意？
> 师云：面南看北斗。

北斗只能向北看，面南怎么能看到呢？你要回头看，一回过头来，北斗就在你面前。这段对话是说，你不要向外面追求，而应该回过头来向内心用功。又如：

> 问：如何是祖师西来意？
> 师云：日里看山。

这段话意思是说，本来分明，只有不去看的人才会看不见。

更有甚者，一见面就劈头盖脸地把对方拳打脚踢一顿，用棒子把对方揍一顿，或者是突然向对方大喝一声，弄得对方目瞪口呆，晕头转向。《五灯会元》卷七记载了"德山棒"的典故："僧问：如何是菩提？（德山宣鉴）师打曰：出去，莫向这里屙。"又有一僧问道，德山宣鉴师又打他一棒。"至明日请益。师曰：我宗无语句，实无一法与人。"禅宗史上还有"临济喝"的典故：临济义玄"见径山，径山方举头，师便喝"。这种方法的用意，是趁对方没有任何思想准备的时候，冷不防地刺激他一下，让他头脑在一瞬间成为一片空白。这种空的状态，就是心体的本来面目。他在大吃一惊之余体会到这一点，就能猛醒过来，一下子把握了真理，把握了佛的境界。

七　"无念为宗"

　　按照惠能的"自性真空说"，心体本身处于一种空虚的境地，不仅不存在任何事物的表象，乃至连"空"这一观念都不存在。要认识到心体的本来面目，就要采取一个符合心性自然状况的态度，这个态度就是对任何事物不执著、不追求、不著相，使心体不受外物的迷惑，要做到这点，就要"无念"。惠能说："我此法门，从上以来，先立无念为宗，无机为体，无住为本"。什么叫无念呢？惠能说："于诸境上心不染，曰无念。"这里所说无念，不是百物不思，静坐求空。因为你仍然是在追求，你把"空"作为一种境界在追求，这仍然是著相。所谓无念，是说在与外物接触时，心体不受外境的任何影响，不于境上生心，这种方法又称作无住，即不执著于外境；又称作无相，也就是说，既与外物接触又使心中不存在任何事物的想象。

　　惠能认为，人们如果能实行无念的修行方法，做到不执著、不追求、不肯定、不否定，甚至连成佛的想法都不存在，自然就能够体会到心体的空寂和广大。据说，惠能在为其弟子神会讲无念为宗的教义时，打了神会三下，问神会痛不痛？神会说：又痛又不痛。这就叫无念。神会不能说痛，因为一说痛，那么就是有所肯定，这就著了痛的相；但是又不能说不痛，因为说不痛，那么就有所否定，这又著了不痛的相，这都不符合心体自性真空的本性，还是有所说明。

八　"四照用"

　　惠能之后，禅宗分化，其中义玄创立的"临济宗"影响最大，它的弟子传人众多，历朝历代不绝。后期禅宗继承和发展了惠能的认识论哲学，例如临济宗义玄制定的"四照用"。

在认识论哲学上，有两个基本要素：一个是认识对象，即外部的客观世界，另一个是认识主体，即主观认识能力。后期禅宗认为，要把握佛教真理，需要亲证、顿悟，通过神秘的直觉而体认。要能做到这一点，就要剥夺客观的认识对象和主观的认识能力。对于客观认识对象，禅宗称作"境"；对于主观认识能力，禅宗称作"人"。针对不同的对象，临济宗义玄提出四照用的方法：

> 有时夺人不夺境，有时夺境不夺人；
> 有时人境俱夺，有时人境俱不夺。

有一种人坚持有客观对象，即肯定客观世界的存在，对这种人就要夺走他的客观对象，这叫夺境不夺人；有一种人坚持认为人有主观认识能力，这就要剥夺他的认识能力，这叫夺人不夺境；有一种人是人境都执，既肯定有客观的对象——境，又肯定有主观认识能力——人，对这种人就要进行敲骨取髓，痛下针砭，对他人境俱夺。这好比"驱耕夫之牛，夺饥人之食"那样，给以无情的剥夺，用形象的说法就是"拟化吹毛剑，特地斩精灵"，达到所谓"云散水流去，寂然天地空"的境地，使你既没有客观，也没有主观，完全"没有捞摸处"、"心无所有"。

还有一种人，他已经接受了禅宗的教义，领悟了佛的境界，就可以人境俱不夺。尽管他们人还是人，境还是境，但由于顿悟了，境界变了，觉悟了，就在现实世界中得到了解脱。总之，义玄的"四照用"说，目的在于既否定客观认识对象，又否定人的主观认识能力，让你头脑中一片空白，回到心体空寂的本性，达到觉悟的境界。

九　"但能无心,便是究竟"

后期禅宗又有所谓"但能无心，便是究竟"的主张。即什么都不要放在心上，要"内无一物，外无所求"，作一个自由自在的人，就能成佛。

有源律师来问：和尚修道，还用功否？

> （慧海）师曰：用功。
> 曰：如何用功？
> 师曰：饥来吃饭，困来即眠；
> 曰：一切人总如是，同师用功否？
> 师曰：不同。
> 曰：何故不同？
> 师曰：他吃饭时不肯吃饭，面船须索，睡时不肯睡，千般计较，所以不同也。

肚子饿了就吃饭，瞌睡来了就睡觉，纯任自然，有的人吃不好好吃，睡不好好睡，念念不忘成佛，这反而成不了佛。因为你心有所用，有所思，这还是执著，还是违反心体空寂的本性。

临济宗的创始人义玄公然提出："欲得如当见解，但莫受人惑，向里向外，逢着便杀。逢佛杀佛，逢祖杀祖，逢罗汉杀罗汉，逢父母杀父母，逢亲眷杀亲眷，始得解脱。不与物拘，透脱自在。"

为了做一个"不与物拘，透脱自在"的人，什么都不要放在心上，外在的东西一概否定，彻底取消。甚至佛祖、罗汉、父母也不例外。这里所说的"杀"，是否定、取消的意思。

十　对惠能认识论哲学的评价

所谓佛，就是觉悟者，如果你对佛教真理有所觉悟，那么你也就是佛了。整个佛教所讨论的，无非是两个问题：一个是本体论，一个是证悟论。前者是对世界的看法问题，后者是对本体的认识论问题。惠能认为，世界上的一切现象，都是由心体所变现的，心即本体，别无本体，这就是禅宗的本体论。对本体的认识，也就是对人的心体的认识，你把握了心体的本来面目，你就达到了佛的境界。而心体是人所共有的，这也就是说，人人都有佛性，都有成佛的可能性，关键在于你是否觉悟，这就是禅宗的证悟论。

惠能对佛教教义最重要的革新，就在于它的全部理论和方法都归结到论证：佛不在遥远的彼岸，就在你心中，只要你认识上来个突变，你就顿悟成佛了。惠能的整个体系都是围绕顿悟成佛这个重心而展开的，因此认识论哲学在这个体系中占有特别重要的地位。

禅宗认为，成佛不必外求，只要你一念觉悟到心体空寂清净的境地，你就是佛。觉悟与不觉悟，就在一念之差。惠能说："凡夫即佛，烦恼即菩提。前念迷即凡夫，后念悟即佛，前念著境，即烦恼；后念离境，即菩提。"佛与凡夫之隔，就在一念之间，一旦觉悟了，"放下屠刀，立地成佛"。

由于心即本体，惠能的认识论不主张向外认识世界，而主张向内心追求。心体自性真空，圆满具足，它无形无象，无法名状，神妙难知。因此，不能运用语言概念作为媒介，不能运用理论思维去把握，而只能用直觉去加以体验。在修行方法上，以不执著、不追求，无念为宗，取代传统的读经、坐禅等烦琐的宗教仪轨。

客观事物的本来面貌是极其生动的、复杂的、多侧面的，人类运用概念、范畴去把握客观事物时，往往是不全面的。惠能看到了人类认识能力以及概念、语言等媒介具有相对性、局限性，是正确的。他对中国古代认识论哲学的发展作出了重要贡献。宋代以后，程朱理学和陆王心学的哲学家，都从惠能、禅宗的思想中吸取了思辨材料，重视对本体论、认识论的探讨，提高了理论思维水平。

惠能的认识论哲学提倡大胆怀疑、反对权威、取消偶像，成为禅宗贡献给中国人的一份宝贵的文化遗产。禅宗宣传主观精神力量，所谓"上天下地，唯我独尊"，"负冲天意气"，"作无位真人"等等。唐代柳宗元反对以韩愈为代表的"权威"、"正统"学说，明代王阳明反对以朱熹为代表的"正宗"理学权威，明末李贽大胆怀疑、反对权威的批判战斗精神，清末改革派谭嗣同冲决一切罗网，"我自横刀向天笑"的主观战斗精神，都或多或少地受到了禅宗认识论哲学的影响。

以上从十个方面分析了禅宗认识论哲学的特点及其在中国哲学上的贡献。禅宗对本体的认识，也就是对人的心体的认识。把握了心体的本来面目，就达到了佛的境界。每个人都有成佛的可能性，关键在于是否觉悟。这就是禅宗的证悟论。惠能对佛教教义最重要的革新，就在于它的全部理论和方法都归结到论证：佛不在遥远的彼岸，就在你心中，只要你认识上来个突变，你就顿悟成佛了。惠能的整个体系都是围绕顿悟成佛这个重心而展开的，因此认识论哲学在这个体系中占有特别重要的地位。

般若真谛:慧远与罗什之辩[*]

慧远是东晋大和尚佛图澄的二传弟子,名僧道安的得意门生。佛图澄、道安死后,慧远与著名佛经翻译家鸠摩罗什一南一北,遥相呼应,成为当时中国佛教界的领袖。慧远后来被尊为中国净土宗的创始人,他在中国佛教史上占有重要的地位,发生过深远的影响。

一 佛教的般若智慧

佛教由印度释迦牟尼所创立。公元前后,即释迦牟尼逝世四百多年以后,佛教内部分为大乘派和小乘派。《般若经》代表早期大乘派的思想,它的核心内容是"性空幻有"。般若意为智慧,不是一般的、普通的智慧,而是一种能够悟解佛教真理的特殊智慧,《般若经》就是传播这种特殊智慧的。《放光经·信本际品》说:"何等为性空?诸法所有性及有为无为性,非罗汉、辟支佛、诸佛世尊所不(按:'不'为衍字)作,是为性空。"

* 原文发表在《湖湘论坛》2001 年第 1 期。

《摩诃经·问乘品》说:"何等为性空?一切法性,若有为法性,若无为法性,是性非声闻辟支佛所作,非佛所作,亦非余人所作,是性空。"这就是说,天地万物,包括人和动物,包括意识和思维,它们的本性是虚妄不实的。虚妄不实即为"空"。

天地万物、意识思维,这个世界上的一切,被佛教统称为"法"。诸法皆空是佛教哲学的基本思想,是《般若经》反复论证的一个题目。《放光经·放光品》说:"菩萨摩诃萨欲往内空、外空、大空、最空、空空、有为空、至竟空、无限空、所有空、自性空、一切诸法空、无所猗空、无所有空、欲知是空事法者,当学般若波罗蜜。"这里"内空"是指人的眼、耳、鼻、舌、身、意六根空,"外空"是指色、身、音、味、触、法六境空,"大空"是指八方皆空,"最空"是指涅槃空,"空空"是指"诸法皆空"这一命题也空,"有为空"是指一切有生灭变化的有为法空,"无为空"是指一切无生灭变化的无为法空,"至竟空"是指诸法非常非灭故空,"无限空"是指无限数量也空,"所有空"是指一切存在皆不实故空,"自性空"是指一切事物无自性故空,"一切诸法空"是指五蕴、十二处、十八界及一切有为法、无为法皆空,"无所猗空"是指世俗认识于诸法无所得故空,"无所有空"是指一无所有之空。

《般若经》有的地方还说,佛法也空,就是说佛教的理论本身也空。为什么说佛教的理论也空呢?因为"空"本来是不可说不可论的,它没有任何质的规定性,佛教说它时只是说它像什么、如什么,是不得已的比喻。说它像什么、如什么还容易发生误解,要说它像像什么,如如什么,像像像什么,如如如什么……总之,在《般若经》中,空是讲得彻底的,无所遗漏的,一切皆空。

那么,一切皆空的理论根据是什么呢?是"缘起论"。"缘起"是"诸法由因缘而起"的简称，"因缘"是指条件。据说，释迦牟尼曾这样来说明缘起：

> 若此有则彼有，若此生则彼生；
> 若此无则彼无，若此灭则彼灭。

这就是说，一切事物互为因缘，互为条件，处在一个大关系网中。因此，任何一个事物是不能自主、自立的，它没有独立性和常住性，所以按佛教的说法，事物没有自性。东南亚一些国家有的佛塔上刻着一首"缘起偈"：

> 诸法因缘生，缘谢法还灭。
> 吾师大沙门，常作如是说。

就是说，一切事物是由一定条件变生出来的。所以，一旦条件没有了或变化了，这个事物就不存在了或者变成了别的事物，所以事物是虚幻不实的。"吾师大沙门"是指释迦牟尼。

佛教是从"缘起论"推导出性空论的。例如大乘般若空宗的创始人龙树在《中论》中说："众因缘生法，我说即是空。何以故？众缘具足，和合而物生。是物属众因缘，故无自性，无自性故空。"又说："以因缘，诸法生，无我，无造，无受者。"从上面这些话可以看出，性空是依据缘起而立论的。

佛教的性空还有更深一个层次的内容。龙树在《中论》中说："空亦复空，但为引导，故为假名说，离有无二边，故名中道。"又说："从因缘生法，我说即是空。亦为是假名，亦是中道义。"这就是说，为了引导你破"有"，就不得不借用"空"这个概念，"空"本身也是一个假设，你如果执著于"空"，那就像执著于"有"一样错了。为什么不能执著于"空"呢？因为"空"并不是一无所有，并不是绝对的空无。诸法虽然性空，但它们仍然由于因缘而以假象存在着，佛教称这为"幻有"。

佛教经典中有一句名言："色即是空，非色灭空。"色与法的意思差不多，指一切事物一切现象。这句话的意思是：并不是说事物没有了才叫空，事物本身就是空。例如一间房子，并不是人走光了，桌子椅子全部搬走了，才叫空；人在里边，桌子椅子在里边，就是空，它们由于因缘凑合而以假象存在着。佛教以"五蕴"——色、受、想、行、识，来概括物质世界（色）和精神世界（余四蕴）。《般若经》则反复论证五蕴固然"性空"，但亦"幻有"。《道行般若经·道行品》说："色是幻，幻是色；幻与痛痒（按：即受）、思想、生死（按：即行），识等无异。"《道行般若经·难问品》说："幻如人，人如幻。我呼须陀洹、阿那含、阿罗汉、辟支佛道悉如幻；正使佛道，我亦呼如幻……乃至泥洹（按：即涅槃），亦复如幻。"这就是说，世界上的一切事物都以"幻有"的形态存在着，甚至佛道、涅槃都不例外。对于《般若经》思想的理解，要将性空与幻有结合起来。如果单单执著于某一个方面，或者会产生虚无主义，认为事物绝对不存在；或者会产生实在主义，认为事物并非不真实；这些被佛教称为"边见"。相反，如果不执著于两个极端，则被佛教称为"中道"。

二　慧远的"本无宗"

佛教是一种外来宗教，它要在中国扎根，必须要很长一个时期依附于中国传统文化。佛教在东汉传入后首先被附于黄老之家，魏晋时代则依附于玄学。南北朝时期佛教才逐步独立，至隋唐方高度发展并形成各种宗派。佛教般若思想大约是两晋之际传入中国的一种思潮。由于它的中心命题"诸法皆空"与玄学的中心命题"以无为本"思想接近，很快引起了当时清谈名士的注意。清谈名士发现般若思想可以在不少方面补充玄学思想，他们与般若学者交谈感到投机，深受启发。般若学者也乐意借玄学的概念、命题来阐发自己的思想，以便使这种思想更容易更迅速地进入上层统治阶级和士人阶层。但是，由于过多地使用老庄玄学概念、命题去比附译解般若经典，则使佛学在某种程度上被玄学化。玄学内部有许多的派别，如贵无派、崇有派、独化派等等，这些派别的影响使佛教内部发生分化。东晋时期，佛教内部因对般若思想理解不同而出现了所谓"六家七宗"的争论。"本无宗"的影响最大，其代表人物是道安和慧远。"心无宗"的影响也很大，以支愍度、道恒为代表。慧远曾在荆州与道恒发生辩论。慧远的本无宗是什么思想内容呢？宋高僧昙济对本无宗是这样评价的：

> 如来兴世，以本无弘教，故《方等》深经，皆备明五阴（按：即五蕴）本无，本无之论，由来尚矣。何者？夫冥造之前，廓然而已，至于元气陶化，则群象禀形，形虽资化，权化之本，则出于自然，自然自尔，岂有造之者哉？由此而言，无在元化之前，空为众形之始，故为本无，非为虚豁之中，能生万有也。夫人所滞，滞在末，宅心本无，则斯累豁矣。夫崇本可以息末者，盖此之谓也。①

首先，可以感觉到，这段话有着浓厚的老庄玄学气味。从名

---

① （梁）慧皎：《高僧传·慧远传》。

词概念上看，"自然"是典型的老庄概念，"本无"是典型的玄学概念。从思想上分析，否定造化，认为宇宙生成于元气自然，是老庄道家的正宗思想。至于"无在元化之前，空为众形之始"一段话就更接近玄学思想了。玄学代表人物何晏、王弼认为："天地万物皆以无为本。"

其次，可以发现，本无宗虽然深受老庄玄学的影响，但它作为佛教般若思想毕竟与老庄玄学不同。道安、慧远在阐发本无之论时说："非谓虚豁之中，能生万有也"，就自觉地与老庄玄学的"有生于无"的思想区别开来。更重要的是道安所说的本无，是借用玄学的概念阐发"诸法性空"的道理，如吉藏在《中观论疏》中评及本无宗时说：

> 安公明本无者，一切诸法，本性空寂，故云本无。

元康在《肇论疏》中也说：

> 如安法师立义以性空为宗，作《性空论》。

慧达在《肇论疏》中说：

> 庐山远法师《本无义》云：因缘之所有者，本无之所无，本无之所无者，谓之本无。本无与法性，同实而异名也。

由此可见，道安、慧远的本无宗是讲法性、性空的出世理论的，而玄学贵无派是不主张出世的。本无宗是论证现象虚妄不实的，而玄学贵无派是为了给现象寻找本体的依据。

最后，本无宗虽然自认为代表佛教般若思想的正宗，但实际上与佛教般若思想有很多不同的地方。僧睿原是道安的弟子，早年属本无宗。后来他参加了鸠摩罗什的译经工作，由于受鸠摩罗什的影响，加上他在译经过程中有了新的体会，才明白本无宗并没有完全理解般若思想非有非无的观点。他在《不真空论》中说：

> 亡师安和上，凿荒途以开辙，标玄指于性空，落乖踪而直达，殆不以谬文为阂也，晋晋之功，思过其半，迈之远矣。

僧睿一方面对本无宗提出了批评，另一方面又认为本无宗相比其他宗派最接近般若思想。他接着说：

> 自慧风东扇，法言流咏以来，虽曰讲肆，格义迂而乖本，六家偏而不及，性空之宗，以今验之，最得其实。然炉冶之工，微恨不尽。当是无法可寻，非寻之不得也。

这就是说，魏晋时代，以玄学名词比附般若，离开了般若的本来面目，六家七宗皆有所偏离。相比之下，本无宗最接近般若，不过功夫没有到家。这主要是当时佛法经典不足，而不是对佛法经典误解了。

僧睿的评价是比较客观的。的确，非有非无的观点是鸠摩罗什到长安介绍龙树的中观思想以后才被僧肇等人掌握的。鸠摩罗什抵长安以前，六家七宗都不可能用遮诠的方法，即彻底否定的方法来探讨有无问题。或侧重于肯定本体，或侧重于肯定现象，而般若思想的真髓，却是不仅否定现象，而且否定本体，以显示一种体用皆空，涅繁寂静的彼岸世界。当僧肇接受了中观思想以后，势必对六家七宗思想进行批判性的总结。他在《不真空论》中评述本无宗时说：

> 本无者，情尚于无，多触言以宾无，故非有，有即无；非无，无即无。寻夫立文之本旨者，直以非有非真有，非无非真无耳。何必非有无此有，非无无彼无？此直好无之谈，岂谓顺通事实，即物之情哉！

僧肇批评本无宗讲"无"讲过分了，只承认性空，不承认幻有，而且对非有非无的理解也搞错了。本无宗讲"非有"，则有就是没有，而佛经所讲的"非有"只意味着不是真有，并非空无所有，连"幻有"、"假有"也不承认。本无宗讲"非无"则无也没有，而佛经所讲的"非无"只意味着不是真无，并非现象消失之后就真正消灭了。由于慧远是本无宗的主要代表，所以僧肇对本无宗的批评也可以看作是对慧远般若思想的批评。

三　与鸠摩罗什的交往

慧远俗姓贾，雁门楼烦（今山西省原平县）人，生于东晋咸和九年（公元三三四年），卒于东晋义熙十二年（公元四一六年），享年八十三岁。他出身士族，很小就开始读书学习。从十三岁起，随舅舅在许昌、洛阳一带游学儒道经典，对《老子》、《庄子》尤其精通，颇为一些年高的学者赞服。大约受老、庄思想的影响，他决心过一种隐居生活。二十一岁时，准备投奔江西著名的隐士范宣子，却由于战乱，交通阻塞，未能成行。这时名僧道安正在太行恒山（今河北曲阳北）立寺弘法，名声显著。

慧远慕名而去，听道安讲《般若经》，极为叹服，当即决定出家为僧，追随道安。慧远勤奋学习与修行，很快得到道安的赏识。

晋哀帝兴宁三年（公元三六五年），慧远三十一岁时，随道安南游至今湖北襄阳。在襄阳的十五年时间，慧远协助道安整理佛教经典，研究和宣讲《般若经》。他讲《般若经》的特点是以玄解佛，即以玄学经典《老子》、《庄子》、《周易》来阐发佛教经典的思想。早在二十四岁时，慧远讲经，听众对"实相"之义总听不明白，他于是引用《庄子》书的某些典故、哲理作比喻，终使迷惑者大悟。慧远在襄阳期间，曾受道安派遣去荆州问候患病的竺法汰。竺法汰系佛图澄的弟子、道安的同学。当时沙门道恒在荆州宣传般若"心无义"，风行一时，影响甚大。竺法汰认为是邪说，命弟子昙一等向道恒提出质难，但未能取胜。慧远来荆州后，以道安传教的"本无义"驳道恒的"心无义"，道恒无言以对，慧远取胜。

道安在襄阳十几年时间，着重宣传和研究《般若经》。据他晚年在长安时回忆说："昔在汉阴（即襄阳），十有五载，讲《放光经》（即《放光般若经》），岁常再遍。"① 按慧远当时的地位推测，他一方面每年要听两次道安对《放光般若经》的宣讲，另一方面他又要多次结合自己的学习体会去具体阐发道安的宣讲。道安在襄阳时曾将《放光般若经》与《光赞般若经》进行比较研究，又曾将大品《放光般若经》与小品《般若道行品经》进行比较研究。慧远当时作为道安最得意的门生，想必也参加了这些研究工作。

东晋太元三年（公元三七八年），前秦苻丕围攻襄阳，战祸临近。道安不能远行，于是交代弟子们各奔前程。临行前，道安

---

① 道安：《摩诃钵罗若波罗蜜经抄序》，《出三藏记集》卷八。

对弟子们逐一教诲，唯独对慧远一言不发。慧远跪问其故，道安答:"如汝者，岂复相忧?"此事说明道安对慧远的信任。慧远离开襄阳以后，到荆州上明寺（今湖北松滋县西）居住数年。

东晋太元六年（公元三八一年），慧远听说广东罗浮山山清水秀，宜于修行，便取道浔阳（今江西九江）前往。过庐山时，见庐峰清静，足以息心，便留住庐山，直到晚年。在庐山，慧远建立了中国佛教史上最早的僧团。在长达几十年的时间里，他从一个普通的僧人成长为南部中国的佛教领袖。慧远一生事业上的高峰固然是庐山时代，但是他的理论基础是在襄阳跟随道安十几年的时间里奠定的。如果不是在襄阳刻苦钻研《般若经》，具有了深厚的佛学理论功底，那么他在庐山就不可能演出那么多有声有色的"历史剧"。

鸠摩罗什，祖籍印度，生于西域龟兹，姚秦弘始三年（公元四〇一年）到长安，其时佛图澄、道安已死，他与慧远成为中国佛教界的领袖。鸠摩罗什使佛经翻译达到一个新的阶段，他翻译的佛典成为以后中国佛教各学派各宗派建立理论体系的主要依据。鸠摩罗什到长安不久，慧远得到消息，很快就派出弟子送信通好，并赠给罗什袈裟和漉水囊。鸠摩罗什显然早已听说慧远在佛学领域的地位和造诣，他在回信中赞叹慧远是印度佛经上早已预言的东方护法菩萨。信上说:

> 经言，末后东方当有护法菩萨。勖哉仁者，善弘其事。夫财有五备:福、戒、博闻、辩才、深智，兼之者道隆，未具者凝滞，仁者备之矣。①

---

① （梁）慧皎:《高僧传·慧远传》。

鸠摩罗什同时回赠慧远以输石双口澡罐。慧远接信后再致书时将鸠摩罗什比喻成印度高僧满愿（富楼那）和龙树，又派弟子慧观等人北上向鸠摩罗什学习佛经。后来鸠摩罗什要回故乡，慧远致书挽留，并提出十几条佛学问题。鸠摩罗什一一作答。后人将问答合编成《大乘大义章》。

四　慧远与鸠摩罗什之争

《大乘大义章》讨论的问题很多，重点是般若思想中的"法性"、"法身"、"四大"、"五根"等问题。关于法性问题，慧远写过一篇《法性论》。据《高僧传·慧远》记载，罗什见论而赞叹曰："边国人未有经，便暗与理合，岂不妙哉！"但是从慧远与罗什的一问一答中又可以看出，两人在法性等问题上存在差异，最终没有取得一致的意见。

魏晋时代，以炼丹术求长寿长生是一种风尚，慧远最初是针对长寿长生观念而提出法性问题的。慧皎说：

> 先是中土未有泥洹常住之说，但言寿命长远而已。远及叹曰："佛是至极则不变，无变之理，岂有穷耶？"因著《法性论》曰："至极以不变为性，得性以体极为宗。"①

这就是说，如果达到佛的境界，人的生命无所谓长短、生死。因此，人不要去追求长生不死，而要去追求"至极"、"不变"的法性。

那么法性是什么呢？吕澂曾指出慧远在这一问题上有前后两

---

① （梁）慧皎：《高僧传·慧远传》。

个阶段。前期强调法性是"法真性",后期认为法性是"无性"①。代表前期观点的是这样一段话:

> 自问云:性空是法性乎?答曰:非。性空者,即所空而为名,法性是法真性,非空名也。②

代表后期观点的是下面一段话:

> 尝试论之,有而在有者,有于有者也;无而在无者,无于无者也。有有则非有,无无则非无。何以知其然?无性之性,谓之法性。③

"法真性"是一种法性实有不变的思想,受玄学本体不变的思想影响较大。"无性"则是尝试用"非有非无"的观点说明法性,显然是读了罗什新译的《大智度论》产生的体会。

但是,慧远与罗什在法性问题上是有分歧的。慧远问罗什:

> 法性常住,为无耶?为有耶?若无如虚空,则与有绝,不应言性住。若有而常住,则堕常见。若无而常住,则堕断见。若不有不无,则要有异乎有无者。辨而诘之,则觉愈深愈隐。想有无之际,可因缘而得也。④

法性是有?或无?或不有不无?慧远没有明确下结论,只倾

---

① 吕澂:《中国佛学源流略讲》,中华书局1979年版,第81页。
② 唐元康:《肇论·宋本义疏》,《大正藏》卷四五。
③ 慧远:《大智论钞序》,《出三藏记集》卷一〇。
④ 鸠摩罗什、慧远:《大乘大义章·次问如、法性、真际并答》。

向于用缘起说明，即因缘所生为有，因缘散尽为无。罗什在回信
中指出：

> 法性就是事物自然的本来的性状："诸法性性自尔，是
> 名法性。"①

慧远受玄学的影响，追求一个绝对的实体，并以这样的实体
存在作为讨论法性问题的出发点。他想在"有"、"无"之间划
一条界限，后来又想在"非有非无"中找条出路。按佛教的说
法，这仍然是"执著"，没有彻底地悟透。罗什在给慧远的信中
末尾指出：

> 世俗众生，"深著戏论故，少于'有无'中见有过患，
> 直至涅槃者。是故佛意令俗出'有无'故，说'非有，非
> 无'，更无有法。不知佛意者，便著非有非无，是故佛复破
> 非有非无。"②

慧远与罗什的分歧还表现在"法身"问题上。慧远感到难
以理解的，是法身为什么会生，生有哪些致生的原因，生必有
形，法身借以成形的因素是什么？罗什对慧远的回答，与其说是
回答，不如说是不回答。因为在罗什看来，问题本身提得不对。
慧远的问题是以承认有一个真法身的实际存在为前提的，而这违
背了佛理。罗什的回答是：

---

① 鸠摩罗什、慧远：《大乘大义章·次问如、法性、真际并答》。
② 鸠摩罗什、慧远：《大乘大义章·次问分破空并答》。

法身可以假各说，不可以取相术。①

慧远、罗什在"四大""五根"问题上也有分歧。"四大"是地、水、火、风。"五根"是眼、耳、鼻、舌、身。慧远认为，菩萨法身受生之形，与人受生之形是一样的，都由四大、五根所构成。菩萨有神通，而神通则以四大、五根为本。罗什在回信中不赞成这种看法。他说：

不应以四大五根为实，谓无此者，即不得有法身也。
欲界色界众生，以四大五根桎梏，不得自在。
一（切）有为法，皆虚妄不实。……虚妄之甚，无过四大。②

慧远以"四大"为实在，罗什以四大为虚妄；慧远以四大、五根作为自在的根据，罗什以四大、五根为不得自在的桎梏。总之，慧远的般若思想与罗什的般若思想有很多不同处。慧远的理论基础是中国传统文化特别是魏晋玄学的本体论。他虽然力图区别于玄学，但终究未能摆脱其影响；而罗什的理论基础是般若中观学派的怀疑一切、否定一切的观点，他虽然借助玄学的概念，非常认真地解答慧远的问题，但最终没能让慧远完全理解般若思想的真谛。当然，这并不妨碍他们始终是互相尊重的朋友，也不否认他们从彼此交往中学习到许多新的知识。

---

① 鸠摩罗什、慧远：《大乘大义章·次问修三十二相并答》。
② 鸠摩罗什、慧远：《大乘大义章·次重问法身并答》。

基督教与神学

葛洪与奥古斯丁的性伦理观比较 *

中国东晋的道士葛洪与古罗马的神父奥古斯丁，在生活时代、信仰过程、理论贡献、历史地位等许多方面表现出很大的相同与相似性，但是他们的性伦理观却截然不同甚至相反。奥古斯丁的性伦理观是禁欲主义，包括性罪论、独身论、唯生殖目的论等内容。葛洪的性伦理观是非禁欲主义，其具体内容有性自然论、婚姻自然论、性养生、性修炼论等。他们的性伦理观截然不同甚至相反的原因，笔者从世界性伦理史的一般发展规律、各自所继承的宗教传统、各自的人生经历三个方面加以分析。

一 葛洪与奥古斯丁的可比性基础

在公元前的六世纪，在印度与中国，同时出现了两个圣人：释迦牟尼与孔丘。他们后来分别成为佛教与儒教的教主。这两位教主生活的年代几乎相合，令人吃惊。六百年后的公元一世纪，在中东巴勒斯坦与远东中国，又同时产生了两个宗教：基督教与

* 原文发表在《哲学研究》2005 年第 9 期。

道教。基督教产生于公元一世纪二十、三十年代至六十、七十年代，而道教创始人张陵生于东汉建武十年（公元三十四年），修道始于公元一世纪中后期，这两个宗教几乎是同时出现于地球之上。

基督教产生三百年以后，出现了一个划时代的大神学家奥古斯丁（公元三五四～四三〇年），为基督教奠定了神学理论的基础。基督教刚产生时，信徒主要是贫苦人民与奴隶，尚无系统的理论。公元二至三世纪，有产阶级的加入使基督教逐渐转变成为统治阶级服务的宗教。奥古斯丁在这个转变期，为基督教创立了新的系统的理论，使基督教从产生阶段进入到教父学阶段。

道教产生大约三百年，也出现了一个划时代的道教大思想家葛洪（公元二八三～三四三/三六三年）。道教刚产生时，信众主要是平民百姓，交五斗米即可入道，又称"五斗米道"。公元三世纪左右，士大夫纷纷加入道教，如显赫的王羲之家族"世事张氏五斗米道"。葛洪在这个转变时期，创立了系统化的神仙信仰理论，为上层士族道教奠定了理论基础。葛洪之前，是早期道教的民间五斗米道、太平道阶段；他之后是上层化道教的上清派、灵宝派等阶段，故称葛洪是划时代的人物。

奥古斯丁经历了由摩尼教到基督教的信仰转变。摩尼教是由波斯人摩尼所创立的，是东方异教与基督教的混合物，认为世界是由善恶两神所创造的。奥古斯丁青年时加入该教，而在中年时经历了一番艰苦的思想斗争之后，皈依了基督教。在那之后，他对摩尼教的理论与信仰进行了系统的批判。

与奥古斯丁相似，葛洪经历了由学儒到学道的转变。据葛洪的《自序》说，他从十六岁就开始读《论语》、《孝经》、《诗经》、《易经》等儒家经典，勤奋的学习使他成为有一定知名度的儒者。《晋书》列传四十二："洪少好学，家贫，躬自伐薪以贸纸笔，夜辄写书诵习，遂以儒学知名。"后受郑隐的影响，转而学道。郑隐是葛洪从祖父葛玄的弟子，他也是少年为儒生，成年后改宗道教。不过与奥古斯丁不同，葛洪归道之后并未对儒学大加讨伐，而是赞成道本儒末，道儒互补。

　　奥古斯丁与葛洪都有各自的伦理学说，性伦理观是他们伦理学说的组成部分，性伦理观在各自理论体系中的地位是大体相同的。奥古斯丁的理论中占第一位的是关于上帝的信仰，第二位的是禁欲主义以及有关修炼的方法，他的性伦理观属于禁欲主义的内容。葛洪的理论中，占第一位的是神仙信仰，内容是"神仙实有，可学而得"。第二位的是修炼成仙的方法，如服金丹、房中术等。他的性伦理观，与房中术的关系比较密切。

　　奥古斯丁一生著述众多，对后世产生深远影响。他的释教与护教的著作据说共有九十三种，二百三十二部，其代表作有《忏悔录》、《独语录》、《论自由意志》、《论三位一体》、《论本性与恩典》、《上帝之城》等。他的基督教伦理学说与禁欲主义理论在欧洲中世纪长期占据统治地位，对马丁·路德、约·加尔文的宗教改革发生影响，也对笛卡尔、斯宾诺莎、康德等著名哲学家有不可低估的影响。

　　葛洪不仅是道士，还是炼丹家、医学家。他的道教著作有《抱朴子》内外篇七十卷，《神仙传》十卷。他的医学著作有《肘后要（备）急方》，天文学著作有《浑天论》，在潮汐研究方面有《潮说》。目前正、续《道藏》收有他的十三种著作。葛洪对后世影响深远，在其去世不久，地位上升到与三张（张陵、张衡、张鲁）相提并论。在中国南朝时，社会上对道教信徒称为"张、葛之徒"，对道学传授称为"祖述三张，弘衍二葛（葛玄、葛洪）"。

　　在奥古斯丁死后大约十个世纪，基督宗教中分化出"新教"

（主要包括路德宗、加尔文宗与英国国教）。新教对奥古斯丁的禁欲主义做了重要修改，性不再代表原罪，生殖不是性的唯一目的，教士可以结婚生子。葛洪死后八个世纪，道教中产生了一个"全真道"。全真道由王重阳在今山东省创立，是后期道教中最大的道派之一，元代以来与"正一派"一起延续至今。全真道修改了从三张、二葛以来的非禁欲主义的性伦理观，主张戒色禁欲，视家庭为牢笼，视夫妻性交为"偷盗精髓"、"追魂取命"，实行出家制。

通过以上的比较，可以发现，奥古斯丁与葛洪各自所信仰的宗教几乎是同时产生的，都生活在各自宗教产生后三百年左右；都处于各自宗教发生重大转变的时期；都使各自宗教理论系统化，堪称划时代的人物；都经历了思想的激烈斗争与信仰的转变，才成为各自宗教的精神领袖；彼此的性伦理观在各自的宗教理论体系中占有大致相同的地位；又都有丰富的学识与著作，对后世发生了深远的影响。甚至于他们各自的性伦理观在他们死后近千年时有相同的命运：从禁欲主义的基督教中分化出一个强大的非禁欲主义的"新教"，从非禁欲主义的道教中产生出一个强大的禁欲主义的"全真道"。

所以，尽管奥古斯丁与葛洪地域相隔遥远，民族文化殊异，信仰的宗教不同，但笔者认为他们两人的性伦理观具有可比性基础，可以作为本文的研讨对象。

二 奥古斯丁的性伦理观——禁欲主义

奥古斯丁是早期基督教禁欲主义理论的完成者，他的性伦理观是禁欲主义理论的重要部分，包括三个主要的观点：性罪论、独身论、唯生殖目的论。

（一）性罪论

奥古斯丁将基督教的原罪观点与禁欲主义结合起来，建立了一个"符合逻辑"的人类历史：上帝创造了第一个男人亚当，又用亚当的肋骨创造了一个女人——夏娃。两人生活在伊甸园中，赤身裸体，无忧无虑，长生不死。但后来邪恶的蛇引诱了夏娃，夏娃又引诱亚当，背叛上帝，偷吃禁果。他们有了性别意识，以裸为耻，用无花果叶子遮挡阴部。他们就这样犯下了原罪，上帝将他们放逐到地球上，惩罚男人终生劳累，惩罚女人受生育之苦。人类区别于动物是有性耻，用树叶遮挡阴部，性耻证明人类有原罪，感到羞耻。

亚当与夏娃的原罪传给了子孙后代，人类全体都有原罪，它表现在性的方面：生殖器有独立性、反常性，不受人的意志支配；性交追求的目的不是生殖而是快乐；性交的快乐使人堕落，一次比一次更堕落。原罪论包含着对女性的歧视：男性是第一性，女性是第二性。时间上男先女后；空间上男人是整体，女人是部分；关系上女性是男性的派生物；犯罪次序上女人在先；犯罪原因上男人被女人引诱。

奥古斯丁甚至提出，性是人类一切罪恶与苦难之源。他说，如果亚当不因夏娃而性冲动，人类就不会背叛上帝而犯原罪，就不会在地球上受苦难。亚当与夏娃本可以不性交，而用一种无性的方法繁殖。但人类既然已犯下原罪，只好世世代代赎罪，尽量压抑性欲，避免性交。也许有一天，上帝认为人类已苦难受够，罪已赎完时，会指引人类去天国。在天国中，人没有丝毫性欲，也不性交，赤身裸体但没有羞耻感，又回到亚当、夏娃的伊甸园状态。

早期基督教的性罪论，在实践上导致性禁欲。公元二七五年，一位信奉基督教的罗马皇后宣称，为了生殖，夫妻在两三年中性交一次就足够了。早期基督教甚至宣布遗精者是有罪的，若梦遗要立即起床，罚背诵七遍祷文，早晨再背诵三十遍。清醒状态下故意遗精，罚斋戒二十天。

早期基督教虽然不反对民众结婚，但限制夫妻间的性生活。公元四七五年，教会禁止新婚第一夜性交。七世纪时，教会规定一年中有二七三天因宗教节日而禁止夫妻性交。事实证明，欧洲中世纪许多人身心缺乏健康，有些来源于严重的性压抑。

奥古斯丁与早期基督教的禁欲主义导致当时的夫妻性生活单调又反常，性交时妻子要穿又长又厚的内衣，只在两腿间的内衣上开一个小洞，让丈夫可以插入射精，此时她要怀着对主的感恩之情。性交体位只允许男上位，女性在性交中是被动的，压抑的，有损身心健康的。

（二）独身论

既然性就是罪，那么人类应该选择无性欲无性交的生活，即独身不婚。早期基督教的教父们是不鼓励结婚的，认为婚姻是"下贱的状态"、"淫欲的手段"、"人类弱点的延续"。认为"独身者在天堂中的地位，远远高于在即使最美满的婚姻中没有婚外性交的人"[①]。奥古斯丁认为性交动作是"令人嫌恶的"，婚姻起因于女人对男人的引诱："我不知道还有什么事物比女人的拥抱和肉体的结合更能使男人的心堕落。而没有这些，男人则不会娶妻子。"[②]

奥古斯丁与早期教父们一直鼓励独身不婚，贬低婚姻性交。

① 格里尔：《性与命运》，外语教学与研究出版社 2007 年版，第 80 页。
② 卡莫迪：《妇女与世界宗教》，四川人民出版社 1955 年版，第 133 页。

比如有些基督教教会规定，只有未婚教徒才能受到洗礼，有些教会认为婚姻会降低祷告的效果，有些教会鼓吹为上帝保守贞洁。早期教父们宣扬"用童贞的斧头砍伐婚姻的森林"，又提出贞洁过失比死亡更糟糕。在这种性伦理中，独身是最高尚的，最正常的，最神圣的；结婚是软弱的结果，庸俗的结果，是不正常的。理论最终付诸实践，公元三八六年，奥古斯丁三十二岁时，罗马教皇发布命令：教士禁止结婚，已担任副祭司以上的教士已婚者，禁止与妻子性交。奥古斯丁的性罪论与独身论，对教皇这一命令的发布，起了论证与宣传的作用。

（三）唯生殖目的论

独身论有一个理论缺陷，如果所有人类都独身不婚，都不性交，那么人类怎么繁衍后代呢？所以奥古斯丁与早期教父们认为结婚是可以饶恕的轻罪，也不反对一般基督徒与民众结婚并生育后代。他们说，上帝为了惩罚人类，规定人类必须通过罪恶的性交才能繁殖后代，所以人类中的大多数不得不走罪恶的结婚生子之路。为了救赎自己，人类在婚后性交时不能有激情，不能追求快感，而只能以生殖为目的。

奥古斯丁认为，性交是在黑暗中进行的，即使婚姻内性交也是隐秘的，这就证明它有罪，因为凡正当之事都希望光明正大的进行。他说："肉欲的满足需要黑暗与隐秘——不仅非法的性交有这样的需要，在世俗的城市生活中受到法律保护的夫妇之间的勾当也有这样的需要。即使不存在惩罚的危险，这类被允许的（性的）快乐仍倾向于逃避公众的眼睛。"他认为一切不以生殖为目的的性交（包括性交时避孕）都是可耻的、罪恶的色欲满足。他举例说，妇女在绝经期后，不能生育了，应停止性交。如果不停止，就是追求性快感而不是为了怀孕生子，这是一个不可

饶恕的重罪。妻子的肉体是用来引诱男人性交的，一个男人应该
珍爱妻子的灵魂而憎恨妻子的肉体。

三　葛洪的性伦理观——非禁欲主义

葛洪的性伦理观包括性自然论、婚姻自然论、性养生、修炼
论等，属于非禁欲主义。

（一）性自然论

早期道教认为，性是人类的一种自然要求，不可以不性交。
汉代《素女经》中记载黄帝问："今欲长不交接，为之奈何？"
素女回答说："不可。天地有开合，阴阳有施化，人法阴阳随四
时。今欲不交接，神气不宣布，阴阳闭隔，何以自补？"葛洪认
为，性是伴随着人的怀孕而开始的，是人的自然本能。他说：
"夫有欲之性萌于受气之初，厚己之情著于成形之日。"① 对于人
的这种性本能，要顺其自然，不可以不性交，否则阴阳二气不
通，会生病伤身。他说："人不可以阴阳不交，坐致疾患。若欲
纵情恣欲，不能节宣，则伐年命。"又说："人复不可都绝阴阳，
阴阳不交，则坐致壅阏之病，致幽闭怨旷，多病而不寿也。任情
肆意，又损年命。"②"绝阴阳"指完全不性交，"壅阏之病"指
气滞之疾，"幽闭怨旷"指幽居不婚的人多因抑郁而造成生病、
短寿。

性实践与性伦理观密切相关，早期道教与葛洪的性自然论通
向非禁欲主义。早期道教认为人的性交频率为："素女法：人年

---

① 葛洪：《抱朴子·外篇·诘鲍》。
② 《抱朴子·内篇·释滞》。

廿者，四日一泄；年三十者，八日一泄；年四十者，十六日一泄；年五十者，廿十一日一泄；年六十者即毕闭精，勿复更泄也，若体独壮者，一月一泄。"这一频率在今天看来也还是适度的。

（二）婚姻自然论

既然性是人的自然本能，那么人通过婚姻来满足人的这一本能，也是自然的，必需的。葛洪在《抱朴子·外篇》中，对婚姻之伦理做了许多论述。他认为，人类最初没有婚姻，"裸以为饰，不用衣裳，逢女为偶，不假行媒"①。后圣人制礼，以别男女："在礼，男女无行媒不相见，不杂坐，不通问，不同衣物，不得亲授。……妇人送迎不出门，行必拥蔽其面，道路男由左，女由右，此圣人重别杜渐之明制也。"②葛洪将儒家伦理引入道教，认为夫妇之道是人伦的基本。他说："人纲始于夫妇，判合拟乎二仪，是故大婚之礼，古人所重。将合二姓之好，以承祖宗之基。"③

早期道教不提倡独身，信徒大都结婚，过性生活。道教创始人张陵就结婚生子，其天师之位代代相传，直至现代。葛洪也有妻室，名为鲍姑，后世道教典籍中描写葛洪夫妻双双修成神仙。道教典籍中的各类神仙，大多恋爱结婚，双修而果。

早期道教与葛洪的房中采补术，一定程度上限制了男性的性快感，因为它要求男性"交而不泄"，这样就达不到性高潮。而采补术要求女性达到性高潮男人才有采补效果，客观上使女性在

---

① 《抱朴子·外篇·诘鲍》。
② 《抱朴子·外篇·疾谬》。
③ 《抱朴子·外篇·弭讼》。

性交中得到比较高的性满足，对她们的身心健康有利。

葛洪写有《神仙传》十卷，书中叙述了不少女神仙的故事。其中第七卷大部分是描写女仙的，如太玄女、西河少女、程伟妻、麻姑、樊夫人、东陵圣母等。这不仅反映了葛洪个人对女性的尊重，更表明了女性在道教活动中占有比较重要的地位。与葛洪同时代的一个女性魏华存（公元二五二至三三四年），虽为人妻，但一生修道，极有成就，后被尊为上清派第一代宗师，世称南岳夫人。在其他任何一种宗教中，女性占有这样重要的地位，是很少见的。

（三）性养生、修炼论

早期道教的性养生与性修炼，并不排斥人性交的快乐，相反，认为美满、快乐的性交，是性养生与性修炼的前提。《素女经》说："（人之）交接之道，固有形状。男以致气，女以除病。心意娱乐，不知道者，则侵以衰。欲知其道，在安心和志，精神统归，不寒不饥，定身正意。……女既欢喜，男则不衰。"这里的"交接之道"指性交的方法，即房中术。"心意娱乐"、"女既欢喜"，强调性生活时要有愉快的心情，要有性交的快感，才能达到"女以除病"、"男则不衰"的养生去病的效果。葛洪继承了早期道教的以性欢乐为前提的房中术，故朱越利称："我们从彭祖道和葛洪房中术中都看到了欢乐房中术的影子。"

性行为的目的，当然首先是生殖，也不否认有快乐，但葛洪最感兴趣的不是这些，而是它的养生、修炼价值。养生的价值表现为可以补脑、美容、除病、长寿等。葛洪说："善其术者则能却走马以补脑，还阴丹于朱肠，采玉液于金池，引三五于华梁，令人老有美色，终其所禀之天年。"① 又说："服阴丹以补脑，采玉液于长谷者，不服药物，亦不失三百岁矣。"②

房中术的修炼价值在于它是修仙的一种重要方法。葛洪说："欲求神仙，至要者在于宝精、行炁，服一大药便足，亦不用多也。"③ 当时有人认为单靠房中术即可"致神仙"，"移灾解罪"，"转祸为福"，"商贾百倍"。葛洪指出这些人夸大了房中术的作用："夫阴阳之术，高可以治小疾，次可以免虚耗而已。"④ 比较客观地评价了房中术的作用。

两晋时期，房中术有十余家，近百种修炼方法。在十多种流派中，葛洪最重视彭祖一派："彭祖之法，最其要者。其他经多烦劳难行，而其为益不必如其书，人少有能为之者。"在十余家的近百种法术中，葛洪最重视还精补脑术："房中之法十余家，或以补救伤损，或以攻治众病，或以采阴益阳，或以增年延寿，其大要在于还精补脑之一事耳。"还精补脑术，要求男性在与女性性交时要延长交接时间以采阴，要不射精，让精沿脊柱上行至脑，达到补脑的效果。

葛洪重视口诀，认为不懂口诀的房中术修炼会造成严重自伤："若不得口诀之术，万无一人为之而不以此自伤煞者也。"比如还精补脑术，必须配合口诀，否则不受益反受损。葛洪从可靠处获得炼还精补脑术的两首口诀，葛洪做了一些保密处理后公布出来。口诀多为隐语，如有一首口诀描述两座山："求生之道，当知二山。"一为"太元之山"，象征男人的下身；一为"长谷之山"，隐喻女人的下身。男人边念口诀，边与女人性交，

---

① 《抱朴子·内篇·微旨》。
② 《抱朴子·内篇·极言》。
③ 《抱朴子·内篇·释滞》。
④ 《抱朴子·内篇·微旨》。

并且交而不泄，就能做到"有道之士，登之不衰，采服黄精，以致天飞"的效果。

四　两种相反的性伦理观之成因

葛洪与奥古斯丁在生活时代、理论贡献、信仰过程、历史地位等许多方面表现出相同与相似性，然而通过以上的比较，我们惊奇地发现，他们二人的性伦理观从总体上看是近乎相反的。当代西方学者认为性伦理学的基本问题，是关于性行为的基本目的。他们总结出四种观点：即生殖；生殖与性爱；性爱；快乐。[①]奥古斯丁的性伦理观是唯生殖目的论，他反对以性快乐为目的。葛洪对这一问题的回答超越以上四种观点，可以称之为性养生、修炼论，道教称为房中术。这种性伦理观在西方是极其罕见的，表现出中国古代性伦理的民族特色。是什么原因导致了这两种近乎相反的性伦理观出现呢？这是一个非常复杂、难度很大的问题，笔者尝试从三个方面略加分析。

（一）从世界性伦理史的一般发展规律看

禁欲与非禁欲，是性伦理的重要内容。世界从古代进入中世纪，性伦理的总体走向，是由非禁欲主义进入禁欲主义。禁欲主义的性伦理，最初是由中世纪的宗教实现的。潘绥铭指出："在性的社会历史上，这一历史时期（指中世纪——引者）的突出表现是，以基督教、伊斯兰教、佛教为代表的宗教式禁欲主义开始在欧亚大陆占上风。同时，制欲或节欲的儒教，有纵欲成分的

---

① 王伟、高玉兰：《性伦理学》，人民出版社 1992 年版，第 47 页。

道教和印度教也在发展。"① 刘达临说："佛教、基督教和伊斯兰教，这是世界三大宗教，而且越来越转向了性禁欲主义倾向，影响越来越大。性方面的非禁欲倾向，主要保存在一些较为原始和落后的宗教中，它们势力日衰。如道教和印度教中的某些享乐派。"

欧洲古希腊罗马时期，性伦理的主导是快乐主义。这种理论与实践本来并不违背人的本性，是主流的、健康的。但是到了罗马帝国的后期，它在一定程度上演变为纵欲、淫乱与无道德，动摇了社会安定的基础。西方一些学者认为，罗马帝国即因人们的纵欲而亡，而基督教兴盛于罗马后期的一个原因，是以禁欲主义代替了纵欲主义。曾经成为罗马帝国国教的基督教，在中世纪的政教合一制度里成为整个欧洲社会的主宰。所以它推行的禁欲主义，不仅对基督徒，而且对全社会都产生了类似于法律的作用。不管后世对奥古斯丁的评判如何，他当时的禁欲主义理论顺应了世界性伦理史的一般发展规律，也符合罗马帝国后期社会对性伦理的迫切需要，所以他的禁欲主义理论在漫长的中世纪长期占据主流与统治的地位。

在中国，与罗马帝国后期相对应的是两晋时期，这个时期禁欲主义逐渐成为了主流。佛教在这个时期得到了极大的发展，它对性欲的否定，它的出家制度，都表现出典型的禁欲主义特征。而儒教在这一时期受到玄学的冲击，地位已不如汉代，但仍然在社会很有影响。儒教特别重视家族、血缘、传宗接代，故不可能完全否定与生育相关的性活动与婚姻制度。但它的性伦理严重压制性欲，带有唯生殖目的论的倾向，违背人的本性，属于"准禁欲主义"。

---

① 潘绥铭：《神秘的圣火》，河南人民出版社 1988 年版，第 250 页。

　　道教在这个时期得到了发展，但不是社会的主流文化。葛洪的性自然论、婚姻自然论、性养生与性修炼论，属于非禁欲主义，对世界性伦理史的一般发展规律来说是一种特殊现象。它是对禁欲主义的主流文化的补充，这种补充对当时社会是必要的。不过，这种性伦理观主要对道教信徒发生影响，对儒教、佛教信徒以及世俗社会则影响不是太大。

　　总之，奥古斯丁的性伦理观符合一般发展规律，属于主流文化，在社会上占统治地位；葛洪的性伦理观可归于普遍规律之外的特殊现象，属于非主流文化，在社会上不占统治地位；这种显著的区别，使二者的性伦理观有着很不相同甚至于完全相反的内容。

（二）从他们各自所继承的宗教传统看

　　葛洪与奥古斯丁的生活时代，距各自宗教的诞生都是大约三百年的时间。在这段时间里，早期基督教与早期道教的性伦理观是非常不同的。早期基督教已有性罪、独身、反对性快乐的观点，只是理论上不系统而已。公元一世纪的圣保罗最早提出"性就是罪"的观点，他坚信肉体为恶，性就是恶，信主就必须禁欲。《新约》的一些作者们也有相同的观点。《罗马书》说：人的肉体"已经卖给罪了"。《加拉太书》论证圣灵与肉体情欲是水火不相容的："你们当顺着圣灵而行，就不放纵肉体的情欲了。因为情欲和圣灵相争，圣灵和情欲相争，这两个是彼此相敌。"

　　早期教父奥利金（约公元一八五至二五四年）走得更远，一般的禁欲不够，独身也不够，必须根绝性欲。他自我阉割，这一自虐行为使他的名声传遍罗马帝国。另一位早期教父哲罗姆以苦修而著名，鼓吹严格的斋戒与肉体折磨。他在沙漠中苦修时出现裸体舞女的幻觉，经历了夺魂式的性欲折磨，最终上帝驱散裸女之幻，将他救出了苦海。他推崇处女之美与婚姻之苦，描写女人婚后的失落、繁重的家务、受虐的恐惧，使她们害怕出嫁。还有一位早期教父德尔图良以雄辩家著名，他公开谈论妇女：女人是"邪恶之门"，"最先抛弃神的法律的人"，女人要对原罪承担主要的责任，对上帝之子的死负有责任。

与早期基督教的禁欲主义相反，早期道教的性观念是非禁欲主义的。道教创始人张陵是东汉人，他曾用房中术为民众治病，也向信徒传授用房中术进行修炼的方法。据甄鸾在《笑道论》中叙述自己的亲身经历：学习房中术之前要戒斋三日，然后举行神秘的仪式，"入私房诣师立功德，阴阳并进，日夜六时"。仪式之后，"教臣《黄书》合气之法，三五七九，男女交接之道。四目四鼻，两口两舌，两手两心，正对阴阳，法二十四气之数行道"①。

三国时期，房中术被王公贵族所接受，开始带有纵欲的倾向。据载曹操向甘始、左慈学房中术，一夜曾与七十位女性性交。葛洪是魏晋时代头脑非常清醒的道士，他认为这种纵欲倾向不但无益于修仙，而且会使人重病或速死："御女多多益善，如不知其道而用之，一两人足以速死耳。"② 尽管如此，葛洪基本上继承了早期道教的非禁欲主义和房中修炼术。正如奥古斯丁基本上继承了早期基督教的禁欲主义一样。

（三）从他们各自的人生经历看

一个人的性伦理观念，除了受时代、社会、传统的影响之

---

① 《广弘明集》卷九。
② 《抱朴子·内篇·微旨》。

外，更直接地受这个人的人生经历特别是情感生活的影响。

奥古斯丁生于阿尔及利亚，父亲是异教徒，母亲是基督徒。十六岁，他在迦太基上学时染上了寻花问柳、无事生非、搞恶作剧的不良生活习气。他曾与一迦太基女子未婚同居，生有一子，名叫亚丢大土。而在这个期间，他又与其他的女人有染。他曾经想摆脱这种生活，但肉欲难以抗拒，所以那时他对自己说："上帝啊，给我贞节吧！但现在还不。"他一直没有结婚，中年以后皈依了基督教，担任过波希主教，写了一本回忆录式的《忏悔录》。在他的个人经历中，感觉到性就是罪。这影响到他的性伦理观，认为人类的性行为都是犯罪。他与迦太基女子的同居生活看来缺乏幸福，充满痛苦，所以他的性伦理观有否定婚姻价值的倾向。违背社会道德的性生活让他感到自责与悔恨，而肉体的迷恋又使他不能自拔，这样的经历导致他仇视肉体。为了惩罚自己年轻时的淫乱行为，他过独身隐修的生活，才获得了心灵的平静。这种经历使他否定了性的快乐价值，而论证性行为的唯一目的是生殖。

葛洪出生于江南著名士族家族，世代为官。其祖父与父亲仕途显赫，均好儒学。然而由于其父早亡，家道中落。他从十六岁开始学习儒家经典，后又跟随郑隐学习仙道与金丹术。他二十岁始，由于社会动荡，葛洪或从军，或从政，时间都很短，疲于奔命。二十九岁时遇南海太守鲍靓，颇受赏识，鲍靓将女儿鲍姑许配给葛洪。从此以后的大部分时间他都过着隐居、修道、著书的生活。

葛洪的神仙信仰一生都非常坚定，他的修仙实践对其性伦理观发生了影响。他说："欲求仙者，要当以忠孝和顺仁信为本。若德行不修，而但务方术，皆不得长生也。"① 在这方面，他与儒家的伦理观念是一致的，重视夫妇之道，将家庭视为社会的基础，因此与奥古斯丁不同，葛洪的性伦理观不可能赞成独身，也不否定婚姻与家庭的价值。

　　与奥古斯丁相比，葛洪的情感生活是相对单纯的。他有正常的婚姻、家庭、性生活，从多种历史文献的纪载看，他既没有娶二房，也没有纳妾，这些都是社会所允许的。他写过一些房中术的著作，相信房中术对于修仙是有益的。按今天的理解，房中术主要是一门探讨性交技巧的学问，但葛洪更看重房中术的养生与修炼价值。一个性修炼者怎么可能有性罪的观念呢？怎么可能有性禁欲主义思想呢？

　　总之，奥古斯丁的性罪论、独身论、反对性快乐的唯生殖目的论，与他年轻时有负罪感的感情经历有关，与他中年以后的独身隐修、放弃性行为的宗教生活有关。而葛洪的性自然论、婚姻自然论、性养生、修炼论，一定程度上是因为他有正常的婚姻、家庭、性生活的经历，也是因为他有道教房中术的理论与实践。

----

　　① 《抱朴子·内篇·对俗》，引《玉钤经中篇》。

道与上帝[*]

在中国古代儒、释、道三种文化传统中，笔者认为道教的文化传统与基督教的文化精神有比较多的相容性。[①] 道是道教的神，上帝是基督教的神，它们二者有着惊人的相似性，也有着深刻的相异性。

一　道教与基督教的相似性

（一）同时产生

公元前六世纪，在印度与中国，同时出现了两个圣人：释迦牟尼与孔丘。他们后来分别成为佛教与儒教的教主。这两位教主出生去世年代基本接近。

六百年后的公元一世纪，在巴勒斯坦与中国，又同时产生了

---

　　* 原文发表在《开拓者的足迹：卿希泰先生八十寿辰纪念文集》，四川出版集团巴蜀书社 2010 年版。

　　① 秦家懿、孔汉思在《中国宗教与基督教》（第 133 页）一书中就曾指出，道教与基督教在不少地方十分接近。如它们都有一个至高无上的神，都有一个宇宙论和宇宙运行与和谐的理论。

两个宗教：基督教与道教。基督教产生于公元一世纪二三十年代至六七十年代，而道教创始人张陵生于公元三十四年，年稍长后即修道。这两个宗教几乎是同时出现于地球之上。基督教的耶稣与道教的张陵是同时代的人，耶稣是上帝派其降世的"救世主"，张道陵是太上老君派其救世治世的"真人"。

耶稣一生传教，其传教的重要方法之一是治病赶鬼。张道陵也一生传教，同时也治病赶鬼。据说耶稣死而复活，在橄榄山升天，而张道陵也死后复生，白日冲天而去。

（二）三百年后

道教产生大约三百年，出现了一个划时代的道教大思想家葛洪（公元二八三至三四三/三六三年）[①]。道教刚产生时，信众主要是平民百姓，交五斗米即可入道，故又称"五斗米道"。公元三世纪左右，士大夫纷纷加入道教，如家世显赫的王羲之家族"世事张氏五斗米道"。葛洪在这个转变时期，创立了系统化的神仙信仰理论，为上层士族道教奠定了理论基础。葛洪之前，是早期道教的民间五斗米道、太平道阶段；他之后是上层化道教的上清派、灵宝派等阶段，故称葛洪是划时代的人物。

基督教产生三百年以后，也出现了一个划时代的大神学家奥古斯丁（公元三五四至四三〇年），为基督教奠定了神学理论的基础。基督教刚产生时，信徒主要是贫苦人民与奴隶，缺乏系统的理论。公元二三世纪，有产阶级的加入才使基督教逐渐转变成为服务于统治阶级的宗教。奥古斯丁在这个转变期，为基督教创立了新的系统的理论，使基督教从产生阶段进入到新的阶段。

---

① 葛洪的卒年，学术界有两说，一为公元三四三年，一为公元三六三年。

（三）宗教改革

奥古斯丁以性禁欲理论闻名，但在奥古斯丁死后大约十个世纪，基督宗教改革，分化出"新教"（主要包括路德宗、加尔文宗与英国国教）。改革的内容包括《圣经》的普及、"救恩论"的修正，因此对于中世纪修道主义有不同看法，认为全民皆祭司，圣人是活在社会中的而并非关在修道院里面的。改革后的新教对奥古斯丁的禁欲主义做了重要修改，性不再代表原罪，生殖不是性的唯一目的，教士可以结婚生子。

葛洪以非禁欲主义的性修炼理论著称，但在葛洪死后八个世纪，道教中产生了一个"全真道"。全真道改革了从三张、二葛以来的非禁欲主义的性伦理观，主张戒色禁欲，视家庭为牢笼，视夫妻性交为"偷盗精髓"、"追魂取命"，实行出家制。"全真道"由王重阳在山东创立，是道教中最大的道派之一，元代以来与"正一派"一起延续至今。

二　道教与基督教的相异性

（一）民族宗教区别于世界宗教

道教在中国产生以后，在历史上曾传入日本等亚洲国家，近几十年来在欧美也建立了少数宫观与组织，但它仍然属于民族宗教。道教是中华民族固有的传统宗教，在中国传统社会，道、儒、佛是对中国文化影响最大的三种宗教。道教信仰的核心是古代道家所崇尚的道，其众多的神灵具有鲜明的民族文化特征。

基督教是一种跨国界、跨民族的世界宗教。基督教的上帝被基督徒视为整个世界的主宰，上帝所救赎的不是某个民族，而是全体人类。因此，基督教的礼仪规戒对不同民族具有广泛的适应性。

（二）多神教区别于一神教

道教是多神教，比较高位的神有太上老君、三清（元始天尊、灵宝天尊、道德天尊）等；比较低位的神灵成百上千。但是道教并非典型的多神教，因为道教的全部神灵均由一"道"所衍生，严格说，道教属于有主神的多神教。

基督教则是一神教，即认为只有一个神存在并对之崇拜的宗教。《马可福音》记载，当一个犹太人问耶稣什么是最大的戒命时，耶稣回答他说："第一要紧的就是说：以色列啊，你要听！主我们的神是独一的主。你要尽心、尽性、尽意、尽力爱主你的神。"

（三）"肉身成道"区别于"道成肉身"

道教中"道"可以转成肉身，例如道曾化身为老子，来到人间传道。东汉《老子圣母碑》称："老子者，道也。"同样，肉身也可以成"道"，人可以成神仙。道教相信，只要坚持养善去恶的道德修行，加之以外丹、内丹等方术修炼，人就可以肉身成仙，飞升而去。

基督教的基本教义之一是"道成肉身"，即圣子在未降世成人之前，与耶和华上帝同体，称之为道。后来道以肉身的形式降世成人，就是耶稣。耶稣降世的使命是为人类的原罪救赎，他被钉在十字架上作为替罪的赎价，使人类的灵魂得救。基督教认为，人是上帝按自己的形象创造的，因此人是独特的，他可以与上帝交通。但人不能成为神，肉身不能成道。

三　道与上帝的相似性

（一）神性

"道"是道教信仰的最高神，它产生了天地、鬼神、人类与万物，但没有任何东西能够产生它。它是自在而自为的，独立而不改，周行而不殆。上帝是基督教最高的神，它具有超自然的力量。上帝不依赖于自身之外的任何实在而自主存在。任何东西不能创生它或毁灭它，它具有绝对的本体论上的独立性。

"道"作为道教的最高主神，它是"一"，是无限与永恒，它无形无像而又威力巨大，鬼神在它面前都失去了力量。上帝作为神是"一"，是无限，是永恒，它看不见，摸不着，感觉不到，但它却有至高无上的权力与至大无比的力量。

（二）创造性

"道"是天、地、人以及一切存在物的创造者，创造天地万物是从无到有创造的。《道德经》第四十章："天下万物生于有，有生于无。"道本身不是产生出来的，它是自然产生的，"道法自然"。

上帝创造了天地万物，也创造了人类。这种创造是"从虚无创造"，是从无到有的创造。上帝创造了一切，但上帝自己不是任何东西创造的，所以《旧约》中记载上帝说："我的名字叫自有者，永远如此称呼。"

道的"自然"与上帝的"自有"是很相似的特征。

（三）不可言说性

道是不可言说的，老子对道多是否定性的表述，往往用

"无"、"不"去形容"道"。如"道隐无名","视之不见,听之不闻,博之不得","吾不知其名,字之曰道"等。但人与道并非隔绝,修炼可以使人得道。

在基督教中,许多神学家认为上帝是不可言说的。当说上帝是全知、全能、造物主等时,是用经验世界的概念去表述超经验的神的存在,可能会歪曲上帝的实质,限制上帝的无限。因此往往用否定性的概念去表述,如上帝不是有限的,上帝不可认识,不可言说等,以保证上帝的纯洁性、超越性和无限性。当然,人与上帝并非不可相交,通过启示,人可以认识上帝。

(四) 道路

在道教中,道的本义是道路,许慎《说文解字》:"道,所行道也。"道在春秋时成为道路神。《礼记·曾子问》:"道而出。"孙希旦集释:"道,祭行道之神于国城之外也。"道教的修炼理论认为,道是人通往神仙之路,人道合一,就是神仙的境界。

《圣经》的《新约》记载上帝说:"我是道路、真理、生命。"为什么上帝说自己是道路呢?基督教认为,人类是迷途的羔羊,而上帝帮人类在迷途中找到真理,并指引道路。道路,也是人通往神之路。

四　道与上帝的相异性

(一)"自然性"区别于"目的性"

道教的"道"没有目的性,因此被称为自然。《道德经》第二十五章:"人法地,地法天,天法道,道法自然。"道就是自然而然的状态,不强加人为的意志,没有明确的目的性。《道德经》第五章："天地不仁，以万物为刍狗；圣人不仁，以百姓为刍狗。"天地无所谓仁义，让万物自生自灭；圣人无所谓仁义，让百姓自然而然地生活。道对人类万物没有目的，也不需要人类万物为实现道之目的而殉道，这反而使人类万物获得最佳状态。

上帝具有目的性，最终目的是为了让它所创造的一切能分享它生命的丰富，它给人启示。启示是上帝为了让人类认识真理而主动采取的神圣行动。作为启示性宗教，基督教在上帝传达给人类的圣言以及人类对圣言的接受中体现了它的目的性。从这个意义上说，上帝主动向人类走来，它给人类带来了道路、真理与生命。它派圣子耶稣来到人间，为人类的救赎走上了"十字架"。

（二）道生人区别于上帝造人

道创造世界是生成论模式的。《道德经》第四十二章："道生一，一生二，二生三，三生万物。"《太平经·乙部》："天之使道生人也。"人禀天地精气而生。道与天地，在中国古人看来，可视为某种意义上的父母。

上帝说："我们要照着我们的形象，按着我们的样式造人。"耶和华神用地上的尘土造人，将生气吹在他鼻孔里，他就成了有灵的活人。尽管基督教认为人类与上帝有着生命的关联，但是上帝不是人类的祖先或父母，上帝也没有让某种东西生育人类，而是自己用尘土创造了人。

（三）"无为性"区别于"临在性"

道在创造了万物与人类以后，就不再管理和约束它的创造物，任其自由发展，这称之为"无为"。《道德经》第五十七章："我无为而民自化，我无事而民自富。"《道德经》第四十八章：

"无为而无不为。"无为并不是一事不做，一事无成，而是少干涉，让事物自主自然地发展出最好的结果。

在《圣经》《旧约》中，上帝是对以色列人充满爱，并将他们从埃及的苦难中救出，这是一个临在的上帝。在《圣经》《新约》中，上帝临在于全人类，它并非是一个高高在上的纯粹超越者。上帝是一个主动与人立约的神，立约使人与神结盟。结盟以后，"我是你们的上帝，你们是我的子民"。当人背约，对上帝不敬，不遵守"十戒"的时候，上帝会给人以严厉惩罚，让人感到畏惧。

（四）非人格神区别于人格神

道这个神是非人格的，它从不对人类说话，也没有命令，因此英国学者李约瑟称道的信仰是泛神论。而上帝是在历史上向人类讲话的启示者，是曾经与人类签约的至上神，上帝无疑是人格神。这也是基督教上帝与道的一个区别。

总之，道教与基督教的相似性，表现在它们二者几乎同时产生于公元一世纪中期；三百年后各自出现了一个划时代的人物：葛洪与奥古斯丁；又过了大约八至十个世纪，它们都发生了宗教改革：道教出现了"全真道"，基督教出现了"新教"。道教与基督教的相异性，表现在道教是民族宗教，基督教是世界宗教；道教是多神教，对道的信仰是泛神论，基督教是一神教，信仰人格神上帝；道教是追求肉身成道、成神的宗教，基督教耶稣经历过道成肉身，但人类肉身不可成神。

道与上帝的相似性，表现在都是最高的神，都无形无像却又无比力量；都创造了万物与人类，这种创造都是从无生有；都是不可言说的，往往用否定性的概念去表述；都是道路，人通往神的道路。道与上帝的相异性，表现在道是自然的，上帝具有目的性；道像父母一样生成人，上帝用尘土造人；创造了万物与人类之后，道具有无为性，让事物自主自然地发展，上帝具有临在性，关爱或者处罚人类；道教的道是非人格神，基督教的上帝是人格神。

宗教人类学理论

宗教人类学的现代转变[*]

宗教人类学是人类学的一个分支。十六世纪西方的航海与地理大发现，传教与殖民统治，促进了宗教人类学的形成与早期发展。第二次世界大战结束以后，随着殖民体系的瓦解，宗教人类学不得不发生转变，这主要表现为过去是研究未开化民族的宗教，而今改为研究文明国家和发达社会的宗教，从研究的进化学派、社会学派、功能学派到现代的结构学派、象征分析等学派，从静态的研究到动态的研究，从局部的研究到综合的研究，从实证的研究到哲理化的研究等等。

一　研究对象的转变

（一）未开化民族的宗教

早期宗教人类学家致力于研究那些生活在偏远地区的、未开化民族的原始宗教。因为他们相信，这些民族相当于人类发展进程中的早期进化阶段。因此，发达民族已经消失了的古老的宗

＊　原文发表在《世界宗教研究》1999 年第 4 期。

教，通过对现代"未开化"民族的宗教的研究，可以重构其历史并找到一些规律。这种方法与中国孔子"礼失而求诸于野"的思路是一致的。他们探讨的中心问题是宗教怎样起源？神话怎样起源？万物有灵是宗教的最初形态吗？巫术是否先于宗教？图腾崇拜是宗教的早期形态吗？十九世纪宗教人类学的资料来源是在原始民族中生活过的基督教传教士、旅行家的书信日记，以及航海水手和皮货商的传说等等。二十世纪以后，开创了人类学一个很重要的传统，即研究者长期生活在原始民族中进行参与观察。从英国人马林诺夫斯基开始，几乎所有的宗教人类学家，都有长期生活在原始民族的经历，都有亲身参加原始宗教活动的经历。

　　卓新平说："宗教人类学是利用田野考古学方法和参与性观察方法来研究原始宗教或无文字民族的宗教。"[1] 张桥贵、陈麟书合著的《宗教人类学》序言说："宗教人类学顾名思义是采用文化人类学田野考察和参与观察的方法，通过实地调查和亲自观察，来研究后进民族的原始宗教。"[2] 这两段话是对传统的宗教人类学的概括。对于现代宗教人类学来说，这种概括就显得不够全面了，因为现代宗教人类学的研究对象已远远不限于"未开化"民族了。

（二）文明国家的宗教

　　人类学、宗教人类学与西方殖民主义有密切关系。殖民扩张使西方人接触到世界各地的原始民族。一方面出于对奇风异俗的

---

[1]　卓新平：《西方宗教学研究导论》，中国社会科学出版社 1990 年版，第 116 页。

[2]　张桥贵、陈麟书：《宗教人类学》，四川大学出版社 1993 年版，第 1 页。

好奇，另一方面是为了理解殖民地土著居民的文化，更好地管理他们，人类学、宗教人类学应运而生了。第二次世界大战结束以后，大多数殖民地独立了。他们讨厌和拒绝西方的人类学和宗教人类学家。人类学和宗教人类学出现了危机并不得不转向。

　　第二次世界大战中的一九三九年，马林诺夫斯基已预言人类学的研究对象会发生转变。他为中国学生费孝通的《江村经济》一书作序，提出人类学"必须首先离开对所谓未开化状态的研究，而且应该进入对世界上为数众多的、在经济和政治上占重要地位的民族的较先进文化的研究"，"对印度人、中国农民、西印度群岛黑人、脱离部落的哈勒姆非洲人同样关注。"①这是费孝通的创新之作启动了他的灵感和预见。二十世纪中期，西方人类学家和宗教人类学家开始研究中国、日本、印度、墨西哥等国家的文化与宗教。这些国家绝对不属于"未开化"民族，而是文明比西方更悠久的国家。

　　以中国为例，西方宗教人类学家对中国民间宗教进行了大量的田野考察，并写出许多专门的著作。一九七四年，武雅士主编的《中国社会中的宗教与仪式》一书在美国的斯坦福大学出版，该书集中了国际上对中国民间宗教的主要研究成果。不同的作者发现，在中国的汉族民间宗教中存在着一个共同的象征体系：神、祖先和鬼。一九八一年，马丁所写《中国仪式与政治》一书在英国剑桥大学出版。一九八七年，麦克米伦公司出版了威勒所著《中国汉人宗教的一致性与多样性》。同年，斯坦福大学出版了桑格瑞所著《一个汉人社区的历史与巫术力量》。

---

　　①　费孝通：《江村经济》，江苏人民出版社 1986 年版，第 1 页。

（三）人类学本土化

第二次世界大战结束以后，人类学的转向还表现为人类学的
"本土化"，即西方人类学家开始研究西方社会自身。学术界过
去有一种无形的分工，社会学研究西方本土的社会问题，人类学
研究"异邦"的原始文化。二十世纪中叶以来，美国人类学家
的研究对象涉及本国的亲属制度、宗教运动、族籍、文化价值、
象征符号、结构、社会特征、国家特征、社会阶级、社区和语
言、经济全球化、城市无家可归者等。欧美人类学家还探讨本国
的移民群体、艾滋病感染者群体、吸毒群体、志愿者群体等。人
类学发展出许多分支，如都市人类学、乡村人类学、政治人类
学、经济人类学、工业人类学、教育人类学等。

宗教人类学也逐渐本土化，它更关注西方本国的宗教问题。
美国人斯特伦在《人与神》一书中指出，美国宗教人类学家们
的"研究较少和社会模式化进程中的当代趋势有关，而是更多
地论证宗教从何时起，以及怎样成为最强有力的社会模式"[①]。
这就是说，宗教人类学家要更关心当代美国社会，要揭示美国宗
教与社会经济、政治生活的关系。

汝信主编的《社会科学新辞典》关于"宗教人类学"词条
上谈到该学科研究范围的扩大："研究对象已不仅局限于现有未
开化民族的信仰与习俗，开始研究近现代社会本身或下层社会中
流传的民俗学方面的资料。"[②] 例如，现代宗教人类学家研究了
欧洲基督教内部的"千禧年运动"。埃里克·霍布斯鲍姆的《早
期造反者》（一九六四年）一书，在第四章"千年至福说"中，

---

① 罗竹风：《人·社会·宗教》，上海社会科学出版社 1995 年版，第 422 页。
② 汝信主编：《社会科学新辞典》，重庆出版社 1988 年版，第 1236 页。

对老式千禧年运动与现代革命运动的性质进行了比较①。凯纳姆·伯里基的《新天堂、新世界：千禧年运动的研究》（一九六九）一书，用宗教人类学的观点论述千年至福说②。

二　研究学派的转变

（一）进化学派与社会学派

宗教人类学形成于十九世纪末和二十世纪初，代表人物是英国的泰勒、弗雷泽等。这些学者大多是受到达尔文进化论的影响。按进化论的观点，任何事物都有起源和进化阶段，那么宗教的起源以及早期发展阶段是如何的呢？他们根据间接的或直接的原始民族资料加以研究。泰勒是十九世纪下半叶著名的进化论人类学家，著有《人类古代史研究》（一八六五年）、《原始文化》（一八七一年）、《人类学》（一八八一年）等著作。他认为，原始人的万物有灵观念是产生宗教的根源，这在当时的宗教研究领域产生了极其深远的影响。弗雷泽的名著是《金枝》（一八九〇年），它生动描写了原始民族的灵魂信仰、土地崇拜、树木崇拜、禁忌习俗、洁净仪式、人祭、巫术等。弗雷泽认为人类智力经历了三个发展阶段：巫术、宗教、科学。人类起初相信自己通过巫术力量可以呼风唤雨、远距离伤害敌人；后来把超自然的能力归于精灵和神；最后认为世界的主宰既不是巫力，也不是神力，而是自然规律。

泰勒与弗雷泽都使用了理性主义的方法，即他们都有一个无

---

① 史宗：《20世纪西方宗教人类学文选》，上海三联书店1995年版，第952—953页。

② 同上。

形的假定："未开化"民族对原始宗教的信仰的根源是，那时的人们有一种说明睡眠与梦、死亡等生理现象的理性需要。与这种理性主义方法不同的是法国社会学派，代表人物是杜尔凯姆（又译"涂尔干"），他的代表作是《宗教生活的基本形式》（一九一五年）。该书以澳大利亚的图腾崇拜为资料，论证了宗教产生于社会的道德秩序本身。宗教象征和宗教信仰的感召力来源于每个人作为社会成员的相互依赖感和义务。杜尔凯姆仍受进化论的影响，但他不是用人类理性而是用人类的社会性看待宗教。有的学者指出，法国社会学派是早期进化学派过渡到不讨论宗教起源的功能学派的桥梁。

（二）功能学派与结构学派

在二十世纪的中叶，宗教人类学领域出现了几位重要人物：英国的马林诺夫斯基、布朗等。他们创立了田野调查和参与观察的方法，在原始民族中收集了大量的第一手宗教资料。马林诺夫斯基的代表作是《巫术、科学、宗教与其他论集》（一九四八年），布朗的代表作是《未开化社会中的结构和功能》（一九五二年）等。他们完成了一个方法转换：不管宗教是如何起源的，更值得重视的是宗教的功能，即宗教为个人和社会群体做了什么，起了什么作用，他们用功能的、结构的方法分析土著居民的宗教信仰，重点在共时性而非历时性，强调宗教和巫术仪式对社会的功能意义而非宗教的本质。例如，马林诺夫斯基认为巫术仪式的功能在于消除原始人的焦虑，鼓舞信心，而布朗认为它的功能在于维持社会秩序。

在功能学派之后出现了法国结构学派，代表人物是列维·斯特劳斯。他认为结构是一种潜在的配置，可见的模式均为潜在配置的外在显露。按结构的方法，将神话、宗教和其他现象作一调查和比较，对它们可能的组合作转换或作分析，然后发现其中的基本结构。他认为神话最初是关于宗教仪式的口头传说，传到后来就变样了，通过分析结构可以还原它的真实性。斯特劳斯分析了欧洲兄妹相爱，变成太阳月亮（与中国伏羲兄妹成婚，变成太阳月亮相似）的神话传说，认为该神话看起来是"虚假性"，但却反映了古代乱伦禁忌的"真实性"。

（三）象征分析学派

象征分析学派与结构学派一样，都是第二次世界大战以后才兴起的。当人类学的理论研究兴趣一度转向社会结构、亲属关系、政治和语言时，宗教人类学被"冷落"了一个时期。大约二十年以后，宗教人类学家们由关注宗教的社会功能转变为重视宗教象征与宗教信仰的意义。英国宗教人类学家普里查德在其《原始宗教诸理论》（一九六五年）一书中指出，单从社会学或心理学的角度来说明宗教，都不大适宜。他认为应该重视宗教信仰、象征、仪式的研究。

人是运用象征的动物。语言和文字是最明显最重要的一种象征物，但绝不局限于此。人们常把宗教视为一个庞大的象征体系，对其象征体系进行分析，才能探究宗教信仰和宗教思想的构造方式和表达方式。例如，很多宗教人类学家研究澳大利亚人对阴茎给予文身的象征意义。特海姆写有《象征的伤痕》（一九五四年），认为在男性阴茎上雕刻女性阴门的图案，反映了两性都体验到了对异性的妒忌。而道格拉斯写有《纯净与危险》（一九六六年）与特海姆商榷。道格拉斯认为，文身仪式是一种象征，它是把落部的两个基本分支刻画在人体的生殖器上。利奇出版了一部广受赞誉的书《巫术之发》（一九五八年），谈蓄发与剪发的象征意义。霍皮克写了《社会之发》（一九六九年）一文，提出与利奇不同的看法。象征分析派的代表人物之一维克多·特纳，写有《象征的研究》（一九七五年）、《象征之林》（一九七六年）等多篇有价值的论文，他指出宗教象征往往具有"多义性"。多义性使简单的祭仪象征充满了多重含义，从宇宙到各种社会关系。

史宗主编的《20世纪西方宗教人类学文选》一书，在绪论部分总结了宗教人类学的现代转向："宗教人类学的研究一开始关注宗教的起源，随后又致力于阐明宗教的社会学功能和心理学功能，最后转向探究宗教信仰和宗教思想的构造方式和表达方式。"[1] 又说："象征分析这一日益成长的领域包含了各种各样的探究，从维克多·特纳和克利福德·格尔茨所集中体现的对文化象征在社会生活中作用的解释，列维·斯特劳斯所发展的对象征系统的自足逻辑的分析，不一而足。其他许多人类学家也转向哲学、心理学、文学批评、美学、语言学、信息理论、符号学等不同领域，以期透彻地分析象征及其作用。"[2]

三 其他方面的转变

（一） 动态的研究

早期宗教人类学家的主要工作是写民族志、宗教志，力图客观地将"未开化"民族的原始宗教活动一一描述出来。从一定意义上讲，这是静态的研究。在人类学转向以后，宗教人类学家开始重视宗教变化、宗教动力、宗教复振运动。英美人类学家研究文化变迁中的宗教运动，如美国印第安人的鬼舞运动和仙人掌

---

[1] 史宗：《20世纪西方宗教人类学文选》，上海三联书店1995年版，第8页。
[2] 同上。

教运动，南太平洋群岛土著人的千福年运动或船货运动。美国人类学家华莱士写的《复兴运动》（一九五六年）是这类研究的典型。他将本土主义运动、船货崇拜、千福年运动等形式都概括为宗教复兴运动，并找出这类运动的共同特征。他认为，大部分宗教现象的历史起源都隐含于这些运动之中。

现代宗教人类学探讨这样一个问题：宗教世界不断被世俗化，但为什么在世俗化不断增加的情况下，又不断产生新的宗教？这涉及宗教的动力问题。华莱士等人的研究，是试图回答这一问题。回答这些复杂的问题，显然需要的是动态的研究。这种研究还要求关注世界范围内的新兴宗教运动。扎雷斯卡和马克·莱昂编辑的《当代美国宗教运动》（一九七四年），对美国的新兴宗教作了广泛考察。弗朗辛·戴纳的《克里希那的美国儿女：国际克里希那运动的研究》（一九七六年），对一些具体的新兴宗教进行了人类学探讨。华莱士的《塞尼加族的死亡和再生》（一九七〇年）一书深化了他在《复兴运动》一文中的宗教动力理论。[1] 台北的人类学家李亦园运用宗教复振运动的理论研究台湾岛上的"新兴民间宗教"以及朝圣进香活动。[2]

美国人类学家恩伯夫妇合著的《文化的变异》一书中有一节"宗教变迁"，论述"西方社会影响的日益增大导致了世界很多地区的宗教变迁"。例如"我们对蒂科皮亚岛民改信基督教的过程进行考察"[3]。香港人类学家乔健研究中国瑶族寻找、返回

①　史宗：《20世纪西方宗教人类学文选》，上海三联书店1995年版，第900页。

②　李亦园：《新兴宗教与传统仪式一个人类学的考察》，《思想战线》1997年第3期。

③　C. 恩伯、M. 恩伯著，杜杉杉译：《文化的变异》，辽宁人民出版社1988年版，第557—558页。

千家峒祖居地的运动，认为这一运动属于世界范围的本土运动或宗教复振运动。① 笔者也曾十多年研究瑶族的千家峒运动，写有《中国盘瑶的千家峒运动》等论文，② 近期将出版专著《失落的圣地——瑶族千家峒运动》。

（二）综合的研究

西方宗教人类学与西方宗教社会学有一种无形的分工。宗教人类学只研究"未开化"民族的部落宗教，它离不开魔力、禁忌、图腾、魔法、萨满教、神话、祭祀等等概念。宗教社会学只研究天主教、基督教、伊斯兰教、佛教等历史宗教。这些制度化的宗教与一成不变的部落宗教相比，是有历史发展形态的，所以称之为历史宗教。人类学的宗教理论似乎不适合于历史宗教，而社会学的宗教理论完全不能去说明部落宗教，难道这两类宗教不是一个"宗教"吗？最近几十年，西方一些学者意识到综合研究的必要性。例如，英国学者布林·莫利斯在其著作《宗教人类学》序言中说："我认为，把社会学和人类学作为独立学科加以研究已经产生了不幸的后果，因为这将导致人们的视野更狭隘。……在部落宗教（正如人类学家所研究的）与历史宗教（正如社会学者和有关专家所分析的）之间无形中产生了一种概念性的划分，并且都有各自不同的理论论述。"③

当宗教人类学家离开"未开化"民族而回到西方本土时，就更加需要综合地研究部落宗教与历史宗教。第一，他们可以研

---

① 乔健：《漂泊中的永恒》，台湾巨流图书公司 1990 年版。

② 宫哲兵：《中国盘瑶的千家峒运动》，《瑶学研究》第 1 辑，广西民族出版社 1993 年版。

③ 布林·莫利斯著，周国黎译：《宗教人类学》，今日中国出版社 1992 年版，第 3 页。

究本土"未开化"民族的宗教。例如美国宗教人类学家可以研究印第安人的宗教，但是肯定会发现情况已经变了。印第安人的经济文化进步使他们不再是"未开化"民族了，其宗教也融合到基督教新教与天主教的某些流派中了。所以，必须采取综合的研究方法。第二，他们还会发现，原始宗教中存在着的巫师、萨满、致幻药、神坛、圣殿、魔力等等，在现代最发达的民族和国家中，在最繁华的都市里，也同样存在着，需要宗教人类学家去研究。第三，研究者学会了用人类学和田野调查的方法去研究所谓历史宗教，即基督教、伊斯兰教、佛教等制度化宗教。这些制度化宗教的教义、教规与教堂庙宇中实际的宗教行为有区别，人类学家通过田野调查可以了解到现实形态下的制度化宗教与民间形态的宗教行为。第四，宗教人类学家善于进行宗教的比较研究，在这个领域里他们可以进行更广泛的综合的研究。例如可以将"未开化"民族的原始宗教与发达国家的民间宗教进行比较研究等等。布林·莫利斯的《宗教人类学》已经是综合研究的尝试。书中所说的"宗教"并不仅限于"未开化"民族的宗教。书中的宗教人类学家也不仅限于那些专门研究原始宗教的学者。

（三）哲理的研究

宗教人类学一直具有实证科学的特征，强调客观的态度，重视经验的检验。但是现代的发展，"使较传统的人类学中的刻板而'客观'的观点，转变为比较辩证的观点。这种辩证的观点在考察社会和文化时，尽可能地提醒人类学家和观察者注意到自己的主观性与文化的概念"①。

---

① 史宗：《20 世纪西方宗教人类学文选》，上海三联书店 1995 年版，第 199 页。

　　二十世纪中叶，传统的宗教人类学向哲理化方向转变。特别是五十年代后期，西方哲学思潮不断出新，存在主义、结构主义、象征主义、解释学风行一时，各领风骚。宗教人类学受这些哲学思潮的影响，也出现了一批新的流派。最著名的有列维·斯特劳斯的结构主义图腾观、神话观，其代表作《神话学》（一九六四年）、《野性的思维》（一九六二年）、《当代图腾制度》（一九六二年）、《结构人类学》（一九五八年）等。利奇和特纳接受象征主义哲学而从事宗教人类学的研究。利奇分析了原始民族割礼仪式和图腾制度的象征意义，特纳则以专门研究宗教仪式的象征意义而著名。格尔茨是解释人类学的创始人，他的《爪哇的宗教》（一九六〇年）一书关于"巴厘岛斗鸡"的分析与解释，是运用解释主义分析宗教现象的典型实例。他的宗教人类学观点还集中表述在《作为文化系统的宗教》（一九六五年）一文中。此外，西方宗教人类学还受到符号学、现象学等哲学流派的影响，这里就不一一举例了。

　　由于现代宗教人类学的哲理化倾向，使它的研究对象和范围有扩大的趋势。美国出版的《宗教学百科全书》中说："由于对研究主题与范畴的争论不休，致使宗教人类学保持不断扩张的趋势。"① 正是由于这种趋势，国内有的学者甚至主张区分狭义和广义的宗教人类学。张桥贵与陈麟书认为："传统的宗教人类学界定在以人类学田野考察的方法来研究后进民族的原始宗教，这是狭义的宗教人类学，也是被绝大多数学者认可的严格意义上的宗教人类学。哲学化的广义的宗教人类学把有关人与神关系的研究归属于宗教人类学，并作为哲学人类学的一个分支来研究，从而突破了研究原始宗教的界定。主题与范畴的界定，成为宗教人

---

① 《宗教学百科全书》第 1 卷，纽约，麦克米伦公司 1987 年版，第 308 页。

类学研究所面临的主要课题。"① 张、陈二位倾向于只保存狭义上的宗教人类学界定，而笔者则认为宗教人类学的现代转变不可避免地要使宗教人类学的界定扩大。这一扩大不仅仅表现为哲理化，还表现为动态研究、综合研究等其他方面。宗教人类学的对象、范围、方法都发生实质性的变化，这种变化已经是不可改变的事实。人们不能否认它，或把它再拖回到传统的定义中去；而只能承认它，从思想上接受它，从行为上实践它。这是宗教人类学的进步。

　　宗教人类学属于宗教学与人类学的边缘学科。近二十年来，中国宗教学与人类学都得到比较快的发展，这就促使宗教人类学越来越引起学者们的重视。但是国内相当多的学者对宗教人类学的认识比较陈旧，以为这门学科是专门研究"未开化"民族的原始宗教。其实早在第二次世界大战结束以后，宗教人类学的研究对象、范围和方法都发生了转变。在哪些方面发生了转变呢？国内还没有见到专门论述这一问题的学术论文。笔者近几年从事宗教人类学的教学与研究工作，对这一问题的资料阅读较多，思索较多，故作本文，以为在宗教学领域尚有一些价值。有不周之处，望同行专家给予指正。

---

①　张桥贵、陈麟书：《宗教人类学》，四川大学出版社 1993 年版，第 3—4 页。

现代宗教人类学的方法[*]

　　宗教人类学是宗教学与人类学、民族学、社会学相结合的一个学科。传统的宗教人类学，主要研究"未开化"民族的原始宗教；现代的宗教人类学，既研究"未开化"民族的原始宗教，也研究文明国家和发达社会的宗教；既研究普化的民间宗教，也研究制度化的民族宗教、世界宗教。宗教人类学具有一些独特的研究方法，如田野调查和参与观察的方法、比较的方法、文化相对论的方法等。第二次世界大战结束以后，随着研究范围的扩大，传统的研究方法得到发展和更新。适应新的研究对象又出现了一些新的方法，如对宗教变迁及其动力的动态研究方法、对社会学方法与人类学方法的综合运用、对客观方法与主观方法的辩证把握，等等。

一　田野调查和参与观察的方法

（一）田野调查的独特性

　　当宗教人类学以文明国家和发达社会的宗教为研究对象时，

---

　　*　原文发表在《武汉大学学报》2000 年第 5 期。

它与宗教社会学有许多重合之处，但是它的方法与宗教社会学的方法仍有鲜明的不同。宗教社会学的典型方法是问卷和统计，宗教人类学的典型方法是田野调查。英国人类学家塞利格曼说，田野调查工作之于人类学就如殉道者的血之于教堂一样。例如信徒为什么会信仰宗教？对于这个问题，宗教社会学家的主要方法是设计问卷、发出并收回问卷，在电脑上进行统计和分析。由此得出信徒信仰宗教有多少种类动机或原因，他们所信仰各种制度化宗教各占多少比例，他们的文化程度、家庭状况与信仰宗教的关系等等。宗教人类学家则会深入到一个社区，住在一些信徒的家里，了解这里的政治、经济、社会、家庭等情况。他会与信徒一起生活，常常谈心，会与信徒一起去宗教场所参加宗教活动，与信徒一起参加朋友的聚会等等。几个月或一年下来，他对于这个社区信徒们的生活、心理、各类活动不但了如指掌，而且有亲身体会。宗教社会学的优点是掌握宏观、整体；缺点是用预先制定的问卷调查，往往只能发现制定者想要发现的问题。宗教人类学的缺点是局限性，优点是个案材料丰富，思路开放，调查时会发现许多预想不到的收获。所以美国人类学家哈维兰说，人类学家经常依靠直觉和预感。

（二）参与观察的重要性

很多学科都提倡实际调查，宗教人类学的调查与其他学科不同之处还要求研究者参与观察。这种方法要求调查者与被调查者长期生活在一起，甚至忘记自己是调查者身份，甚至将自己做为一个被调查者中的成员，在被调查者的文化氛围中，像他们一样去信仰，去祭祀，表达喜怒哀乐，要达到"浸润"到一个民族之中的状态。美国人类学家 R. M. 基辛说："实地考察是一种深入的洞察。当一个人投身到另一种生活方式之中时，他就会从一个新的角度来透视自己，透视自己的生活方式，透视人性。实地考察是一种深刻的经验，很不舒服，有时甚至令人精神崩溃，但收获却很丰富。……最基本的一点就是要浸润在一个民族之中。人类学家并不研究人类的大量的样本，而是尽可能地进入人类的一个小型群体的日常生活之中。这个小型群体将成为整体的一个缩影。人类学家学习他们的语言并尽力学习他们的生活方式。这种学习是通过参与观察来进行的，即一边观察新的生活模式，一边也以此模式生活。"①

成为宗教人类学家往往应该会说多种语言。例如对东南亚某些民族的宗教仪式很有研究的法国教授雅克·勒穆瓦纳，会说法语、英语、汉语、泰语、瑶语等近十种语言。每当要涉及一个民族的宗教时，他就要花很大精力学习这个民族的语言。在他看来，如果不会应用被研究者的语言，就无法进行参与观察。当宗教人类学家完全浸润到一个民族的生活中以后，有时会与该民族的年轻的女性发生感情而生活在一起，甚至以这种方式使自己真正成为该民族的一个成员。雅克·勒穆瓦纳在泰国做田野调查时便娶了一个泰国姑娘为妻。

（三）田野调查的艰苦性、复杂性

有人以为宗教人类学家是国际旅行家，不仅可以观赏各民族的宗教生活与奇风异俗，还可以与各个民族的姑娘谈情说爱，生活似乎又潇洒又浪漫。其实，田野调查、参与观察的艰苦性、复杂性往往超出人们的想象。

宗教人类学家初到一个偏僻的社区，会经历"文化震

---

① 〔美〕基辛：《文化·社会·个人》，辽宁人民出版社 1988 年版，第 16—17 页。

撼"——对根本不同的文化背景和习俗感到强烈不适应。下面是人类学家查格农在南美雅诺玛莫族做田野调查的一段日记："我已经一天没有吃饭了，大汗淋漓，小虫叮咬，全身涂满了红色颜料，这是那许多剽悍的印第安人对我进行十几次彻底检查所留下的痕迹。这些检查总算结束了严酷的一天。那些印第安人把鼻涕擤到手上，手腕一甩就掉了，再把剩下的揩在头发上，接着就检查我的脸、手、腿、头发以及衣袋里装的东西。"① 显然，印第安人的生活习俗与西方人有很大的差距。另外，因不同文化引起的误解、猜疑、敌意也导致研究者或有情绪低落之时。如当地人认为你的某句话、某个动作侮辱了他，你百般解释却往往误解更深；而一个人独处异乡会被孤独和不安全感所折磨，只有马不停蹄地工作才能暂时忘记这种折磨。

　　艰苦的调查才有厚重的收获，这是笔者经过实践所得出的结论。一九八五年，笔者以教师的身份带着几个学生在湖南省凤凰县调查苗族"打棒棒猪"的宗教活动，工作从活动进行的当天下午四时到第二天上午十时。我们参与其间，不停地观察、拍照、询问、记录、了解每个仪式的象征意义，一天一夜不能睡觉。两年以后，笔者在美国明尼苏达大学作学术报告"苗族打棒棒猪习俗的社会历史透视"②，介绍了自己对"打棒棒猪"活动的调查与研究。会上生活在美国的苗人说，他们至今有"打棒棒鼠"的宗教活动，时间安排、仪式程序、象征意义与中国苗人"打棒棒猪"基本相同。这一方面说明美国苗人继承了中国苗人的宗教传统，另一方面也说明了民族迁徙带来的宗教

---

① ［美］基辛：《文化·社会·个人》，辽宁人民出版社 1988 年版，第 23—24 页。

② 宫哲兵、黄润勇：《苗族打棒棒猪习俗的社会历史透视》，《中南民族学院学报》1985 年第 3 期，第 119 页。

变迁。

二　比较的方法

宗教人类学家在一个民族的村子里，居住一年至数年，进行田野调查，会使他获得许多一手资料。难道调查的目的就仅仅是为了知道这个村子里的奇风异俗吗？不是的，研究者多是希望通过一个村子（个案）而探讨这个民族的宗教，通过这个民族而探讨这个地区的宗教。这就决定了他在田野调查之后必须运用比较的方法，去寻找不同宗教相同和相异的地方。

（一）　两种宗教比较研究

早期西方的宗教比较研究，目的是为犹太—基督教体系的宗教统治地位作辩护。名为宗教比较，实际上是宗教史的研究，近年来称宗教现象学。后来由于进化论的传播而有了宗教进化的研究，由于原始宗教知识的丰富而有了宗教起源的研究，由于科学精神的发达而有了客观的宗教比较研究。

宗教人类学家开始尝试一种新的宗教比较，对宗教的优劣不予评论，平等地看待古往今来的一切宗教。这种研究超越了对一些传播广泛的宗教的崇拜，因而获得了广泛的多样性和相当的独立性。例如接近基督教的人并非总是能够摆脱自己在文化和感情上与基督教的联系，但他们对印第安人、澳大利亚土著人的宗教信仰，倒可能会有一种客观的态度。另外，从比较的方法看，发达社会中的宗教或有太多的外部装饰，或有过于复杂的形而上学论证，或者还有等级分明的僧侣制度，有时这会妨碍人们对宗教本质的认识，而观察质朴社会的宗教，反而可以使研究者认真思考宗教的本质或基本原则以及宗教在人类生活中的地位。

（二）　受控比较方法

宗教人类学的比较方法有两类，一类是受控比较，一类是跨文化比较。受控比较方法考察的是一些在历史上彼此有联系的社会，它可以局限在一个单一的文化或社团之内，比较双方具有单一的文化背景；或局限在单一的民族之内进行比较。如对美洲印第安人不同部落的原始宗教加以比较，又如对中国福建省和台湾省的民间宗教进行比较研究。这种规模较有限度的比较有一个长处，即共同的文化背景使可比性有保障，被比较的宗教有联系并往往属于一个大整体。此外，宗教的一些量度，如仪式、伦理、神话等，可以从功能上加以研究。前面说到，中国苗族的"打棒棒猪"的宗教仪式，在美国苗族中演变为"打棒棒鼠"的宗教仪式，功能上的原因是什么？这就属于受控比较的研究范畴。大量晚近的宗教比较都是属于这一类，虽然它可能的缺陷是眼界较窄，但仍然有许多宗教人类学家运用它。埃根（Eggsn）在《社会人类学与受控比较方法》一文中说："我自己比较喜欢运用小规模的比较方法，因为这种方法对比较的框架做出了尽可能多的有效控制。"[1]

（三）　跨文化比较的方法

这一类比较考察的对象往往是一些在历史上看似彼此无关联的社会，但常常具有整体论的性质。这种研究工作可以在一个大陆内进行，又可以在不同的大陆或民族之间进行，也可以随机在世界范围内进行。研究的目的是利用宗教的形式、结构和过程的

---

[1]　［美］史宗：《20 世纪西方宗教人类学文选》，上海三联书店 1995 年版，第11—12 页。

相似性作基础，建立一些宗教类型和进化序列。泰勒、弗洛伊德、杜尔凯姆（涂尔干）、布朗的工作都属于这一类。这种方法要求研究者不但要了解一种文化的宗教，而且要对不同文化的宗教进行广泛的比较，以寻求"放之四海而皆准"的普遍原理。人类学家惠廷在《跨文化的方法》一文中说，小心选择社会的样本，是这种方法成功的关键。

有的学者主张将上面两种比较方法结合，如埃文斯·普里查得的《宗教》一书认为，要想客观地对整个原始宗教的本质得出一般性的有意义的结论，就应当综合使用受控比较法与跨文化比较法两种方法。以美拉尼西亚人为例，他认为必须首先调查某个部落的宗教，然后与其他几种在文化上与之相近的部落的宗教相比较。此后再对所有美拉尼西亚部落的宗教进行比较研究，还可与其他"后进"民族的宗教相比较。"只有这时，才能对美拉尼西亚人的宗教做出某些一般性的结论"[①]。宗教人类学的比较研究往往很费时，同时也很费力，但往往可以得出一些真正有价值的结论。

（四）与比较宗教学的比较

宗教人类学的比较方法与比较宗教学有什么不同吗？英国圣公会牧师布凯特一九四二年出版了《比较宗教》，他也因此书享有盛名。此书将世界各大宗教一一列出，然后研究各自的发展阶段。此书实际上是宗教史著作，但受他的影响，许多人至今以为比较宗教学就是将各大宗教罗列在一起，叙述它们各自的发展。目前比较宗教学的研究方法，一是两种宗教的比较，先对一个宗

---

① ［美］史宗：《20 世纪西方宗教人类学文选》，上海三联书店 1995 年版，第11—12 页。

教描述和解释，再对另一种宗教进行描述和解释，然后比较。秦家懿和孔汉思的《中国宗教与基督教》、金（W. King）的《佛教与基督教》等著作都属此类。另外一类是宗教某一特征的比较，如铃木大拙的《基督教与佛教的神秘主义》。又如卡普拉（F. Capra）的《道与物理学》，将中国古代老子关于道的学说与西方量子物理学理论进行比较。

以上几例说明，比较宗教学基本上是研究文明社会的制度化宗教，而宗教人类学的比较研究主要针对非制度化宗教，如原始宗教、民间宗教等。一九五八年，雷萨（W. A. Lesa）和福格特（E. Z. Vogt）合编出版了《比较宗教读本——一种人类学的方法》，此书有十个分类：宗教的起源和发展、宗教在人类社会的功能、符号论、符号的分类、神话、祭祀仪式、萨满教、巫术巫技和占卜、死亡鬼神和祖先崇拜、宗教的动态学。从这十项分类的内容看，宗教人类学的比较对象与比较宗教学的比较对象的确有很大的不同。又因为比较对象的不同，决定了比较宗教学会使用宗教人类学很少使用的田野调查的方法和受控比较的方法。另外，现代西方宗教人类学有一个很大的变化，即研究本土（西方社会）的宗教。现代美国社会的宗教是多层次的，有世界宗教，有民族、国家宗教，有新兴宗教和"邪教"，有黑人和印第安人宗教，对这些不同层次的宗教进行比较研究，是现代美国宗教人类学家的重要内家。

三　文化相对论的方法

（一）文化相对论是人类学的基本观点

首先它是一种文化评价观，是对西方中心论的纠正。十九世纪，西方各领域的学者大都认为西方文化是人类文化最高峰，是世界文化的中心，而东方文化和其他非西方文化是衰落的、低级的文化，它们或者改变，或者消亡。只有人类学家反对这种西方中心论看法并提出很有特点的文化相对论。人类学家发现，几乎所有文化都认为自己是全世界最好的文化，自己的社会往往命名为"我们人类"，别人的社会往往命名为"你们次人类"。人类学家说，"西方文化中心论"也不过是这种现象的反映而已。人类学家走访了全球各个角落的各个民族，他们发现，每种文化都有适应环境、满足需求、加强团结、稳定社会等功能，都有它的特定价值。强大民族与弱小民族，文明民族与落后民族，它们的文化在价值上是平等的，人们应该尊重每一种文化。这就是文化相对论的基本观点，是人类学的文化评价观。

通过杂交而形成新品种，是生物进化的一种重要方法。所以生物学家珍惜每一种植物和动物品种，不使之灭绝，因为它们有独特的基因。文化的进步也要通过"杂交"，也要珍惜每一种文化基因。西方文化并不是"纯种"，中国"四大发明"传入欧洲也是形成西方近代文明的东方基因。中国的"造纸术"使欧洲文艺复兴时期的学术发达，中国的"指南针"带来欧洲的航海探险事业发达，才有美洲新大陆的发现。美国的一些现代舞，如迪斯科、霹雳舞都吸收了非洲黑人舞蹈的文化基因。某一种原始部落的文化今天看可能是落后的，正濒临灭绝；但是若干代或若干世纪以后，它也许会成为一种新文化的重要基因，甚至是一种不可替代的基因。西方殖民者过去已"消灭"了一批"后进"种族及其文化，这是人类文化的重大损失。

（二）　文化相对论是宗教人类学的重要方法

西方人习惯于用西方观念去理解异民族文化，结果对异民族文化往往做出错误的描述，得出错误结论。文化相对论主张客观地观察，甚至主张站在被观察者立场上去思考问题，这是一种很独特的方法，有时被称为"主位研究法"。美国人类学家哈里斯在《文化人类学》一书中说："检验主位研究法的记述和分析是否恰当，在于那些记述和分析是否符合当地人的世界观，是否被他们认为是正确的、有意义的、恰当的。在进行主位研究法时，人类学者要努力去获得必要的有关类别和规律的知识，以便能像当地人那样去思考问题，去行动。"① 根据文化相对论的观点，每一种宗教都有它特定的价值，都是一种文化的基因，都应当受到尊重。当人们研究一种宗教时，可以采用主位研究法，即假设自己是这种宗教的信徒，如果从信徒的立场和心理去看待这种宗教的教义和仪式，会有怎么样的感受。与主位研究法相对应的是客位研究法。一个宗教的信徒去研究这个宗教，往往会因为崇拜、信仰、偏爱而失去客观性。客位研究法要求研究者不受自身信仰的影响而采取比较客观公正的态度。

（三）宗教多元论

从文化相对论的观点出发，就会平等地看待世界上的任何一种宗教，这也是宗教多元论的基本思想。宗教多元论者批判"西方文化中心论"，认为"西方文化中心论"的核心是基督教中心论。古代基督教认为，它是由上帝的独生子创立的，因此具有优越性。其他宗教或是魔鬼的产物，或是俗人的产物，或是理性的产物，都无法与基督教相比。但是宗教人类学家发现，每种宗教都宣称自己是"天启"的宗教，是最优越的宗教，这证明世界上没有唯一优越的宗教。人们只能平等地看待各种宗教，没有一种宗教有权超乎其他宗教之上。而且，一个人无论是佛教

---

① ［美］哈里斯：《文化人类学》，东方出版社 1988 年版，第 16 页。

徒、基督教徒、伊斯兰教徒或者是民间宗教的信徒，对多数人来说，这基本上是一个宗教种族性的问题。如果一个人出生在埃及穆斯林家庭，这基本上决定了他一生也许就是一位穆斯林。另外一个人出生在印度的印度教家庭，这大致决定了他一生或许就是一位印度教徒。这个人没有经过选择，而仅仅是因为种族和家庭就信奉了一种宗教，如果他坚持说这种宗教是唯一正确的，是最优越的，显然不能成立。

　　著名宗教多元论者约翰·希克是基督教神学家，但他并不同意基督教优越论。希克在英国伯明翰大学任教授期间，经常参加穆斯林、印度教徒等其他宗教的活动，他体会到其他宗教的感受与自己在基督教中的感受是一致的。于是，他发起了"一切信仰属于一体的人类"自愿团体并任第一届主席。他认为近现代的西欧文明与基督教没有必然的联系，基督教没有促进科学的发展和经济的进步，相反却压迫科学和压抑人性。西方文明是启蒙运动的产物，是古希腊理性探索精神的产物。宗教多元论者提倡不同宗教之间的对话，而反对宗教冲突。他们认为，在当今多元世界的时代，每一种宗教都不是"唯一"，将来也不可能"唯一"。但它们都是"多中之一"，都是对神性的终极实在的回应[①]。

　　二十世纪九十年代，中国大陆已出版了三本《宗教人类学》。一本是国内学者张桥贵、陈麟书合著的，由四川大学出版社1993年出版。一本是日本吉田祯吾写的，陕西人民出版社1991年翻译出版。一本是英国布赖恩·莫里斯写的，1992年今日中国出版社翻译出版。1995年，上海三联书店又出版了《20

---

① 王志成：《寻求宗教间的新和谐》，《世界宗教文化》1996年第5期，第19页。

世纪西方宗教人类学文选》上下册。这都预示着宗教人类学这门诞生于西方的学科，即将来临的新世纪在中国可能会有一个大的发展。本文对宗教人类学的研究方法略加介绍，以期抛砖引玉，引起学者们对宗教人类学的方法展开进一步探讨和研究。

田野调查

中国道商的宗教经济学区位分析[*]

中国道商指中国（这些人还包括港澳台地区与东南亚华侨）信仰道教的商人与企业家。从二○○六年到二○○七年，我们对五十名道商进行了"半结构式"访谈、录音，并整理出访谈文稿。对道商资料的分析，尝试运用了宗教经济学的方法。宗教经济学将宗教视为一个市场，信徒与潜在信徒是需求方，教派、教会等宗教组织是供给方，需求方被划分为六个区位：极端严格、严格、保守、温和、开放、极端开放。与此六个区位比对，中国五十名道商的需求区位大致都在保守、温和、开放、极端开放四个区位之中。供给方提供宗教的产品，需求方消费宗教的产品。消费必定有支出与回报。道商作为从事商业企业的特殊信仰群体，比一般信徒要更多地支出金钱财物，所要求的回报也与一般

---

* 原文刊登于二○○八年北京大学召开的《中国宗教与社会高峰论坛暨第五届宗教社会科学国际研讨会论文集》。

特别说明：

凡本书所引用道商们的谈话，均引自宫哲兵、杨凤岗主编《中国信仰道教商人的信仰与信任——对五十名道商的访谈原始资料汇编》，美国普度大学中国宗教与社会研究中心、武汉大学哲学学院宗教学研究所，2008 年。

信徒不同，往往更多地要求神灵帮助生意与增进信任。从访谈资料看，绝大多数道商对支出的回报是满意的，即认为信教对于生意与信任是有帮助的。调查中发现，一个地区的社会经济越市场化，这个地区的道教经济亦市场化更强。一个地区的道教经济越市场化，这个地区的道商经济就越活跃，表现为道商的宗教参与度高，也表现为道商的经济实力雄厚。这符合宗教经济学的一个原理：市场型的宗教经济优于垄断型的宗教经济。

一　中国道商的基本资料

（一）访谈的对象、方法与内容

第一，道商作为访谈对象的界定。从目前媒体、网络与学术用语中，对于"道商"可以有三种理解，一是信仰道教的商人与企业家，以是否皈依道教为标准；二是信仰道家的商人与企业家，以是否认同哲学家老子与《道德经》的理念为标准；三是信仰道文化的商人与企业家，以是否追求道德、公道、道义为标准。我们这次的研究课题与访谈对象，是第一种定义的道商，即信仰道教、皈依道教的商人与企业家。

对于我们所调查的道商有一个标准，个体户与经营规模太小的商人不在这次调查的范围之内。本次调查所选择的道商，经营规模要有五人（包括"老板"在内）以上，或者在大中型企业中担任中层管理人员。道商访谈对象，不能是专职神职人员如道士，不能是政府官员或公务员，不能是专职学者。

第二，道商信仰与皈依道教的标准。在这些商人与企业家中，怎样算信仰与皈依道教？我们的标准是：一是举行仪式拜道士为师傅的商人与企业家，拜师后往往领有宫观发出的皈依证。二是加入了道教协会，经常参加宫观与协会活动的商人与企业家，其中大部分人领有道教协会的会员证。三是受家庭与父母的影响，在家里或公司里供奉道教神像的商人与企业家，他们每天早晚或者是每逢初一、十五向神像烧香叩头敬拜，自称信仰道教。四是一出生或很小时候被父母过继给某道教神灵或某道士的商人与企业家，他们敬神拜神，自认为是神灵或道士的儿女，自称信仰道教。

第一类适用于中国大陆绝大多数地区。第二、三类适用于福建省漳州、泉州及广东潮州，还有台湾岛、香港特别行政区，东南亚的新加坡、马来西亚等国家和地区。第四类适用于福建省、甘肃省、香港特别行政区、马来西亚等地区。

第三，半结构的访谈方法。结构式访谈是按照事先严格制订好的结构计划进行访谈。特点是访谈过程标准化，取得的资料比较系统，符合预先制订的计划。非结构式访谈又称为随机访谈，事先对访谈范围和计划不作严格规定，而依照访谈对象的实际情况随机决定的访谈方法。

本研究进行的"半结构性"访谈，是进行访谈时，已有预设、有框架、有计划，有一定结构性目标，但真正开始访谈之后，却不过分强调结构性目标，而允许超出框架和预设的交流。例如，在访谈中，要允许访谈对象讲述与访题相关的但有重大发挥的话语。

访谈主导者的心态是开放的，思维是发散的，通过访谈对象"偏题"的讲述，引发直觉，产生顿悟，形成对访谈目的的重新认识与把握。当访谈对象过分"偏题"与发挥时，访谈主导者不能武断地打断谈话，而要用新的提问巧妙地将谈话引回到结构与计划的范围之内。

第四，访谈的内容。访谈的结构计划主要是三个方面，一是道商的个人、家庭、经营的基本情况，二是道商的信教原因、道教信仰与活动情况，三是道商的社会信任与伦理观念，以及信教后对于经营与信任的影响。下面是访谈向道商提出的主要问题：

——请问您是哪里人？在哪里上的学？您学的什么专业？

——您现在的生意是哪方面的？生意规模有多大？您在公司的职务什么？

——您是什么时候信教的？您的正式皈依是什么时候？什么形式的皈依？

——您是如何处理工作中的人际关系的？包括跟同事、上下级、客户等的关系？

在这些关系中，你怎样决定信任、或不信任、或在多大程度上信任对方？

——在这些关系中，如果是至亲更可靠吧？如果是跟您有相同信仰的人更可靠吧？

——如果您刚参加完宗教活动，或做完宗教仪式（比如祈祷、读经），是不是更有可能相信人呢？

——您现在都参加哪些宗教活动？参加宗教集体仪式（礼拜、讲法、法事、读经，等等）吗？参加个人宗教仪式（祈祷、修炼、打坐、气功，等等）吗？

——您相信哪些神灵、鬼魂、超自然力量？您有过哪些神秘体验？

——您所相信的神（上帝、佛、道、神灵）（在您看来）是否有求必应？是否赏善罚恶？你相信因果报应吗？

——在您看来，由于信仰要求，您怎样对待他人？您的信仰有哪些戒律戒条？您的信仰在对待他人上有哪些原则？

——您觉得个人的信仰在哪些方面对您的工作或经营有帮助？您觉得您的信仰对于您信任他人有什么影响？

（二）道商的分布

第一，中国道商分布的特点。当代道教信徒在中国大陆的分布，官方与道教协会均没有公布相关的数字。根据笔者多年田野调查，南方总体上说比北方的信徒要多。例如湖北、四川、江西、江苏、湖南、广东、福建等省都是当代道教大省。而历史上的道教大省，如山东、河南等，如今道教信徒反而人数相对不多。

道商的分布也是这样，总体上说，南方多于北方。道教大省，往往道商的数量多一些。湖北武当山、四川青城山、江西龙虎山、江苏茅山、湖南衡山、广东罗浮山等，是当代道教著名的"洞天福地"。在这些道教"圣山"周边的城市，道商相对活跃一些。例如在距离武当山不远的武汉市、随州市，道商的数量与素质都相对符合我们的选样标准，是这次调查访谈的重点地区。

中国大陆，尤其内地，几乎所有道商都要经历拜师的皈依仪式，所以大多数道商都围绕在著名道教住持的周围。以我们所选择的武汉、随州为例，大多数道商是三位著名道教住持的徒弟。第一位是湖北道教协会会长、武汉市长春观住持吴诚真（坤道），她自称收徒弟有千人以上，其中道商大约有百人以上甚至更多。第二位是湖北省道教协会副会长，武当山道教协会会长李光富住持，由于占据"洞天福地"的优势，他的道商弟子可能也有近百人之多。第三位是湖北省英山县"南武当"的住持、道教武术大师游玄德，他在海内外广收弟子与道商，其数量与素质不亚于吴诚真、李光富两位道长。

第二，漳州一带的道商分布最多。在中国大陆，道商数量最多的地域，无疑是福建漳州与广东潮州一带也就是闽南粤东交界之处，仍然没有官方的数字，但有笔者田野调查的亲身体验。在漳州市，可以看到商业区的大多数商家、商场里都在显著位置上布置了神龛。神堂里供奉着三位一体的神像，他们是财神、土地神与观音。这三个神灵被商家做成一个整体神龛，很多商人买了以后供在家中与单位。这个地区道教的主神是玉皇大帝，地位高的道商，往往举办仪式，隆重地供奉玉皇大帝。

中国台港与东南亚国家的道教主要是从漳州、潮州一带传过去的，因此这些地区与国家的道商，与漳州或潮州的情况比较接近。一是道商数量多，二是拜师不是必须条件，三是参加道教协会的多，四是因家庭影响供奉道教神灵的多。

第三，以道教协会、道教文化机构为中心分布。漳州一带的道商，不像湖北、四川等内地的道商，必须举行拜师仪式。据漳州道教协会会长张柏均告诉笔者，在这里，多数道商的皈依是另外两种形式。一种是参加道教协会，他们领取了会员证相当于皈依证。另一种是家传的方式，某商人或企业家祖祖辈辈都信道教，家里与办公室都供奉着道教神像，每天早晚敬神，或者每逢初一、十五早晚敬神，这样的商人与企业家就是道商。

漳州有位道商认为，拜师仪式不利于吸收政府高级官员、高级知识分子、大公司经理人才加入道教。当前道士文化水平总体偏低，高级人才如果必须对某道士行三叩九拜的拜师仪式，则进入道教者少。有一个道教住持成功地将一名政府高级官员吸收入道教。她的方法是，请此人拜自己已死去的师傅为师，这样这名政府高级官员与自己成为师兄妹的关系，也没有举行公开仪式。有一位文化型道商，自称拜南宗道士"青龙山人"为师傅，皈依了道教。其实，这个"青龙山人"就是太上老君的代号。这位道商认为，皈依道教不一定要拜某道士个人为师，如果你修行到位，太上老君会来指导你，你感觉得到他，即可拜师。

中国香港、中国台湾及新加坡、马来西亚等处的道商，情况与漳州潮州相似，大多没有拜师仪式。香港的道商，不拜某个人为师，而是拜道教祖师。在这样的地方，道商的分布，不是以宫观或住持为中心，而是以道教协会、道教文化机构为中心。

中国道商的分布特点，一是以漳州、潮州一带沿海地区最多。二是湖北、四川、江苏等内地道教大省其次。三是道商往往分布在道教名山周边的城市。四是道商往往围绕在道教著名住持身边做他们的弟子。五是漳州、香港、台湾、东南亚华侨中，许多道商围绕在道教协会、道教文化机构周围。

第四，五十名道商的统计资料。

大陆：湖北省有二十名，福建省有十一名，湖南省二名，甘肃省一名，北京市一名，广东省一名，四川省一名，辽宁省一名。

中国香港：二名。

中国台湾：台湾省籍道商三名，他们分别在湖北、广东、福建工作。

马来西亚：华侨六名。

新加坡：华侨一名。

（三）道商的经营种类

有几项生意与道教文化有着密切关系，特做简要说明。

第一类，制药业与道教。

道教文化重视生命，追求长生不死成为仙人，追求以中药治病养生，因此从事制药、保健业的道商比较多。在五十名道商中，中国最大的道商薛某创建成都某集团，是生产与销售中药产品的公司。张某是武汉某保健咨询有限公司董事长，公司从事保健与养生业务。李某是马来西亚某医药厂总经理。张某是马来西亚某中成药厂的董事长，洪某是该厂的董事。陈某是北京市某文化发展有限公司董事长，他创办了一份养生杂志《益生》月刊，每期发行三千至五千份。

第二类，房地产业与道教。

近几十年来，中国房地产与建筑业很兴旺，房地产、建筑业与道教风水关系密切。接触道教风水文化多了，有些商人与企业家因而信仰了道教。在五十名道商中，房地产与建筑业的老板比较多。如武汉的陈某、欧某、蒋某，后者资产上亿元；如台湾的吴某，马来西亚的李某，前者资产上千万元，后者资产上亿元；漳州王某与黄女士从事建筑业，武汉罗某从事建筑材料的销售；湖北咸宁蒋某经营建房与道教山庄。

第三类，道教用品企业。

有一种经营与道教关系特别密切，就是道教用品的经营。在五十名道商中，武汉的盛某经营道教与佛教的用品，如道士僧人的服装鞋帽、道士僧人做法时用的各种法器，看风水的罗盘，道教佛教的各类神像等。漳州林某是漳州市林氏某香厂的经理，生产与销售祖传的敬神龙香。杨某是新加坡某纸张私人有限责任公司董事长，公司专门生产道教佛教敬神用的黄纸、冥币等宗教用品。香港萧先生，他的公司生产销售道教佛教神像，设计宫观庙宇，在大陆的生意做得很成功。

第四，五十名道商的统计资料。

房地产与建筑业：九人。制药厂与保健业：六人。宗教用品制售业：四人。其他各行各业：三十一人。

（四）女性道商特点

第一，道教重视女性。中国道教相比其他宗教的一个显著特点，是重视女性。而其他宗教则不然。如在天主教中，女性不能担任神父。道教中，女性可以担任著名宫观的住持甚至于可以在当前担任省级以上道教协会的会长。这次调查访谈道商，接触到许多道教界的女性领袖人物。如青城山道教协会会长、建福宫当家住持张坤道，人称"张二哥"。武汉市长春观住持、湖北道教协会会长吴坤道，长沙市陶公庙住持、湖南省道教协会副会长周坤道，中国道教协会副会长兼湖南省道教协会会长黄坤道。

第二，女性道商的特点。女性道商的特点，是信仰显得尤其虔诚，特别感性。漳州黄某道教居士，一个造纸厂的经理，家庭顶楼上设有神堂，供奉着玉皇大帝、财神、土地等神灵。被采访时，她要求在神堂举行，以为神可以看见也可以听见。黄经理不论厂里的业务还是家庭小事，一切要请求神，神让怎样做就怎样做。比如很多单位来买纸，往往是先取货后付款。签协议前，黄经理要来神堂烧香拜神打卦，打卦的结果是可以做成，就签协议，否则就不签协议。黄某说，过去厂里凡事不请神不打卦，业务做不好，受骗上当多。谈到神秘体验时，黄某又紧张又兴奋，一边哭一边讲，哭了半小时以上。

相比男性道商，女性道商更有神秘性，更具非理性色彩。武汉甘姓道教居士，是一个农业科技园的董事长，她说每次招聘职工时，她都要从侧面了解应试者的出生年份，从年份知道此人的属相，然后在心里盘算这一属相与自己的属相是相克还是相生。属相相克者表示此人将来会在工作中与自己冲突，相生者表示此人将来会在事业上与自己合得来。漳州的黄女士是建材商，她经常与鬼神"打交道"。她说："睡觉的时候，这个神就在我身边、和我说话，十几年了。""我们信菩萨，看到鬼了，鬼也不敢来；看到了鬼，也不怕。我有一次到汕头那边，晚上睡觉的时候看到鬼跑出来，我也不怕，我就念观音菩萨，它自己就退掉了。"

男性道商求财欲望特别强烈，女道商求情、求静、求道比较多。长沙市的邹某说："我现在觉得钱是身外之物，其实都无所谓的。……感情比钱还要重要啊！"长沙市的陈某说："悟道，这比你得到一万、两万块钱都要兴奋，要舒服，因为这用钱是买不到的。钱这个东西我觉得够用就行了。做什么事情只要你快乐就行了。"

第三，兼做乩童的女道商。马来西亚的张某是小型中药厂的负责人，信仰道教。她一方面主持企业的工作，另一方面又在道教活动中担任乩童的角色。福建、台湾及东南亚国家的道教活动中，乩童起重要作用，信徒大多围绕在乩童周围。乩童年龄可大可小，利用业余时间活动，一般具有特异功能。她可以透视人的身体，发现人的疾病原因，为病人治病。她在宗教仪式中请神上身，上身后人变得癫狂，不怕刀砍火烧。她"替"神说话，说话的语言是平时不会说的。乩童在道教信徒中威望很高，在道教仪式中是中心人物，她有神秘能力，能预测吉凶祸福，道教信徒深信不疑。

张某说："我为什么会对道教这么忠心。因为经常会在梦中得到指点，会知道要发生什么事情。大圣和观音都有，16岁的时候观音真真地显现在我面前，是一个很漂亮很漂亮的女人。她不会和我说话，但会和我产生心灵感应。而大圣就会说出来。也会显现出它的形象来，但跟我们电影上显现的形象不一样。有点像人猿。"

第四，五十名道商中的性别统计参与。

调查的五十位道商中，女性有九位，占百分之十八，比例是比较高的。她们的年龄最小为三十岁，最大为六十五岁，其余七人都是四十至五十岁的中年人，应该说很具有代表性。她们的学历，四人为大学或大专，二人为中学或中专，三人为小学或无学历。

（五）五十名道商的其他各类统计资料

第一，年龄（大约）：三十至三十九岁：六人。四十至四十九岁：二十二人。五十至五十九岁：十四人。六十岁以上：八人。

第二，学历构成高学历：博士，一名；硕士，三名；大学本科，二十一名。中等学历：大专，三名；中专与中学，十六名。低学历：小学与无学历：六名。

第三，家庭状况有家庭：四十四人。无家庭：六人。其中四人未婚，二人离婚，尚未再婚。

第四，经营规模（大约）。按人民币计算的资产分级如下：超过五亿元：一人；超过一亿元：三人；超过一千万元：十一人；超过一百万元：十人；一百万元以下：二十五人。

第五，皈依时间：二〇〇〇年以前：十一人；二〇〇〇年以后：二十五人；从小拜神至今：十四人。

第六，信仰的神灵：道：九人；老子或太上老君：九人；财神：八人；三清、玉皇等其他神：二十六人。

二　道商的区位划分与特征

（一）区位是信徒需求的市场分型

第一，保守型、温和型、开放型、极端开放型。美国的罗德尼·斯达克和罗杰尔·芬克教授说："区位，是共有特定宗教喜好（需要、趣味和期待）的潜在的信徒市场区段。"① 两位教授将信徒与潜在信徒划分为六个区位：极端严格的、严格的、保守的、温和的、开放的、极端开放的。被访谈调查的五十个道商，与此六个区位比对，全部分布在保守、温和、开放、极端开放四个区位之中。

第二，缺少严格型、极端严格型的区位。为什么中国道商只有保守型、温和型、开放型、极端开放型，而没有严格型、极端严格型呢？严格型与极端严格型又称基要派、极端派或狂热派，这些信徒"对于世界只有有限的兴趣，他们试图尽最大可能地定睛在超自然上，……拒绝世俗的享受与快乐"，"他们生活的决心完全由宗教信仰来指导，……经常涉及一些相当的牺牲与羞辱。"②

中国道商对神的委身程度不够高，没有达到最高两级区位的狂热程度。与此相关联，中国道商的宗教排他性较弱，许多道商自称佛道"双修"，或者自称"三教合一"，或者自称所有的神都相信。严格型与极端严格型的信徒常被人们称为宗教狂热分子，他们是属于愿意为宗教牺牲生命或人格受辱的人，这在无神论者占绝大多数的中国，在世俗化程度较高的道教信徒中，是很难产生的。

下面对以上四个区位逐个进行分析，分析的内容包括宗教经济学对于这个区位的界定，这个区位道商的特点，这个区位道商的代表人物等。

---

① ［美］罗德尼·斯达克等：《信仰的法则》，杨凤岗译，中国人民大学出版社2004年版，第349页。

② 同上书，第261页。

（二）保守型道商

第一，宗教经济学的保守型特征。在宗教经济学中，保守型区位的人是这样的："这里的人们相当严肃地对待他们的宗教，愿意因为信仰而经受一定程度的牺牲和羞辱。例如，他们遵守很多行为禁戒，比如不饮酒，不跳舞，不赌博，不吃某种食物等。他们倾向于花很多时间在宗教活动上，并且经常用他们的宗教来指导自己的日常生活。"①

第二，道商的保守型特征。道商中的保守型，是指那些在生活、生意、思想、行为方面，一切听命于神的旨意的商人或企业家。这个类型的道商，花很多时间用于敬神、拜神与举办各种宗教仪式。他们在生活与生意上，完全听从神的意志。如何得知神的意志呢？他们运用道教法术，如算卦、预测等。他们严格遵守戒律，不饮酒，不赌博，不跳舞等。他们积极地参与道教活动，对神灵的委身程度日益增高。

第三，代表人物黄某。福建省漳州市的道教居士黄某是保守型的代表人物，她是一个家族造纸厂的经理，漳州市道教协会会员。她家顶楼上设有神堂，供奉着玉皇大帝、财神、土地等神灵。被采访时，她要求在神堂举行，因为在神堂里谈话，神可以看见也可以听见。谈到神秘体验时，黄女士又紧张又兴奋，一边哭一边讲，哭了半小时以上。

在谈到神灵时她说："我是一生下来就对我们的神有种很直接的感应的，我的妈妈是在庙里做乩童的，所以我对神的感应很强烈，神也给我许多的指示和指引。可以说，我一出生就跟神有

---

① ［美］罗德尼·斯达克等著，杨凤岗译：《信仰的法则》，中国人民大学出版社 2004 年版，第 260 页。此处译稍做改动。

了直接的关联和感应。我觉得从自己出生的那一刻起，我就和道教、和我们的神结下了不解之缘。我们家里的人一直是道教的虔诚的信徒。从我父母那里开始就是，他们每天的行为影响和感化了我们。同时，我自己本身对神的体验和感应以及我妈妈对神的感应，跟神对我们一家的照顾和帮助，都使我们信奉了神明，信仰了道教。"

在谈到神秘体验时她说："晚上我有时可以听到神的声音，神对我会有指示。有时第二天预期收钱，头天晚上神说你明天收不到钱。我们第二天早上会对神有一个诚恳的仪式，请他帮助我们，如果我们的心愿很大，神也会帮助我们的。我从小有一种预知能力，是神给我的，家里遇到大事，常请我作法。我向神祈祷，不停地祈祷，最后我会预知一些危险，并想出解决的方法。"

黄还说："我们是怎么知道神的旨意的呢？我们会通过一种仪式来问神，从结果中来体察神的意思。这种仪式就是打卦，通过打卦我们可以知道神的旨意。我们这里用的是牛角卦，是用竹根做成的，一头尖，一头圆，形状像牛角，所以称牛角卦。卦有正面有反面，问神时双手合十，心里默念问神的问题。将两个卦板一起丢下地，如果两个都是正面，为阳卦，表示神不同意；如果两个都是反面，为阴卦，表示神基本同意；如果一正一反，为圣卦，表示神完全同意。"

（三）温和型道商

第一，宗教经济学的温和型特征：在宗教经济学中，温和型区位的人是这样的："他们是经常的崇拜者，其经历发展到跟超自然形成的一种相对密切的关系。他们所理解的超自然是一个有为的，有意识的和人格化的。他们时常祈祷，并且是在明确的方面祈祷。然而，他们不想要一个特别严格的信仰———一个有很多义务和禁忌的信仰。"①

第二，道商的温和型特征：道商中的温和型，是指那些对道教神灵深信不疑并主导自己生活、生意的商人与企事业家。他们积极参与宫观的宗教活动，相信神灵能够赏善罚恶，对神灵有很多的精神付出与金钱奉献。他们中间也有人用法术探测神的旨意，但对于预测结果并非全信，也并非完全执行。这个类型的道商，比较肯定信教对于经营的帮助，也比较肯定信教对于增进信任的帮助，包括人际信任与商业信任。为了还愿神灵，他们更加积极地烧香叩拜，捐款捐物，为宫观做"功德"。

第三，代表人物甘某：武汉市某农业新体系产业科技园董事长道教居士甘某是这个类型的代表人物。她是一个对神非常虔诚、非常信仰的企业家。一九九二年，她个人的事业与家庭（丈夫发生车祸）都遭受重大打击，此时她遇到了后来成为她的道教师傅庞某。跟庞师傅修道数年，甘皈依了道教。师傅教给她做人、做生意的道理，还教给她一套预测法术。师傅过世后，她又拜长春观的住持吴某为师傅。

她信仰的道教神灵是太上老君、玉皇大帝、财神、吕祖（吕洞宾）等，每逢这些神灵的生日都要去宫观参加相应的斋醮科仪活动。

关于报应，甘某说："我觉得善心和恶意很快很明显地马上就会有回报的，这样的事情在我的身边发生了许多。"甘某在做某一笔大生意之前，曾到长春观去祈求神的保佑，并许愿若达到目标一定还愿五万元。后来这笔大生意真的做成了。她也履行诺

---

① ［美］罗德尼·斯达克等：《信仰的法则》，杨凤岗译，中国人民大学出版社2004 年版，第 260 页。此处译文稍做改动。

言，向神灵谢恩，同时带了五万元，给了宫观。可是同去的老公不让她给出五万元，只让给三万元。就因为这样，从那以后生意不顺，老公还遇上了车祸。她认为这是神的惩罚。

关于预测法术，甘说：“这些灾难我可以预知，是用卦算的，摇的一个六摇，三个铜钱，摇了以后再看卦象，不对卦辞。有一度我的卦辞，我的都背下来了，可以不对。只要卦象一出来，一看就清楚了。当时就是这个状况，其实我老公车祸这次也是用卦摇的。”

（四）开放型道商

第一，宗教经济学的开放型特征：在宗教经济学中，开放型区位的人是这样的：“在这个区位的人们想要真正的宗教，但是他们想要的是在牺牲奉献上非常从容那种宗教。……他们相信一个有为的超自然，但是认为它是非常弥散的和愉悦的。例如，在基督徒中，这个区位的人倾向于相信有天堂，但是拒绝相信地狱。他们不希望他们的宗教设置比世俗世界更严格的道德禁忌。”①

第二，道商的开放型特征：开放型道商，是指那些相信道教神灵但不相信神对人类发生具体影响的商人与企事业家。他们不认为神可以有求必应，帮助他们发财。发财要靠人的努力与遵循规律。他们不因为某人与自己同一宗教信仰而增加人际信任与商业信任，认为信教与生意是可以分开的。

值得注意的是，这一类型的道商重视“道”在自己生活与生意中的主导作用。道是道教的最高信仰，但它与其他神灵相比

---

① ［美］罗德尼·斯达克等：《信仰的法则》，杨凤岗译，中国人民大学出版社2004年版，第259页。

是无形无人格的，可以视为"泛神"。泛神可以理解为比一般神灵更广泛更为重要，但因为其无形无人格也可以理解为不是神。神是神秘的，道是神圣的，神秘的神与神圣的道，都可以与世俗社会形成张力。

第三，代表人物薛某。四川成都某集团的董事长薛某被称为"中国第一道商"，因为可能他是中国资产最大的道商企业家，其固定资产和流动资产达五亿元人民币。二〇〇三年他荣登美国"福布斯"统计的中国百名富商名录，二〇〇四年被评为中国第七名慈善家，二〇〇五年被评为中国最有影响力百人中的第九十四名，二〇〇六年他的慈善捐款达三亿元人民币，成为中国西部慈善家第一人。

薛某是开放型的代表人物，他一九七九年追随道教师傅李某，皈依了道教。师傅给了他一些中医秘方，用这些中医秘方他生产出在市场极为畅销的一些产品。在他的信仰结构中，既有道教的神灵，又有道的信念。他总结自己"以道治厂"的经验，写有专门的一本书。

薛某供奉道教祖师老子的塑像。他说："我在道教发源地——鹤鸣山的'道源圣城'建了一座'万圣宫'，把孔子、老子、释迦牟尼佛供在大堂中央。"对于老子的崇拜，薛某重视的是道而不是神。修建万圣宫，他重视的是文化而不是宗教。

道教的主神是"三清"，具体地说是原始天尊、灵宝天尊、道德天尊。中国大部分的道教宫观中，都在主殿供奉这三尊神像。薛相信三清，但他的理解与一般道教信徒不一样。他说："三清指的是自己的元神。"元神是道教中的一个重要概念，大约与西方宗教的"灵魂"概念很接近。

是不是还要朝拜宇宙之外那个最大的元神呢？薛认为没有必要朝拜："拜自己的心性就可以了。时常检讨自己的心性，不要有任何的欲望，这就够了。"如何看待拜神敬神？薛认为，尊敬神也就是尊敬自己。他说："敬神佛就是修心性，休息心性无非就是不乱贪、不乱想、不乱念。这些做到了就做到尊敬自己了，同时身心健康、延年益寿。当一个人的心性得到升华，就可以和神佛同处、与自然结合在一起，这难道不是尊重自己吗？"

（五）极端开放型道商

第一，宗教经济学的极端开放型特征：宗教经济学认为，极端开放型区位的人是"从张力最低的一端开始，即在宗教与哲学的分界点上开始"，"在这里我们发现人们几乎完全不想要宗教。重要的是他们不太愿意做无神论者或存疑论者，但是他们将只会接受一个非常遥远的和无为的超自然观念（我可以想象有某种更高的力量在宇宙中，但不是一个人格神）"。[①]

例如二十世纪的基督教自由主义神学，否定道成肉身、耶稣复活等神迹，主张神就是自然的泛神论。这种泛神论对上帝的理解，某种意义上说就是"道"。相对于保守型的"唯神是从"，极端开放型信奉"唯道是从"。

第二，道商的极端开放型特征：道商中的极端开放型，是指那些信仰"道"超过信仰道教神灵的商人与企业家。他们认为道是超神、泛神、无人格神，或者认为道不是神而是规律，所以他们常自称无神论者，有些人甚至公开反对烧香叩拜神灵。道是老子在《道德经》中最早提出的概念，介于哲学与宗教的分界点上。极端开放型道商在信仰道的同时，也信仰老子与《道德经》。

---

① ［美］罗德尼·斯达克等：《信仰的法则》，杨凤岗译，中国人民大学出版社2004年版，第258页。

　　他们运用《道德经》与道的智慧管理企业，并且深信企业的成功来源于"道"，有些成功者还做了"道与企业管理"一类的讲演，或出版了这一类的著作。对于与自己一样信仰道教的亲朋好友或企业家，并不增加信任。但他们信任同道、合道、信道的人，因为道本身就有道义、公道、道德的含义。

　　第三，代表人物陈某。笔者很早就听到一个未经证实的传说，香港某观道教联合会原副主席陈某，出版了一本书，国家某重要领导人访问香港时，陈某将这本书当面赠给他。据说这位重要领导人回到北京后，读后比较欣赏，让秘书寄钱给陈，买了几十本，送给当时的其他国家领导人，一人一本，请大家参考。后来笔者做道商调查课题，将他列入了访谈者名单之中。访谈时，他离开了某道观，目前是香港某投资有限公司的总经理、世界道学文化出版有限公司的社长，本研究课题把他作为极端开放型的代表人物。

　　陈某从小入教，是神的"干儿子"。他说："我小时候多病而家里又很穷，我母亲就把我过继给天后娘娘，所以我叫林生，奇怪的是我过继之后身体就好了，病就少了。"从这个时候开始，陈某与他母亲一起，一直信仰道教的神灵。长大后他曾到英国餐厅做服务员工作，回来香港后帮父亲做药材生意。一次特殊的经历，让他进入信仰的第二阶段。

　　他说："从英国回来之后，有一天到一个仙馆看到了道书，《道德经》里写'道可道，非常道'，这句话，就觉得《道德经》这本书很了不起，我怎么以前没看过呢？很厉害，我就崇拜了这个《道德经》这本书，开始研究它。"

　　从那次经历开始，后来在他看到《道德经》的仙馆他举行了皈依道教的正式仪式，那是一九八七年，第二年，又在香港另一道观道教联合会再次皈依道教。

陈自称"无神论"，只崇拜道与《道德经》。他说："我只念《道德经》，其他的我不读，我讲到底还是个无神论者，捉鬼画符的东西我不是。就像邓小平说的，我是中华民族的儿子，我要为中华民族做事。我的一生死到最后一口气，我也是中华民族的儿子，我要为他尽一点力量，我是道教信徒，我到最后一口气，也要以《道德经》为善终。"他还说："我在年初二拜年的时候，就把《道德经》拜上，我要诚心诚意为《道德经》奉献一生。我天天行道想道，我希望天下人都高兴，不要有悲哀的家庭。"

陈只信仰一个神，即太上老君。他说："我每天都要拜太上老君。我每天早上都上三炷香，摆点茶。"又说："我没有什么特别的体验，但做过梦，在陕西楼关台梦到太上老君，说我跑到哪里，怎么干都会成功的，所以我感到我的事业也都是成功的。"

因为信仰老子，他不吃牛肉。他说："我不吃牛肉，因为老子骑在牛上，感到牛一生很辛苦，死了皮肉什么都可以用，我还提议给牛超度。"

在美国，极端开放型信徒，"将只会接受一个非常遥远的和无为的'超自然'观念（我可以想象有某种更高的力量在宇宙中，但不是一个人格神）"①。这个非常遥远和无为的超自然观念，非常接近中国的《道德经》之"道"。老子常用遥远与无为来形容"道"。老子说："吾不知其名，强字之曰道。大曰逝，逝曰远，远曰反。"② 这是形容道的遥远。老子又说："道常无为，而无不为。"③ 这是标示道的无为。中国道商中陈某这种类型的，信道超过了敬神，他们是名副其实的"极端开放型"。

---

① ［美］罗德尼·斯达克等：《信仰的法则》，杨凤岗译，中国人民大学出版社2004年版，第258页。

② 老子：《道德经》第二十五章。

③ 老子：《道德经》第三十七章。

（六）对四种道商类型的分析

第一，委身与张力程度递减：美国的 R. 斯达克和 R. 芬克教授将信徒与潜在信徒划分为六级区位，他们发现从极端严格型到极端开放型，信徒对神的委身是递减的。中国道商也是这样，从保守型、温和型、开放型、极端开放型，道商对神灵的委身程度也是递减的。

"张力是指一个宗教群体与外部世界之间的区别、分离和对抗的程度。"[①] 据宗教经济学研究，高张力的宗教群体相比低张力的宗教群体更有活力，信徒的参与度高，是宗教发展的重要动力。从极端严格型到极端开放型，宗教张力是递减的，中国道商也是这样，从保守型到极端开放型，宗教张力是递减的。

第二，开放型与极端开放型的道商数量多。两位教授还认为，在六个宗教需求区位中，保守型与温和型的信徒与潜在信徒数量最多。从笔者的访谈中发现，所选的五十名道商中，划分在开放型与极端开放型中的最多。这两个区位的道商仍然很有宗教活力，企业成功率也普遍高于保守型与温和型。

第三，道商敬神也信道。为什么是这样呢？调查时曾提出一个假设，因为道教的信仰有一个重要特点，是既信仰神，又信仰道。道商有的以敬神为主，有的以信道为主。以敬神为主的，有保守型、温和型。以信道为主的，有开放型、极端开放型。中国改革开放以来，道教界的总趋势是回归于信道，认为在信仰上道高于神。这个趋势也会影响道商，使开放型与极端开放型的道商很多。

---

① ［美］罗德尼·斯达克等：《信仰的法则》，杨凤岗译，中国人民大学出版社2004 年版，第 346 页。

从保守型、温和型、开放型、到极端开放型，道商对神灵的委身程度是递减的，道商对社会的张力是下降的，但道商对"道"的信仰程度是递进的。这就是说，道商的宗教热情并不会因为对神的委身程度下降而减弱，相反他们会因为对"道"的追求而宗教热情升高，事业成功率也增高。

三 宗教经济学的分析

（一）宗教经济学与中国的宗教市场

第一，宗教是市场，中国是宗教大市场。宗教经济学是宗教社会学研究的新方法，当前的代表人物是美国的 R. 斯达克和R. 芬克教授，代表作是这两位教授的著作《信仰的法则》。宗教经济学认为宗教也是市场，可以运用经济学的方法研究。中国人口数量世界第一，宗教信徒数量逐年增加，目前信教人数已超过一亿。中国无疑是一个宗教大市场，正如中国是一个汽车消费大市场、电影消费大市场一样。

第二，宗教组织竞争宗教市场的占有率。有市场就一定有竞争。中国年轻人的信仰市场由"文化大革命"（一九六六至一九七六年）前的几乎单一型转变为当前的几乎空白型，大多数年轻人处于无信仰状态。这种状态引起国内外宗教组织高度的商业敏感并纷纷前来抢占"市场"，正如汽车生产公司、电影生产公司抢占市场一样。基督教是全球最大的宗教"公司"，不仅历史文化悠久，经济实力雄厚，而且组织机构严密，传教意识强烈，目前它对中国宗教市场的占有率最高。道教是属于本土的、民族的宗教"公司"；佛教虽来自印度，但与中国文化已有很高程度的融合。改革开放以来，这两个本土宗教"公司"有了很大的发展，对中国宗教市场有较高的占有率，并且逐年提高。

第三，宫观好像是宗教市场。中国目前是经济转型时期，国家计划经济转型为相对的市场经济。中国的宗教经济也发生了转型，正在向市场经济型转变。道教宫观与道士完全自养，国家不再发经费。每一个宫观都有大量的经济活动，宫观的住持是经济法人，好像是一个公司的"经理"。有的"经理"善于经营，市场化程度高，宗教产品比较优秀，宫观就有活力并发展很快。每一个宫观好像是一个宗教市场，信徒们来这里有宗教活动的需求与精神信仰的需求，道士们以斋醮科仪满足他们的宗教活动的要求，以布道讲经或组织信徒祈祷、念经满足他们的精神信仰的要求。

第四，武汉市某观的经济活动。武汉市某观是全国道教十大丛林之一，是湖北省、武汉市道教协会所在地。没有接受国家财政支持，全靠自养。据调查，宫观的收入主要有下面十二项：门票费；香火费；功德费；灵塔费；宫观房屋出租费；经营收入，如素菜馆、茶艺馆等；弟子供养费；居士布施费；道场科仪费；宗教及其文化用品出售，如经书、道学书籍、法具、法衣等；企事业捐助费；沿海与海外化缘费。

宫观的主要支出有哪些呢？

其一，人员的开支。有每月的生活补贴，吃穿用的支出，看病的支出等。其二，宫观的费用。宫观维修保养费，建设费，水电气，办公用品等。其三，道场法具与科仪费。香、油、灯、道冠服饰、锣鼓等。其四，交际、交流、教育费。接待来往，开会研讨，办道教培训班等。其五，社会慈善费。救济救灾，支援孤寡老人，助学助贫等。

现在当一个好的宫观主持，不仅要信仰坚定，坚守道行，熟悉经书，还要能经营、善管理，创造经济收入，维持宫观的收支平衡。在武汉市附近天台山上的宫观，曾经很兴盛，后因住持不善经营，人走楼空，并且被佛教改为庙宇了。

第五，宗教市场的需求方与供给方。R. 斯达克和 R. 芬克教授说："宗教经济是由一个社会中的所有宗教活动构成，包括一个现在的和潜在的信徒'市场'，一个或多个寻求吸引或维持信徒的组织以及这（些）组织所提供的宗教文化。正如商业经济可以区分为供应因素和需求因素，宗教经济也可以作这样的区分。"① 有市场就应有需求与供给。需求方是宗教信徒与潜在信徒，他们需要神灵与崇拜，需要经典与学习。供给方是各类宗教组织，供给神的形象物与照片以及崇拜神灵的场所与方式；还提供经典以及宣讲经典的场所与活动等等。在转型时期，宗教信徒的需求相比过去更大，更多元，更现代，一个宗教组织所能供给的宗教产品在数量、质量以及选择性方面如果不能满足市场需求，它就有可能减少市场占有率或被市场所淘汰。

第六，道教是"国产品"。中国宗教信徒与潜在信徒目前主要在五大宗教组织即五个宗教"供给商"中选择消费，它们是基督教、天主教、伊斯兰教、佛教、道教。这五个"供给商"中只有一个是"民族公司"，即道教。"民族公司"应该具有更多占领本国市场的优势，但可惜它的市场占有率大概排名第五。道教如果能够在提高自己的宗教产品的质量等方面有所努力，它会发展更快，竞争力更强。提高产品质量需要有资金，道教目前的"生产资金"、"流动资金"都显得不足。

第七，道商对宫观的捐款。为了提高宗教产品的质量，就需要有更多的生产资金。根据我们的调查，道教大多数宫观的资金严重不足。武汉市长春观一年的收入，与武汉市佛教归元寺相

---

① ［美］罗德尼·斯达克等：《信仰的法则》，杨凤岗译，中国人民大学出版社2004 年版，第 237 页。

比，同在一个城市的长春观，其年收入只是归元寺的十分之一甚至更少。为了解决资金不足的问题，各宗教组织都采取了多项措施，其中一项就是吸收更多商人与企业家皈依信教。而商人与企业家在这个特殊转型时期往往人生大起大落，生意也往往兴衰无常，他们中间许多人渴望得到神的保佑。相互的需要使他们走到了一起。根据我们的调查，目前每个宫观的住持身边都有一群皈依的商人与企业家，即道商。宫观重大维修与开展重大活动时，离不开道商的捐款。道商是道教信徒中一个特殊的群体，相比一般信徒，他们对金钱有更多的欲望，对金钱更多地占有，对宗教组织有更多的财物奉献，渴望神灵对他们的赚钱有更多的帮助。

第八，功利性很强的道教与道商。中国宗教历来被研究者认为是功利性很强的宗教，尤其道教，这是指信徒对神灵有一种直接的交换意识。信徒给宗教组织财物，给神烧香叩拜，换来神保佑发财与身体健康。中国道商中有一种给神许愿与还愿的仪式。某人将要做一笔大生意，首先许愿，如果神能保佑成功的话，就拿出多少钱感谢神，拿出多少奉品崇拜神，做一场仪式赞美神。生意成功之后，道商一般都会兑现自己的诺言，举办相关仪式，还愿。生意如果不成功，道商不仅不还愿，个别人会咒神、骂神、打神，马来西亚的道商洪某就是这样的例子。这是赤裸裸的人与神的利益交换，中国几千年的民间宗教、道教都有此传统。

第九，新理论、新方法获得检验。R. 斯达克和 R. 芬克教授在《宗教的法则》中文版序言中说："这意味着我们的命题现在将被对于中国宗教生活的研究所检验，有些命题很可能会因这些研究而修订。"[①] 宗教经济学主张宗教是人与神的条件交换，

①　［美］罗德尼·斯达克等：《信仰的法则》，杨凤岗译，中国人民大学出版社2004年版，第2页。

宗教是一种经济与市场现象，这种新理论在功利性、交换性很强的中国宗教环境中很容易得到检验与认同。

宗教经济学也是一种新方法，我们在进行"中国经济转型时期的道商"研究课题时，运用了这一新方法。例如对五十名道商的区位分型中，借用了宗教经济学的"六级分型"方法，不过根据中国道商的信仰实际情况，我们略有改动，只采用了"四级区位分型"。

下面，我们仍然运用宗教经济学的方法，研究道商参与宗教仪式活动的情况，并将此视为道商进入宗教市场的消费支出。神灵对道商经营的帮助，神灵对道商信任度的帮助，我们将之视为道商宗教消费的获得与回报。

（二）进入宗教市场：道商参与宗教仪式活动

第一，宗教仪式活动如同文化市场。宫观有时好像一个文化市场，尤其是举行宗教仪式活动的时候。要求举办仪式的信徒如同是文化消费的顾客，消费就要交费，大的仪式很贵，需数万元；小的仪式便宜，也需几千元。实施宗教仪式的供给方如同是文化表演者，要为信徒表演一场文化节目。经济规律在这里是适用的。同样的仪式，在著名的长春观做，收费高于县市一般宫观，因为长春观的仪式做得质量相对高，所以价格高。要求到长春观做仪式的信徒多，市场需求大，所以价格也高。长春观是著名宫观，有著名住持，"名牌效应"导致价格高。

以上是看得见的支出与获得，还有看不见的支出与获得，它不是金钱与产品的交换。道商对神的信仰与祈祷，是精神上的支出，神灵对道商的鼓励、安慰，是道商精神上的获得。这是在宗教市场里的"非物质交易"，是更重要的"交易"。

第二，保守型道商积极参与。保守型道商特别积极地参与群体仪式活动，对神灵的委身程度最高。神的旨意，可通过打卦、抽签、预测等道教法术去探求，在得到神的"旨意"后，要坚信不疑并完全执行。

被调查者漳州的黄某谈到宗教活动时说："我们家里就有神堂，很多村里的仪式都在我们家里做，所有重要的仪式，我都参加。比如驱鬼、祈福、玉皇诞辰，我只要有时间一定参加。个人宗教仪式有祈祷、打坐、读经、念佛等，每天都有的。在我们家中，每天都要拜神的，要给神敬香茶，家里最好的东西都是先给神供奉的。每天我们都要全家人一起对神进行供奉。初一、十五等重大的日子我们会进行的更加隆重。"

黄某不是一个宗教理论者，很少讲经论道。她是一个道教实践者，用道教来指导自己的生活与生产。她非常严格地遵守着禁戒："不杀生，不喝酒，不说谎言，不淫荡，行善积德，敬神灵。"她相信报应："对行善者神会奖励，对行恶者神会惩罚。我们这里有一个商人，唯利是图，坑害他人，虽然他赚了很多钱，但一场大火把他的店子烧了，一贫如洗。当地人都说，是神惩罚了他。"

第三，温和型道商较多参与。温和型道商较多参与宫观的宗教仪式，较多进行个人的修炼。他们相信神灵能够赏善罚恶，对神灵有很多的精神付出与金钱奉献。他们中间也有人用法术探测神的旨意，但对于预测结果并非全信，也并非完全执行。

武汉的甘某在长春观，花钱请道士做大表仪式，大表上写着信徒的愿望，道士通过隆重的仪式将大表送上天庭，交与神灵，请神灵保佑。

甘某说："二〇〇〇年，我老公（丈夫）在中科院做实验。当时到了关键时刻，我上了个大表，有两个人做（仪式）。内容一个是我希望我的老公能够成功，另一个是师傅让写的，写我的老公能够获得国家大奖。国家大奖我连想都没有想过,那是国家大奖啊,怎么可能呢?写上就写上吧。到了十月份的时候,我老公得到国家科技部的一等奖。这件事对我和我的家人触动很大,从那次起就开始峰回路转。大奖得了后,就有好多人请他合作,他所发明的专利也能卖钱,这几年就很顺。"

在个人修炼方面,她说:"每天早晨醒来第一感觉常常的是有一个咒感,自己就念一遍,还有一些是我个人秘密,不能讲的。"

第四,开放型道商较少参与。开放型道商较少参与宫观的宗教活动,但注重个人的修炼活动。在集体或个人的修炼活动中,他们不注重传统的外在形式如烧香叩拜,而重视心性的修养如心静无欲。

四川成都薛某很少到宫观中参加集体的宗教仪式,参加时也是出于对宫观的礼节。他说:"我还是时常到庙里去,见到佛神也都是要拜的。这是基本的礼节。一切顺其自然。有时间就去。差不多一个月能去一到两次。"

他更多实行的是个人的修炼。他说:"主要是自己修行了,修行主要还是靠个人的。"又说:"每天思过,早晚练功。所练功指得是内功和外功。这两种功夫我都要修行,这是道家讲究的动静结合。"

在因果报应方面,薛是相信的。他说:"做了坏事就会有恶果,没有谁可以跑得掉。有些做了坏事的人虽然法律不能制裁,但在其他方面还是一定会受到报应的。这里捞到的好处,在那里就会跑掉。"但他认为,因果报应并不是在冥冥之中有什么神在操纵,而是依据人的努力。他说:"不要相信命运,要相信自己的努力。种瓜得瓜,种豆得豆。"又说:"不是什么样的人都是有求必应的。所以最关键的是自己要改,要悔过。和基督教讲的忏悔是一样的，要检讨自己犯过的错误，努力悔改。这叫自救。"

第五，极端开放型极少参与。极端开放型道商型不参与或极少参与宫观的宗教活动，参与时也是以道文化的心态看待。他们中间有些人公开反对烧香叩拜神灵，注重道教理论与经典。但是他们重视个人修炼，法术运用的兴趣超过崇拜神灵的兴趣。

香港的陈某是这个类型的代表人物。宫观里的集体性的宗教活动，他基本不参加。"宗教活动我是观摩，因为我还是无神论者。……现在不参与只是写文章，原来参与也读经，法式我不参加，因为我对诵经不熟悉。"在个人修炼方面，除了拜太上老君外，他还打坐。每天都要打坐，打坐跟鬼神无关，完全是为了养生。

关于神灵是不是可以赏善罚恶，是不是给人带来报应。他说："没有这回事，我研究这么久，不是神来赏罚，而是人的能量，被人骂坏，这样多了，就是能量，就产生了不好，报应是来自能量。世界上没有鬼神，每个人都有本能的能量，如果你本能的能量与自然的能量共振，就产生一种超异功能。"

陈某对于道教经典理论的崇拜与研究很多，他每天都要诵读《道德经》，每年正月初二要拜《道德经》，他还用许多时间研究《道德经》，出版过一本著作。他在一九八九年《中国道教》杂志某一期上发表文章，祈祷世界和平。祈祷文有这样的内容："老子呵！我们的道祖，《道德经》呵！我们的圣经，我们崇拜永恒，坚贞来自理智、科学、实用，永恒发自四大精神：人创造人；人创造社会；人创造鬼神；入世为人为己。"

第六，个人的道学理论修养与心性修炼仪式。不同区位类型的道商群体，参与宗教仪式的程度是不相同的。这里说的宗教仪式，分为两类，一类是大型的集体仪式，大多在宫观里举行。另一类个人的道学理论修养与心性修炼仪式，大多在信徒的家中举行。

道商进入宫观参与宗教仪式，不同区位的类型参与度不同，参与面不同。总体上说，保守型对集体宗教仪式的参与度最高，温和型其次，开放型的参与度低，极端开放型最低。

从参与面来看，保守型、温和型在宫观里参加集体宗教仪式最多，但个人道学理论修养与心性修炼较少。开放型、极端开放型在宫观里参加集体宗教仪式最少，但个人道学理论修养与心性修炼较多。

第七，市场型的宗教经济更有活力。社会经济有各种类型，如垄断型、市场型。宗教经济也类似状况。R. 斯达克和 R. 芬克教授比较考察了美国与欧洲的宗教经济之后，认为市场化的美国宗教有活力并参与程度高，垄断型的欧洲宗教缺乏活力并参与程度低。总之，市场型的宗教经济优于垄断型的宗教经济。①

在这次中国道商调查访谈中，我们发现，一个地区的社会经济越市场化，这个地区的道教经济越市场化。一个地区的道教经济越市场化，这个地区的道商经济越活跃，表现为道商的宗教参与度高，也表现为道商的经济实力雄厚。

香港的社会经济与道教经济市场化程度比大陆高，香港的道商比大陆有活力，参与程度高，经济实力雄厚。大陆沿海地区社会经济与道教经济比内地市场化程度高，沿海的道商比内地道商更有活力，参与程度高，经济实力雄厚。

（三）获取宗教回报：道商的生意与信任

第一，宗教是人与神的条件交换。宗教经济学认为，宗教是

---

① 参见［美］罗德尼·斯达克等：《信仰的法则》，杨凤岗译，中国人民大学出版社 2004 年版，第 269 页。

人与神的条件交换。R. 斯达克和 R. 芬克教授说："在追求回报中，人们会寻求跟神的交换。"① 有些人批评这种观点，认为西方宗教是奉献性的不求回报的宗教，把宗教看成经济交换降低了宗教的神圣性。但是这些神圣性的信徒充其量只是不求现实的回报，而要求遥远的回报或彼世的回报。

罗德尼·斯达克和罗杰尔·芬克教授说："在回报稀少，或者不能直接得到时，人们会形成并接受在遥远的将来或者在某种其他不可验证的环境中获得回报的解释。"又说："彼世的回报是那些只有在一个非经验的（通常是死后的）环境中取得的回报。"②

第二，道商渴望赚钱与信任度的回报。商人企业家的职能是赚钱，不赚钱就意味着事业失败，公司企业要破产，所以赚钱是道商渴望从神那里获得的回报。商业企业在弱肉强食、尔虞我诈最严重的战场"拼杀"，商人企业家往往患有人际信任与商业信任"缺乏症"。获得信任感，包括自己对他人的信任与他人对自己的信任，也是道商渴望从神那里获得的回报。当然，道商的回报期待还有许多，赚钱与信任不过是物质期待与精神期待的代表而已。

从一般宗教学的角度看，宗教是神圣而超越利益的。从宗教经济学的角度看，宗教是人与神的条件交换。对于道商来说，他们信仰道教而参与了宗教消费。宗教消费的支出是参与各种宗教活动，以获得生意的成功、信任度提高等。不同区位的道商，对于从神那里获得的赚钱回报与信任度回报，评价是不同的。

---

① ［美］罗德尼·斯达克等：《信仰的法则》，杨凤岗译，中国人民大学出版社2004年版，第343页。

② 同上。

第三，保守型道商：神决定赚钱与信任。保守型道商，完全肯定信教对于经营的帮助，将企业的经营成功完全归功于神灵。保守型道商的人际信任与商业信任观非常简单，完全由神灵决定。离开神灵，没有任何信任可言。

漳州黄某说："过去我们做生意，把货物给商人，钱总是收不回来。后来我们遇到来要货的商人，见面之后，签合同之前，我们会乘他不注意的时候，到神堂去打卦。打卦后才决定，是否与他做生意。这种经营方式使我们走上了成功。"

黄还说："商业领域很险恶，能不能信任他人，我们完全依靠神。神让我们信任一个人，我们就信任一个人。神让我们不相信一个人，我们就不相信一个人。"她还说："我们知道社会上有好人有坏人，我们依靠神，可以知道谁是好人，可以信任，谁是坏人，不可以信任。"

第四，温和型道商：肯定信教对赚钱与信任的帮助。温和型道商，比较肯定信教对于经营的帮助，为了还愿神灵，他们更加积极地烧香叩拜，捐款捐物，为宫观做功德。温和型道商也比较肯定信教对于增进信任的帮助，包括人际信任与商业信任。

关于经营，武汉的甘某说："好像我的信道这个方面对我的成功也有很大促进。当今这个社会，有大部分人欺诈的东西特多，假的东西多，虚的东西多，但是有信仰的人讲究实在。"

关于信任，甘某说："如果不信教，对待一般的商人怀疑心会大一些，信教以后对别人的信任度要高一些。"尽管如此，她会应用预测神意的法术："因为我有选择的武器，有道教的这个工具来预测，……预测'八字'很重要，天干和地支很重要。"

第五，开放型道商；信教与生意分开，信任依靠制度。开放型道商承认信教对企业的帮助，但神不可以直接帮助一个人发财，发财要靠个人的努力与遵循规律。他们不因为某人与自己是同一宗教信仰而增加对他的信任，认为信教与生意是可以分开的。

成都薛某认为早期的事业成功，是因为道教师傅的帮助。师傅传道给他，还将中医秘方传给了他。他说："没有我的师傅，就没有我今天的成功。他是我们集团的祖师爷。"

据说，薛某曾被自己非常信任的一个下属出卖，造成个人声誉与公司经营的低谷。当然还有别的原因，造成他的人际信任度在某些时刻很低。他说："信得过信不过是要靠制度和监督体系的。古人说：'用人不疑，疑人不用。'这是错误的。我过去就误入了这个圈套。用人要疑，疑人要用。就算是亲兄弟、亲父子在公司管理上也必须按规章制度办事。法制、制度与信任无关。一切按制度规划来做才不会出错。"

第六，极端开放型：神无帮助，道有帮助。极端开放型道商信道胜于信神，相信有道就有钱。他们运用道的智慧管理企业，并且深信企业的成功来源于道。他们对于与自己一样信仰道教的亲朋好友或企业家，并不增加信任。但他们可能信任同道、合道、信道的人，因为道本身就有道义、公道、道德的含义。

在经营方面，香港陈某认为信道对他的生意有帮助，只要信道就会有钱。他说："我坚信《道德经》，就是我会有钱，我的生活就会好，我的儿女都会好，我感到我的下一代会更有钱，我的儿子会比我闯出更大的成绩来。因为信道，用道的观点去处理生意，用道的方法去发掘商机，用道的方法去与人沟通，你不要怕没有钱，一代会比一代更有钱，一代会比一代更强。"

在信任方面，陈某认为，"不会因为某人信道教或者基督教就会更相信某人。"他又说："我不因为天天上过香就会去相信别人。"怎么解决家庭与企业的信任问题，他说："要宣传道，就是无争、无求、无恨。"

比较有特色的是，陈某解决商业信任的一个办法，是运用道的法术，比如看相。他说："我对人细心观察，对这个人的一举一动，从他的相貌等来判断可靠不可靠，感觉不可靠的地方就要来验证他是为什么可靠。我对侯爷说过，你对道教的虔诚是第一的，但是对众人的了解我是一流，以后谁会叛变我都知道，他的相貌眉眼和讲话的声调构成了信或不可信，……我把它运用到生意里很少出问题。"

第七，保守型最肯定神的帮助，极端开放型最肯定道的帮助。以上四个类型，对于宗教回报的评价不同，但呈现出规律。经营方面，保守型认为，神决定一切，也决定了经营的成功；温和型认为，神对于经营成功，有很大促进作用；开放型与极端开放型认为，神与生意没有直接的关系，生意靠人经营，但"道"可以帮助道商的生意。开放型与极端开放型有差别。开放型将道视为理性与规律，遵循理性与规律就可以经营成功。极端开放型将道视为超神与泛神，只要祈祷信道，就会有钱，钱会越来越多。

我们在调查中发现，对神灵的过度依赖，不利于道商经济的发展。漳州有一批保守型的道商，例如黄某，一言一行，生活与生产，完全听命于神，形成神垄断的宗教经济。它与国家垄断的宗教经济一样，宗教缺乏活力，生意规模不大。这个类型的道商，没有发展出经济实力很大的企业。相反，在开放型与极端开放型的道商中，经济实力更强一些，几个亿元以上的道商，都在开放型与极端开放型中。

在信任方面，保守型认为，信任不信任，完全由神决定，没有人际信任，只有神际信任，神决定人的信任。温和型认为，神帮助他们增进了人际信任与商业信任。开放型与极端开放型都认为神灵与信任无关。那么信任依赖什么呢？开放型认为一切依靠规章制度，靠监督体系。极端开放型认为一切依靠"道"，依靠道德、道义、公道。

第八，道商与神的交换，绝大多数成功。根据访谈，五十名道商信教的动机，绝大多数是因为生意不顺，希望神能保佑自己发财；或者因为残酷的商战失去了人际信任与商业信任，陷入了心理与伦理危机，希望神能使他增加信任感。

从调查结果看，绝对多数道商认为信教对于经营起了很大的帮助作用，对于建立信任也起了很大的增进作用。如果说宗教是人与神的条件交换的话，那么道商的交换是成功的。正因为交换成功，所以道商对神的信仰与信任会加深，还会吸引更多的商人企业家加入到道商的队伍中来。

四　结论

中国道商的分布特点，一是以东南地方的漳州、潮州一带沿海地区最多；二是湖北、四川、江苏等内地道教大省其次；三是道商往往分布在道教名山周边的城市；四是道商往往围绕在道教著名住持身边做他们的弟子；五是漳州、香港、台湾以及东南亚华侨中，许多道商围绕在道教协会、道教文化机构周围。道商的经营种类各种各样，其中有几项生意与道教文化有着密切关系。

"区位，是共有特定宗教喜好（需要、趣味和期待）的潜在的信徒市场区段。"[①] 两位教授将信徒与潜在信徒划分为六个区位：极端严格的、严格的、保守的、温和的、开放的、极端开放的。访谈调查的五十个道商，与此六个区位比对，全部分布在保

---

① ［美］罗德尼·斯达克等：《信仰的法则》，杨凤岗译，中国人民大学出版社2004年版，第349页。

守、温和、开放、极端开放四个区位之中。

西方六个宗教需求区位中，保守型与温和型的信徒与潜在信徒数量最多。从这个的访谈中发现，五十名道商中，划分在开放型与极端开放型中的最多。这两个区位的道商仍然积极参与宗教活动，企业成功率也普遍高于保守型与温和型。

从保守型、温和型、开放型到极端开放型，道商对神灵的委身程度是递减的，道商对社会的张力是下降的，但道商对"道"的信仰程度却是递进的。这就是说，道商的宗教热情不完全会因为对神的委身程度下降而减弱，相反他们会因为对"道"的追求而把对宗教的热情提升得更高，事业成功率也因此增高。

中国是一个宗教"大市场"，正如中国是一个汽车销售大市场、电影传播大市场一样，有市场就一定有竞争。中国年轻人的"信仰市场"由一九六六年前的几乎单一型转变为当前的几乎空白型，大多数年轻人处于无信仰状态。这种状态引起国内外宗教组织高度的敏感并纷纷前来抢占"市场"。一个宗教组织的市场占有率，与该组织"宗教产品"的质量直接相关。道教如果能够提高自己的宗教产品的质量，它会发展更快，竞争力更强。

中国目前处在经济转型时期，正从计划经济转型为相对的市场经济。中国的宗教经济也发生了转型，正在向市场经济型转变。有市场一定就有需求与供给，需求方是宗教信徒与潜在信徒，供给方是各类宗教组织与团体；供给方提供宗教的产品，需求方消费宗教的产品。

当前每一个宫观都有大量的经济活动，宫观的住持是经济法人，好像是一个公司的"经理"。有的"经理"善于经营，市场化程度高，宗教产品比较优秀，宫观就有活力并发展很快。这符合宗教经济学的一个原理：市场型的宗教经济优于垄断型的宗教经济。

在这次中国道商调查访谈中发现，一个地区的社会经济越市场化，这个地区的道教经济越市场化，道商经济也越活跃，同时道商的宗教参与度也高，而道商的经济实力亦雄厚。

香港特别行政区的社会经济与道教经济市场化程度比中国内地高，香港的道商比内地有活力，参与程度高，经济实力雄厚。大陆沿海地区社会经济与道教经济比内地市场化程度高，沿海的道商比内地道商更有活力，参与程度高，经济实力雄厚。

中国宗教历来被研究者认为是功利性很强的宗教，尤其道教，这是指信徒对神灵有一种比较直接的交换意识。宗教经济学主张宗教是人与神的条件交换，宗教是一种经济与市场现象，这种新理论在功利性、交换性很强的中国宗教环境中很容易得到检验与认同。

宗教经济学也是一种新方法，在进行"中国经济转型时期的道商"研究课题时，运用了这一新方法。例如对五十名道商的区位分型中，借用了宗教经济学的六级分型方法。不过根据中国道商的信仰实际情况略有改动，采用了四级区位分型。

从一般宗教学的角度看，宗教是神圣而超越利益的。从宗教经济学的角度看，宗教是人与神的条件交换，对于道商来说，他们信仰道教而参与了宗教消费。宗教消费的支出是参与各种宗教活动，宗教消费获得是生意的成功、信任度提高等。不同区位的道商，对于从神那里获得的赚钱回报与信任度回报，评价是不同的。

保守型认为，神决定一切，也决定了经营的成功；温和型认为，神对于经营成功，有很大促进作用；开放型与极端开放型认为，神与生意没有直接的关系，生意靠人经营，但"道"可以帮助道商的生意；开放型与极端开放型有差别，开放型将道视为理性与规律，遵循理性与规律就可以经营成功；极端开放型将道视为超神与泛神，只要祈祷地信道，就会有钱，钱会越来越多。

在信任方面，保守型认为，能否产生不信任，完全由神决定，没有人际信任，只有神际信任，神决定人的信任；温和型认为，神帮助他们增进了人际信任与商业信任；开放型与极端开放型都认为神灵与信任无关。那么信任依赖什么呢？开放型认为一切依靠规章制度，靠监督体系。极端开放型认为一切依靠"道"，依靠道德、道义、公道。

根据访谈，五十名道商信教的动机，绝大多数是因为生意不顺，希望神能保佑自己发财；或者因为残酷的商战失去了人际信任与商业信任，陷入了心理与伦理危机，希望神能使他增加信任感。从调查结果看，绝对多数道商认为信教对于经营起了很大的帮助作用，对于建立信任也起了很大的增进作用。如果说宗教是人与神的条件交换的话，那么道商与神的交换是成功的。

湖北省黄冈市道教的现状与管理[*]

湖北省黄冈市位于长江中游北岸、湖北省东部。全市辖黄州区、麻城、武穴二县级市和红安、罗田、英山、浠水、蕲春、黄梅、团风七个县。总面积一万七千多平方公里，总人口约七百万。本市居民所信仰宗教主要有佛教、道教、基督教（包括天主教、新教）、伊斯兰教，其中佛教和道教历史悠久，影响很大。据一九九二年统计，全市共有各种宗教信徒十八万八千余人，占总人口百分之二点七。全市宗教神职人员七百九十六人。黄冈市的信教群众和神职人员的数量很多，在全省地级市中占第二位。信教者中，道教与佛教的信众最多，共有十八万五千六百人，占全部信众的百分之九十八点七。佛教神职人员最多，有三百八十七人，占总数百分之四十八点八。道教神职人员其次，有一百八十五人，占百分之二十三点二。一九九八年，佛教神职人员有一百〇三人，其中比丘五十三人，比丘尼二十八人，沙弥十六人，沙弥尼六人。道教神职人员共二百一十二名道士，其中"全真派"十二人，"正一派"二百多人。

* 原文发表在《宗教学研究》2001 年第 2 期。

下面，笔者根据一九九九年的田野调查，以红安县、麻城市为重点，概述黄冈市道教的现状与管理情况。

一　道教的传入与历史发展

道教五斗米道的创教人张陵，东汉人，修炼于今四川青城山。后沿长江东下，曾到过河南嵩山与湖北蕲春县、浠水县。传说蕲春凤栖山的神光观、浠水县兰溪镇的仙灵观都是他传道炼丹活动的场所。两晋时，今湖北地区五斗米道的活动比较活跃。公元三世纪末，罗真人在黄梅县先后建立了凤桑观和泰源观。略后一些，蕲春县、今红安县兴建了天长道观。公元四世纪初，张陵的后人张盛，从今四川沿长江而下到达黄冈市一带修炼，后辗转到达今江西龙虎山，兴建了上清观，创立了"天师道"的龙虎山派。

唐宋是中国道教的全盛时期，今湖北地区有数十个县兴建了近百座宫观。其中江陵、武当、黄冈等是道教盛行的地区。唐代著名诗人杜牧在黄州（黄冈古称）做刺史时，天大旱，他曾到城隍庙（属道教系统）请神"降雨抗旱，保五谷丰登"。宋代今麻城市出现了一位保护当地水陆木运的四川人张瑞。他修炼圆满，人马飞升之后，后人感其德，于五脑山立祠祀之，这就是"帝王宫"的来历。宋代以后，帝王宫逐渐成为鄂东一带道教活动的中心。张瑞被朝廷封为"紫微侯"，于是他就成为黄冈一带道教崇拜的重要神祇。宋元之际，今红安县一万多名百姓避战乱躲到天台山上，山下元兵包围了三天三夜。据说是附近一座老君山显灵，驱散元兵，保佑了百姓平安。一万多名群众共推五位长老为首领，在天台山顶修建宫观一座，取名青龙观。明代曾任户部尚书的耿定向，在青龙观附近建立"天台书院"，宣讲理学。明代思想家李贽曾在青龙观、天台书院与耿定向辩论学问。

明代时，黄冈出了一名道士陶仲文（公元一四七五～一五六〇年），权倾朝野。他初拜罗田县"神霄派"道士万玉山"得符水诀"。后任黄梅县吏和辽东海州库大使。后至京城，由当时道教真人邵之节推荐给明世宗朱厚熜。因世宗皇帝好道，宠信道士，陶仲文先后被封为"高人"、"真人"、礼部尚书、少傅、少师、光禄大夫、大柱国兼大学士、恭诚伯，食一品俸，岁禄一千二百石，为明代道士冠。由于陶仲文的影响，明世宗时全国道教达到鼎盛，黄冈一带的五脑山"帝王宫"、天台山的青龙观等宫观香客云集，名震遐迩。

明末以后，道教衰落，直到民国时期，才重又复兴。民国时期，五脑山与木兰山、武当山成为湖北的道教圣山，宗教活动日渐增多。据《湖北省志。宗教》记载："五脑山帝王宫每年八月初一开山，每天数百人，有时达上万人，接连三个多月的日日夜夜，灶里不断火，路上不断人，朝山队伍的锣鼓声、鞭炮声、吆唱声此起彼伏；道人醮唱声、伴奏的音乐声，响遏行云。"

从一九四五年开始，"帝王宫"由全真道士刘崇涵任主持。他爱教护教，从南方各省募集资金，重建了玉清宫等一系列建筑，吸引了一百多道徒住宫，使黄冈道教出现了一个鼎盛时期。中华人民共和国成立后的一九五六年，刘崇涵主持成立了"麻城道教会"并任会长，会址在帝王宫。一九三八年，黄陂县木兰山道教掌门人得知红安县天台山宫观倒塌、道士遁走的消息以后，便派遣方丈李宗顺到天台山负责修整宫观，重塑金像。几年以后，青龙观重现光辉，香火鼎盛。一九三二年，中共将领徐向前率军在天堂山一带歼敌一万五千余人。一九四七年，刘伯承、邓小平率二野解放军挺进大别山，在天台山与本地游击队会合。一九四八年，红安县城尚未被解放军控制，县人民政府曾驻天台山青龙观中。中华人民共和国成立后，青龙观既是宗教圣地，又是革命圣地，参观游览者很多。

　　一九六六年年中开始的"文化大革命"使帝王宫和青龙观遭到严重破坏。帝王宫所有大小神像被砸毁，宫殿严重损坏，道人被赶走，宫中建筑成为麻城县工业学校校舍，直至一九八五年。之后，丁嗣良道长主持了"帝王宫"的重修扩建。他以庙养庙，以医养庙，各方筹集资金，四年后使帝王宫恢复原貌。一九八九年被批准为省级开放的道教活动场所。八十岁高龄的丁嗣良仍主持帝王宫，并担任麻城市政协委员。红安县青龙观在"文化大革命"以后，又有道士重新住观。主持道士有马诚立，河南籍，十六岁出家于木兰山。其后有林信阳主持道士。林十四岁出家于木兰山，后徙居老君山，一九六七年迁住天台山。一九九六年，全真龙门派第二十六代弟子倪崇健任青龙观主持道长。同年，青龙观被政府宗教事务部门批准开放，成为合法的道教活动场所。

二　道教的宫观与教职人员

　　（一）黄冈市一共有多少道教宫观，还没有准确的统计数字。我们只能选择某些重点县（市），做一些统计。如表1。

　　从以上统计数字看，所建宫观宋代有五座、明代有五座、民国有十三座是当地道教兴盛的时期。明代以前，蕲州（建九座观）道教盛于麻城（建二座观）；明代以后，麻城（建十七座观）道教反盛于蕲州（建二座观）。

　　（二）红安县当前的宫观情况

　　据一九九八年的统计资料，红安县合法开展宗教活动的道观有九所，其中四所已在政府管理部门正式登记，五所临时登记共有二十八名神职人员，占全县三十一名道教教职人员的百分之九十；经常参加法事活动的人有一千二百八十余人。首观固定资产七十三万元，功德收入不足五万元。具体情况如表2。

表1　　　　湖北省麻城市、蕲春县历代道教宫观的统计

兴建年代	宫观名称	所在地区
西晋	天长观	蕲州
东晋	静月寺	麻城
唐	成真庵	蕲州
唐	五泉观	蕲州
宋	元妙观、武当宫、溪山观、三洞龙王庙	蕲州
宋	五脑山帝王宫	麻城
元	天真观、东岳庙	蕲州
明	城隍庙	麻城
明	城隍庙	蕲州
明	五显庙	蕲州
明	玄妙观	麻城
明	昙花庵	麻城
清	清安堂	麻城

注1：从民国六年至民国三十二年，麻城市修建了三台山庙、太清宫等十三座宫观。

注2：兴建年代不详的蕲州宫观有文昌祠、关帝庙等五处；麻城市宫观有武庙、玉皇殿等二十一处。

注3：以上统计数字选自《湖北省志·宗教》，湖北人民出版社1997年版。

表2　　　　　　　　湖北省红安县道教宫观统计

道观名称	登记时间	功德收入	教别	教职人员人数	经常参加法事活动人数	固定资产原值（万元）	占地面积（亩）	拥有山地面积（亩）
青龙观	1996年12月	5000元	道	8人	300人	20	1	2
太平道观	1997年11月	4300元	道	4人	200人	8	1	1.5
药王观	1997年11月	2120元	道	5人	200人	6	0.8	0.8
三圣道观	1997年11月	2500元	道	1人	100人	6	0.8	0.2
慈航道观	1997年11月	2000元	道	1人	100人	6	0.7	1
桃花观	1997年11月	3万元	道	3人	100人	8	1	1
老君道观	1997年11月	1000元	道	1人	100人	6	1	2
雄狮观	1997年11月	1000元	道	3人	100人	8	1	2
九龙观	1997年11月	1000元	道	2人	80人	5	1	2
合计	—	48920元	—	28人	1280人	73	8.3	21.5

（三）红安县九所宫观的道长情况，如表3。

表3　　　　　　　　湖北省红安县宫观的道长情况

寺观名称	道长	年龄	性别	出生年月	籍贯	文化程度	受戒时间地点
青龙观	倪崇健	67	男	1932年5月	河南省某县	中专	1995年11月青城山
太平道观	韦金珍	58	女	1941年3月	安陆县	小学	1995年长春观
三圣道观	胡至仙	69	女	1930年2月	红安县	小学	1936年4月木兰山
九龙观	胡高云	67	男	1932年	黄陂县	初中	1991年长春观
桃花观	谢振咏	55	男	1944年	红安县	小学	1995年10月木兰山
雄狮观	吴成怀	71	男	1928年	红安县	小学	1936年8月木兰山
慈航观	王高文	—	男				
药王道观	徐高莲	61	女	1938年	红安县	小学	1995年12月木兰山
药王道观	黄高维	81	女	1918年3月	红安县	小学	1936年8月木兰山

　　尽管表内缺少一人的资料，仍可看出一些规律。一是道观的主持者的年龄偏大，八个人最小年龄也已五十五岁，最大年龄已八十一岁，平均年龄为六十六岁。二是文化程度偏低，小学文化程度六人，占四分之三。三是受戒时间多不长，九十年代以后受戒的五人，占百分之六十三；九五年以后受戒的四人，占百分之五十。四是出生地和受戒地绝大多数是湖北本省的，出生地以红安县为多，占百分之六十三；受戒地以木兰山为多，占百分之六十三。

　　（四）红安县三所宫观中的教职人员情况如表4

　　这三所宫观是城关镇的药王道观、太平桥镇的太平道观、七里镇的大斛山雄狮观。

表4　　　　　湖北省红安县三所宫观中的教职人员情况

宫观	教职人员	性别	年龄	文化程度
药王道观	黄高维	女	81	文盲
	黄礼程	男	48	小学
	杨金贵	女	76	文盲
太平道观	韦金珍	女	58	小学
	刘家畅	男	80	初中
	卓法炎	男	60	小学
雄狮观	吴成怀	男	71	文盲
	曹进修	女	60	文盲
	陈崇荣	男	24	初中
	曹崇解	男	49	文盲

以上三个宫观共有教职人员共有十人。其中男六人，女四人。年龄多偏大，除最小的二十四岁外，均在四十八岁以上，最大的八十一岁，平均年龄六十一岁多。文化程度偏低，文盲五人，占百分之五十；文盲加小学八人，占百分之八十。

三　道教协会的成立与参与政府管理

现存的中国宗教组织，一般是政府联系宗教界人士的桥梁，需协助政府贯彻执行中共制定的宗教政策并依照现行法律管理各地方的宗教事务。按其宗旨，要保护宗教界人士的权益，组织正常的宗教活动。湖北省麻城市、红安县在二十世纪九十年代先后成立了道教协会，邻近的黄梅、蕲春等县也成立道教协会筹备组。下面着重介绍红安县道教协会的成立与工作情况。

一九九六年六月，湖北省"道协"选派了全真龙门派第二十六代弟子倪崇健任天台山青龙观主持道长。这年十二月，红安县人民政府宗教管理机构批准青龙观为合法的开放宗教活动场所。一九九七年六月，红安县道教协会成立，并在该年"九九"重阳节召开了第一次代表大会。大会选举倪崇健为会长，将会址设在青龙观。目前，道教协会有会员五十九人，理事十四人，常务理事十人。会议还通过了协会章程和宫观管理办法。红安县道教协会成立以后，主要开展了以下工作：

第一，整修青龙观。广筹资金，以观养观。对荒凉的古庙大殿进行整理、修复、换新。现在殿堂上方新装了主梁，殿堂的神像、神台、供桌焕然一新。大殿的外部也进行了装修。新建了五层彩色化钱炉、大香炉，粉刷了墙壁并在上面塑了"二龙戏珠"，大门两旁增添了一双石狮。从总体上恢复了修道圣地的庄严景象。

第二，建立了各种规章制度。这些制度有作息制度、工作规范、文明公约、财务制度、居士和善士居住道观规定、游客须知等。有了这些规章制度，使全体道众有规可依，安心修行，保证各项宗教活动正常开展。道教协会在青龙观举办各种培训班，发展了皈依弟子九十多名，接待了香客近万人。一九九七年还接待了来自台湾省的十四人道行团。广大道士开荒种田，建房修路，基本上能做到"自保自养"，"自给自足"。

第三，发展新的宗教活动场所等。道教协会成立以后，配合县政府进行调查、研究、审批，在全县又新发展了八个道教活动场所，基本上满足了全县道教信众宗教生活的需要。道教协会除帮助这些宫观完善管理制度以外，还建立了档案制度，开办了《道教通讯》刊物，促进宫观的旅游发展。

第四，保护宫观的合法权益。天台山青龙观的游客日益增多，门票收入的归属问题引发了宫观与周边村镇的矛盾。一九九七年二月和七月，发生了村民与道士斗殴事件。道教协会配合县政府宗教管理部门坚决维护宫观和道士的合法权益。

除红安县以外，黄冈市其他县（市）的道协或筹备组也做了大量的工作。例如这个地区历史上有较多散居的"正一派"道士，武穴市据一九九八年统计有二百多人，分散活动在全市各个乡镇。麻城、黄梅等道协成立后，积极开展教职人员的培训工作，包括举办了散居"正一派"道士的培训班。主要学习宗教法律知识、中共和政府有关宗教的方针政策以及宗教知识，取得了较好的效果。

从一九九六年以来，各县（市）道协还配合各县政府宗教管理部门，开展了对"滥建"庙宇和露天佛像的治理工作，开展了"双登"工作。据统计，蕲春县一九九七年有一百四十五座寺观，开放了五处（佛教四处，道教一处），拆除了三十五处，改作他用六十多处。黄梅县一九九七年有一百五十多座寺观。开放十八处（佛教十处，道教八处），暂缓登记和不予登记的有一百多处。武穴市一九九七年有寺观四十七座。开放十处（佛教八处，道教二处），拆掉九座，改作他用十四座，缓登四处。在每年一次的宗教活动场所的年检工作中，道教协会配合政府宗教管理部门开展工作。如一九九七年，黄梅县政府宗教管理部门欲配合年检评选"双五好"活动，即评选出"五好宗教人士"与"五好宗教活动场所"。评比由当地道教协会或佛教协会提名、审核、推荐，经政府机构批准，选出了佛教与道教"五好宗教"人士二十八人，"五好宗教"活动场所六处。

四　存在的问题

黄冈市道教管理方面存在着以下几个问题：

（一）散居各处的"正一派"道士问题

"正一派"是道教符箓各派的总称，主要奉持《正一经》，崇拜鬼神，画符念咒，驱鬼降妖。其道士散居农村各处，不住宫观，衣食住行与俗人无异。可以结婚生子，可以食荤腥鱼肉。正一派道教的圣山祖庭在江西省贵溪县龙虎山，与鄂东邻近，故在黄冈颇有势力。他们的宗教活动主要是做"法事"，为有亲人亡故的丧户超度亡灵，俗称做道场。在当地，只要有人去世，每每请道士三人或五人，做超度仪式，时间短则一天，多则七天。如不做此仪式，丧者亲人被乡邻视为不孝，这已形成一种民俗。道士做一次道场，少则人均五十元，多则人均千元。有社会需要，有钱赚，所以"正一派"道士不仅活动频繁，而且人数有增加的趋势。总的来说，其分布及活动呈现杂、散、乱的特点。其身份如何确认，标准不明，界限不清。在各县（市）"双登"工作中，有的地方一个也不认定；有的地方认定一部分，但没有发证；有的地方放任自流，不加管理；有的地方政府将他们的活动视为"封建迷信"，动辄取缔打击。各地普遍反映，散居"正一派"道士的管理工作是个难点。

（二）宫观中的"头人"问题

"头人"与通常所言少数民族地区部落头人含义不同，是指宫观的实际负责人。这种人多为当过农村基层干部或在当地有经济实力的人物，在修建宫观过程中，他们或者是发起人或组织集资的人，或者是出资最多的老板或工头。宫观修建成功之后，名义上虽由道长负责，但实际上由这些"头人"说了算。这种现象在黄冈各县（市）都不同程度地存在着，尤以团风县最为突出与典型。团风县共有三十五处宫观，大部分由"头人"把持。他们利用当地群众崇信道教的心理，组织化缘捐资，举办各类宗教活动，并取得经济利益。例如团风县总路嘴镇茅云山的华祖观，由二十多个"头人"管理。华祖观供奉的是"神医"华佗，每年九月初一至初五举行盛大的华祖会。一九九四年华祖观重新修建之后，每年游人香客达十万众以上，收入逐年增加。一九九五年的收入是八万元，到一九九八年的收入达二十余万元。这些钱完全由"头人"支配，道长徒有虚名。华祖寺原有两个道人，其中一人不听"头人"指挥，已被赶走了，而另外一人则完全受"头人"控制。

（三）园林部门、生产队与宫观争利问题

麻城市五脑山帝王庙是本地区历史悠久、影响很大的道教宫观，是黄冈市唯一的省级开放的重点道教活动场所。帝王庙由黄

冈市道教协会管理，规章制度健全，宗教活动有序，每年吸引大量的游人香客。节日期间，每天可接待上万人。一九九八年各种收入达二十余万元。不但自养有余，还能维修宫观，为社会做公益善事。麻城市园林部门"借口"兴建森林公园，要修山门，据说是出售门票赚钱。如果修了山门，游人香客要进入帝王宫必须购两次票，这肯定会减少客流量。不但影响宫观收入，对发展五脑山旅游也非常不利。

红安县天台山青龙观也出现类似问题。青龙观的管理范围和"土地证"至今未落实，所以引起周边村镇与宫观争端。青龙观吸引了不少游人香客参观，村镇以占地为由要求门票收入归村镇。这一纠纷越闹越大，导致道士与村民斗殴，产生极坏的影响。

五　对策

第一，对散居"正一派"道士要认定、登记。

中国道教协会制定有《散居"正一派"道士管理暂时规定》，各县（市）"道协"组织应按这一条例，配合当地政府相关管理部门，及早开展对"正一派"道士认定、登记工作。认定的方法，虽有一定的难度，但可请省"道协"派人指导。先培训认定人员，掌握鉴别方法，试点成功以后推广到全市，形成一套可操作的程序。然后进行登记，发证，把散居"正一派"道士的活动纳入政府的管理范围。对于放任自流的地区，对于动辄取缔打击的做法，都要给予纠正。各县（市）"道协"要组织散居"正一派"道士的培训班，提高文化素质、宗教知识和法律法规观念。

第二，让"头人"早日撤离宫观。

宫观是道士生活和开展宗教活动的场所，必须由其实际的负责者道长管理。"头人"把持宫观，借宗教活动赚取钱财，严重损害了道教的形象，也深为道士反感。这个问题必须引起政府相关部门的重视，尽早坚决地予以解决。"头人"在当地一般有较大的势力，单靠"道协"这样的民间团体很难解决，必要时可以开展"专项治理"工作，由宗教、司法、公安等政府机构与中共的宣传等部门联合行动，将头人从宫观中撤离出来，将宫观管理权还给道长。对那种以赚钱为目的的"头人"，要毫不留情地斩断他们与宫观的联系。对于信仰道教、参加道教活动的"头人"可让其参加宫观的"民主管理委员会"，协助道长管理日常事务。做登记工作时要注意把关。"头人"把持的宫观应一概不予登记，要求其整顿；同时没有一定宗教知识和管理能力的道长要更换，通过民主选举推举出更合适的人选。

第三，保护道教宫观的利益。

政府机构之一的园林管理部门与佛道教机构争"利"，是全国范围内的不良现象。在寺（观）庙所在的山林外加修山门，各地屡有发生。寺庙能带动一个地区旅游经济的发展，已是不容争辩的事实。但是，有些地区的园林管理部门出于狭隘的或争利的观念，增修山门，重复出售门票，造成旅游业的明显滑坡，已有许多教训。麻城市政府相关机构应为"帝王宫"划清管理地界，发放有法律效力的土地证。"道协"要做出帝王宫的总体规划，经有关部门批准逐步实施。将来修山门，应由道教人士来修。为兼顾园林部门的利益，可考虑门票收入按一定比例与园林部门分成。发展一个地区的旅游事业，既要发挥园林部门的积极性，也要发挥佛道寺观人员的积极性。

佛道寺观庙观与周边乡镇的矛盾纠纷在中国各地普遍存在，主要表现为土地山林纠纷。寺庙宫观没有土地使用证，或者与周边乡镇土地界限不明，或者修庙建宫占了乡镇土地，乡镇都会要求参与寺（观）庙收入的分成，利益分配常常是引起矛盾的根源。村民侵犯寺（观）庙的果、竹、林的利益，也不断引起纠纷。各县（市）"道协"和政府宗教管理部门要注意协调寺（观）庙与周边社会的关系，要注意保护寺（观）庙的实际利益。

湖北省仙桃市宗教场所和
神职人员的消长变化[*]

宗教场所和神职人员，是多数宗教都必须具备的两项基本要素。某一地区宗教场所和神职人员的消长变化，往往直接反映了该地区的宗教现状与变迁，因此一向被宗教人类学家所重视。一九九九年六月，笔者在湖北省仙桃市调查了这一地区九十年代宗教场所和神职人员的消长变化情况，其中以该市沔城镇的佛教与道教为重点。这次调查，笔者运用了现代宗教人类学的一贯方法，即注重田野调查与参与观察的方法，在有限范围内运用受控比较的方法，重视宗教现状与发展变迁，提供实证定量的调查数据，等等。同时，本文从的角度，对这些调查资料给予了分析。

一 一九九五年前宗教力量的猛增

一九九五年之前的几年时间，是中国各种宗教力量发展特别快的时期，仙桃市也不例外。据一九九三年调查，全市有大小寺

＊ 原文发表在《宗教学研究》2000 年第 4 期。

观教堂八十二处，神职人员八十六人。到一九九四年底，寺观教堂达一百一十九处，增加二十七处，上升百分之三十四。教职人员有一百四十八人，增加六十二人，上升百分之七十二。其中天主教增加八人，基督教新教增加一人，伊斯兰教增加四人，道教增加二十七人，佛教增加二十二人。

宗教事业的发展，有其积极的意义。例如它的文化文艺内涵、道德伦理规范、重视精神追求等多方面，对于当前社会是有进步作用的。但是由于发展过快，也出现了一系列的问题：

第一，"滥建"寺庙教堂。

在一九九五年统计的一百一十九处寺庙教堂中，属于"滥建"性质的有七十九处，占百分之六十六。其中基督教一处，道教十四处，佛教六十四处。例如沙嘴街道办事处刘口村在一九九四年建的弥陀寺，第一，未经办事处政府的一级机构同意，也未上报市政府相关的机构批准；第二，占用良田五亩多，没有到政府土地管理部门办理手续；第三，宗教教职人员的"户口"不在仙桃，属外地人；第四，该寺无一尊神像，属于家庙性质；第五，弥陀寺住两个和尚，两次让两名尼姑在寺内挂单留宿，有违反佛教教规之嫌。第六，做宗教法事有时收费过高，如"六经六谱"收费高达三百至四百元。

第二，增加群众负担。

"滥建"寺庙教堂，势必增加群众经济负担。全市一百一十九处寺庙教堂，占地近十二万平方米，耗资七百七十六万元。据一九九五年对三十四处寺庙的调查，建庙共耗资三百六十七万元，占地约三万五千平方米。其中三十一处"滥建"寺庙建筑面积一万三千多平方米，耗资一百四十三万元，每处平均四万六千元。陈场镇泗合村建"清莲宫"需资金五万五千元，除外村捐资二万元外，其余三万五千元全部由村民负担，引起一些村民的反对。豆河芭芒村为建"灵应观"向村民收钱，有群众说：庙还是不修的好，免得老收钱，真是烦死人。

第三，神职人员不纯。

一九九五年，全市有神职人员一百四十八人。其中天主教十四人，伊斯兰教六十一人，基督教新教二人，佛教三十九人，道教三十二人。这些神职人员中，有一些是"冒牌"、"自封"为神父、道士、比丘的。据对七十一名神职人员的调查，不被教规教义认可的有三十二人，占百分之四十六。外地未经批准流入市内的有十二人，占百分之十七。

二 一九九五年以后宗教力量的发展势头放缓

据调查一九九九年仙桃市的合法宗教活动场所有十七处。其中佛教七处，即甘露禅寺、永庆禅寺、三元寺、弥陀寺、三官庙、普佛寺、广长律院；道教二处，即玄妙观、回龙观；伊斯兰教四处，即沔城、通海口及郭河的两处清真寺；天主教四处，即龙华山、彭场、沙湖、杨林尾天主堂。暂缓登记的七处，其中佛教五处，道教二处。合法与暂缓的加起来共二十四处，与一九九五年的一百一十九处相比，减少了百分之八十。

一九九九年仙桃市合法的宗教神职人员共六十七人，与一九九五年的一百四十八人相比，减少了百分之五十以上。各教情况，佛教十八人，比一九九五年的三十九人减少百分之六十。道教四十二人，比一九九五年的三十二人增加了，原因是一九九五年未统计散居的"正一派"道士，实际上是减少了；伊斯兰教三人，比一九九五年的六十一人减少百分之九十五。天主教四人，比一九九五年的十四人减少近百分之八十。基督教新教已无人，一九九五年时为二人。

活动场所与神职人员的猛减，不是自然变化的结果，主要是人为造成的，是政府"管理"的结果。一九九五年开始，政府主管部门以"依法管理"为由加强了对宗教的控制，对活动场所和教职人员进行登记。在一九九五年登记的一百一十九处活动场所中，天主教十一处，伊斯兰教六处，基督教新教二处，佛教七十五处，道教二十五处。其中佛教二处、道教一处、天主教十一处是政府相关管理部门批准开放的，其他一百〇五处是近年来当地民众自发筹款修建的。这些宗教活动场所的出现有以下几种情况：

第一类，已具备登记条件的，如龙华山办事处何李村"玉皇寺"等七处。

这类寺庙教堂有固定的活动场所和名称，有经常参加宗教活动的信教群众，有主持宗教仪式的教职人员，有民主管理组织和管理制度，有合法的经济来源。

第二类，基本具备登记条件的，如彭场中岭村"三元寺"等八处。

这类寺庙存在的问题，一是寺庙面积小并且不够规范，二是神职人员中有些没有合法的证件，三是少数寺庙有封建迷信活动，如三元寺内有"做表"、"算命"等活动。

第三类，不具备登记条件的，如郭河街道基督教新教聚会点等九十处。

其中已被政府相关部门强行拆除的有四处，自行解散的二处，需要处理的八十四处。对正在兴建和扩建的责令停工；属于民间信仰的神庙，建成了的强行拆除；具备一定条件的按程序申报市政府批准；不具备条件的先封闭，然后在做好信众工作的基础上或拆除或改作他用。

在对教职人员的登记过程中，查出一半以上的人没有本宗教认可的证件。政府主管机构对这部分人，有的取消了宗教教职人员的资格，有的是外地的责令其回原籍。坚决执行了湖北省政府第三十八号令：凡未取得教职人员合法身份者不得以宗教人员的身份进行活动。

需要指出的是，一九九五年以后由政府决定关闭或改作他用的寺庙，在一九九九年笔者调查时发现，相当多的寺庙不仅没有关闭没有改用，反而愈演愈烈。例如沔城镇政府一九九五年关闭了七处寺庙，拆除了一处"达士庵"。几年以后，被"关闭"的寺庙仍香火不断，被拆除的"达士庵"又修复如新；陈场镇还新建了"保安寺"、"白马寺"；新里仁口镇建的"武圣庙"，一九九五年被令改为"邓赤中革命烈士纪念馆"。但结果是牌子改了内容未改，室内仍然摆满了大大小小的菩萨神像。有的土地庙改用后搞得不伦不类，既供有八大仙、玉皇大帝、送子娘娘，又供毛泽东威灵显应，白求恩（中国抗日战争期间来自加拿大的一个外科医生）、朱德总司令神位。因此，上面曾列举的宗教场所的数字，只是对合法的、登记的那部分的统计，而实际上因信众自发活动而形成的宗教场所比统计数字要多得多。

三 沔城佛教教职人员的流动变化

沔城镇是仙桃市佛道教最活跃的地区，普佛寺、广长律院、玄妙观、东岳庙是沔城镇主要寺观。笔者对这四个寺观的教职人员进行了现场询问式调查，并与一九九五年的情况进行对比。下面是佛教两个寺庙的基本情况和人员变更情况。

（一）普佛寺

目前是仙桃市最大的佛教寺庙，每年到此的香客有三千至四千人，经常来的有一二百人。逢农历正月十九日庙会，周围几个县上万信众参加。该庙始建于三国，兴盛于元末明初，抗日战争期间被毁，一九八六年重建。目前杨明祥任住持，管理有方，每年收入数万元，近几年一直在扩建殿堂。

一九九五年普佛寺教职人员基本情况：（1）杨明祥，法号能升，男，六十岁，仙桃沔城人，初中文化程度。（2）吴能光，法号能光，女，七十四岁，仙桃沔城人，小学。（3）肖庆龙，法号仁智，男，三十七岁，仙桃沔城人，小学。（4）侯能学，法号能学，男，六十二岁，仙桃陈场人，初中。（5）徐业访，法号能静，男，五十九岁，仙桃通海口人，小学。（6）张中兴，法号仁缘，男，四十五岁，湖北武穴市人，小学。（7）彭世琪，法号能琪，男，六十六岁，湖北洪湖市人，小学。（8）彭世杰，法号仁虚，男，四十七岁，湖北洪湖市人，初中。（9）王首伟，法号仁德，男，二十四岁，河南滑县人，小学。（10）曾维清，法号仁道，男，四十七岁，仙桃陈场人，小学。

一九九九年人员变动情况：有四人离寺。徐业访、曾维清去了监利县。王首伟去了本市通海口。张中兴本是少林寺和尚，来此挂单，又回少林寺了。由于普佛寺近几年一直扩建，环境不宁，无人进庙，目前有六位教职人员。

（二）广长律院

明天启六年（公元一六二六年），由高僧三昧和尚创建，当时盛极一时，人称"三大丛林"之一。"文化大革命"（一九六六至一九七六年）中被毁，一九八九年由信众捐款二十多万元重新修建。那一年笔者曾到律院调查，问老僧此寺为何称"律院"？老僧答，此律院有权监督周围几县佛教界有没有违法、违规行为，并有权处理和处罚僧人，相当于佛教界的"法院"。当时的住持豁开大师，曾远到河南某寺拜师求法，有一定的佛学造诣，吸引周边信众三千多人。

一九九五年广长律院教职人员基本情况：（1）刘纪昌，法号豁开，男，七十一岁，仙桃市郭河人，初中文化程度。（2）刘小环，法号坚德，女，五十八岁，洪湖市白庙人，初小。（3）陈登霞，法号坚霞，女，七十九岁，仙桃市城区人，初小。（4）袁婆，法号持贵，女，五十八岁，潜江市拖船人，文盲。（5）武平，法号持平，女，二十四岁，仙桃市麻港人，小学。（6）雷乃善，法号不详，男，八十四岁，仙桃市郭河人，初小。

一九九九年人员变更情况：住持刘纪昌已去世，其余全部离寺回到原籍。目前只有一比丘尼守庙，她的基本情况如下：豁悟，女，五十五岁，仙桃市通海口人，小学文化程度。

广长律院人去寺空，庭院冷清，是什么原因？周边信众反映，该律院与普佛寺管理机制不同。普佛寺由镇里管，寺里收入不用上交，自养自建。广长律院由生产队管，寺里收入一半要交队。如果处理不好与生产队的关系，寺庙就办不下去，僧人也待不下去。

四　沔城道教教职人员的流动变化

仙桃市最有影响的道教宫观即玄妙观、东岳庙，均在沔城，下面是基本情况。

（一）玄妙观

原为元末著名农民起义领袖、大汉皇帝陈友谅的故居。明初改为玄妙观，此后一直有道士住观修炼。一九四一年毁于战火，一九八四年信众捐资八十万元重建，一九九〇年经政府主管部门批准开放。一九九五年住持是陈建华，现住持是何永祥。

一九九五年玄妙观教职人员基本情况：（1）陈建华，号明性，男，二十九岁，仙桃市沔城人，初中文化程度。（2）姜元修，号元修，女，六十岁，仙桃市沔城人，文盲。（3）陈九姑，号元诚，女，四十五岁，仙桃市郭河人，文盲。（4）肖奥，号智园，男，二十五岁，洪湖市新堤人，小学。（5）项爱红，号明慧，女，二十七岁，监利市人，初小。（6）陈忠禄，号理全，男，二十九岁，黑龙江鸡西市人，小学。

一九九九年人员变更情况：

住持陈建华所负责宫观财务因账目不清，受到检查而出走，去向不明。姜元修已去世，陈九姑仍在，陈忠禄属挂单和尚，已离开了。肖奥、项爱红回原籍。

目前有教职人员十人，除陈九姑外，其他九人基本情况如下：（1）何永祥，男，八十二岁，仙桃市郭河人，初中。（2）李园慧，男，六十五岁，仙桃市沙湖人，高中。（3）卢明长，男，三十岁，仙桃市郭河人，小学。（4）严明荣，男，二十九岁，仙桃市陈场人，初中。（5）陈园成，女，五十岁，仙桃市郭河人，文盲。（6）项明慧，女，三十岁，潜江县人，小学。（7）赵园梅，女，五十五岁，湖北潜江县人，文盲。（8）朱明鼎，女，三十岁，仙桃市陈场人，初中。（9）李园和，男，三十四岁，嘉鱼县人，大学。一九九八年考入北京中国道教学院就读。

（二）东岳庙

创建于宋代，历朝重修。以道教为主，儒释道三教合一的寺庙。中华人民共和国建立前最后一位住持是杜立柏道士，晚年在广长律院皈依佛门。东岳庙被毁迹后于一九八四年重建，隆全和尚任住持，直至一九九三年仙逝。隆永和尚接任，一九九六年仙逝。一九九六年以后，由玄妙观住持陈明性道长兼任东岳庙住持。陈明性出走后，玄妙观道士印国振来此庙任道长。然此庙目前并未正式登记，属于上报待政府管理机构批准的宗教场所。

一九九五年东岳庙教职人员基本情况：（1）张隆永，男，七十八岁，仙桃市郭河人，初小文化程度；（2）张才清，男，八十岁，仙桃市通海口人，初中；（3）严泽刚，男，三十二岁，仙桃市郭河人，初小。

一九九九年人员变化情况：张隆永、张才清已去世，严泽刚已回原籍。目前的教职人员基本情况如下：印国振，男，七十七岁，仙桃市郭河人，私塾（相当于高中）。另有"写表"人郭明佑、刘德华，炊事员王生银，不属于教职人员。

五　对沔城四庙观教职人员的分析

下面从人数、性别、年龄、出生地、文化程度、变更及其原因等方面，对一九九五至一九九九年沔城普佛寺、广长律院、玄妙观、东岳庙四庙观的教职人员进行分析。

（一）人数

一九九五年，共有二十五人；一九九九年，共有十八人。从一九九五到一九九九年，先后共有教职人员三十六人，包括这期间离开或去世的。其中普佛寺十人，广长律院七人，玄妙观十五人，东岳庙四人。

（二）性别

三十六人中，男性二十四人，占百分之六十七；女性十二人，占百分之三十三。住持全部为男性。离去者十四人，其中男性八人，占百分之五十七，女性六人，占百分之四十三。去世者四人，其中男性三人，占百分之七十五；女性一人，占百分之二十五。

（三）年龄构成
见表5。

表5　　　　　　　洢城四庙观教职人员的年龄分析　　　单位：人

	1995 年	1999 年
70 岁以上	6	4
60 岁至 69 岁	4	4
50 岁至 59 岁	3	4
40 岁至 49 岁	4	1
30 岁至 39 岁	2	4
20 岁至 29 岁	6	1
合计	25	18

从上表可以看出，教职人员老龄化很严重，而且当前尤其严重。一九九五年，五十岁以上者十三人，五十岁以下者十二人；一九九九年，五十岁以上者十二人，五十岁以下者六人。

（四）出生地
三十六人中，出生于本地（仙桃市）者二十四人，占百分之六十七；出生于邻县者十人，占百分之二十八；另有出生于外省者二人，占百分之五。以上说明，信仰佛、道教者，绝大多数是就近出家修行的。近年来，这种倾向更加突出。一九九九年的十八人中，出生于仙桃者十三人，占百分之七十二；出生于邻县五人，占百分之二十八；出生于外省者已没有。

（五）文化程度

如表6。

表6　　　　　沔城四庙观教职人员的文化程度分析　　单位：人

	一九九五年	一九九九年	一九九五至一九九九年
大学	—	1	1
高中	—	2	2
初中	6	6	9
小学	16	6	19
文盲	3	3	5
合计	25	18	36

以上说明，教职人员的文化素质偏低。一九九五年，高中以上者没有；小学及以下者十九人，是小学以上人数的三倍多。一九九九年，文化素质明显提高，高中及以上者三人；小学及以下者九人。从一九九五至一九九九年总体上看，小学及以下者二十四人，是小学以上人数的二倍。

（六）流动变化

如表7。

表 7 沔城四庙观教职人员的流动变更分析

	一九九五年人数	一九九九年人数	减少人数	增加人数
普佛寺	10	6	4	0
广长律院	6	1	6	1
玄妙观	6	10	5	9
东岳庙	3	1	3	1
总数	25	18	18	11

以上说明，一九九五至一九九九年的教职人员流动很快，变更极大。四年时间，总数由二十五人减少了十八人，即减少了百分之七十二；增加了十一人，即增加了百分之四十四。有增有减的结果，由二十五人变成十八人，减少了七人，即减少了百分之二十八。从具体的庙观看，也很明显。如玄妙观，一九九五年有六人，到一九九九年，走了五人，只留一人，又进了九人，可以说是全面更替了。

（七）流动变更的原因

原因是多方面的，择其主要的介绍如下：

第一，社会原因。政府相关管理部门对活动场所和教职人员进行登记和清理工作，引起一些人离庙出走。如玄妙观道长陈明性因查账而走，肖奥、项爱红因缺少必需的证件而被"劝回"原籍。

第二，经济原因。僧人道士在大庙里只能获取数额不高的"工资"，生活比较艰苦。近年来乡间自建小庙较多，建好后就外请僧道。大庙里的一些教职人员愿意去小庙做住持，如果办得好，"香火"（来寺观拜敬神灵者所捐钱物）等收入丰厚，一半交所在村镇负责机构，一半属于自己。如普佛寺的徐业访和曾维清即属这种情况。有些僧道去了南方寺观，那里不仅"工资"高于内地，而且每次做法事的额外收入也高。沔城某寺一位监院去了广州南华寺，几年后回来了。

第三，管理原因。按政府的要求，寺庙目前全部必须"自养"，条件好的还要"造福"社会。如果一个寺庙的住持管理能力差，就没有经济收入，教职人员就会"跑掉"。另外，如果一个庙的管理体制混乱。如寺庙与所在地的官方没有处理好相互的关系，即使有能干的住持也无济于事。广长律院属于这种情况，目前已近于人走庙空。

第四，宗教活动的原因。有些人员流动是正常宗教活动引发的。例如现在通行的惯例，佛教出家人每年允许外出"朝山"、"参学"十五天。当年不去，第二年即可外出三十天。寺庙允许外地和尚来"挂单"，免费吃住。"四方丛林"可以长住，"子孙丛林"只可住三天。有些年轻出家人四处参佛，提高修行；有的出家动机不纯，只为游山玩水，玩够了就还俗。例如普佛寺张中兴、玄妙观陈忠禄都属外地来本地"挂单"的和尚、道士。又如广长律院住持豁开曾到河南少林寺挂单，求经拜师。

第五，去世与还俗。教职人员"老龄化"是普遍存在的现象，老龄者去世的比例自然就高。一九九五年东岳庙有三位教职人员，其中两位已八十岁左右，几年之内已先后去世。现行的佛道教规允许出家人自由还俗，有些年轻人心性修定不静，"凡心"未断，又重回红尘。这些也是教职人员流动变更的原因。

前中共中央总书记江泽民在九十年代多次指出，要引导宗教与社会主义相适应。这是一个过程，是一个经过整顿、协调，从不适应到适应，从无序到有序的过程。宗教界在这个过程中出现活动场所数量的大起大落、教职人员的剧烈变更，是在所难免的。这次有关仙桃市的调查资料还是比较充分地反映了这个特定时期宗教界的动荡与变迁。

湖北省武汉市宗教的现状与世俗化特点[*]

　　由于城市在政治、经济、文化生活中占有重要地位，历来是宗教信徒众多、宗教场所集中、宗教活动频繁的地方。在当前的形势下，中国城市宗教界出现了许多新问题、新情况，对政府宗教管理部门提出了新要求。近年来，中共中央领导人和中共中央、国务院对于城市宗教问题曾做了许多重要指示，并要求各级政府重视和抓紧城市宗教工作。当前湖北省武汉市的宗教现状如何，特点如何，基本评价又如何？不了解这些，开展武汉市的宗教工作就带有盲目性。本文仅就以上几个问题提供一些调查资料和初步分析。

一　现状

（一）宗教界基本情况

　　武汉是湖北省省会所在地，也是中国中南地区最大的城市之一。现辖武昌、汉阳、江汉、江岸、硚口、洪山、青山、江夏、

---

　*　原文发表在《宗教学研究》2003 年第 3 期。

蔡甸九个城区，汉南、东西湖两个郊区，黄陂、新洲两个郊县，共十三个区县。全市面积八千〇六十平方公里，人口七百余万。

武汉宗教有悠久历史，地位显著。仅从近现代来看，"武昌佛学院"推动了中国佛教界的复兴与改革运动，太虚院长提出了著名的"人间佛教"的思想。长春观是中国公认的道教著名"十方丛林"之一，人称"江南一大福地"。辛亥革命武昌起义时，信仰伊斯兰教的一批回民"新军"贡献非凡。如马祖全在起义时任炮队总指挥，率部以猛烈炮火轰击督署，为夺取胜利立下赫赫战功。二十世纪二十年代，天主教在武汉设有三个教区，这在全国城区建制中没有第二例，三个教区管辖着武汉三镇和湖北内的其他十七个县市。一九五八年，中国天主教独立自主"自选""自圣"主教运动率先在武汉发起。而基督教新教各教派设立在武汉的全国性机构有五个，区域性机构有三个。一九五〇年，中共中央机关报《人民日报》发表了著名的四十人联名的"基督教三自革新宣言"，其中有五人是武汉的，如韦卓民等。

据一九九八年统计，武汉全市有信教群众十一万二千余人，占全市总人口的百分之一点六。有些宗教内容已融入民间风俗习惯中，如果将信仰民间宗教的群众也计算在内，数量就要大得多。如黄陂县木兰山每年农历八月初一的"亮子会"，朝山者总在数万人以上。一九九九年，全市有宗教活动场所二百七十八个，其中在政府有关机构正式登记的二百四十八个，临时登记的五个，暂缓登记的二十五个。其中，佛教九十五个，道教九十六个，伊斯兰教三个，基督教新教七十九个，天主教五个。全国重点寺观有佛教归元禅寺、宝通禅寺和道教长春观。列为省市重点的有佛教莲溪寺；汉口佛教"正信会"居士林；天主教汉口上海路堂、武昌花园山堂、汉阳显正街堂；基督教新教荣光堂、救世堂、武昌堂；伊斯兰教民权路、二七街和起义门清真寺等。一九九九年，全市有宗教教职人员一千余人。有七个政府相关机构同意成立的全市性宗教团体，即市佛教协会、市道教协会、市伊斯兰教协会、市天主教爱国会、市天主教教务委员会、市基督教三自爱国会、市基督教协会。有两个宗教社会团体，即武汉基督教青年会、武汉基督教女青年会。武汉的宗教院校有天主教的中南神哲学院和武汉修女院、基督教新教的中南神学院、佛教的武昌佛学院。

（二）　贯彻中共所制定的宗教政策情况

武汉市的宗教发展经历过曲折的过程。"文化大革命"（一九六六至一九七六年）中，全市宗教活动被禁止，宗教场所被关闭或被"砸烂"，宗教典籍被搬走或烧毁，教职人员被强迫还俗或离开出走。后中共重新制定新的宗教政策，武汉市政府在贯彻上级政策方面做了五个方面的工作。第一，恢复了全市性"爱国"宗教组织和团体的活动，配备了专职工作人员，解决办公用房。第二，从政治上平反，对全市一百三十五名宗教界人士因"宗教问题"造成的冤假错案和错划"右派"问题平反纠正。第三，政府从财政中拿出一千一百万元帮助腾退、修缮、开放了一批重点寺观教堂。第四，全部补发了"文化大革命"期间停付、欠付的包租费二百三十二万元给各宗教团体。"文化大革命"前由房地部门经管的二十六万平方米宗教房产基本退还给宗教团体自管。第五，市政府负责人过问并解决了一些"老大难"问题。如武汉照相机厂长期占用古德寺、大东门小学长期占用长春观西区的问题，腾退并修缮。

（三）依法管理的情况

一九九四年，由武汉市人民代表大会常委会制定，报经省人民代表大会常委会批准后，武汉市第一部地方宗教法规——《武汉市宗教活动场所管理办法》制定并生效。这一法规确立了武汉市宗教活动场所的登记和年检制度，使宗教管理工作进入到一个有法可依的阶段。对宗教场所实施登记工作实际上早在一九九一年就开始了。经过选点试登、制定方案、成立专班、宣传发动、调查摸底、督促整改、审核发证等步骤，这项工作到一九九四年初步完成。被正式允许登记的场所有二百七十六个，临时登记者三十九个，暂缓登记者九个。一九九五年以后，政府有关部门对已登记的活动场所进行年度检查。检查先以宗教界自查为主，主要方法是对照中央政府、省市各级法规，找出成绩与不足之处，完善管理制度，促进宗教活动正常化。经查五年来，武汉市宗教活动场所没有发生一起违反现行法律、法规的犯罪事件。

二　世俗化特点

（一）信仰模式的特点

当代宗教的发展趋势，不管是中国还是其他国家都是"以神为本"的信仰模式，正逐渐被"以人为本"的信仰模式所取代。西方出现了神权与人权统一的宗教运动，如"黑人神学"、"女权神学"、"解放神学"等。中国佛教学者赵朴初鲜明地倡导"人间佛教"的信仰模式，对当代宗教世俗化起了重要的推动作用。

武汉市佛教协会会长、归元寺昌明方丈一九九二年发表《爱国爱教，利国利民》的文章，文中说："爱国是每一个公民的义务，爱教是每一个信徒的本分。爱教必须首先爱国，爱国不可忘记爱教。爱国爱教，弘扬于神州，此乃生活在社会主义大家庭中每一个佛教徒的夙愿，亦是人间佛教利国利民的宗旨。"又说："庄严国土，利乐有情，为国家的昌盛、世界和平，尽形寿，献生命，建设人间天堂。"① 昌明方丈在一九九五年又撰文《人间佛教，奉献社会》，回顾民国初年太虚大师在武汉首创"人间佛教"的经历："太虚在汉创办武昌佛学院、潮音杂志社、正信流通处，驰名内外，造就大批正信僧材，为组织人间佛教正信队伍做准备，而今人间佛教遍行寰宇，得益于太虚佛教教育思想之实践。"文章最后总结了当代佛教的宗旨，说："学修齐进，劳禅并举，弘扬人间佛教，奉献社会，与社会主义社会相适应。"②

中国道教协会副会长、武汉市长春观老道长谢宗信，年八十六岁（二〇〇二年），仍身体健康，思维敏捷。一九九九年笔者曾在长春观采访了谢道长，听他侃侃而谈。"道法自然，清静无为"既是他的宗教信条，又是他的处世哲学与养生之道。"道法自然"，是说日常生活和心理情绪都要顺应自然之理。想运动的时候就运动，想静养的时候就静养。不必在不想运动的时候靠毅力强迫自己参加运动锻炼。在心情上勿嗔勿怒，各种意见都能听得进去。不纵容自己，也不苛求自己。"清静无为"并非消极处世，而是无为而无不为。无为才能心静，心静才能守"气"。天地万物都是气聚的产物，气散则有形之物消灭。气养于神，神养于气，气神结合，就能长寿。谢道长说他年轻时入道教是为了成仙，不死不朽。而现在体会到，做好自己该做的事，多为天下

---

① 昌明：《爱国爱教，利国利民》，《宗教》1992 年第 2 期。
② 昌明：《人间佛教，奉献社会》，《海潮音》1996 年复刊试刊号。

"苍生"服务，仙去之后仍有许多民众和教友怀念自己，就虽死而不朽了。成仙固不可求，长寿却可实现。从谢道长的思想境界看，他早已从年轻时的以神为本的信仰模式进入到以人为本的信仰模式了。

（二）政治活动的特点

在西方，中世纪"政教合一"的政治活动方式已被要求"政教分离"的宗教革新运动所抛弃。到现代更是一个宗教宽容和信仰自由的时代，宗教的民间性和自觉性得到了增强。中世纪的中国宗教与西方大为不同，有一种远离政治的倾向，例如佛道信徒大都不过问政治，宗教领袖大都以不接受皇帝召见为荣。以湖北为例，佛教天台宗创始人智颉曾谢绝隋文帝杨坚之召，禅宗四祖道信三次谢绝唐太宗之召，禅宗五祖弘忍一再谢绝唐高宗之召。武当山"活神仙"张三丰道士谢绝了明太祖朱元璋和明成祖之召。

当代中国宗教政治活动方式更与中世纪不同，表现为关心政治、协同政府、与当代社会相适应。例如中华人民共和国成立以来，武汉市实行了宗教上层人士"参政""议政"的制度。例如伊斯兰教，据一九五六年统计，武汉市当时有八名阿訇，除一人因病休养外，其余七人均分别担任了省、市、区不同级别的人大委员和政治协商会议委员。他们在各级人民代表大会和政协会议上参政议政。这个制度在"文化大革命"中被破坏了，宗教上层人士多数被打成了"牛鬼蛇神"。之后这一制度重新实行，据一九九九年统计资料，武汉市被选为各级人大代表和政协委员的宗教界代表人物共有五十七人，其中归元寺方丈昌明任武汉市政协常委、汉阳区政协副主席、湖北省人大常委会委员。

宗教界负责人是爱国爱教，拥护中国共产党制定的宗教政策，为精神与物质的"两个文明"作贡献的。例如，一九九九年笔者曾在长春观访问了武汉市道教协会副会长、长春观民主管理委员会主任吴存真。长春观管委会有委员九人，其中有五人参加过中国道教院的培训或者专修学习。吴存真说：在贯彻实施宫观管理条例的工作中，管委会做到"领导带头，不徇私情，制度面前，一视同仁"。对于观内道众有违法乱纪者，一经查出，严肃处理，屡教不改者令其迁出。由于管理严格，观内道风庄重。

（三）经济活动的特点

有些宗教宣传禁欲主义，将赚钱、享受视为罪恶，在这方面，西方与中国的一些宗教派别是基本之一致的。当代西方的宗教界积极参与经济活动，如经营房地产、开展宗教旅游、收门票、卖纪念品等，许多宗教团体都是具有巨大经济财富的经济实体。中国宗教团体从二十世纪八十年代开始，既要经济"自养"，又要承担社会公益事业，支援国家建设，也积极参加了各种经济活动。例如一九九七年，全市宗教的房产租金总收入有四百七十八万元，一九九八年总收入有四百五十万元。一九九八年佛教机构收入一百三十万元，道教机构收入三十八万元，伊斯兰教机构收入五十八万元，基督教机构收入一百五十万元，天主教机构收入七十五万元。又如佛教的归元寺一年的门票和功德收入约三百万元，宝通寺和长春观的"素菜馆"也有比较可观的经济收入。

信仰伊斯兰教的穆斯林也为社会主义现代化建设做出了杰出的贡献。据武汉市一九八五年统计，穆斯林被评为省、市、区（县）各级劳动模范和先进工作者有一百一十七名。其中武汉市制氨厂喇华灿工程师，改善了设备维修和管理，两年内节约人民币十三万三千元。武汉市第三药厂马惠民，制出了"马应龙麝香痔疮膏"，获全国新产品"金龙奖"，一九八五年上半年获利二百多万元。华中理工大学教授马毓义，推广"劣质煤高效稳烧法"，三年节约五千八百八十万元，荣获中央政府所颁发的"五一"劳动奖章。

一九九一年，武昌中南神学院院长刘年芬访问加拿大，得知一位加籍华人、环保专家主动愿为武汉市环境保护事业无偿提供援助资金。刘年芬回国后即与有关单位联系，终于在一九九三年签订有关协议十余个，到位资金一亿二千万美元。

（四）服务对象的特点

西方基督教各教派宗教实体，在中世纪时的服务对象是上帝和神灵。它们认为人有原罪，只有终生侍奉上帝，才能得救。现代有些宗教派别在服务对象上发生了重要转变，即通过服务民众来体现上帝和神灵的关怀。宗教实体兴办各种类型的教育事业、医疗事业、社会咨询事业等为社会服务。它们认为只有宗教实体为社会作出了具体贡献之后，民众才能体验到宗教实体良好的社会效应。中国当代宗教各界与西方潮流一致，实行人道主义，大力开展服务于社会的福利和慈善事业。

近年来，武汉市基督教男女青年会联合举办的"青友业余学校"先后开办了英、日、德、俄语和国际金融、医护急救等五十二个班，培训学员一千五百人次。又与江岸区大智街合办老人福利公寓，为失业女工开办职业技能免费培训班。汉口天主堂主办的康复医学专修学校，开办了康复医学、幼儿保健和职业病防治等十一个学习班，培训了来自全国二十多个省区的二百多位学员。一九九一年夏，湖北省发生了"百年难遇"的特大洪涝灾害。武汉市一位天主教主教董光清带头捐钱捐物，又给各地市天主教爱国会及堂口发出赈灾通知。广大神长和教友慷慨解囊，很短时间内为灾区捐赠了数万元人民币和大量衣物。董光清主教与香港教会发起的"血浓于水"赈灾组织取得联系，为汉川、新洲、阳新、孝感、麻城和巴东等十七个县（市）争取到救灾物资和资金折合人民币近千万元。也在这一年，武昌中南神学院院长刘年芬访问加拿大。她叙说了湖北省遭受特大洪水袭击后的困难，使加拿大教友很快组织募捐了二百万元加币，赠给了湖北灾区人民。

武汉市佛教协会会长昌明，热心社会福利事业。仅一九九四年下半年向"红十字会"、"残疾人基金会"、"希望工程"、教师节、慈善院等捐款数万元，表达了佛教徒的慈悲心怀。一九九五年，"武汉市宗教界爱心基金会"成立，并筹措了八十万元人民币，用于扶贫济困。一九九〇至一九九七年武汉市宗教界为社会公益事业捐款捐物计人民币四百多万元。一九九八年，宗教界捐款捐物计一百一十八万元，帮助洪涝地区人民抗灾渡难。佛道教组织还筹资八百余万元保护文物，维修重点寺观，为国家节省了大量的资金。

以上四种特点，可以概括为宗教的世俗化。大多教学者对于宗教世俗化的界定是：宗教日益关心此岸的人类事务，而不再专门以服务和向往于彼岸的神和天堂为宗旨。有的学者通俗地将宗教"世俗化"理解为"人间化"、"民间化"；认为现代宗教已逐步适应了以人为本的现实社会。当前武汉市宗教与国内外的宗教潮流一致，正经历着不断世俗化的过程。这个过程的意义何在，值得探讨。下面给予探讨与评价。

三　探讨与评价

（一）宗教与社会主义社会相适应的积极作用

一九九三年十一月，时任中共中央总书记江泽民提出了"积极引导宗教与社会主义社会相适应"的问题。他说："这种适应，并不要求宗教信徒放弃有神论的思想和宗教信仰，而只要求他们在政治上热爱祖国，拥护社会主义制度，拥护共产党的领导；同时，改革不适应社会主义的宗教制度和宗教教条，利用宗教教义、宗教教规和宗教道德中的某些积极因素为社会主义服务。"① 一九九四年，另一位重要国家领导人李瑞环说："我们所讲的积极引导宗教与社会主义社会相适应，从根本上说，就是任何宗教都要维护法律尊严，维护人民利益，维护民族团结，维护国家统一。"② 江泽民、李瑞环对"相适应"的具体内容做了说明，这些具体内容都是世俗的，而不是彼岸的。宗教界普遍欢迎"相适应"的理论和政策，在实践过程中推进了宗教进一步的世俗化改革。

武汉市佛教协会会长昌明方丈将人间佛教与"相适应"的理论结合起来。他在《论佛教适应社会主义社会》的文章中说："人间佛教的实践业绩，可以列举如下：其一，佛教重视社会主义两个文明建设，并以其为修行道场，'恒顺众生'，无私奉献。在各项建设中，佛教徒努力做出贡献。湖北省、武汉市乃至全国劳动模范、先进工作者中，佛教徒占有一定比例。爱教先爱国，人成即佛成。其二，几十年来，湖北、武汉佛教界的捐款达近百

---

① 《新时期宗教工作文献选编》，宗教文化出版社 1995 年版，第 253—255 页。
② 同上书，第 282—283 页。

万元人民币。汉阳归元寺近年来各项捐款达五万余元。在武汉、在湖北、在全国，佛教徒奉行法善、广种福地：扶助老弱，施医施药，修桥铺路，植树造林，资助教育等等，比比皆是，处处可见。由此可见，人间佛教的提倡、人间佛教的实践是佛教适应社会主义社会的根本途径。"①

武汉市长春观自办"素菜馆"，举办了一系列自养事业，走与社会主义社会相适应的道路。在武汉市举办的宗教界"爱国、团结、奋进"演讲会上，长春观道人取得多项"优胜奖"。近年来，长春观在"双文明"、"相适应"的活动中不断做出成绩。② 一九九五年以来，长春观、归元寺、宝通寺、报恩寺、木兰山等佛道寺观成为武汉市对外开放的重要窗口，共接待了一千五百万人次的中外游客，为武汉市旅游事业做出了重大贡献。

武汉市民族宗教局是武汉市政府的成员，职司宗教等事务，为推动宗教与社会主义相适应做了大量工作。一九九〇至一九九六年，该局与部分大专院校、市青联和市政协多次召开了宗教与社会主义社会相适应研讨会，参加者有宗教界人士、宗教学专家、宗教机构管理者三方面，取得了很好的效果。一九九七至一九九九年，开展了"迎接香港回归，爱我中华"、"学习宗教法规读本"、"迈向新世纪，共创新辉煌"的一系列主题教育活动。两年中，各级宗教组织接待境外来访宗教界友好人士近二百批一万多人。这些工作促进了社会主义经济建设，宣传了政府所倡导的宗教信仰自由的政策。事实证明，宗教与社会主义社会相适

---

① 《昌明方丈法偈选》，湖北佛教协会 1997 年印行，第 210—211 页。

② 中国道教协会教务处：《道教界爱国爱教表彰会先进事迹的材料选编》，1993 年编印，第 80 页。

应，宗教开展政治、经济、文化、社会服务等各类"世俗化"活动，对于宗教自身以及民众社会都是有益的。

（二）与社会主义不相适应的消极因素

宗教世俗化是宗教适应现代社会发展的一种革新，它具有进步的意义。但是在革新的过程中，它不可避免地也会出现消极的作用。在国际上，宗教世俗化孕育了一场新宗教运动，在这场运动中也出现了不少的"邪教"组织。一些"邪教"组织让信徒捐款、捐物，从事廉价或无偿劳动，从而聚敛巨额财富。例如日本的奥姆真理教等。宗教世俗化也为"邪教"传播提供了一定的条件。近年来，打着基督教旗号的某些"邪教"组织进入武汉市，虽然它们受到打击和取缔，但仍然有一些地下活动。

宗教团体实行自养，办公司，搞经营，参加商品经济的大潮，势必会出现腐败现象。据说四川省有些寺院僧人利用出国之便，为宗教部门官员代购紧俏家电，以换取宗教部门干部给予寺院经济优惠政策。武汉市目前虽未发现类似的典型情况，但值得注意和警惕。

九十年代出现建庙热。许多地方修建庙宇和露天佛像，并非出于对宗教的信仰，而是为了发展旅游，搞活经济。有的地方甚至公开提出"宗教搭台，经济唱戏"的口号。有些人利用宗教搞封建迷信和淫乱活动，大发不义之财，这种现象在武汉也屡见不鲜。正如武汉的一位佛教高僧所说："当前，在商品经济的大潮中，出现了诸多因满足一己之欲念而求佛，因求得心理平衡而信佛。特别是沿海一带，出现了经忏大作、超度亡人、滥修滥塑、收受供养、礼拜扶乩、求佛庇佑等现象。这些与人间佛教宗旨相背、与时代精神相悖的当代消极因素，也是不能适应社会主义社会的。"①

　　总之，当前武汉宗教的特点是信仰模式的转变、政治活动与经济活动的转变、服务对象的转变等。这些特点可以概括为宗教的世俗化。宗教世俗化是宗教适应社会的政治、经济、文化而产生的必然结果，是一种具有进步意义的革新，宗教世俗化有利于引导宗教与社会主义社会相适应。同时世俗化也有一定的消极因素，值得我们注意。

---

　　①　《昌明方丈法偈选》，湖北佛教协会 1997 年印行，第 214 页。

从祭山神看瑶族原始宗教
活动的一些特点[*]

一九八二年，笔者曾在湖南省新田县门楼下瑶族乡现场观察了一次祭山神的活动。现根据当时的调查笔记整理成文，叙述这次活动的过程、场面、对话以及笔者对瑶族原始宗教活动的一些认识。

一　仪式的过程

盘生旺，时年五十七岁，新田县瑶族猎人。这里的猎人多不是职业猎手，也很少到外地去打猎。他们在当地参加各种农业劳动，与其他农户没有区别。他们获取猎物的主要方式不是使用猎枪，而是利用闲暇时间在附近山上装绳套、安铁夹、放石弹，等待野兽自投罗网。装绳套是用结实的绳索做成圈套放置山上，当野兽踏上圈套，圈套收紧，野兽的一只脚就被紧紧套牢。铁夹的原理与城市里的"老鼠夹"相似。石弹是用很硬的碎石子、炸

＊　原文发表在《民族论坛》1995 年第 2 期。

药粉、猪油混合制成的，野猪闻到猪油的香气就将石弹吃进嘴里，用牙齿咬，碎石头因摩擦引爆，炸死或炸伤野猪。盘生旺最擅长用绳套套野猪，是当地有名的猎人，并收了不少徒弟。其中一个新收的徒弟刘文江曾因套住了一只三十斤左右的麂子（与鹿相类动物），请师傅去吃晚饭并祭山神。我也受到了邀请。

刘文江，二十八岁，瑶族，初中文化程度。到他家的时候，盘生旺和刘文江的几个亲戚、乡亲已在屋里。窗台上放着麂子头和四只脚，麂子肉有一半将留给盘生旺带回家，另一半煮熟了招待大家吃。麂子是瑶山里比较多见的一种野兽，像小牛，尤其头上长着两只角，也跟小牛角一样。成熟的麂子，不过三、四十斤，它们性格温和，很机灵，爱吃草和庄稼叶子。麂子肉接近牛肉的味道，但纤维细一些，肉嫩一些，容易煮熟。饭前，与盘生旺交谈。他说："套野猪是我们瑶人的传统。据说最早教给我们套野猪的人叫钟能升，他以前的情况就不知道了。传说，我们的祖先进山去，遇见四十多只野猪，但怎么下套也套不住一头。后来遇见一个卖肉婆婆。她把一头猪王卖给了祖先。这个祖先回家后烧香烧纸，敬祖敬神，再进山就能套住野猪了。所以我们再祭神的时候，总要祭卖肉婆婆。"他还说："我如果晚上做梦杀死野猪或者杀死了人，那就是套到大野猪了，第二天早上上山一定有收获。"

麂子肉煮熟后端上方桌，十个人围桌而坐，开始喝酒吃肉。因为笔者是客人，刘文江用筷子夹了一块麂子肉到笔者碗里。笔者赶紧说谢谢。刘文江眉头一皱，不太高兴。旁边的另一个人很认真地说："这个场合最忌讳说谢谢。"刘文江解释说："师傅教导我，套到野猪和麂子，要请乡亲和客人来吃，吃得越多越好，越吉利。吃的时候千万不能说谢谢，说谢谢今后就套不住野兽了。只能说还没有吃够，明天再来吃，这样说吉利。"听了这话笔者当场就说："很好吃，还没有吃够，明天再来吃。"刘文江和大家都笑了。喝过几杯酒，刘文江兴奋地说："过去我没有拜师傅，一年多没有套住任何东西，野兽看见绳套就绕开走了。二个月以前我拜了盘师傅，他教我烧纸敬山神，敬卖肉婆婆。四天前，师傅算卦后告诉我，半个月之内有财气，是逢三、六、九的日子，结果真准，今天是十月十九日，套住了一只麂子。早上上山时，刚套住不久，它还是活的。"刘文江的父亲刘祖哲说："早先我也不相信师傅，两年多毫无收获。后来在金陵乡拜了一个师傅，就灵了。这个月已有两次财气，一次是野猪，五十多斤；一次是麂子，二十多斤。"笔者问怎样拜师傅？刘祖哲说："拜师傅要有人介绍，师傅同意后，徒弟带些礼品去师傅家。师傅算卦问神同不同意，神同意了就算收下了这个徒弟。"笔者问师傅怎么教徒弟？他说："师傅教徒弟怎样烧纸敬山神，敬卖肉婆婆，还教徒弟怎样把套子装在野兽经常走的路线上，怎样装套索结实，野兽挣脱不了。"刘文江说："我还没有出师，只是学了放绳套的方法，还不知道怎样烧纸祭山神。"盘生旺带来一本经书，是汉文的，他死去的师傅传给他的，据说已经传了好多代人。书页发黄，封面发黑，似是烟熏所致，看上去年代久远。我翻开读几页，是讲卖肉婆婆的事情。盘生旺说："经书上写着，信则灵，不信则不灵。越信神，越敬神，越有财，不信则没有。我从不信到信，从没有财气到有财气。但有时从信又到不信，不信的时候也没有财气。今年我有好几次套住了野猪、麂子，可是又让它们挣脱跑掉了。回想起来，这大概是前一段我不那么信神的缘故。"我问："信神为什么有财气？"他说："野兽都听山神的指挥，山神可以让野兽都集中到某一座山，也可以让野兽都离开某一座山。我们祭山神，就是请求它把野猪、山羊、麂子都赶到我们下了绳套的那座山上，那么自然就会有财气。套住了野兽，就要举行仪式谢山神，不谢山神下次就套不住了。"刘文江附和说："神跟人一样，爱得一些好处，爱听一些好话。有了好处和好听的话，就不找人的麻烦，还帮助人。我有两次上山安套索，被神抓住了，全身麻木，躺在地上不能动。我在心中对神许愿，说些好听的话，它才将我放了。回家后我给它烧纸，给它喝酒，它以后再没有抓过我了。"

晚饭后，刘祖哲将一张长桌搬到门外的空地上，桌面正中靠前摆着麂子头，两只眼睛还睁着。左右各摆两只麂子脚，靠后一排放着五只酒杯，每只酒杯斟上三分之一的米酒。盘生旺在堂屋里教刘文江用草纸制作纸钱。草纸上面洒了麂子血，刘文江用斧头、铁凿子在草纸上面凿洞。按师傅教导，每张草纸上凿三十个洞，洞的排列顺序各不相同，似有讲究。纸钱做好以后与几炷香一起摆在桌子的右边。按我的观察，祭山神的仪式大约分为四个程序：请神、祭神、问神、送神。

第一步，请神

盘生旺从屋子里走出来，站在桌前，首先将一杯酒斟满，将一炷香点着，然后从衣服口袋里取出一只牛角，吹了三声，有快有慢。口里念着："天门开、地门开、鬼神来，鬼神来……"然后打窖算卦。算卦的工具是用竹根制的两个卦片，当地人称"窖"。卦片长约两寸，呈牛角形，一头宽，一头尖。正面是平的，有几道刻槽。反面是凸起的，很光滑。打窖时将两个卦片扔在地上。若都是正面，为阳卦；都是反面，为阴卦；一正一反，为顺卦。请神时打窖，若出现阴卦，表示鬼神已到；若出现阳卦、顺卦，则鬼神未到，还要重新打窖。盘生旺第一次打窖即为阴卦，表示鬼神已到。

第二步，祭神

盘生旺让刘文江烧"纸钱"，自己往酒杯里斟满酒，然后取出经书，大声念起来，约十分钟，合上经书，开始颂扬卖肉婆婆的功绩，感谢卖肉婆婆送给他徒弟一只麂子。请卖肉婆婆喝酒，将一杯酒泼在地上。重新斟满酒以后，盘生旺开始唱"梅山歌"："一看梅山第一洞，白日听闻人吹唱。二看梅山第二洞，有法师人过得去，无法师人路难行。入得梅山第三洞，黄龙淹水不通行。三十六人齐下拜，拜下黄龙讨路行……"唱毕，盘生旺与刘文江一起烧"纸钱"。口里提到梅山神、桃源帝母、九疑本部、盘王七祖，还有许多很陌生的神灵名字，估计是当地瑶族已过世的师公以及盘生旺、刘文江已过世的祖先。每提到一个神灵，便烧一两张纸钱，口里说："某某神灵，这些钱是送给你的，请保佑我们无灾无难，请保佑我们进山有财气……"

第三步，问神

所谓问神，就是以算卦的方法，向神灵"打听"下次有财气的日期。围观者已不少，但这些人似乎对请神、祭神、盘生旺的念经、唱歌都不太关心，吵吵嚷嚷的。但是一到问神阶段，马上就都安静下来了，大家都围在盘生旺的身边，很注意盘生旺打窖算卦的结果。算卦分两个步骤：第一，是看今后哪一天有财气，可以套住野兽。办法是，先设想逢一、四、七日有财气，然后打窖。如是阳卦，表示有了财气，一卦算中。如是阴卦，表示虽有财气，但不可靠。如果是顺卦，表示没财气，还要再打窖一次。若依然没有财气，则假设逢二、五、八日有财气，再打窖。两次都无结果，再假设逢三、六、九日有财气，每更换假设，都要对祖先神、本地神、过世的师公说些好话，给他们喝酒、烧几张纸，直到扔到阳卦为止。第二阶段是知道了什么日期有财气以后，再通过打窖问神，这个日期是不是肯定下来了。连续三个顺卦就是肯定了。但在卜卦者看来二顺一阳也是好卦，说明可以有收获，但没有大财气。二顺一阴是不好的卦，他们认为这样的结果预示着野兽被套住也会挣脱逃走。关于算卦的程序方法是事后调查，才了解清楚的。

盘生旺双手捧住卦片，一边在胸前摇动一边说："逢一、四、七有财气。"说完打窖，将两个卦片扔到桌面上，是阴卦，"神不同意"。再打一次，是阳卦，"神同意了"。围观者议论纷纷，互相转告，下次有财气是逢一、四、七的日子。盘生旺与刘文江烧"纸钱"，略事休息之后，又开始打窖。第一卦是顺卦，第二卦是顺卦，所有围观者都安静下来，等待第三卦。第三卦是阴卦，许多人叹气表示惋惜。又来一次，第一卦是顺卦，第二卦还是顺卦，第三卦是阳卦。这也是比较好的卦，本来卜卦可以结束了，但盘生旺与刘祖哲商量以后，决定继续打窖。刘祖哲说："今天我没有请金陵乡的师傅来喝酒，可能是他的师傅的神灵生气了。"按当地人的观念，山神就是同意了，但只要某一祖先神或地方神不同意，也没有好的结果。盘生旺这次祭的是某某师傅的神灵，他说："某某师傅，对不起你，今天没有请你的徒弟某某来这里喝酒吃肉，请你不要生气。现在给你烧纸，请你喝酒。下次有财气，一定要请你的徒弟来这里吃肉。"祭完师傅，祭卖肉婆婆，请她喝酒，给她烧纸，然后说："我的徒弟刘文江，下次有财气是逢一、四、七日，你能不能肯定下来？……"说完即打窖，连续打窖几次，结果都不好，刘文江父子和围观乡亲就显得有些不耐烦了，只有盘生旺很沉着。终于出现三个连续的顺卦，刘祖哲和刘文江父子喜笑颜开。围观乡亲也满意了，他们纷纷离开这里，各自回家。盘生旺在渐渐冷清的屋外空地上，进行第四个程序。

第四步，送神

盘生旺将五个酒杯中间的一杯拿起来往桌面上一洒，算是奉送给卖肉婆婆。然后分别拿起另外四杯酒往东西南北方向泼出去，算是奉送给各方神灵。中间一个空酒杯杯口朝上放，像原来一样。其他四个酒杯反扣在桌面上。盘生旺念了一段经以后，往中间的酒杯斟满酒，让刘文江烧纸。然后又手捧着卦片在胸前摇动，口里说："请神灵回到原位，两阳归位。"说罢扔出卦片，连续两个阴卦，神不愿归位。几次以后，终于出现连续两次阳卦，表示神灵已经归位。盘生旺将桌上的那一杯酒倒在地上，祭山神的活动到此结束。

二 仪式的分析

根据对祭山神的现场观察，结合自己在其他瑶族地区的调查，可以看出瑶族原始宗教活动的一些特点。

（一）笃信神灵，崇拜祖先

瑶族是居住在山地的民族，祭山神的活动相当普遍。湖南湘西的瑶族祭祀"梅山神"。梅山神供在家家户户的神龛上。狩猎前后都要举行祭祀活动，逢年过节也要定时上供品。广西南丹大瑶寨"白裤瑶"称山神为"山头人"，每次狩猎前选择一块大石头作神像，杀一只公鸡祭之。狩猎如有收获则以兽头祭山神。广西十万大山"山子瑶"上山打猎前要祭山神"班斤"。祭法是人山前由领队或队员求"班斤"不要作怪，保佑打得野兽。打猎回来用兽头和一部分肉祭献"班斤"，表示谢神。新田县瑶族猎人以下绳套为主要狩猎方法，这种近乎守株待兔的办法与带枪巡猎的方式相比是被动的。有没有猎物，有多少猎物，很难由人力加以控制，只能听天由命，靠运气，能不能套住猎物是由山神决定的。人们只能对山神毕恭毕敬，才能换得山神的恩赐。从现场观察看，盘生旺以及他的徒弟刘文江等人对山神是笃信不疑的。

每当他们套住了野兽，对山神就更加笃信不疑。即使套不住野兽或套住又被挣脱了，他们也不怀疑山神的存在，而认为是自己对山神信而不坚，祭而不恭造成的结果。遇到灾难时认为是山神对自己的惩罚，消除灾难后感谢山神对自己的恩德。由自然崇拜产生出来的一种对神笃信不疑的态度，是原始宗教活动的特点。

　　在祭山神的活动中，祭祀了许多神。卖肉婆婆，来历待查，可能是当地历史上曾对瑶族狩猎作过贡献的人物，死后被猎人奉为神灵。梅山神，是各地区瑶族猎人普遍信仰的猎神。梅山、桃源、九疑都是瑶族历史上的居住地，以这些居住地命名的神应视为瑶族的祖先神、地方神系列。盘王代表瑶族共同的、也是最古老的祖先，祭盘王是瑶族祖先崇拜的最有代表性的仪式。此外，盘生旺已经过世的师傅，刘文江的家先以及当地过世的师公，也都被作为神灵看待。总之，在祭山神活动中，祭的大多是瑶族的祖先和对瑶族有过贡献的人物，这反映了瑶族原始宗教的主体是祖先崇拜。

（二）敬神与功利结合

　　一方面对神灵笃信不疑，另一方面又极带功利主义色彩，这是原始宗教活动的一个特点。新田县瑶族祭山神活动充分表现了这个特点。新田县瑶族的生活比较贫困，饮食结构以红薯和蔬菜为主，肉类所占的比例很小。处于这种生活水平，野猪、麂子等猎物对他们来说是非常珍贵的食物补充。他们祭山神的目的，主要不是出于信仰的动机，也不是为了净化灵魂，或者是为了死后进入天堂、到达彼岸世界，而是为了非常实际的物质利益。他们相信野兽听山神的指挥，祭山神就是为了让山神高兴满意，将野兽赶到下套子的地方，使猎人有收获。在这里，山神并不是真理和正义的象征，他与猎人是一种利益交换的关系。山神给猎物，猎人给山神钱和猎物的一部分作为祭品。但是钱并不是真钱，而是用草纸打孔制成的替代品。猎物的一部分往往是头和脚。在这些有些近似巫术活动中，祭神完毕后，比较好的祭品送给师公作为实物报酬。这也是一举两得，一物两用的安排。刘文江的话很带功利性："神跟人一样，爱得一些好处，爱听一些好话。得了好处，听了好话，就不找人的麻烦，还帮助人。"

祭山神的目的，表面上看，只是为了敬神，但仔细分析还有另外一个重要功能：悦人。这表现在三个方面：第一，刘文江一年来第一次套住了野兽，其喜悦程度可想而知。由喜悦产生了期望，期望今后有更多的收获。这种喜悦和期望的感情需要一定的形式来表达、宣泄，祭山神的仪式满足了这种需要。第二，祭山神的仪式也满足了加强人际关系的需要。请师傅来喝酒吃肉，主持祭礼，表达了对师傅的感谢和尊敬。请亲戚和乡亲来，增进了团结，加强了联系。请过路的客人来，反映了猎人"见者有份"的传统，以及瑶族平均主义的观念。第三，满足了一种求吉利的心理需要。瑶族猎人历代相传，打到猎物要请大家来吃，吃得越多越吉利，下次会有更多的收获。由这种求吉利的心理还相应产生了一种禁忌，吃了肉不能说谢谢，只能说明天再来吃。用功利主义的态度祭神，在原始宗教活动中普遍存在。例如，有些地方的人们一方面崇拜龙王，敬畏龙王，在干旱的季节祭龙以求雨；另一方面，若求雨久不灵验，则将龙王塑像抬到烈日下暴晒，或用火燎烤，认为龙王受不了晒燎之苦，就不得不降雨。

（三）迷信与科学共存

祭山神作为原始宗教活动的一种形式，是一种科仪，这是显而易见的。因为山神在一般人看来并不存在，也管不了野兽的行为。通过算卦向神打听下次套住野兽的时间，更是有些靠不住，但原始宗教活动大多相信自然界普遍存在着人们不可见的种种联系和影响。例如祭龙王活动，人们相信一个"虚构"的龙神可以影响打雷下雨的自然现象。又如做道场活动，人们相信举行一定的仪式，就可以支配死人的灵魂，使其上天堂，或者回归"杨洲"。原始宗教活动虽然是有些不可信，但它还是包含着一定的积极意义。张紫晨认为：原始宗教"通过巫术行为的有形活动，曾经激发并增强人类对自身能力的认识和信心，相信由人类自身发出的巫术手段可以达到自己的目的。这种对巫术的信力，是生产力十分低下的原始人谋求生存与斗争的不小的精神支柱。"① 英国人类学家马林诺夫斯基说："我们知道巫术仪式必因实际经验所给的启示而起。"② 这使我们联想到巫术与科学有着某种联系，因为许多自然科学也是因实际经验的启发而产生的。中国人类学家杨堃认为，原始宗教与原始医学是密切结合的。他说："由于原始人对造成各种疾病的人缺乏认识，所以原始医学不能不受到原始宗教的较大影响。它一般是和巫术有着密切联系的。巫医和巫师往往是一职两兼的。他们治病时，常常一面使用巫术驱走鬼邪，一面用原始药物进行治疗。"③ 这一观点与我在瑶族地区的调查情况是吻合的。湖南省祁阳县的瑶族师公赵万荣就是身兼巫师与巫医的一个例子。我曾问他对疾病的看法，他说："病人得病的原因有两类，大多数因病菌感染而致，少数是鬼魂附体导致。对病菌感染的病，我用草药去治，对鬼魂附体的病，我用驱鬼捉鬼的办法治。"在他的医疗活动中，既有迷信的

---

① 张紫晨：《中国巫术》，上海三联书店 1990 年版，第 1 页。
② 马林诺夫斯基：《巫术科学宗教与神话》，商务印书馆 1986 年版，第 81 页。
③ 杨堃：《民族学概论》，中国社会科学出版社 1984 年版，第 269 页。

成分，又有科学的成分。那么新田县瑶族猎人拜师祭神的活动中有没有科学的成分呢？笔者认为也是有的。盘生旺作为师傅向徒弟传授的知识有两个方面。一是如何烧"纸钱"，祭山神，这属于迷信。二是怎样把绳套放在野兽常走的路线上，怎样安装绳套才能使野兽被套住不能挣脱逃走，等等。这些是从长期实践中总结出来的经验，它属于科学。

（四）规模小，时间短，花费小

这次祭山神活动是由一个家庭举办的，上桌吃晚饭的十人均为男性，除家庭男性成员外，有几位亲戚、几位村里有威望的人、盘生旺师傅和笔者。晚饭后举行祭山神仪式时，围观者几十人，都是本村的男女老少。活动的时间从晚饭算起到送神完毕共三个多小时，七点钟开始，十点三十分结束。时间短就不影响参加者的正常休息和第二天的劳动。这次活动基本上没有额外的费用。晚饭很简单，吃的菜除麂子肉以外，还有野猪肉，是不久前的猎物，再就是几盘蔬菜。喝了几斤米酒，是自家酿制的。祭山神时烧了几斤纸钱，是自己用草纸做的。盘生旺师傅做法事是无报酬的，给山神的祭品是麂子头、脚和五杯米酒。这是一次规模很小，时间很短，花费很少的祭祀活动。

从调查的情况看，越是地处偏僻，经济贫穷，文化落后的地区，就越是较多地保存着原始宗教的遗留。相反，在交通发达，经济富裕，文化发展的地区，则比较多地表现出人为宗教的仪式。例如笔者在常宁县塔山瑶族乡现场观察一次为亡人做道场的活动，主持人是一位祁阳县的师公赵万荣，参加者仅死者亲属十余人，时间从下午四点钟到第二天九点钟，念的经是《盘王大歌》中的一些段落。祭品是两只鸡，两碗饭和两盘馒头。这两只鸡在做道场结束时送给了赵师公作为报酬。不久以后，笔者又在江华瑶族自治县涛圩镇参加了一次做道场活动。道场由五位师公主持，时间是三天两夜。师公身着法衣，在小型吹打乐队的伴奏下表演歌舞。灵堂内挂有四幅神像挂图，师公带有锣、鼓、钗、剑、铜铃、神杖、印签、如意等各种法具。所念经书深受道教影响，有的就是道教的经书。第二天白天的活动是一个高潮。上午，一百多户的村子每户派一个代表轮流在灵堂烧香烧纸，下跪叩头。中午吃饭时摆三十二桌，每桌八人。晚饭后在村外打谷场上设布带围圈烧灵，参加仪式者几十人，围观者数百人。由以上比较可以看出，在交通发达，经济富裕，文化发展的地区瑶族的原始宗教已经与道教结合（？），并且规模大，时间长花费多。而在地理偏僻、经济贫穷、文化落后的地区，还保存着比较朴素的原始宗教活动，受各种条件的限制，这些原始宗教活动具有规模小，时间短，花费少的特点。

（五）人人可以行巫事神

这次祭山神的主持人，不是师公、道公之类的宗教人士，而是一个喜欢狩猎的瑶族农民。虽然是一个普通的人，但是他有牛角、竹窖等卜卦工具，有师傅传下来的经书，有念经、唱歌的经验，懂得简单的祭神仪式和复杂的算卦程序。他能够左右周围人的情绪，令围观者信服他的法术，在乡邻中享有一定的威望。人人可以行巫事神，这应该是原始宗教活动的一个特点。

英国人类学家弗雷泽在世界范围内考察了许多原始民族的巫术活动。他认为，巫术在日常生活中的运用，起先没有专门的巫师，即使有巫师的话，他们也没有垄断行巫事神的权力。每个人都有权依据自己的巫术观念、去从事各种各样的巫术活动，他称之为"个体巫术"。后来，"个体巫术"上升为"群体巫术"以后，才有了被大家信赖的为部落利益而施术的术士，这就是专门的巫师。① 在新田县门楼下瑶族乡也有专门的巫师，人们称为师公。师公不脱离农业生产，只是当有人请的时候才外出从事做道场、赶鬼治病等巫术活动。师公在瑶族群众中享有较高的威望，凡砍山、播种、狩猎、建房、生育、死亡、结婚、调解内部纠纷，都有师公出场主持。尽管这样，师公依然没有垄断行巫事神的权力。普通人可以祭山神，祭水神，祭家先，可以烧香、烧纸求神灵保护，可以赶鬼驱邪，甚至可以占卜算卦向神探问吉凶。张有隽说："在广西上思县十万大山瑶族地区，从前存在一种比较原始的宗教制度。其特点在于，村里每户男子不论老少，只要成年（十二岁以上），都有探鬼权力和本领。家里有人生病，家中男子（一人）就用一根木棍打在地上或桌上，越打越感到木棍沉重，就认定是有鬼来作祟了，这时就得去请'禁鬼公'来赶鬼。……十万大山瑶族人人有探鬼的本领、权力，而又必须通过'禁鬼公'赶鬼。这可能反映了当原始巫教及巫师产生初期，神权由分散走向集中的史实。"②

新田县瑶族祭山神活动所反映的原始宗教活动的特点不限于上述五个方面，例如还有占卜算卦在原始宗教活动中的重要作用等等，这里就不一一展开论述了。

---

① 弗雷泽：《金枝》，中国民间文艺出版社1989年版，第70页。
② 张有隽：《瑶族传统文化变迁论》，广西民族出版社1992年版，第110页

中国盘瑶的"千家峒运动"[*]

瑶族是一个世界性的民族，分布在中国、越南、泰国、老挝、柬埔寨、缅甸、美国、加拿大、法国等十几个国家。在瑶族中比较广泛地流行着千家峒的传说。传说中，千家峒是瑶族祖先居住的富饶宝地，先民们在那里过着富裕的生活。千家峒本来是一个世外桃源，元代时被官府发现和围剿，瑶民被迫逃离千家峒。逃离前将一个牛角锯成十二节，十二姓瑶民每姓保存一节，约定五百年后，子孙后裔带着牛角回千家峒团聚。

漫长的迁徙流浪生活，使千家峒的传说越来越流行，越来越神奇。瑶民在回顾历史的时候，千家峒代表祖先的家园，所以被视为圣地。瑶民在向往未来的时候，千家峒代表富裕的生活，所以又被视为理想境地。崇拜祖先圣地和追求富裕生活，使瑶民从很久以来就向往千家峒，崇拜千家峒，要回到千家峒团聚。但是由于岁月的流逝和频繁的迁徙，千家峒的确切地理位置迷失了。有的说千家峒在浙江会稽山一带，有的说千家峒在湖南洞庭湖一带，有的说在广西的石碧洞，有的说在海南岛，还有的人说千家

＊ 原文发表在《瑶学研究》2003 年第 1 期，广西民族出版社。

峒是瑶族乌托邦，并不真实存在，等等。众说纷纭，困难重重，但是瑶民以惊人的意志、毅力和牺牲精神始终不渝地寻找，由此而产生了一次又一次的千家峒运动。

一　千家峒运动的性质

（一）千家峒运动与复兴运动

复兴运动也称复振运动，是指一个民族成员有组织有意识地去创建更满意的文化的社会活动。它常常采取复古主义的形式，但实质上是一种文化改革或民族重建。复兴运动是一类社会运动的总称，这类运动包括"本土运动"、"船货运动"、"改革运动"、"乌托邦运动"、"教派组织"、"克里斯玛型的运动"等等。美国人类学家安东尼·华莱士认为，所有这些较大规模的文化系统改革的现象，都以某种共同的过程为其显著特征。他将这一类运动的"复兴期"概括为六个过程性阶段：迷宫之道、传播、组织化、调整适应、文化改造、常规化。

第一个阶段是"迷宫之道"的重构。所谓迷宫之道，是指人对自然、社会、文化、人格和身体的精神表象，通俗地说就是人对自身和外界的整体观念。复兴期的开始，常常表现为带有宗教色彩的观念转变。华莱士说："除了个别例外，我所了解的宗教复兴运动最初大都由个人表达在一个或数个幻觉中。某个超自然神显现在未来的先知面前，解释他自身及他所处社会的苦恼，将其全部或部分地归结为违背某些法则的结果，同时允诺如果禁戒得以遵循、仪式得到实践的话，那么个人和社会便能获得再生。"①

---

① ［美］安东尼·华莱士：《复兴运动》，《20世纪西方宗教人类学文选》（下），上海三联书店1995年版，第901—904页。

一九四一年兴起的广西大瑶山千家峒运动正是这样。肖成朝等几个早期领袖通过"发铜"（类似萨满的癫狂态）而获得幻觉。超自然神"盘王"的神灵附在了他们身上。盘王"借"他们的嘴说，你们目前的处境太苦了，只有回到千家峒才能获得幸福和再生。这期间禁忌很多，包括不能吃油吃肉，哪一天不许做工，哪一天不许开门外出，不许喝当天挑回的水，不许耕种生产，等等。需要实践的仪式是家家设坛拜神，发铜、练兵等等。

复兴期的第二个阶段为"传播"。华莱士说："感梦者怀着福音传播的和救世主的精神向人民传播他所得到的启示，他因此而成为先知。"①

在大瑶山千家峒运动中，李七飞最早从修仁县来到金秀县的忠良区作宣传。他说："上天已老，以后我们不交租纳粮，要回千家峒去。"肖成朝也将自己在梦幻中得到的启示传播给瑶民："我和雷公、玉皇大帝是三兄弟，他们叫我带领大家回千家峒去。"后来，李七飞、肖成朝在运动中被瑶民看做是"先知"一类的人物。

第三个阶段是"组织化"："由特殊门徒组成的小团体（通常包括几位早期有影响的人）集合在先知周围，萌芽期的运动组织由三个层次的人推动：先知、门徒及追随者。"②

大瑶山的瑶民在"先知"的传播鼓动下，纷纷参加了集体返回千家峒的运动，并且被组织起来。早期参加者的任务就是到新地方去宣传、鼓动和组织。后来参加者多了，便设置了类似军队的编制，设有团长、副团长、营长、连长之类。当时的骨干分

---

① ［美］安东尼·华莱士：《复兴运动》，《20 世纪西方宗教人类学文选》（下），上海三联书店 1995 年版，第 901—904 页。

② 同上。

子，也就是所谓"门徒"，有金秀县古干村李有望、六同村冯成荣、冯成吕，六全村黄进万，六音村赵进新、肖志官等。这次运动的范围有几个县，追随者达几万人以上。这三个层次的人推动了千家峒运动的蓬勃发展。

第四个阶段是"调整适应"："复兴运动是革命性的组织活动，它几乎不可避免地会遭到某些抵抗。这种抵抗在有些情况下也许是轻微和短暂的，但在更多的情况下则是坚决并且有多种形式，它或者来自社会内部有权势的集团，或者来自占支配地位的外来社会的代理者。因此，运动可能不得不使用各种适应性调节的策略：教义的修正，政治和外交上的伎俩以及暴力。"[①]

大瑶山的"千家峒运动"似乎不能称是"革命"，因为它的目标不是攻占城池，夺取天下或劫富济贫，伸张正义，它仅仅是一种民族运动，一种迁徙运动，要回到自己的家园去。但是这次运动遭受到官府的暴力镇压，而且非常残忍。"先知"肖成朝和主要门徒李有望、冯成荣、肖志官等人被官府枪杀，追随者被武装驱散。返回千家峒的运动失败了，幸存下来的"先知"、门徒和追随者改变了策略。他们以讲千家峒的传说、唱古歌、组织祭祀、纪念"先知"的非暴力形式继续着"千家峒运动"，继续着民族复兴运动。

复兴期的第五个阶段是"文化改造"，第六个阶段是"常规化"。这里就不一一介绍和比较了。一九四一年的大瑶山"千家峒运动"在所有类型的千家峒运动中是最典型，最有代表性的。它与华莱士所概括的复兴运动的共性特征基本吻合。香港中文大学人类学家、国际瑶族研究会第一任主席乔健教授说："瑶族返

---

① ［美］安东尼·华莱士：《复兴运动》，《20 世纪西方宗教人类学文选》（下），上海三联书店 1995 年版，第 901—904 页。

千家峒运动是一个典型的人类史上所指的复振运动。这种运动在世界各地受压迫的民族中都相当普遍。在中国大陆，瑶族这个运动与汉族的寻找桃花源乐园的梦想结合，所以有着特别吸引力与现实意义。"①

（二）千家峒运动与本土运动

美国人类学家拉尔夫·林顿创立"本土运动"这一概念，是指一个社会对涵化压力的反应并重新肯定其原有文化的运动。本土运动最典型的实例是美国印第安人所举行的鬼舞、仙人掌教。

印第安人本来在美洲大陆世世代代过着自由自在的生活，但是自从殖民者登上这块被他们发现的所谓"新大陆"以后，印第安人就不断地被杀戮，被驱赶，背井离乡，过着到处流浪的生活。在以后的几百年里，印第安人为了生存不得不适应和学习新的文化，这种适应和学习使他们本民族的文化逐渐丧失，整个民族出现被外来的异族同化的趋势。十九世纪末，印第安人的民族意识重新觉醒，在美国内华达州以东至密西西比州平原地带的印第安人掀起鬼舞活动。第一次鬼舞运动始于一八七〇年，主要扩展到北加利福尼亚，第二次兴起于一八九〇年，主要向东蔓延到平原部落。这种鬼舞是一种带有巫术色彩的民族舞。印第安人相信，只要通宵达旦地跳这种舞，祖先的神灵就会到来，他们将消灭白人入侵者，带着印第安人喜爱的野牛（早已被白人杀光）出现。据载某地的印第安人鬼舞活动被附近的白人误认为是准备武装暴动，政府派军队残酷地枪杀了当地跳鬼舞的印第安人，造成流血事件。

---

①　乔健：《飘泊中的永恒》，（台北）巨流图书公司1990年版，第66页。

　　鬼舞活动停止之后，仙人掌教就成了美国印第安人的主要宗教。在皮蓬，印第安人在举行通宵达旦的集会时，围绕着火堆和各种不同的土坛而坐，食用一种仙人掌的果实。同时把水鼓、圣瓢及食物按顺时针的方向传递，每人唱四曲特别有关仙人掌的歌。会议以烽烟为信号，用杉木藿香焚香为始，同时于午夜时在营地四周吹起鹿骨哨，之后由道首及主祭巫师领导大家诵唱"晨歌"，并且以无骨之肉（指仙人掌果）、水果、烤玉蜀黍和源自墨西哥水果首获礼的浸糖水为宗教仪式的早餐而结束。

　　仙人掌教的主要特征是混合各种印第安文化的常见指标——特别是寻求幻觉这一点。这种仙人掌不大、无刺，状似胡萝卜，具有短丛白色软毛。此植物地表以上灰绿色软软的一部分常被水平切下生吃，或干燥之后称之为仙人掌果再食用；有时候则是和水同食。此种植物含有九种麻醉性的盐基，可促使听觉、筋力之感觉及视觉的幻觉，特别是明亮彩色的幻觉，史前的墨西哥土著和现代论者均视之为超自然力量的来源。仙人掌教所举行的印第安人的本土化宗教仪式，是印第安各种部落文化的遗留混合加强，意在白人文化的强大影响下，坚守本民族文化的价值。

　　我们可以不太严格地把鬼舞和仙人掌教运动归结为以下特征：

　　（一）他们是离开了本土本乡的弱小民族。

　　（二）他们受到强大的外族文化影响，本族文化受到威胁。

　　（三）他们民族意识觉醒，希望回归本土，恢复本土文化。

　　（四）通宵达旦的歌舞。

　　（五）实行一定的宗教仪式。

　　（六）追求幻觉。

　　（七）祖先的神灵回来。

　　（八）消灭白人。

（九）带着野牛等本民族的土产回来。

（十）曾被误认为是武装暴动，遭受镇压。

中国瑶族在离开千家峒以后，成为一个离开了本土本乡，在山地迁徙的弱小民族，在周边强大的汉族文化影响下，本民族的文化受到威胁。十九世纪以来，瑶族的民族意识觉醒，希望回归本土文化。中国瑶族的千家峒运动也以通宵达旦的歌舞为主要形式之一，目的是希望祖先的神灵回来，并带给他们五谷丰收，牲畜兴旺和族人团聚。其中广西大瑶山的千家峒运动实行一定的宗教仪式修炼并以所谓"发铜"的形式追求幻觉，在幻觉中说出盘王的意志。他们曾希望摆脱汉人的统治，举行集体迁徙，但被误以为是举行武装暴动，遭受官军的镇压。显然，中国瑶族千家峒运动与复兴运动中的本土运动特别相似。台湾人类学家李亦园在分析瑶族的千家峒运动时说："这种人间乐土的怀念之情经过传说沿诵以及仪式扮演，不但久已成为瑶族文化的一部分，而且形成类似人类学典籍中所描写的'本土运动'或'复振运动'。"①

美国人类学家拉尔夫·林顿进一步将本土运动归纳为两组四种类型。关于第一组的两类林顿是这样说的：

"首先，需要区分包含复兴已灭绝或至少将面临灭绝的文化成分的努力的本土主义形式，和那些只是寻求永久保持现在文化成分的努力的本土主义形式。为了方便起见，我们把第一种形式称为'信仰复兴型本土主义'；把第二种形式叫做'永久保持型本土主义'。"②

---

① 李亦园：《寂寞的人类学生涯》，载乔健《飘泊中的永恒》，第8页。

② ［美］拉尔夫·林顿：《本土主义运动》，《20世纪西方宗教人类学文选》（下），上海三联书店1995年版，第904页。

关于第二组的两类，林顿说："我们有必要进一步区分'巫术本土主义'和'理性本土主义'。其中巫术本土主义带有比较强烈的宗教巫术和崇拜祖先神灵的色彩。"① 又说："该社会的成员觉得，只要像其祖先那样处身行事，这些要素就能（以某种通常是不确定的方式）有助于再创其祖先生活的整体环境。也许更准确地说，他们试图重新创造回顾当中令人向往的祖先的境遇。"②

千家峒运动属于第一组的两类中的信仰复兴型本土主义。因为几乎所有的千家峒运动，都以信仰盘王、复兴千家峒的生活作为共同特征。瑶民总是觉得，现实是那么艰难困苦，而古代千家峒是那么的辉煌。瑶民的第二组两类中的千家峒运动是为了追求一种新的生活，但采取的是复古的手段。千家峒运动还属于第二组两类中的巫术本土主义。瑶族在历史上没有形成自己民族的系统宗教，其文化形态长期处于巫文化状态，巫师在瑶族社会中很活跃，且受人尊重。例如歌舞祭祀性的千家峒运动就是以巫师为主导的活动，巫师主持着祭祀、舞蹈、唱古歌、讲来历的民族活动。在巫文化的背景下，其千家峒运动也必然属于巫术本土主义类型，其运动目标正如拉尔夫·林顿所概括的："他们试图重新创造回顾当中令人向往的祖先的境遇。"

人类学家认为本土运动是一个世界性的运动。例如澳大利亚托管地新几内亚国巴布亚人的千年运动，也被认为是典型的本土运动。巴布亚人对占领他们土地的白人极不满意，对白人用船运来的电冰箱等洋货所代表的欧洲文化也极不满意，从一九三五年

---

① ［美］拉尔夫·林顿：《本土主义运动》，《20 世纪西方宗教人类学文选》（下），上海三联书店 1995 年版，第 904 页。

② 同上书，第 912 页。

开始，他们掀起一种类似鬼舞的运动，以通宵达旦的民族歌舞，祭祀祖先，希望祖先的神灵回来。这个运动的主要特征是相信千年（或幸福时代）的奇迹。当祖先的神灵携带大批欧洲船货归来时，千年的幸福时代就开始了。大批欧洲船货将分配给这次运动的参加者。"千年运动"也称船货运动，后来被广泛地用来指南太平洋区各种反抗欧洲人的运动。

中国瑶族的千家峒运动与"千年运动"相比，有一个很相似的地方，就是瑶族人相信十二姓瑶人在逃离千家峒以后五百年，将重回千家峒故地重聚，条件是将锯开的十二节牛角合在一起，吹响三声。瑶族逃离千家峒事件发生在十四世纪的元代，十九世纪开始有"杀回千家峒"的赵金龙瑶民起义，二十世纪达到高潮，此时正是五百年。例如一九四一年的广西大瑶山千家峒运动。这不是巧合，是因为千家峒的神秘传说使瑶民相信"五百年"的奇迹。

可以看出，中国瑶族的千家峒运动是十九世纪兴起、二十世纪达到高潮的民族复兴运动，它与同时期世界其他地区发生的"本土运动"有特别相似之处。

二　千家峒运动的形式

千家峒运动可以大致分为四种形式：自发性的、有组织性的、武装性的和歌舞祭祀性的。

（一）自发性的千家峒运动

这是指瑶民或单枪匹马，或三五成群，或兄弟结伴，或父子相承，几年甚至几十年离乡背井，寻找和返回千家峒故地的活动。

　　湖南省江华县地处湖南南部偏西，与广东、广西相邻，该县中河乡瑶民至今珍藏着一封清道光年间的"路引信"。路引信是迁徙在外的瑶民邀请家乡亲朋好友前往该处的信，信上交代了行走路线和沿路主要地名。写这封信的人叫邓元珠，原居湖南江华县，清朝嘉庆年间迁往广西、云南。后听说广西石河县附近石碧洞就是千家峒故地，于是一群人去石碧洞亲自看过，相信那儿确实是千家峒。然后花银三两，托人带了路引信给家乡。从那以后，江华县就不断有人去广西石碧洞垦荒种地，同时也还有人到其他地方寻找千家峒。

　　二十世纪五十年代，江华县瑶族中广泛流传着一首民歌，叙述了该县湘江乡一家祖孙三代人寻找千家峒的真实故事。祖父和父亲在一生中多次外出寻找千家峒，长年累月地行走在广东、广西、湖南三省交界的地区。他们丝毫也不怀疑千家峒是真实存在的，临死前嘱咐自己的后代，要继续寻找故土与乐园。祖父和父亲死后，这家的第三代在二十世纪三十年代开始了更漫长、更艰难的找寻。有一次，他在湖南道县听人说，附近都庞岭的主峰处有一块山间小平原，人称韭菜岭（这里是广西与湖南两省区的交界处，山岭西坡为广西灌阳县，东坡为湖南道县），可能就是瑶族的圣地千家峒。他不辞辛劳爬上了海拔 2000 多米高的韭菜岭，发现那个地方确实四周是山，当中一块平地，地分上峒、中峒、下峒三块，一条河溪穿峒而过，终年不涸。这非常符合传说中千家峒的地理特征，他坚信这就是千家峒故地。他赶回家乡，变卖了房屋、土地和一切财产，全家毅然上韭菜岭居住。韭菜岭的土地表面上看非常肥沃，又有河溪灌溉，但由于海拔的原因种下水稻不能抽穗，种下玉米不结果实。一家人劳作了一年，收获还不能维持一个月的口粮。韭菜岭山坡上布满了原始森林，野兽出没其间，使他们生活在惊恐之中。2000 多米高的山上天气寒冷，时有狂风暴雨。坚持了两年以后，他们不得不下山回到江华县。然而家乡的房屋土地早已变卖，无处居住，无地耕种，一家人过着流浪乞讨的生活，到二十世纪四十年代全都死于饥寒贫病。

从一九八一年以来，广西荔浦县的很多瑶民都在千方百计地寻找千家峒。他们通过各种渠道打听有关千家峒的情况，一有线索就跋山涉水前往。据不完全统计，这个县近年来曾经外出寻找千家峒的瑶民达五十多人次，其中出现了赵玉林、赵如田、赵德标一家三代人寻找千家峒故地的感人事迹。赵德标曾数次攀登韭菜岭，但他认为那个地方太小，不是千家峒。他到达江永县大远乡以后，认为大远就是千家峒，目前他全家人已迁居到大远乡。大远乡的瑶族赵顺旺、赵顺德兄弟俩十多年来一直在寻找千家峒，他们以打猎的方式走遍了湘南各县，四处找寻千家峒的下落。

（二）有组织性的千家峒运动

这是指某地区瑶族有领导、有组织地集资并选派代表，外出寻找千家峒故地的活动。若找到千家峒，往往掀起一个返回千家峒的迁徙浪潮。

一九三三年，在湖南江华县湘江乡和高塘乡发起一次千家峒运动。这两个乡的几百户瑶民自发集资了四百多银元，选派赵明禄等十五人组成先遣队，前往千家峒——广西石碧洞垦荒种地。不久又有大批瑶民追随而来，参加垦荒。遗憾的是，由于气候恶劣，野兽横行，庄稼长不好，生活条件极端艰苦。第二年，先遣队和后去的瑶民陆续回到了家乡。

一九五七年，广西恭城县、灌阳县发生了一起千家峒运动。那一年春天，在恭城观音乡乡长周昌和、狮堂乡乡长周生隆的领导组织下，联合灌阳县黄光乡、洞井乡的瑶民，组成三十六人的代表团，出外寻找千家峒故地。他们从恭城到灌阳，爬上韭菜岭，之后下山到了湖南的道县和江永县。一路行程八天，再回到了恭城和灌阳。他们宣传千家峒故地在江永县大远乡，那里有大片荒野之地，引起当地瑶山村寨的骚动，不少村子联合起来准备搬回千家峒居住。这一运动在当年"反右斗争"中被定性为反革命案件，周生隆被判处有期徒刑十五年，周昌和被判有期徒刑五年。当时的中共县委副书记兼常务副县长李绍任（瑶族）受牵连，被开除党籍，监督劳动。直到八十年代这一运动才得到平反。

（三）武装性的千家峒运动

这是指一县或数县瑶民，有组织有领导地开展武装斗争，反抗官府，向千家峒故地大规模迁徙的活动。

清道光十一（公元一八三一年）年，湖南省江华县爆发了赵金龙领导的瑶民起义。他们的队伍很快就发展到一万多人，占领了湖南、广东、广西三省交界处的十多个县。湖南提督海凌阿率三千官军镇压，结果全军覆灭，海凌阿被杀。这支武装队伍曾提出"杀回千家峒"的口号，并有"千家峒歌"至今流传在湖南宁远县瑶山之中。歌中唱道："瑶人出世千家峒，千家峒里好过活。当初齐聚十二姓，住在峒里千万年。后来因为造反乱，高王带兵进了峒。……"第二年，起义军在湖南常宁县遭几十万官军围剿，赵金龙和义军大部分人牺牲。

一九四一年，以广西大瑶山为中心的数县瑶民，由于不满官府的统治和山主的剥削压迫，掀起了向千家峒武装迁徙的运动。这次运动的领导人是广西金秀县肖成朝等，他利用道教形式鼓动群众。他说："我和雷公、玉帝是三兄弟，他们要我带领大家回千家峒去。"他派出一批骨干，到各县瑶山宣传："瑶族出盘王了，盘王要我们都回祖先居住过的千家峒生活。"他们还到村子里组织瑶民进行道教修炼活动，宣传修炼成飞虎可以飞回千家峒。然而他们并不确切知道千家峒的位置，于是"一边走一边找"。他们自绣大旗，造刀造枪，最后于一九四一年阴历八月初一举行了大规模的武装迁徙活动。大队人马向东走到蒙山县时，遭到官军的残酷镇压，肖成朝被捕后遭枪杀，其他领导人都被关押至死。

（四）歌舞祭祀性的千家峒运动

这是以通宵达旦的歌舞，以大谷壳、山羊角、牛角等千家峒的象征物，祭祀盘王的活动。相信盘王可以保佑他的子孙后裔回到千家峒，或者过上千家峒那样的富裕生活。

广西富川县瑶族每年冬季要举行七天七夜的祭盘王活动。这些天，瑶民衣着斑斓，身上系着象征千家峒的特大谷壳和牛角，通宵达旦地唱千家峒歌，跳长鼓舞，祭祀物品中有山羊角等。湖南江永县瑶族的祭盘王活动，除歌舞之外，还要砍牛头祭祖。当牛头落地，血如喷泉的时候，师公要念经，唱盘王大歌，讲千家峒的历史。回到千家峒去，是祖祖辈辈的愿望，歌舞祭祀，表达的就是这样的梦想。

三　千家峒运动的功能

千家峒运动的功能，从基本方面看，是民族意识的复兴和民族性格的复兴。

（一）民族意识的复兴

日本人类学家竹村卓二教授在《瑶族的历史和文化》一书

的序言中说："许多观察家一致强调：瑶族是一个比其他民族更旺盛的民族。换言之，瑶族是具有强烈民族意识感的民族。著者近十年间曾得到二三次接触泰国北部瑶族的机会。据笔者的观察，他们无疑是'华南的瑶族'，诚然他们现在居住在泰国。瑶族几世代前的祖先，曾居住在老挝、越南，至今仍有许多同胞居住在那儿。与祖先曾常久居住在华中、华南，但结果并没有变成汉族一样，这些瑶族人也没变成越南人、老挝人。现在也看不出他们有变成泰国人的苗头。……对于瑶族来说，只要发现一定时期内能垦植的土地和保证暂时居住的空间，那在他们主观意识上认为这既不是泰国，也不是老挝，而是普遍的'瑶族世界'。有少数华南和东南亚的其他少数民族，往往卷入政治状况生态的变化中，某个时候改变族籍某个时候标述双重族籍，丧失本来的民族精神，这种例子绝非少见。每当想到这些，瑶族那种坚韧不拔的'民族生命力'，不能不引起我们的注意。瑶族是靠什么手段和方法，培养、补充了这种活力，然后最终达到保存民族自身这一目的的呢？这就是贯穿全书观点的根本问题。"[①] 竹村卓二虽然在全书中没有提到瑶族的千家峒运动，但是他提出的这一研究课题对笔者很有启发。十九世纪以来的千家峒运动，正是以强化民族意识、补充民族生命力为目的。下面先对我们收集到的有关千家峒的传说做些具体分析。

有关瑶族千家峒的这个传说首先是讲盘瓠（一条狗）娶古代汉族皇帝女儿的故事。这种传说是以曲折的神话方式，通过图腾不同，表明了瑶族可能与汉族的种族不同。但是传说中瑶族的女性始祖是汉族，这又表明了瑶族与汉族有一定的血缘关系。我

---

① ［日］竹村卓二：《瑶族的历史和文化》，广西民族学院民族研究所 1986 年编印，第 2—3 页。

们知道，瑶族与汉族通婚是比较普通的，也很早就开始了，这一传说内容反映了这种现象。

传说第二部分是讲盘瓠和公主来到一个世外桃源的地方——千家峒。千家峒四周是高山，里面土地无比宽阔，一条大河穿峒而过灌溉着万亩良田。汉人和官府不知道这个地方，当然也就从没到过千家峒。这个传说内容反映了瑶族的一种看法，即瑶族在历史上曾经有过自己的民族地域，那时全部瑶族都聚居在这一块地域上。但是从传说中也可以看出，这块地方并不在汉人地域之外的海岛上，或沙漠里，而是巧妙地躲在汉人地域中，是崇山峻岭之中的一块平原地区。瑶族从古以来就生活在汉人地域中，最初居住在靠近山区的平原，后来被迫迁入浅山区，再后来进入深山区，传说反映了这一事实。

传说第三部分是讲盘瓠和公主在千家峒里生下六男六女，每人一姓，共十二姓。当瑶族逃离千家峒以前，十二姓瑶人将一只牛角锯成十二份，每姓珍藏一段，约定五百年后再重逢。这两处的传说内容是说明瑶族有自己独特的姓氏制度，并通过这种姓氏制度与祖先盘瓠保持血缘关系。但是如果我们将十二姓写出（不只一种写法），比如：盘、沈、包、黄、李、邓、周、冯、郑、雷、赵、蒋，就会发现，这十二姓在汉人的姓氏中都存在，这也反映了瑶族文化与汉文化的密切联系。

传说的第四部分是讲盘瓠的子孙们在千家峒里同耕同种，同收同获，一粒谷子巴掌大，谷壳当水瓢用，不交税，不服役。那里没有阶级的分化，没有贫富的差别，没有与外界的经济交换，过着自给自足的生活。这段内容反映了瑶族的一种几百年来的愿望，希望能有自己独立的民族经济，这种愿望以回忆过去的形式，以千家峒传说的形式表现出来。瑶族的经济特点是刀耕火种，躲在深山之中，不喜交易，过着自给自足的生活，这种经济状况是他们想象中的民族经济，也是一种自给自足的自然经济蓝图。

传说的第五部分是讲盘瓠子孙们在千家峒里喜获丰收以后，每年阴历十月十六日在盘王庙里唱"盘王歌"，跳长鼓舞，通宵达旦。这段内容是说瑶族有自己独特的节庆歌舞、风俗习惯。

在这个有关千家峒的传说中，"盘王节"以后，还有官府发现千家峒，最后剿杀千家峒的内容，这里就不再分析了。从对以上几个内容的分析，可以看出千家峒的传说意在强化民族意识，使瑶族知道自己的民族在种族、图腾、地域、姓氏、经济、节庆歌舞、风俗习惯等方面的独特性。

其次，对千家峒运动进行分析。凡千家峒运动，都是将盘瓠或盘王作为"救世主"看待，不过这个救世主同时又是瑶族的始祖。一九四一年广西大瑶山的千家峒运动在酝酿宣传中，一直是借盘王的名义让瑶族回千家峒居住。湖南江华县"平地瑶"的千家峒运动，是以歌舞和祭祀盘王为基本形式。这些活动无疑使瑶族明确自己的种族概念和特殊的图腾。江华"平地瑶"在祭祀盘王时，供奉一段据说是十二姓在千家峒分手时的牛角，跳长鼓舞时将十二个长鼓并列，每姓打一鼓，这些都是强化瑶族姓氏制度的自我意识。江华县"过山瑶"自发地寻找千家峒故地，是因为他们坚信自己的民族曾经有过独立的生活地域。一旦找到了千家峒故地，就找到了土地，就可以在那里耕种，就可以用汗水换来富裕的生活。千家峒运动，反映了瑶族对民族经济生活的追求。

广西大瑶山千家峒运动时，有人说："凡是回千家峒的人，背上都必须有一把纸伞，头上缠一条两头都绣狗牙的花手帕，腰束一条长带子。"还有人说："改为汉服的，都要恢复瑶装，平头改回平头，尖头改回尖头，否则就不会把你们带回老家千家峒。"这就是通过千家峒运动，使瑶民恢复自己的服装，强化图腾意识。至于以祭祀盘王为形式的千家峒运动，更是将瑶族特有的节庆、歌舞、风俗习惯保持和发展下去。民族意识在一年一次的祭祀活动得到强化。

（二）民族性格的复兴

许多研究瑶族的学者都发现，始终在迁徙——这是瑶族最重要的民族性格。瑶族的历史和现状，就是不断地迁徙。他们最初只在一个省的范围里，那就是湖南省。而后遍布于中国南方，进入东南亚，现在又进入欧洲、美洲，他们以迁徙求生存的热情至今还没有衰减。他们始终是在汉族人、壮族人的夹缝中，在人烟稀少的山地中迁徙，他们过了一座山又一座山，所以得到了"过山瑶"这一名称。大约在元朝以前，他们每到一座山，就成为这座山的主人。然而到了元朝以后，他们每到一座大山，山上已有了比他们先到达的瑶人，后来者只能租种别人的土地，于是在那山里形成了瑶人的阶级分化的社会。为了逃避这种受压迫受剥削的地位，他们常常迁徙到一些小山里去，那里的山还没有主人，于是他们就在那里刀耕火种，几年后再换一座小山。由于瑶族的这种民族性格，我们可以将他们称作：在山地不断迁徙的民族。

香港人类学家乔健说："一部瑶族史便是一部漂泊史，……诚然，这样的漂泊无定，不但在游耕民族中，便是在很多汉人中也是常见的。然而，瑶族的独特处在于虽不断地漂泊，却对传说中或历史上的远祖居地有着宗教式的思恋，而这种思恋经无数代而不减，是一种永恒的情结。"[①] 日本人类学家竹村卓二也说：

---

① 乔健：《漂泊中的永恒》，（台北）巨流图书公司1990年版，第66—69页。

"瑶族是这样一个富有移动性的民族，但不是流离山野的难民群。"①

千家峒在传说中被看作是瑶族迁徙的起点。这种看法似不符合历史，因为早在元代以前，湘北和湘中瑶族就开始了缓慢的向南迁徙。但是这种看法似又有一定的道理，因为大规模持续不断的迁徙，正是从千家峒以后才开始的。在十九世纪以来的寻找返回千家峒运动中，千家峒似乎又成为瑶族想象中的迁徙的终点。因为千家峒土地既宽阔又肥沃，一旦找到了它，瑶族子孙就重新过上富裕的生活，还有什么必要再迁徙呢？

笔者认为，复归千家峒运动，其主要社会功能是振兴民族性格，鼓动瑶族迁徙的热情。清代时瑶族的分布已和今天的一样，没有很大的变化，这说明瑶族迁徙的热情有所衰退，原因是多方面的。首先是民族的原因，广东和广西在明代的几次瑶族大起义失败了，临近的湖南地区清代只有几次规模不大的起义，瑶族的元气大伤。瑶族人口被迫同化或自愿同化于汉族的情况相当普遍，迁徙意识也相对减弱。其次是政治的原因。自明代王阳明镇压起义以后，在这一地区推行保甲制度。保甲制度是在村村寨寨建立政府机构，对瑶民实行更直接的控制。这种制度使统治阶级对瑶族的人口和家庭以及亲属情况了解得很清楚，控制得很严密，这对瑶族迁徙性格是个很大制约。再次是经济地理上的原因。到十九世纪，广东、广西、湖南、云南等省的山岭基本上被占领完毕，瑶族很难再找到无人居住的荒山野岭，这对瑶族迁徙的热情，当然也是一个重大打击。以上三个原因，使瑶族在清代面临被同化的严重民族危机。只有不断地迁徙，才能激发生命

---

① ［日］竹村卓二：《瑶族的历史和文化》，广西民族学院民族研究所1986年编印，第2—3页。

力，克服生存危机。千家峒的运动之所以能燃起瑶族的迁徙热情，是因为千家峒在传说中不仅仅代表土地和生存空间，而且是盘王居住过的地方，祖先们世世代代在那里生活。这样，就能将寻找土地、寻找故乡与寻找圣地的热情集合在一起，推动瑶族的迁徙。

千家峒在传说中是一处四面高山环绕，中间有大片沃土，峒中一河纵贯的地方。这样的地方在南方湘、粤、桂等省交界的山区不是太难找到，瑶民每当到达一个这样的地方，就可以自认为到了千家峒故土，从而产生神圣的情感，加倍的热情，投入到生产生活中去。

实际上，从某种意义看，寻找千家峒的迁徙运动，是比找到千家峒更重要的事情。一九四一年广西大瑶山的千家峒运动，人们并不知晓千家峒在何处，就准备大规模地迁徙。假如没有官府的镇压，他们这支队伍也许到达某一个类似千家峒之地，适合于他们生存，他们就会在那里定居下来。一九三三年江华县"过山瑶"派出的先遣队，如果在广西石碧洞那里，坚持下来了，那么江华县以及从江华到广西石碧洞一线上的瑶族无疑会掀起一股迁徙的高潮。

总之，瑶族千家峒运动是十九世纪兴起、二十世纪达到高潮的一种民族复兴运动，它与同时期世界各地发生的"本土运动"有特别相似之处。千家峒运动的形式有：自发性的、有组织的、武装性的、歌舞祭祀性的。它的主要功能是振兴民族意识和民族性格，提高生存能力，推动迁徙热情。